U0557852

李顿调查团研究丛书　卷一

主编　张　生　陈海懿　宋书强

李顿调查团的台前幕后

陈海懿　张　生　等著

南京大学出版社

图书在版编目(CIP)数据

李顿调查团的台前幕后 / 陈海懿等著. — 南京：南京大学出版社，2024.10. — (李顿调查团研究丛书 / 张生，陈海懿，宋书强主编). — ISBN 978-7-305-28135-8

Ⅰ. K264.2

中国国家版本馆 CIP 数据核字第 2024WD1991 号

出版发行　南京大学出版社
社　　址　南京市汉口路 22 号　　邮　编　210093
丛　书　名　李顿调查团研究丛书
丛书主编　张　生　陈海懿　宋书强
书　　名　**李顿调查团的台前幕后**
　　　　　LIDUN DIAOCHATUAN DE TAIQIAN MUHOU
著　　者　陈海懿　张　生　等
责任编辑　官欣欣

照　　排　南京南琳图文制作有限公司
印　　刷　南京爱德印刷有限公司
开　　本　718 mm×1000 mm　1/16　印张 19.75　字数 380 千
版　　次　2024 年 10 月第 1 版　2024 年 10 月第 1 次印刷
ISBN 978-7-305-28135-8
定　　价　128.00 元

网址：http://www.njupco.com
官方微博：http://weibo.com/njupco
官方微信号：njupress
销售咨询热线：025-83594756

* 版权所有，侵权必究
* 凡购买南大版图书，如有印装质量问题，请与所购图书销售部门联系调换

本书由

国家社科基金重点项目"国际联盟有关中日系列冲突的史料整理与研究(1928—1939)"(24AZS017)

南京大学中日历史问题研究中心

教育部人文社会科学重点研究基地"南京大学中华民国史研究中心"

江苏省优势学科经费

资助

本书分工：

陈海懿，南京大学中华民国史研究中心副教授，负责：导论、第一部分、第二部分、第八部分、第九部分；全书统稿，全书注释统一、重置与核定原始出处。

张　生，南京大学中华民国史研究中心教授，负责：第三部分、第四部分。

郭昭昭，江苏科技大学马克思主义学院研究员，负责：第五部分、第六部分。

马海天，南京大学历史学院博士研究生，负责：第十部分、第十二部分。

王希亮，黑龙江省社会科学院历史研究所研究员，负责：第七部分。

常国栋，南京邮电大学马克思主义学院讲师，负责：第十一部分。

陈志刚，西南大学历史文化学院副教授，负责：第十三部分。

序　言

中国历史的奥秘，深藏于大兴安岭两侧的广袤原野。

明治维新以来，日本企图步老牌帝国主义后尘，争夺所谓"生存空间"；俄国自彼得大帝新政，不断东进，寻找阳光地带和不冻港。日俄竞争于中国东北，流血漂杵；日本逐步占得上风，九一八事变发生，中国面临亡国灭种的新危机。

日本侵华之际，世界已进入全球化的新时代，民族国家成为国际社会的主体，以国际条约体系规范各国的行为，以政治和外交手段解决彼此的分歧，是国际社会付出重大代价以后得出的共识。而法西斯、军国主义国家如德、意、日，昧于世界大势，穷兵黩武，以求一逞。以故意制造的借口，发动侵华战争，霸占中国东北百余万平方公里土地、数千万人民，是日本昭显于世的侵略事实。

国际联盟（League of Nations）应中国方面之吁请，派出国联调查团处理此事。1932年1月21日，国联调查团正式成立。调查团团长由英国人李顿爵士（The Rt. Hon. The Earl of Lytton）担任，故亦称李顿调查团（Lytton Commission）。除李顿外，美国代表为麦考益将军（Gen. McCoy），法国代表为亨利·克劳德将军（Gen. Claudel），德国代表为希尼博士（Dr. Schnee），意大利代表为马柯迪伯爵（H. E. Count Aldrovandi）。为显示在中日间不做左右袒，国联理事会还决定顾维钧作为顾问代表中国参加工作，吉田伊三郎代表日方。代表团秘书长为国联秘书处哈斯（Mr. Robert Haas）。代表团另有翻译、辅助人员。1932年9月4日，代表团完成报告书，签署于中国北平。报告书确认：第一，九一八事变之责任，完全在于日本，而不在中国；第二，伪满洲国政权非由真正及自然之独立运动所产生；第三，申明东三省为中国领土。日本为此恼羞成怒，退出国联，自绝于国际社会。

《李顿调查团档案文献集》就是反映李顿调查团组建、调查过程、调查结论、各方反应和影响的中、日等国相关资料的汇编，对于研究九一八事变和李顿调查团，具有重要的参考价值。

如何看待李顿调查团来东亚调查的来龙去脉？笔者认为应有三个维度的观照：

其一，在中国发现历史。

美国历史学家柯文提出的这一范式，相比"冲击—反应"模式，即从外部冲击观察中国历史的旧范式，自有其意义。近代以来，由条约体系加持的列强，对中国社会产生了巨大的影响。中国沿海通商口岸是中国最早接触西方世界的部分，在资本主义全球化的过程中得风气之先，所谓"西风东渐"，对中国旧有典章制度的影响无远弗届。近代中国在西方裹挟下步履踉跄，蹒跚竭蹶，自为事实。但如果把中国近代历史仅仅看成西方列强冲击之结果，在理论、方法和事实上，均为重大缺陷。

主要从中国内部，探寻历史演进的机制和规律，是柯文提出的范式的意义所在。

事实上，九一八事变发生、国联调查团来华前后，中国社会内部对此作出了剧烈的反应。在瑞士日内瓦所藏国联巨量档案文献中，中国各界通过电报、快邮代电、信函等形式具名或匿名送达代表团的呈文引人注目，集中表达了国难当头之时中华民族谴责日本侵略、要求国际社会主持公道、收回东北主权、确保永久和平的诉求，对代表团、国联和整个国际社会形成了巨大影响，显示了近代中国社会演进的内在动力。

东北各界身受亡国之痛，电函尤多。基层民众虽文化程度不高，所怀民族国家大义却毫不含糊。东北某兵工厂机器匠张光明致信代表团称："我是中华民国的公民，我不是'满洲国'人，我不拥护这国的伪组织。"高超尘说："不少日子以前，'满洲国家'即已成立了，但那完全是日本人的主使，强迫我辽地居民承认。街上的行人，日人随便问'您是哪国人'，你如说是'满洲人'便罢，如说是中国人，便行暴打以至死。"辽宁城西北大橡村国民小学校致函称："逐出日本军，打到[倒]'满洲国'，宁做战死鬼，不做亡国民。"陈子耕揭露说："自事变以后,日本恶势力已伸张入全东北,如每县的政事皆由日人权势下所掌握,复又收买警察、军人、政客等,以假托民意来欺骗世界人的耳目,硬说建设'满洲国'是中华人民的意思,强迫人民全出去游行,打着欢迎建设'新国家'的旗号……我誓死不忘我的中华祖国,敢说华人莫非至心不跳时、血停时,不然一定于[与]他们周旋。"小学生何子明来信说:"我小学生告诉您们'满洲国'成立我不赞成……有一天我在学校,日本人去了,教我们大家一齐说'大日本万岁',我们要不说他就杀我们,把我迫不得已的就说了。其中有一位七岁的小孩,他说'大中华万岁!打倒小日本!'日本人听了就立刻把那个小同学杀了,真叫我想起来就愁啊。"

经济地位和文化水平较高者,则向代表团分析日本侵占中国东北的深远危害。哈尔滨商民代表函称:"虽然,满洲吞并,恐不惟中国之不利。即各国之经济,亦将受其影响。世界二次大战,迫于眉睫矣。"中国国民党青年团哈尔滨市支部分析说:"查日本军阀向有一贯之对外积极侵略政策,吾人细玩以前田中义一之满蒙大陆政策,及最近本庄繁等上日本天皇之奏折,可以看出其对外一贯之积极侵略政策,即第一步占领满蒙,第二步并吞中国,第三步征服世界是也。……以今日之日本蕞尔岛国,世界各国尚且畏之如虎,而况并有三省之后版图增大数倍,恐不数年后,即将向世界各国进攻,有孰敢撄其锋镝乎?……勿徒视为亚洲人之事,无关痛痒,失国联之威信,而贻噬脐之后悔也。"

不惟东北民众,民族危亡激起了全中国人的爱国心。清华大学自治会1932年4月12日用英文致函代表团指出:中国面临巨大的困难,好似1806年的德国和1871年的法国,但就像"青年意大利"党人一样,青年人对国家的重建充满信心。日本的侵略,不仅危害了中国,也对世界和平形成严重威胁,青年人愿意为国家流尽"最后一滴血"。而国联也面临着建立以来最大的危机,对九一八事变的处理,将考验它处理全球问题的能力。公平和正义能否实现,将影响到人类的命运。他们向代表团严正提出"五点要求":1.日本从中国撤军;2.上海问题与东北问题一起解决;3.不承认日本侵略和用武力改变的现状;4.任何解决不得损害中国的领土和主权完整;5.日本必须对此事件的后果负责。南京海外华侨协会1932年3月16日致电代表团:日本进兵东三省和淞沪地区,"违反了国联盟约和《凯洛格—白里安公约》,扰乱了远东地区和世界的和平。

同时,日本一直在做虚假的宣传,竭力蒙蔽整个世界。我们诚挚地请求你们到现场来,亲眼看看日军对中国人民的生命财产进行怎样的恣意破坏。希望你们按照国际法及司法原则,对其进行制裁。如果你们不能完成这一使命,那么世界上将无任何公平正义可言。在这种情况下,为了民族的生存,我们将采取一切手段自卫,决不会向武力屈服。"

除了档案,中国当时的杂志、报纸,大量地报道了九一八事变和国联调查团相关情况,其关切的细致程度,说明了各界的高度投入。那些浸透着时人忧虑、带着鲜明时代特色的文字表明:九一八事变的发生,对当时的中国社会是一场精神洗礼,每个人都从东北沦陷中感受到切肤之痛。这种舆论和思想的汇合,极大地改变了此后中国社会各界的主要诉求,抗日图存成为压倒性的任务,每一种政治力量都必须对此作出回应。

其二,在世界发现中国历史。

以中国为本位,探讨中国历史的内生力量,是题中应有之义。但全球化以来,中国历史已经成为世界历史的一部分。仅仅依靠中国方面的资料,不利于我们以更加广阔的视野看待中国历史和"九一八"的历史。

事实上,奔赴世界各地"动手动脚找东西",已经成为中国学者深化中国近现代史,特别是抗战史研究的不二法门。比如,在中日历史问题中占据核心地位的南京大屠杀问题。除中国各地档案馆、图书馆外,中国学者深入美、德、英、日、俄、法、西、意、丹等国相关机构,系统全面地整理了加害者日方、受害者中方和第三方档案文献,发现了大量珍贵文献、图像资料,出版《南京大屠杀史料集》72卷。不仅证明了日军进行大屠杀的残酷性、蓄意性和计划性,也证明南京大屠杀早在发生之时,就引起了各国政府和社会舆论的关注;南京和东京两场审判,进行了繁复的质证,确保了程序和判决的正义;日方细致的粉饰,在中国人民和全世界正义人士的揭露下真相毕露。全球性的资料,不仅深化了历史研究,也为文学、社会学、心理学、新闻传播学、艺术学等跨学科方法进入相关研究提供基础;不仅摧毁了右翼的各种谬论,也迫使日本政府不敢公然否认南京大屠杀的发生和战争犯罪性质。

国际抗战资料,展现了中国抗战史的丰富侧面。如美国驻中国各地使领馆的报告,具体生动地记录了战时中国各区域的社会、政治、军事等各方面情形,对战时国共关系亦有颇有见地的分析;俄、美、日等国档案馆的细菌战资料,揭示了战时日本违反国际法研制细菌武器的规模和使用情况,记录了中国各地民众遭遇的重大伤亡和中国军民在当时条件下的应对,以及暗示了战后美国掩饰"死亡工厂"实情的目的;英美等国档案所反映的重庆大轰炸和日军对中国大中小城市的普遍的无差别轰炸,不仅记录了日本战争犯罪的普遍性,也彰显了战时中国全国军民同仇敌忾、不畏强暴的英勇气概。哈佛大学所藏费吴生档案、得克萨斯州州立大学奥斯汀分校所藏辛德贝格档案、曼彻斯特档案馆所藏田伯烈档案等则从个人角度凸显了中国抗战在"第三方"眼中的图景。

对于李顿调查团的研究,自莫能外。比如,除了前述中国各界给国联的呈文,最近在日内瓦"国联和联合国档案馆"中发现:调查团在日本与日本政要的谈话记录,在中国各地特别是在北平和九一八事变直接相关人士如张学良、王以哲、荣臻等人的谈话记录,调查团在东北实地调查、询问日军高层的记录,中共在"九一八"前后的活动,中国各界的陈情书,日本官方和东北伪组织人员、汉奸的表态,世界各国、各界的反应等。特别是张学良等人反复向代表团说明的九一八事变前夕东北军高层力避冲突的态度,王以哲、荣臻在"九一八"当晚与张学良的联系,北大营遭受日军进攻以后东北军的反应等情况,对于厘清九一八事变真相,有着不可取代的意义。

我们通过初步努力发现,李顿调查团成立前后,中方向国联提交了论证东北主权属于中国的篇幅巨大的系统性说帖,顾维钧、孟治、徐道邻等还用英文、德文进行著述。日方相应地提交了由日本旅美"学者"起草的说帖,其主攻点是中国的抗日运动、东北在张氏父子治下的惨淡、东北的"匪患",避而不谈柳条沟事件的蓄意性。日方资料表明,即使在九一八事变发生数月后,其关于"九一八"当晚情形的说辞仍然漏洞百出、逻辑混乱,在李顿询问时不能自圆其说。而欧美学者则向国联提供了第三方意见,如 *The Verdict of the League: China and Japan in Manchuria*(《国联的裁决:中日在满洲》),哈佛大学法学院教授曼利·哈德森(Manley O. Hudson)著;*Manchuria: Cradle of Conflict*(《满洲:冲突的策源地》),欧文·拉铁摩尔(Owen Lattimore)著;*The Manchuria Arena: An Australian View of the Far Eastern Conflict*(《满洲竞技场:远东冲突的澳洲视角》),卡特拉克(F.M. Cutlack)著;The Tinder Box of Asia(《亚洲的火药桶》),乔治·索科尔斯基(George E. Sokolsky,中文名索克斯)著;The World's Danger Zone(《世界的危险地带》),舍伍德·艾迪(Sherwood Eddy)著;等等,为国联理解中国东北问题提供了有益的视角。另外,收藏在美国斯坦福大学胡佛研究所的蒋介石日记等也反映了当时国民政府高层的态度和举措。

这次出版的资料中,收集了中国台湾地区的"国史馆"藏档,日本外务省藏档,国联和联合国档案馆 S 系列藏档等多卷档案。丰沛的资料说明,即使是李顿调查团这样过去在大学教材中只是以一两段话提出的问题,其实仍有海量的各种海外文献可资研究。

可以说,世界各地抗日档案和各种资料,不仅补充了中国方面的抗日资料,也弥补了"在中国发现历史"范式的不足,体现了历史唯物主义对历史研究全面性、客观性的要求,自然地延伸推导出"在世界发现中国历史"的新命题。把"中国的"和"世界的"结合起来,才能更深广、入微地揭示抗日战争史的内涵。

其三,在中国发现世界历史。

中国历史,是世界历史的重要组成部分;中国抗战,构成了第二次世界大战的东亚主战场。离开中国历史谈世界历史注定是不周全的。只有充分发掘中国历史的世界意义,世界史才能获得真正的全球史意义。

过往的抗战史国际化,说明了中国抗战的世界意义。研究发现,东北抗联资料不仅呈现了十四年抗战的艰苦过程,也说明了战时东北亚复杂的国际关系。日方资料中的"华北治安战""清乡作战"资料,从反面反映了八路军、新四军的顽强,其牵制大量日军的事实,从另一面说明中共敌后游击战所发挥的中流砥柱作用。1937年12月12日在南京江面制造"巴纳号事件"的日军航空兵官兵,后来是制造"珍珠港事件"的主力之一,说明了中国抗战与太平洋战争的联系。参与制造九一八事变、华北事变和南京大屠杀的许多日军部队,后来在太平洋战场上被美澳等盟国军队消灭,说明了太平洋战场和中国战场的相互支持。中国军队在滇缅战场的作战和在越南等地的受降,中国对朝鲜、马来亚、越南等地游击战和抗日斗争的介入和帮助,说明了中国抗战对东亚、东南亚解放的意义和价值。对大后方英美军人、"工合"人士、新闻界和其他各界人士的研究,彰显了抗日统一战线的多重维度,等等。这对我们的研究富有启发性意义。

李顿调查团的相关资料表明,九一八事变及其后续发展,具有深刻的世界史含义。

麦金德1902年在英国皇家地理学会发表文章,提出"世界岛"的概念。麦金德认为,地球由两部分构成:由欧洲、亚洲、非洲组成的世界岛,是世界上面积最大、人口最多、最富饶的陆地组合。在"世界岛"的中央,是自伏尔加河到长江,自喜马拉雅山脉到北极的心脏地带,在世界史的发展中具有重要意义。其实,就世界近现代史而言,中国东北具有极其重要的地缘战略意义,堪称"世界之砧"——美国、俄罗斯、日本等这些当今世界的顶级力量,无不在中国东北及其周边地区倾注心力,影响世界大局。

今天看来,李顿调查团的组建,是国际社会运用国际规约积极调解大国冲突、维护当时既存的凡尔赛—华盛顿体系的一次尝试。参与各国均为当时世界强国,即为明证。

英国作为列强中在华条约利益最丰的国家,积极投入国联调查团的建立。张伯伦、麦克米伦等知名政治家均极愿加入代表团,甚至跟外交部官员暗通款曲,询问排名情况。李顿在中日间多地奔波,主导调查和报告书的起草,正是这一背景的反映。

美国作为国联非成员国,积极介入调查团,说明了美国对远东局势的关切,其态度和不承认日本用武力改变当时中国领土主权现状的"史汀生主义"是一致的。日美之间的紧张关系,一直延续到珍珠港事变发生。在日美最终谈判中,中国的领土和主权,仍然是美方的先决条件。可以说,九一八事变,从大历史的角度看,是改变日本和美国国运的大事。

苏联在国联未能采取强力措施制止日本侵略后,默认了伪满洲国的存在,后甚至通过对日条约加以承认,其对日本的忍让和妥协,延续到它对日本宣战。但日本关东军主力在苏联牵制下不敢贸然南下,影响了中国抗日战争的形态。

日本侵占中国东北,却始终得不到中国和国际主流社会的承认,乃不断扩大侵略,不仅影响了对苏备战,也使得其在"重庆政权之所以不投降,是因为有英美支持"的判断下,不断南进,最终自取灭亡。2015年8月14日,日本首相安倍晋三在战后70年讲话中承认:"日本迷失了世界大局。满洲事变以及退出国际联盟——日本逐渐变成国际社会经过巨大灾难而建立起来的新的国际秩序的挑战者,前进的方向有错误,而走上了战争的道路。其结果,70年前,日本战败了。"从这个意义上说,九一八事变—李顿调查—退出国联,成为日本近代史的转折点。

亚马孙雨林的蝴蝶振动翅膀,可能在西太平洋引发一场风暴。发生在沈阳一个小地方的九一八事变,成为今天国际秩序的肇因。其故焉在？马克思和恩格斯在《德意志意识形态》中指出:在历史演进的过程中,人的"普遍交往"逐步发展起来,"狭隘地域性的个人为世界历史性的、真正普遍的个人所代替"。近代以来中国人民的历史,与世界历史共构而存续。

回望李顿调查团的历史,我仿佛感受到了太平洋洋底的咆哮呼啸前来,如同雷鸣。

是为序。

张　生

2019年10月

目 录

序 言 I

导 论 1
  一、学术简史 1
  二、篇章内容 11
  三、主要观点 15

国际联盟调查团的成立史

一、"九一八"事变和国际联盟调查团的组建 19
  （一）国联第一阶段会议和日本的攻势外交 19
  （二）国联第二阶段会议和中国的无效胜利 25
  （三）国联第三阶段会议和国联调查团产生 29
  小 结 34

二、"九一八"事变后的中立观察员派遣研究 35
  （一）调查团和视察员："九一八"事变后的中日诉求差异 35
  （二）英国、美国和国联的中立观察员派遣 42
  （三）中立观察员派遣对处理中日冲突的影响 52
  小 结 64

居于"台前"的李顿调查团

三、"接待政治"和李顿调查团的中国关内之行 ……… 67
  （一）序曲：上海—杭州之行 ……… 68
  （二）间奏：南京之行 ……… 74
  （三）高潮：北平之行 ……… 79
  小　结 ……… 90

四、"新史学"宗旨与中国各界致李顿调查团呈文 ……… 95
  （一）"在场"者的立场 ……… 97
  （二）不"在场"，亦出场 ……… 101
  （三）外国语是人生斗争的一种武器 ……… 105
  小　结 ……… 108

五、李顿调查团对"一·二八"事变的聚焦与因应 ……… 111
  （一）聚焦的缘起 ……… 113
  （二）李顿调查团对"一·二八"事变的调查 ……… 115
  （三）李顿调查团协助上海调停工作 ……… 119
  小　结 ……… 122

六、李顿调查团对东北海关的聚焦与日本的应对 ……… 125
  （一）对东北海关问题聚焦的缘起 ……… 126
  （二）李顿调查团对东北海关问题展开调查 ……… 129
  （三）日方的应对 ……… 133
  小　结 ……… 137

七、李顿调查团与西方记者密访马占山风波 ……… 140
  （一）被监控的调查团 ……… 141
  （二）西方记者密访马占山 ……… 145
  （三）秘访事件之余波 ……… 151

小　结 ·· 154

八、李顿调查团与"九一八"事变中的"共产主义"因素 ·········· 155
　　（一）"共产主义"因素进入"九一八"事变 ················ 156
　　（二）日本的诋毁 ······································· 159
　　（三）国民政府的"辩解" ······························· 164
　　（四）调查团的"共产主义"叙述及其影响 ················ 168
　　小　结 ·· 172

身处"幕后"的李顿调查团

九、日本因应国联调查团的动机及其异化 ······················ 177
　　（一）组建调查团立场的转变 ··························· 177
　　（二）劝诱与引导调查团 ······························· 180
　　（三）围绕报告书的行动 ······························· 186
　　（四）质疑与反对调查团 ······························· 190
　　小　结 ·· 192

十、日本承认伪满洲国与各方因应 ···························· 194
　　（一）日本承认伪满洲国的步骤 ························· 194
　　（二）中国阻止日本承认伪满洲国的外交努力 ············· 199
　　（三）英美两国采取的对策 ····························· 205
　　（四）国联对日本的绥靖与国联调查团访日 ··············· 212
　　小　结 ·· 221

十一、国联调停与张学良弃守锦州事件 ························ 224
　　（一）锦州防守的困境 ································· 226
　　（二）张学良对锦州中立计划的态度 ····················· 230
　　（三）日本对张学良的劝诱及其影响 ····················· 234
　　（四）宁粤政潮与张学良撤守 ··························· 243

  小　结 …………………………………………………… 249

十二、《李顿调查团报告书》发表与国际联盟调停 ……… 251
  （一）《李顿调查团报告书》发表前后的国际形势 ……… 251
  （二）"12月15日议决草案"的出台与各方的修改意见 …… 258
  （三）"德拉蒙德妥协案"的出台与国联对日本政策的转变 …… 266
  （四）日本代表团的"最终议案"与和解工作的彻底失败 …… 276
  小　结 …………………………………………………… 280

十三、日本退出国联与中国知识界外交十字路口的抉择 …… 282
  （一）国联外交的得与失 …………………………………… 282
  （二）国联外交之外的其他抉择 …………………………… 285
  （三）知识界不同抉择的原因分析 ………………………… 291
  小　结 …………………………………………………… 294

后　记 ……………………………………………………… 296

导 论

1931年10月12日,"九一八"事变爆发已近一个月,蒋介石在《维护公理与抗御强权》的报告中称:"我国是世界国家之一,即不能离开世界,同样既是国际联合会的一分子,即不能离开国联。任何国家,离开国联,都不免失败,都要自取灭亡。"[1]这表明国民政府坚定地信任国联,将恢复中国东北原状寄托于国联调解。

1951年4月10日,时任日本首相吉田茂亲自主持战后日本外交失误的回顾,形成《日本外交的错误(日本外交の過誤)》调查书,将日本的外交失误划分为八个阶段,第一个阶段就是"满洲事变、退出国际联盟"[2]。吉田茂视"九一八"事变和退出国联为日本走上战争道路与最终战败的第一步。

蒋介石坚信离开国联是自取灭亡,吉田茂等亦视退出国联为日本战败之始。毋庸置疑,国联与抗日战争之间存在着深刻关系。国联与抗日战争产生联结的关键一步是派遣调查团暨李顿调查团前往东亚开展调查与调停。深入研究李顿调查团,是总体上把握"局部抗战和全国性抗战、正面战场和敌后战场、中国人民抗日战争和世界反法西斯战争等重大关系"的一把钥匙,是研究"九一八"事变后14年抗战历史的一个重大问题,是理解中日历史问题乃至当代中日关系的一个基本前提。

一、学术简史

学术界关于李顿调查团的先行研究多从属于"九一八"事变叙述框架之

---

[1] 秦孝仪主编:《先"总统"蒋公思想言论总集》(10),台北:中国国民党中央委员会党史委员会,1984年,第471页。

[2] 小倉和夫「吉田茂の自問:敗戦、そして報告書『日本外交の過誤』」、藤原書店、2003年、23頁。

内,兹就中外学界关于李顿调查团的先行研究予以简单胪列,以此梳理本书研究对象之学术史。

(一) 中国学术界的先行研究

专著方面,俞辛焞先生的《唇枪舌剑——九一八事变时期的中日外交》是研究"九一八"事变时期中日外交的一部力作。这本书把"九一八"事变期间的中日外交作为研究对象,主要研究日本外交特别是外务省在此期间的对策和作用,同时分析南京国民政府的外交政策,再现了那个时期中日两国在国联及各种场合的明争暗斗。对于李顿调查团的赴华调查,作者用了两章的篇幅阐述中日两国对调查团的不同态度[①]。张敬录的《苦恼的国联——九一八事变李顿调查团来华始末》一书,运用文学笔法,对李顿调查团来华调查"九一八"事变的历史过程进行线性梳理[②]。沈予的《日本大陆政策史(1868—1945)》主要讲述了近代以来日本大陆政策的沿革情况,重点论述了日本对中国东北地区的政策,对"九一八"事变后中日两国在国联的活动有具体分析,对日本退出国际联盟的决策过程有一定记述[③]。洪岚在其专著《南京国民政府的国联外交》的第四章中讨论了李顿调查团,主要是中日两国对《李顿调查团报告书》发表后的立场与应对,以及国联大会通过最终报告书后日本退出国联的过程[④]。武向平在《满铁与国联调查团研究》一书中充分挖掘满铁档案资料,从满铁视角出发审视国联调查团,为深入认识满铁与国联调查团的关系做出了非常有益的探索[⑤]。崔海波的《九一八事变期间中国、日本与国联的交涉》一书以《革命文献》等资料为基础,再现了"九一八"事变前后各方交涉的过程,指出南京国民政府采取了最消极的应对策略,即在军事上实行不抵抗主义、在外交上不与日本直接交涉、单纯寄希望国联调处此次冲突[⑥]。

[①] 俞辛焞:《唇枪舌剑——九一八事变时期的中日外交》,桂林:广西师范大学出版社,1997年。

[②] 张敬录:《苦恼的国联——九一八事变李顿调查团来华始末》,南昌:江西人民出版社,2005年。

[③] 沈予:《日本大陆政策史(1868—1945)》,北京:社会科学文献出版社,2005年。

[④] 洪岚:《南京国民政府的国联外交》,北京:中国社会科学出版社,2010年。

[⑤] 武向平:《满铁与国联调查团研究》,北京:社会科学文献出版社,2015年。

[⑥] 崔海波:《九一八事变期间中国、日本与国联的交涉》,长春:吉林大学出版社,2016年。

论文层面的研究成果汗牛充栋,就内容而言,主要集中于以下几个方面:

1. 关于李顿调查团的来华及其调查活动研究。武寅在《浅析国联调查团派遣案的出笼》一文中通过日本与西方大国在国联内外的争夺与勾结,分析了国联调查团派遣来华的原因和形成过程①;窦爱芝的《李顿调查团来华调查真相》一文考察了李顿调查团来华的原因和经过,认为李顿调查团是国联对日本妥协和纵容政策的产物,不仅没有维护公理伸张正义,反而袒护日本并达到列强共同分享中国东北权益的目的②;刘建武《有关日本侵占东北后国际联盟调处的几个问题》一文对国联调处"九一八"事变的关键节点进行了梳理和分析,对国联调处"九一八"事变的经过及教训予以了考察③。

2. 关于中日两国对李顿调查团应对问题研究,这是先行研究的重点领域。俞辛焞的《九一八事变后国联与中日的外交二重性评析》一文在分析中日及列强围绕国联调处"九一八"事变所展开的错综复杂的三角外交斗争时,提出了"外交二重性"的观点,认为国际联盟是受西方列强操纵的国际组织,列强和日本之间既相互协助又相互争夺④。徐康明在《日本退出国际联盟始末》中主要讲述了日本是如何一步步走上退出国际联盟这样一条错误道路,并对日本外交决策体制予以剖析,指出日本外交决策缺乏长远规划,注重于眼前,极具随意性⑤。李广民的《中日两国围绕李顿调查团外交对策之比较》一文通过比较中日两国对李顿调查团的不同态度,揭示了中国既妥协又抗争的对策,日本与西方列强围绕中国问题形成的二重国际关系⑥。洪岚在《李顿调查团与南京国民政府国联外交得失》中认为,南京国民政府将"九一八"事变诉诸国联,无论是从国内实际还是对日斗争来看,都不失为一种重要的外交措施⑦。

---

① 武寅:《浅析国联调查团派遣案的出笼》,《外国问题研究》1989年第4期。
② 窦爱芝:《李顿调查团来华调查真相》,《历史教学》1998年第12期。
③ 刘建武:《有关日本侵占东北后国际联盟调处的几个问题》,《抗日战争研究》1992年第1期。
④ 俞辛焞:《九一八事变后国联与中日的外交二重性评析》,《抗日战争研究》1993年第3期。
⑤ 徐康明:《日本退出国际联盟始末》,《日本学刊》1994年第2期。
⑥ 李广民:《中日两国围绕李顿调查团外交对策之比较》,南开大学日本研究中心编:《日本研究论集》,天津:南开大学出版社,1998年。
⑦ 洪岚:《李顿调查团与南京国民政府国联外交得失》,《北京电子科技学院学报》2004年第1期。

谷小水在《"独立"社与国联调查团》中重点考察了胡适、丁文江、傅斯年等"独立"社成员为代表的知识分子群体影响国联调查团的努力[①]。郑大华、刘妍的《中国知识界对国联处理九一八事变的不同反应》以胡适、罗隆基和胡愈之三人为中心展开探讨,认为三人之所以对国联处理"九一八"事变的反应不同,其原因在于他们与国民党的关系不同,对国联及国际法的认识不同以及对中日实力的认识不同[②]。台湾地区学者李云汉的《顾维钧与九一八事变之中日交涉》详细考察了顾维钧在李顿调查团来华前后的外交角色,并对顾维钧在日内瓦的作用进行了评价[③]。台湾地区学者蒋永敬在《顾维钧与"九一八"事变》中则更加详细地考证了顾维钧参与李顿调查团处理"九一八"事变后外交事务的过程[④]。

3. 关于《李顿调查团报告书》的评价问题研究。周美云在《重评李顿调查团报告书》中指出《李顿调查团报告书》具有两重性,一方面是叙述的事实和调查结论在一定程度上主持了公道,另一方面是报告书所提出的解决建议遭到中国人民的谴责和反对,总体上对中国而言是利大于弊[⑤]。洪岚的《〈李顿调查团报告书〉公布前后中国社会各界的反响》一文通过分析《李顿调查团报告书》公布前后中国各界的讨论和意见,认为中国各界总的趋势是开始放弃对国联和列强的幻想,逐渐认识到民族自强的重要性[⑥]。

4. 关于国际社会与李顿调查团的关系研究。王宇博的《英国与1931—1933年远东危机的结束——兼评〈李顿调查报告〉》和《英国、国联与"九·一八"事变——兼评〈李顿调查报告〉》等文章以英国、国联调处远东危机为视角,

---

[①] 谷小水:《"独立"社与国联调查团》,《福建论坛(人文社会科学版)》2004年第6期。

[②] 郑大华、刘妍:《中国知识界对国联处理九一八事变的不同反应——以胡适、罗隆基和胡愈之为例的考察》,《抗日战争研究》2009年第1期。

[③] 李云汉:《顾维钧与九一八事变之中日交涉》,刘维开编:《国民政府处理九一八事变之重要文献》,台北:中国国民党中央委员会党史委员会,1992年,第647—648页。

[④] 蒋永敬:《顾维钧与九一八事变》,中国抗日战争史学会编:《抗日战争与中国历史——"九·一八"事变60周年国际学术讨论会文集》,沈阳:辽宁人民出版社,1994年,第379—388页。

[⑤] 周美云:《重评李顿调查团报告书》,《安徽师大学报(哲学社会科学版)》1992年第3期。

[⑥] 洪岚:《〈李顿调查团报告书〉公布前后中国社会各界的反响》,《史学月刊》2006年第5期。

指出作为"唯一在远东拥有较大利益的欧洲国家"的英国在远东危机期间始终立足于维护其在华利益的立场,由于缺乏与日本抗衡的力量,只能求助于外交手段和舆论工具,执行着一条以防日、限日和避免与日发生军事冲突为主要内容的政策,《李顿调查团报告书》是这一几经变化的政策的最终体现。国联没有按照国联盟约和国际惯例来解决事端,而是立足于维护英国远东利益的立场,成为英国远东政策的执行者①。张北根在《英国对国联会议审议李顿报告书的态度》中深入讨论了英国在国联会议审议《李顿调查团报告书》期间的态度演变过程,认为英国积极维护和扩展在中、日的贸易利益和避免对日战争的远东政策,是其所持态度的原因所在②。台湾地区学者王纲领在《英、美二国对九一八事变的回应》中利用英美外交档案,细致梳理了英美两国对华政策的演变,指出英美两国,尤其是美国经历了中立护侨、寄希望于币原外相、不承认政策、"一·二八"事变后派舰行动的转变过程③。台湾地区学者黄自进在《拥抱国际主流社会:蒋介石的对日外交战略》中肯定蒋介石积极拥抱国际主流社会,寻求国际社会的支援和同情,逼使日本与国际社会脱轨是蒋介石的阶段性目的,而李顿调查团恰好成为目标实现过程中的一个重要事件④。

另外,在史料编辑与整理方面,中国台湾地区自20世纪60年代就开始相关工作。1965—1966年,"中华民国"外交问题研究会编制的《中日外交史料丛编》之《九一八事变》《日本制造伪组织与国联的制裁侵略》,收录了日本制造"九一八"事变、国联调查团赴东北调查经过、国民政府外交部与日内瓦中国代表团的往来函电、各国对日本侵略所持之态度等资料⑤。20世纪80年代,罗

---

① 王宇博:《英国与1931—1933年远东危机的结束——兼评〈李顿调查报告〉》,《苏州大学学报》1995年第1期;王宇博:《英国、国联与"九·一八"事变——兼评〈李顿调查报告〉》,《历史档案》2002年第2期。

② 张北根:《英国对国联会议审议李顿报告书的态度》,《抗日战争研究》2001第2期。

③ 王纲领:《英、美二国对九一八事变的回应》,刘维开编:《国民政府处理九一八事变之重要文献》,第695—724页。

④ 黄自进:《拥抱国际主流社会:蒋介石的对日外交战略》,《抗日战争研究》2014年第2期。

⑤ "中华民国"外交问题研究会编:《中日外交史料丛编(二)·九一八事变》,台北:"中华民国"外交问题研究会印行,1965年;"中华民国"外交问题研究会编:《中日外交史料丛编(五)·日本制造伪组织与国联的制裁侵略》,台北:"中华民国"外交问题研究会印行,1966年。

家伦主编的《革命文献》第39—40辑暨《日本侵华有关史料》(九、十)以"中日事件与国际联盟"为主题,对"九一八"事变和国际联盟的调解有详细的记述,记载着大量有关国联调停中日冲突和国联调查团的资料,并摘录了当时日本政界领导人回忆录中的相关内容,具有重要参考和引用价值①。20世纪90年代,中国国民党中央委员会党史委员会编印的《国民政府处理九一八事变之重要文献》涵盖了国民政府应对"九一八"事变的多种档案文件、电文和会议记录,尤其是中央政治会议特种外交委员会的历次会议记录,使之成为研究"九一八"事变前后国联调处中日争端的重要资料集②。2020年,台湾"民国"历史文化学社编撰《近代中日关系史料汇编》之《"满洲国"的成立与国联对日本侵华的处理》,内含国民政府向国联的控诉和国联派遣李顿调查团进行处理等经过史料③。

  大陆地区的史料整理从20世纪80年代末步入正轨,相继出版诸多专题资料集。中央档案馆、中国第二历史档案馆、吉林省社会科学院合编《日本帝国主义侵华档案资料选编——九·一八事变》(1988年),辽宁省档案馆编撰《"九·一八"事变档案史料精编》(1991年),这两部以"九一八"事变为主题的史料集收录了"九一八"事变前后到日本退出国际联盟期间的许多电文、报告等原始资料,尤其以《李顿调查团报告书》发表后日本在国联的活动、日本驻国联代表团与外务省的联系等方面的记载居多④。2000年,中国第二历史档案馆整理出版的《中华民国史档案资料汇编》第5辑第1编"外交"中有关"日本侵略东北与九一八事变和国民政府的不抵抗政策"项目,收录国联理事会(The Council of the League of Nations,亦被称为国联行政院)开会情况、国联

---

  ① 罗家伦主编:《革命文献·第39辑"日本侵华有关史料(九)"》,台北:正中书局,1966年;罗家伦主编:《革命文献·第40辑"日本侵华有关史料(十)"》,台北:正中书局,1967年。

  ② 刘维开编:《国民政府处理九一八事变之重要文献》,台北:中国国民党中央委员会党史委员会,1992年。

  ③ "民国"历史文化学社编辑部:《近代中日关系史料汇编·"满洲国"的成立与国联对日本侵华的处理》,台北:开源书局,2020年。

  ④ 中央档案馆、中国第二历史档案馆、吉林省社会科学院合编:《日本帝国主义侵华档案资料选编——九·一八事变》,北京:中华书局,1988年;辽宁省档案馆编:《"九·一八"事变档案史料精编》,沈阳:辽宁人民出版社,1991年。

采取的行动,以及有关李顿调查团等资料①。次年,赵朗主编出版《"九·一八"全史》第五卷·资料编(上、下两册),该资料集的第十部分"国联与日本",收录有关国联理事会声明、派遣李顿调查团、调查团成员谈话记录、国联审议报告书等资料②。

(二) 日本学术界的先行研究

日本强烈反对基于李顿调查团及其报告书而形成的国联大会决议,并由此退出国联,成为日本近代史的重要转折点,故日本学界的研究集中于国联、李顿调查团和日本退出国联之间的关联性研究。

内山正熊是研究"九一八"事变与国联的学者,他在20世纪60年代末至70年代初连续发表《退出国际联盟的由来(国際連盟脱退の由来)》《满洲事变和退出国际联盟(満州事変と国際連盟脱退)》等文章,阐述了日本对"满洲国"承认问题的态度及在国联大会上日本的外交活动③,并以日本驻国联代表团与东京外务省的往来函电为主要史料,论述日本退出国联的过程,指出日本退出国联不仅造成日本被国际孤立,而且摧毁了国联集体安全机制架构④。与内山正熊的观点不同,井上寿一在《退出国联与国际协调外交(国際連盟脱退と国際協調外交)》中论述了日本政界关于退出国联的决策过程,认为日本退出国联后,由"九一八"事变造成的国际压力转而减小,日本得以改善对英美关系,修复"协调外交"⑤。

1987年,日本广播协会出版《十字架上的日本:与国际联盟的诀别(十字架上の日本:国際連盟との訣別)》。该书基于日本外务省档案、当事人记述、媒体资料,并结合国联调查团、顾维钧等人资料,从内、外视角细致地描绘了当时正加速走向黑暗深渊的日本的情势,指出松冈洋右向全世界声明"日本退出

---

① 中国第二历史档案馆编:《中华民国史档案资料汇编》(第五辑第一编·外交),南京:江苏古籍出版社,2000年。
② 赵朗编:《"九·一八"全史》(第五卷·资料编),沈阳:辽海出版社,2001年。
③ 内山正熊「国際連盟脱退の由来」,「法学研究」,1967年第40卷10号。
④ 内山正熊「満州事変と国際連盟脱退」,「季刊国際政治」,1970年第43号。
⑤ 井上寿一「国際連盟脱退と国際協調外交」,「一橋論叢」,1985年第94卷3号。

国联"之时,日本俨然成了"世界的孤儿"①。2006 年,山川恭子发表《周刊志记事所见从满洲事变到退出国际联盟——以〈朝日周刊〉为中心(週刊誌記事に見る満州事変から国際連盟脱退まで—「週刊朝日」を中心に)》一文,该文章以《朝日新闻》社的下属刊物《周刊朝日》、《每日新闻》社的下属刊物《每日周末》为资料基础,通过分析报道的内容、手段、方式,再现了日本媒体记述下的"九一八"事变、国联调停、李顿调查团在东亚的调查、日本退出国联等历史②。

日本学界关于李顿调查团研究还散见于日本的"满洲事变""满洲国""日中战争"等研究范畴之内,将李顿调查团作为历史事件加以陈述,并未深入探究。详见臼井胜美著《满洲事变:战争与外交(満州事変——戦争と外交と)》③和《"满洲国"与国际联盟(満州国と国際連盟)》④、绪方贞子著《满洲事变:政策的形成过程(満洲事変と政策の形成過程)》⑤、筒井清忠主编《从最新研究看走向战争之途(最新研究で見る戦争への道)》⑥、后藤春美著《与国际主义的搏斗:日本、国际联盟、大英帝国(国際主義との格闘:日本、国際連盟、イギリス帝国)》⑦等研究成果。

(三) 欧美学界的先行研究

"九一八"事变对当时既存的凡尔赛—华盛顿体系冲击极大,日本退出国联一定程度上加速了国联集体安全机制的瓦解,引起西方学者的关注与研究,并在相关研究中提及李顿调查团,但未形成关于李顿调查团的专题性研究。

早在"九一八"事变发生后,西方学者就关注到了事变所引发的多面向影响。1935 年,韦罗贝(W. W. Willoughby)完成《中日纠纷与国联》(*The Sino-Japanese Controversy and the League of Nations*)一书,兼具学术研究与资

---

① NHK"ドキュメント昭和"取材班編『十字架上の日本:国際連盟との訣別』、角川書店、1987 年。
② 山川恭子「週刊誌記事に見る満州事変から国際連盟脱退まで—「週刊朝日」を中心に」、『図書館情報メディア研究』、2007 年第 5 巻 2 号。
③ 臼井勝美『満州事変——戦争と外交と』、中央公論社、1974 年。
④ 臼井勝美『満洲国と国際連盟』、吉川弘文館、1995 年。
⑤ 緒方貞子『満洲事変と政策の形成過程』、原書房、1966 年。
⑥ 筒井清忠編『最新研究で見る戦争への道』、筑摩書房、2015 年。
⑦ 後藤春美『国際主義との格闘:日本、国際連盟、イギリス帝国』、中央公論新社、2016 年。

料整理性质，详细地分析了国联调处"九一八"事变经过与南京国民政府对国联外交，对国联理事会会议的召开与李顿调查团的组建也有较为详细的记录①。1937年，乌苏拉·哈伯德(Ursula P. Hubbard)在《美国与国际联盟的合作(1931—1936)》("Cooperation of the United States with the League of Nations, 1931—1936")文章中从美国与国联合作关系的角度，呈现了1931—1936年国联处理各项事务过程中的美国因素与身影，其中简单提及了美国派员加入李顿调查团，成为调查"九一八"事变的主导国之一②。1948年，萨拉·史密斯(Sara R. Smith)出版《1931—1932年的满洲危机：一个国际关系的悲剧》(*The Manchurian Crisis, 1931—1932: A Tragedy in International Relations*)，将"九一八"事变视为一战后国际关系中发生的悲剧，并指出当国联于1931年12月10日准备组建李顿调查团之际，情况已经发展到了毫无疑问的最终悲剧结局，因为日本在中国东北的军事行动和日本国内对"满洲"情感都已根深蒂固，除非其他大国进行武装干预，否则无法迫使其放弃，而日本领导人当时有充分的理由相信，任何形式的国际行动都不可能发生③。

1963年，拉帕波特(A. Rappaport)教授在《亨利·史汀生与日本(1931—1933)》(*Henry L. Stimson and Japan, 1931—1933*)一书中试图回答自1931年以来困扰学者的一个关键问题，即为什么美国和英国未能阻止日本侵略中国东北。作者在专著中引用李顿调查团说明美国参与国联介入中日冲突的过程，并利用有关调查团的资料，说明尽管英美等国家进行调停，但没有改变中国东北陷入日本侵略中的结局④。1972年，克里斯托弗·索恩(Christopher Thorne)出版《外交政策的局限性：西方、国联与1931—1933年远东危机》(*The Limits of Foreign Policy: The West, the League and the Far Eastern Crisis of 1931—1933*)一书，详细考查了1931—1933年国联在

---

① W. W. Willoughby, *The Sino-Japanese Controversy and the League of Nations*, Baltimore: Johns Hopkins University Press, 1935.

② Ursula P. Hubbard, "Cooperation of the United States with the League of Nations, 1931—1936," *International Conciliation*, 1937, Vol. 18, pp. 295 - 472.

③ Sara R. Smith, *The Manchurian Crisis, 1931—1932: A Tragedy in International Relations*, New York: Columbia University Press, 1948.

④ A. Rappaport, *Henry L. Stimson and Japan, 1931—1933*, Chicago: University of Chicago Press, 1963.

处理中日问题上的策略与行动,认为囿于当时英国财经的脆弱,军事上更不具备在远东进行一场大的战争的能力,因此由英国主导的李顿调查团历时半年多的调查没有取得和平结果,而英国在解决远东问题过程中,始终坚持避战求和,姑息日本侵略者,实施具有绥靖色彩的政策[1]。

2007年,托马斯·伯克曼(Thomas W. Burkman)出版《日本与国际联盟:帝国与世界秩序(1914—1938)》(*Japan and the League of Nations: Empire and World Order, 1914—1938*),他在这本书中挑战了仅从日本走向第二次世界大战的角度来描述20世纪20年代和30年代历史的主流范式。作者认为通过国际合作,尤其是通过国际联盟来追求国家利益需要得到承认,并表示该书"全面描绘了日美同盟关系及其在20世纪二三十年代日本国际上的合法地位"。根据伯克曼的说法,《李顿调查团报告书》并没有简单地批判日本妄图在中国东北建立一个傀儡国家,但确实指出"主要的政治和行政权力掌握在日本官员和顾问手中"[2]。2010年,埃尔德里德·马格利(Eldrid I. Mageli)在《真正的和平传统?1931—1934年挪威与满洲危机》("A Real Peace Tradition? Norway and the Manchurian Crisis, 1931—1934")一文中从挪威的视角看待国联对中日纠纷的调处,认为挪威在东北问题上并不是和平的促进者,而是从本国利益出发偏向日本[3]。

最后,需要特别指出的是,自2016年以来,中国学界以南京大学张生教授为首的学术团队,通过搜集瑞士日内瓦的国联和联合国档案馆(League of Nations and United Nations Archives)所藏李顿调查团为主体的档案资料,编撰出版目前国内关于李顿调查团最系统的专题资料集——《李顿调查团档案文献集》(19卷),引领学术界掀起研究李顿调查团的高潮,其中的重要研究成果构成了本书主体内容。

---

[1] Christopher Thorne, *The Limits of Foreign Policy: The West, the League and the Far Eastern Crisis of 1931—1933*, London: Hamilton, 1972.

[2] Thomas W. Burkman, *Japan and the League of Nations: Empire and World Order, 1914—1938*, Honolulu: University of Hawaii Press, 2007.

[3] Eldrid I. Mageli, "A Real Peace Tradition? Norway and the Manchurian Crisis, 1931—1934," *Contemporary European History*, Vol. 19, No. 1, 2010, pp. 17-36.

二、篇章内容

本书主体篇章内容分为三个板块暨国际联盟调查团的成立史、居于"台前"的李顿调查团、身处"幕后"的李顿调查团,共有十三个部分,兹介绍如下:

第一部分"'九一八'事变和国际联盟调查团的组建"。"九一八"事变爆发后,中国将此事诉诸国际舞台,希望国际联盟伸张正义,结果是国际联盟决定组建调查团,赴远东调查中日冲突。一般研究将调查团置于"九一八"事变后的叙述框架内,强调调查过程和调查报告书,对调查团的产生过程缺乏整体研究。在国联调查团产生的问题上,中国不仅与日本在国联进行了长达三个月的论争,而且强烈呼吁英美等国支持组建调查团,各国之间的交锋异常频繁。这一部分内容以国联理事会第65届常会的三个阶段为时间线索,以中日围绕是否派遣调查团的辩论为叙述脉络,系统呈现国联调查团的产生过程,可以凸显中日冲突的"国际性"和国联调查团的"主体性"。

第二部分"'九一八'事变后的中立观察员派遣研究"。国际联盟对中日冲突的处理进展缓慢,原因之一是缺乏有关中国东北的实地信息。中国要求国联派遣调查团,而日本以中日直接谈判为由进行阻扰,但不得不默认已经身处中日两国的第三方人员可以前往中国东北视察。在国联正式派遣调查团之前,英美和国联的中立观察员们扮演了搜集信息的角色,派遣观察员的过程及观察报告使英美等可以了解事变情况,推动国联处理中日冲突的进程。中立观察员的派遣不仅缓解了国联获取实地信息的压力,而且使中国坚定了依靠国联的初衷,并促使日本转变关于派遣国联调查团的立场。中立观察员派遣与国联调查团的组建具有内在逻辑统一性,是国联调查团的预演。

第三部分"'接待政治'和李顿调查团的中国关内之行"。李顿调查团在上海、杭州、南京、北平等地受到中国各界的热情招待。国民政府与日方一样,在细致接待的同时,向调查团全面表达己方的政治诉求,希望影响其立场。但殷勤的接待并没有改变会谈过程中调查团的严厉苛刻态度,而调查团亦在繁复的调查过程中按照自己的逻辑和路径确认众多关键事实,做出情理之中、意料之外的政治判断。李顿调查团的关内之行,体现了南京国民政府外交的姿态和面相。

第四部分"'新史学'宗旨与中国各界致李顿调查团呈文"。每个时代有自己的"新史学"。国际联盟派遣李顿调查团赴中日实地调查,中国东北和关内各界纷纷呈文,表达对于事件真相、伪满洲国和中日冲突的看法,由调查团带回日内瓦后藏于国联和联合国档案馆中。这些呈文构成了颇具张力的历史文本,大多数充满爱国主义热忱,影响了李顿调查团的结论,进而影响了中日关系和东亚局势演变。其强劲的民族国家立场,体现了梁启超期待已久的"新史学"的宗旨。

第五部分"李顿调查团对'一·二八'事变的聚焦与因应"。在李顿调查团正式组建后不久,日本海军在上海制造"一·二八"事变,昭示远东局势持续紧张,加快了李顿调查团的东方之行。尽管调查团对外强调"近日上海有事,该团仍仅限于调查东北",但事实上非常关注"一·二八"事变。调查团在上海停留调查近半月,并集中精力研究"最近战争之事实",同时思考"休战之可能性"。因国民政府催促北上,加之上海圆桌调停会议一时陷入僵局,调查团在《上海停战协定》签订前就离沪北上。从形式上看,李顿调查团没有解决"一·二八"事变,但上海之行对调查团的影响深远,直接促成《李顿调查团报告书》中专门用一章篇幅介绍"上海",将日本的侵略事实公之于世,这是导致日本对该报告书极不满意的原因之一。

第六部分"李顿调查团对东北海关的聚焦与日本的应对"。东北海关牵涉西方大国利益,在合力驱动下,李顿调查团对此问题始终关注。他们不仅通过西方在华人士、中方人士以及伪满洲国官员三个层面全面了解信息,还向日方顾问提及国际社会希望日本在东北海关问题上保持冷静,但这未被日本接受,中国海关统一性最终遭到破坏。调查团没有权力处置"见解不同"的日本当局,但有权力将东北海关问题写入《李顿调查团报告书》。该报告书在"满洲国"这一章中拿出较长篇幅陈述"东北海关"问题,相关措辞对日本不利,引起日方强烈不满。国际联盟在审议环节基本采纳《李顿调查团报告书》的内容,日本经强辩无效后选择退出国联,以激进的方式自绝于国际社会,走向法西斯道路,最终自食战败的苦果。

第七部分"李顿调查团与西方记者密访马占山风波"。李顿调查团进入东北后,受到日伪军队、警察、宪兵、特务的层层设阻监控,其与东北各界人士接触遭到禁锢,日伪甚至强硬阻拦调查团与马占山会面。在此背景下,瑞士记者林特(August R Lindt)和美联社记者斯蒂尔(Archilbald Trojan Steele)在中国人帮助下秘密访问马占山,获取了部分反映东北民众抗日反"满"意志的珍贵资料。但当二人返回哈尔滨后，随即遭到日伪当局的无理拘捕和搜查，甚至粗暴地没收二人采访记录及私人物品，引发一场小有影响的风波。

第八部分"李顿调查团与'九一八'事变中的'共产主义'因素"。包括中共在内的"共产主义"因素，是日本发动"九一八"事变、拒绝撤兵和建立伪满等一系列行动的借口之一，这也是李顿调查团的调查内容之一。日本和国民政府利用多种方式对共产主义进行诋毁和"辩解"，误导调查团。尽管内容和目的各不相同，但对《李顿调查团报告书》均产生一定影响。这也是中共批评《报告书》的重要原因之一，并使欧美等国对"九一八"事变后的"共产主义"产生忧虑，逐步形成"九一八"事变与"共产主义"存在关联性的刻板印象。

第九部分"日本因应国联调查团的动机及其异化"。日本在国联介入中日冲突的议题上颇为多变，从反对调查团方案到倡议组建调查团，再试图劝诱与引导调查团，最终质疑与否认调查团，立场反复的原因在于日本侵略者的身份。在因应国联调查团过程中，日本始终企图贯彻"满蒙经略"所谓国策，并利用国联集体安全机制的软弱性和在东亚的不适用性，诱导国联调查团为己"背书"。关于日本因应调查团的解释，除利用调查团的时间差以扶植成立伪满的常识性认知以外，还存在日本借助调查团实现伪满地位认可的动机，但最终异化成日本因调查团否认伪满而反对调查团，并以退出国联相抵制。

第十部分"日本承认伪满洲国与各方因应"。日本"五一五"事件发生后，军部为首的右翼势力主导了政局。为进一步加强对中国东北的控制，日本在国联审议中日冲突期间，公然违反国际法，准备承认伪满洲国。中国一方面委派驻日公使蒋作宾与日本高层交涉，另一方面呼吁国际社会介入。英国从外交渠道尽力劝阻日本，美国则受制于国内孤立主义势力，担心美日关系进一步恶化，不愿在"不承认主义"的基础上继续前进。国联在收到调查团报告书之前，无法审议中日冲突。国联调查团则意图通过访问日本阻止其承认伪满。日本奉行"焦土外交"策略，以寸步不让的姿态，排除一切承认伪满的阻碍。以此为开端，日本不可避免地走上退出国联、自绝于国际社会的道路。

第十一部分"国联调停与张学良弃守锦州事件"。作为东北军最高长官，张学良在"九一八"事变后的锦州危机中具有重要地位。锦州危机期间，中方在该地区的兵力始终不足以与日军抗衡。日本早有驱逐东北军退回关内的意图，这与顾维钧提议的锦州中立案有着本质区别。日方以保存锦州地区中国政权为饵向张学良释放和谈的虚假信号，张学良虽很感兴趣，但撤守的前提条件在关东军的进攻之下已不复存在。最终日方的劝诱只是为张学良撤守锦州提供了借口,以蒋介石下台为标志的宁粤政争则在此间产生了重要影响。在国际外交方面,国民政府在国联决议派遣中立观察员之后,并没有持续地推动国联在锦州地区发挥缓和地方冲突的作用,而是陷于内部政潮的纷争当中,后来更是疲于应付日本之外交宣传指责,并不能提出具体办法,仅空言希望国联以及列强的干涉,于事无补。

第十二部分"《李顿调查团报告书》发表与国际联盟调停"。《李顿调查团报告书》发表后,国际联盟根据《国联盟约》第十五条第三项,希望中日两国达成和解。十九国委员会制定了一份决议草案,规定和解工作以《李顿调查团报告书》为基础,邀请美国和苏联成立委员会,与中日两国一起进行谈判,并明确指出不承认伪满洲国。中国愿意接受决议草案,要求和解谈判不损害中国对东北地区的主权,并希望国联从速解决争端。日本拒绝接受该草案,排斥第三国,尤其是美、苏两国介入和解谈判,且不接受《李顿调查团报告书》,要求修改草案中与维持并承认伪满相违背的内容。国联内部,以英法为首的大国从自身利益出发,企图以绥靖政策安抚日本,促使其接受国联的调解;一些小国则希望国联将日本作为侵略国进行判决与处置。起初,在大国的主导下,国联对日本一再让步,但日本政府采用"焦土外交"策略,坚持要求国联完全采纳其对决议草案的修改意见。国联判断日本无意和解,态度转向强硬,询问日本是否会坚持伪满独立。日方做出肯定回答,最终使国联放弃和解工作。国联主导下的中日和解,是在最低限度维持自身权威的前提下,寻求对日本妥协方案的过程。日本坚持既定侵华政策,破坏集体安全机制的根本原则,导致和解工作归于失败。

第十三部分"日本退出国联与中国知识界外交十字路口的抉择"。1933年2月,日本宣布退出国联,致使中国诉诸国联的外交策略失去交涉对象,一定程度上宣告了国联外交的失败。此后,中国外交面临十字路口的抉择:联美、联俄、联英还是继续依靠国联抑或直接对日交涉?中国知识界对此做出反应,纷纷撰文探讨中国外交的新出路。知识界关于中国外交出路的不同抉择,背后诠释的是对"弱国无外交""打倒一切帝国主义"等口号的深度省思。从历史的后见之明出发,其中的某些外交谋略成为日后中国抗战胜利外交层面的必备要素。

三、主要观点

本书围绕"李顿调查团"核心议题,并扩至"九一八"事变、国际联盟、中国共产党、新史学、伪满洲国、"一·二八"事变、东北海关、锦州中立事件等研究话题,通过十三个部分的专题性研究,旨在提出、论证与构建下列五个学术观点。

第一,"九一八"事变是一个影响世界历史进程的重大事件。

从一战后国联对东亚秩序安排的角度追溯日本发动"九一八"事变的根源,将"九一八"事变置于近代日本"大陆政策"推进过程中加以研究,所看到的历史景象令人生畏。"九一八"事变爆发后,日本国内政局变幻莫测,间接将东亚秩序推向十字路口。李顿调查团介入中日冲突以及《李顿调查团报告书》的公布,没有将日本拉回凡尔赛—华盛顿体系所界定的东亚秩序,退出国联的日本逐渐成为第二次世界大战的亚洲策源地。

第二,中国共产党在"九一八"事变后坚定地站在抗日民族伟业最前沿。

"九一八"事变发生后不久,中国共产党就断言该事变"不啻就是第二次世界大战的预演与进攻苏联战争的序幕"[①]。面对日本发动的侵华战争,中国共产党没有像国民党政府那样寻求国际社会的调停,而是高举抗战旗帜,以实际行动回应日军侵略。对于国联调停与李顿调查团,中国共产党一方面通过与其有联系的抗日救亡团体,如东北民众抗日救国会等,间接地发动群众向李顿调查团提交说贴,另一方面从阶级立场、民族立场出发,强烈批判国联在处置日本侵华问题上的优柔寡断和绥靖政策。针对《李顿调查团报告书》中关于"东北国际共管"建议,中国共产党予以严肃驳斥,这既是反对错误观点的必然选择,亦是维护领土完整、为中华民族谋复兴的初心使然,更是争取民族独立、为中国人民谋幸福的使命担当。

第三,日内瓦国联和联合国档案馆藏李顿调查团档案是深入"九一八"事变史研究的突破口。

本书各部分内容建基于李顿调查团专题性档案资料,全面展示李顿调查

[①] 《中华苏维埃共和国中央工农革命委员会宣言》,《红旗周报》1931年第19期,第13页。

团史实的不同面向，对李顿调查团的组建、调查、调停、影响等进行深层次研究。通过深度解读以日内瓦国联和联合国档案馆藏李顿调查团档案为核心的资料，并辅以日本外务省档案、英美外交档案、各类中文档案资料等，将李顿调查团置于多元化史料与国际化框架之下，突出李顿调查团对东亚国际格局变动的重要影响和历史地位，揭示日本挑战凡尔赛—华盛顿体系的动态过程。

第四，一战后国际秩序的局限性限制李顿调查团功能的发挥。

与欧亚大陆相隔的美国受益于一战，借助一战契机开始崛起，并倡议筹建国联，但受国内政治阻碍，最终未加入国联，这不仅成为国联创建之际的一大遗珠，而且制约了国联集体安全机制的发挥。英国大肆扩张的阶段在一战后已经成为过去，维护既得利益成为英国全球战略的主要目标，故其远东战略就是要维护华盛顿体系所确立的远东现状。英美之外的法、德、苏等国在东亚地区亦各有出于国家利益的不同考虑，充分反映出当时世界大国的东亚步调难以一致。由此构建的国际秩序具有明显局限性，深刻制约着李顿调查团的功能发挥。

第五，李顿调查团及其报告书深刻影响着东亚秩序乃至国际秩序。

李顿调查团涉及的时间、地点、人物和事件，看似一个个小问题，却都牵动当时国际社会的神经。自《李顿调查团报告书》正式公布后，围绕《报告书》的协商、审议、调解、表决都深深地掐住了东亚格局的神经。最直接的后果是日本退出国联，走向突破凡尔赛—华盛顿体系的毁灭之路。日本在退出国联后的1934年发布天羽声明，损害了日本的国际声誉；1936年单方面退出伦敦裁军会议更让日本走向孤立，最终和德国、意大利结成法西斯同盟。对处于民族国家整合进程中的中国而言，国联调停失败使得抗日渐渐成为国内政治的枢纽，促成了各种政治力量的合作。质言之，李顿调查团及其《报告书》是"旧"的国际秩序企图复归"正轨"的一次失败努力，中日的抉择，不仅构成了颠覆既有国际秩序的外在推力，而且蕴含着构建国际新秩序的内生动力。

国际联盟调查团的成立史

一、"九一八"事变和国际联盟调查团的组建

"九一八"事变爆发时恰逢国联理事会第65届常会召开,秘书长为杰姆斯·E.德拉蒙德(James E. Drummond),根据会议的时间安排,此次常会可以分为三个阶段:9月19日至9月30日为第一阶段,主席亚历杭德罗·勒鲁斯(Alejandro Lerroux);10月13日至10月24日为第二阶段,主席阿里斯蒂德·白里安(Aristide Briand);11月16日至12月10日为第三阶段,主席白里安。三个会议阶段不仅都产生了有关中日冲突的议决案,而且充斥着强烈的国家间博弈,中日在采取何种方式解决"九一八"事变上各执己见:中国建议国联积极介入,派遣中立调查团赴中国东北进行实地考察;日本强烈反对国联介入,要求中日直接谈判;英美法等国家亦在该过程中扮演了重要角色。

本书基于《国联公报》(League of Nations Official Journal)、英美外交档案[①]和日本外务省资料及前人研究成果,以国联理事会第65届常会的三个阶段为时间线索,以中日围绕是否派遣调查团的辩论为叙述脉络,对每个阶段性议决案进行原因探究与影响分析,全面剖析国联调查团从提出到产生背后暗藏的国家间博弈,揭示调查团是各国不同利益集合的产物,凸显中日冲突的"国际性"和国联调查团的"主体性"。

(一)国联第一阶段会议和日本的攻势外交

1931年9月18日,"九一八"事变爆发,日本关东军以此为契机,在三个

[①] 英国外交档案主要是 *Documents on British Foreign Policy 1919—1939*,数据库参见 http://dbpo.chadwyck.co.uk/home.do;美国外交档案主要是 *Foreign Relations of United States* 和国务院向参议院外交委员会提交的 *Conditions in Manchuria*(House and Senate Documents, Serial Set Id:9520 S. doc. 55),后者数据库参见 http://congressional.proquest.com/congressional.

多月内占领中国东北三省。9月21日,蒋介石从南昌返回南京,召开高层会议,主张以日本侵占中国东北的事实,先行提交国际联盟与签订非战公约诸国①。第二天,蒋介石发表演讲,表示坚定依靠国联之决心:"余敢确信凡国际联合会之参加国及非战公约之签订国,对于日本破坏条约之暴行,必有适当之裁制。"②

中国驻国联全权代表施肇基根据《国联盟约》第11条③,于当地时间9月21日向国联理事会提起申诉,"依据盟约第11条所赋予的权力,理事会应该采取立即措施以阻止危及国际和平的局势进一步恶化,恢复原状……"④次日上午的国联理事会第65届常会第一阶段第二次会议正式讨论中国提交的申诉。在施肇基根据申诉书表达中国立场后,日本驻国联全权代表芳泽谦吉发言,其质疑中国对东北局势的陈述,表示根据日本政府的电函,"中日两国政府对阻止恶化局势的必要性已经达成一致",并称是中国建议"通过两国政府直接谈判予以解决",国联的"过早干涉"将造成刺激日本公众舆论的不良后果,阻碍和平解决,所以其坚信通过直接谈判可实现和平解决⑤。施肇基随后补充道:"可以通过国联任命委员会赴中国东北调查以获取真实情况……在中国

---

① 秦孝仪主编:《中华民国重要史料初编 对日抗战时期》续编(1),台北:中国国民党中央委员会党史委员会,1981年,第280—281页。

② 秦孝仪主编:《"总统"蒋公大事长编初稿·卷二》,台北:中国国民党中央委员会党史委员会,1978年,第130页。

③ 《国联盟约》第11条规定:"(一)兹特声明,凡任何战争或战争之威胁,不论其直接影响联盟任何一会员国与否,皆为有关联盟全体之事。联盟应采取适当有效之措施以保持各国间之和平。如遇此等情事,秘书长应依联盟任何会员国之请求,立即召集行政院会议。(二)又声明,凡影响国际关系之任何情势,足以扰乱国际和平或危及国际和平所依之良好谅解者,联盟任何会员国有权以友谊名义,提请大会或行政院注意。"参见世界知识出版社编辑:《国际条约集(1917—1923)》,北京:世界知识出版社,1961年,第270页。

④ "Letter from the Chinese Government to the Secretary-General Submitting its appeal to the Council under Article 11 of the Covenant", September 21st, 1931, Annex. 1334-Ⅰ, *League of Nations Official Journal*, Vol. 12, Iss. 12, 1931(the same below), pp. 2453-2454.

⑤ "Appeal from the Chinese Government under Article 11 of the Covenant, Second Meeting(Public)", 10.30 a.m., September 22, 1931, *League of Nations Official Journal*, p. 2267.

领土被日本军事占领之下,如何能够进行直接外交谈判"①,恢复原状是谈判的前提。芳泽则答称:"通过直接谈判解决事变,不仅是日本政府的意愿,而且中国政府也倾向于此",有国民政府的高级官员提出直接交涉,这是中国建议,日本是接受建议,"中日可以通过直接谈判致力于解决事变"②。

关于芳泽所说的国民政府高官有直接谈判之建议,是指 9 月 19 日日本驻华公使重光葵拜访宋子文,商议应变措施。据重光葵回忆,宋子文建议重光葵与他一起前往中国东北③,重光葵向日本外相币原喜重郎汇报该建议,"应避免该事件扩大,可由双方各选派三名有力人员组成委员会,赴满调查与处理该问题。"④币原随后向芳泽发电告知此情况,称"两国政府在避免事态扩大上意见一致……现在将该事件弄成国联的问题,只会刺激两国舆论,反而使事态更加纠纷复杂"⑤。但与此同时,国民政府已将事变申诉至国联,宋子文于 9 月 22 日致电重光葵,取消该建议,提议组建委员会是基于"当时的事件纯粹是地方骚动",但现在"中国东北各地出现战时状态",在日军撤退之前,不能组织中日委员会⑥。

在第二次会议结束前,英国代表罗伯特·塞西尔(Robert Cecil)称:"我们缺乏必要的事实信息以达成观点。中日提交的说明在事变的起因和内容上存

---

① "Appeal from the Chinese Government under Article 11 of the Covenant, Second Meeting (Public)", 10.30 a.m., September 22, 1931, *League of Nations Official Journal*, pp. 2267-2268.

② "Appeal from the Chinese Government under Article 11 of the Covenant, Second Meeting (Public)", 10.30 a.m., September 22, 1931, *League of Nations Official Journal*, p. 2268.

③ 重光葵『外交回想録』、毎日新聞社、1953 年、105 頁。

④ 「柳条溝事件善後処理方策に関する宋行政院副院長提案について」(1931 年 9 月 19 日)、外務省編『日本外交文書:満州事変』第 1 巻第 2 冊、外務省、1963 年、288 頁。

⑤ 「本事件ニ関スル対聯盟策回訓」(1931 年 9 月 21 日)、JACAR(アジア歴史資料センター)Ref. B02030380700(第 14 画像目から)、満州事変(支那兵ノ満鉄柳条溝爆破ニ因ル日、支軍衝突関係)/善後措置関係/国際連盟ニ於ケル折衝関係/日支事件ニ関スル交渉経過(連盟及対米関係) 第一巻(外務省外交史料館)。

⑥ 「宋の委員会設置案撤回について」(1931 年 9 月 22 日)、外務省編『日本外交文書:満州事変』第 1 巻第 2 冊、308 頁。

在本质区别。"①这符合施肇基关于组建调查团的建议。在当天下午的第三次会议中,施肇基再次请求国联关注与赞成其关于任命调查团的建议②。

9月23日,国联理事会主席勒鲁斯向中日发出通告,要求"各自军队立即撤退"③,日本答复已经撤回大部分军队,仅在"几个地点"驻有"少数部队","希望通过中日直接交涉和平解决此次事件,今后也决心不偏离这个行动原则"④。9月25日,芳泽在第四次会议中警告:"国联不要过早介入。"日本政府为了令人满意地解决这一事变,"准备随时与中国政府进行直接谈判"⑤。施肇基则基于国联理事会已经要求实施撤军,遂提议"中国政府深切希望国联理事会派遣中立国委员会,授权监督军队撤回,并将之报告理事会"⑥,将调查团的权限从搜集信息扩展至监督撤军。

9月28日,国联理事会举行第五次会议,由于芳泽称日军还在少数地区驻有军队,施肇基主张正因为"一些地方仍然被日军占领",理事会应该派遣"中立调查委员会"⑦,实现立即撤军。芳泽对立即撤军表示异议,因为有日本民众的生命和财产利益需要军队的保护。施肇基对此表示:"为了妥协,建议

---

① "Appeal from the Chinese Government under Article 11 of the Covenant, Second Meeting (Public)", 10. 30 a. m., September 22, 1931, *League of Nations Official Journal*, p. 2269.

② "Appeal from the Chinese Government under Article 11 of the Covenant, Third Meeting (Public)", 3. 30 p. m., September 22, 1931, *League of Nations Official Journal*, p. 2272.

③ "Telegram from the President of the Council sent to the Chinese and Japanese Governments in accordance with the Council's decision of September 22, 1931", September 22, 1931, Annex. 1344 - Ⅲ, *League of Nations Official Journal*, p. 2454.

④ "Reply from the Japanese Government to the Communication from the President of the Council dated September 22, 1931", September 24, 1931, Annex. 1344 - Ⅳ, *League of Nations Official Journal*, p. 2455.

⑤ "Appeal from the Chinese Government under Article 11 of the Covenant, Fourth Meeting (Public)", 5. 15 p. m., September 25, 1931, *League of Nations Official Journal*, p. 2281.

⑥ "Appeal from the Chinese Government under Article 11 of the Covenant, Fourth Meeting (Public)", 5. 15 p. m., September 25, 1931, *League of Nations Official Journal*, p. 2283.

⑦ "Appeal from the Chinese Government under Article 11 of the Covenant, Fifth Meeting", 5 p.m., September 28, 1931, *League of Nations Official Journal*, p. 2290.

如果理事会帮助中日达成协议以妥善尽早地完成军队撤离,那就没有必要派遣调查委员会",调查团是否派遣根据日军是否撤退而定。但是,芳泽认为"由中日组建的委员会和包括其他国家的委员会性质是一样",仍提议由中日直接解决,避免第三方介入。施肇基答复:"出于对报告真实性的怀疑,以及两国对问题不能取得一致……希望由理事会派遣代表通过实地考察,避免产生误解",芳泽仍然表示不能接受①。

施肇基再次提议:"可以不从日内瓦直接派遣,在事发地就有中立国,这些中立国可以帮助实现停战协议",中国坚定地要求派遣调查团。此时,塞西尔表示赞同,认为中国代表的提议值得"令人关注",希望芳泽进一步考虑,"在中国东北组织委员会或会议,由中日代表构成……理事会将协助双方达成协议"。芳泽对英国的表态感到震惊,急忙补充:"如果塞西尔的建议是由中日致力于达成协议,而没有外界介入……那将转达日本政府。"塞西尔随即表示"国联能够帮助双方事先协议,现在建议由中日会面并尝试达成协议",英国的态度再次偏向日本②。

在第五次会议中,中日双方围绕国联是否应该介入展开了激烈辩论:中国希望通过派遣调查团实现国联介入;日本坚决反对,主张中日直接谈判;英国虽不反对中国的建议,但根据国联的实际情况,优先建议中日直接会谈。

9月30日的第七次会议是第一阶段常会的最后一次会议,主席勒鲁斯首先宣布议决草案③。芳泽表示接受议决案,建议国联理事会成员向秘书长汇报获得的有关事发地的信息。施肇基一方面顺着芳泽的建议称:"理事会应该积极关注事件发展的即时完整信息,中国政府乐意配合完成",希望国联介入;另一方面对草案提出解释:如果到10月14日,日本还不能实现完全撤军,国

---

① "Appeal from the Chinese Government under Article 11 of the Covenant, Fifth Meeting", 5 p.m., September 28, 1931, *League of Nations Official Journal*, p. 2291. 施肇基的妥协方案于9月30日以文本的形式报备行政院,参见"Letter from the Chinese Representative on the Council enclosing the text of the compromise proposal made at the Council meeting held on September 28, 1931", September 30, 1931, Annex. 1344 - Ⅷ, *League of Nations Official Journal*, pp. 2456 - 2457.

② "Appeal from the Chinese Government under Article 11 of the Covenant, Fifth Meeting", 5 p.m., September 28, 1931, *League of Nations Official Journal*, p. 2292.

③ 議決案文本参見「満州事変に関する国際連盟理事会決議」(1931年9月30日)、外務省編『日本外交年表竝主要文書』下巻、原書房、1966年、183—184頁。

联应该考虑其他措施,包括"派遣调查委员会和就地协议",但芳泽表示无法接受中国的解释,随后对草案进行表决,获得一致通过①。

国联第一阶段常会对中日两国的影响主要有两个方面:一是中国决心避免中日直接谈判,继续寻求第三方势力介入,扩大外交活动空间。10月1日,国民政府中央政治会议特种外交委员会(以下简称"特外委")第二次会议通过报告,议决"在日本未撤兵以前,中国不能与日本作任何交涉"②。10月3日,中国向美国发函,希望美国能够派遣代表赴东北调查:"鉴于美国是1928年《非战公约》的签字国,并与其他国家一样深刻关注有效维护远东之和平,中国政府真诚地请求美国政府采取立即行动,派遣代表搜集在中国东北的日本军队的活动信息,并将之电达美国政府和民众。"③10月5日,美国复函:"已经通过远东地区的代表获取关于东北局势发展的实时信息",派遣两名远东当值官员赴东北南部观察,并报告其所发现的情况④。实际上,美国政府已于10月3日指示驻华公使约翰逊(Nelson T. Johnson)向中国转告"美国已派汉森(George C. Hanson)和索尔兹伯里(Laurence E. Salisbury)作为观察员赴东北南部。"⑤

二是日本关东军采取进一步军事行动,压榨文治政府的外交信用,反而加速国联介入。10月8日,日军轰炸锦州。同时,日本参谋本部向驻外武官发布信息通报——鉴于溃败的中国军队在东北地区的"残暴"行为和"匪患",日本军队不可能撤回原地及其邻近区域。10月9日,施肇基向国联理事会发函

---

① "Appeal from the Chinese Government under Article 11 of the Covenant, Seventh Meeting", 4 p. m., September 30, 1931, *League of Nations Official Journal*, p. 2308.

② 《中央政治会议特种外交委员会第二次会议记录》(1931年10月1日),刘维开编:《国民政府处理九一八事变之重要文献》,台北:中国国民党中央委员会党史委员会,1992年,第9—10页。

③ "Telegram from the Acting Minister of Foreign Affairs in Nanking to the American Minister at Peiping", October 3, 1931, *Conditions in Manchuria*, House and Senate Documents, Serial Set Id: 9520 S. doc. 55, pp. 12-13.

④ "Reply of the American Minister to the telegram from the Chinese Government of October 3, 1931", October 5, 1931, *Conditions in Manchuria*, p. 13.

⑤ "The Secretary of State to the Minister in China (Johnson)", *Foreign Relations of the United States* (FRUS), Vol. Ⅲ, The Far East, 1931, p. 109.

要求立即重开理事会会议①。

（二）国联第二阶段会议和中国的无效胜利

由于日军在东三省采取进一步军事行动，国联理事会接受中国的请求，提前至10月13日召开第二阶段会议。当天中午的第八次会议中，施肇基再次呼吁国联介入，"中国已将其完全托付于国联……国联不可失败"②。

日本依旧坚持中日直接谈判，在轰炸锦州的当天，币原向驻国联代表团发去训电，"帝国政府确信，应从速开始中日直接交涉，先缓和两国间之险恶气氛，不仅停留在本次事件的解决，还要清除诱发本次事件的根本原因"③。同时，日本驻华外交官们亦报告中国关于直接谈判的动向，比如重光葵电函告知孔祥熙提及中日两国开始直接交涉④；北平的矢野参事汇报蒋介石和张学良都有直接谈判的意图⑤，希望避免国联介入。

在10月13日下午的第九次会议中，芳泽陈述："在军队撤退以前，中日必须先直接交涉，达成有助于促进恢复两国正常关系的某些基本原则"，"日本政府已经做好关于基本原则的直接谈判"⑥，这是日本首次在理事会会议中公开提及不能明说具体内容的"基本原则"。

在芳泽发言后，施肇基予以回应："只要日本军队非法占据中国领土，以及

---

① "Letter from the Chinese Representatives to the President of the Council Requesting the reconvention of the Council", October 9, 1931, Annex. 1344 - X - 13, *League of Nations Official Journal*, p. 2483.

② "Appeal from the Chinese Government under Article 11 of the Covenant, Eighth Meeting", 12 noon, October 13, 1931, *League of Nations Official Journal*, p. 2312.

③ 「日支事件ニ関スル方針」(1931年10月8日)、JACAR(アジア歴史資料センター)Ref. B02030382400(第17画像目から)、満州事変(支那兵ノ満鉄柳条溝爆破ニ因ル日、支軍衝突関係)/善後措置関係/国際連盟ニ於ケル折衝関係/日支事件ニ関スル交渉経過(連盟及対米関係) 第二巻(外務省外交史料館)。

④ 「孔祥熙日中直接交渉に言及について」(1931年10月13日)、外務省編『日本外交文書：満州事変』第1巻第2冊、342頁。

⑤ 「蒋介石・張学良の日中直接交渉意図に関する情報について」(1931年10月14日)、外務省編『日本外交文書：満州事変』第1巻第2冊、346頁。

⑥ "Appeal from the Chinese Government under Article 11 of the Covenant, Ninth Meeting", 3. 30 p. m., October 13, 1931, *League of Nations Official Journal*, p. 2315.

没有达成因 9 月 18 日及之后所犯错误而应弥补中国的令人满意协议",中国绝对不会同意直接谈判,"中国政府已经将整个事件托付于国联";施同时指出实际上是日本断绝了直接谈判,"在'九一八'事变发生后,日本的行动没有限制为局域性行动以符合当地实际情况,也没有将行动限制为仅应付眼前的防御需求。没有等到双方直接谈判,日本就派遣了大量军队进入中国,在中国广大区域的关键位置建立军事据点……日本自己放弃了任何可能的直接谈判途径……日本提议通过直接谈判可以解决整个冲突完全是错误与不合理的"①。

芳泽随后对直接谈判予以解释,"日本政府的意愿是这些谈判不涉及解决导致'九一八'事变产生的细节,而仅达成谈判的基础,目的是与中国达成关于撤兵的协议",并妄图以中日直接交涉经验来获得支持,"鉴于华盛顿会议期间的山东撤兵和三年前的济南撤兵",中日可以通过谈判达成协议细节。施肇基驳斥道:"当前的局势跟芳泽所提及的两个前例完全不同……而且日本代表忽略了 1915 年中日直接谈判所产生的'二十一条'。"②中日代表在国联关于是否开展直接谈判的对抗性争论异常激烈。

此后的两次会议主要是讨论有关邀请美国代表列席国联理事会的议题,日本强烈反对美国介入,要求组建专家委员会进行研究,后被英国等阻止,以免"致中日间重要纠纷之讨论离题",担忧拖延"九一八"事变的解决。在仅有日本一票反对情况下,国联通过了邀请美国案,美国代表的列席对日本打击很大,日本自认为处于"孤立无援"境地。

10 月 23 日的第十三次会议中,国联理事会主席白里安提出议决草案:

……(4)(a)要求日本政府立即开始并按序将军队撤退至铁路区域以内,俾在规定之下次开会日期以前,得完全撤退……

(6)建议撤兵完成后,中日两国政府开始直接交涉两国间之悬案……

---

① "Appeal from the Chinese Government under Article 11 of the Covenant, Ninth Meeting", 3. 30 p. m., October 13, 1931, *League of Nations Official Journal*, p. 2319.

② "Appeal from the Chinese Government under Article 11 of the Covenant, Ninth Meeting", 3. 30 p. m., October 13, 1931, *League of Nations Official Journal*, p. 2320.

理事会提议双方设立调解委员会或者类似的永久性机构……①

草案关键内容为设定日本撤兵时间和撤兵后再行直接谈判,前一项日本无法接受,后一项符合中国要求,都对中国有利。施肇基接受议决案,并根据各种国际条约以游说国联与第三方介入,"中国与任何国家,对于任何问题,做任何谈判,必须以国联盟约及巴黎公约下中国应有之权利及义务为依据,且须尊重一九二二年华盛顿会议所规定关于中国与各国关系之原则",反对直接交涉,"中国欢迎理事会关于设立永久调解委员会或类似机关之建议……"②芳泽则提出修正案,特别在针对第四条的修正案中,日本再次提及"通过中日对实现正常关系基本原则达成先期理解,方能改进局势",强调"需要认真地思考实现缓和的必要原则,并决定作为中日两国正常关系基础的基本原则"③。

10月24日,国联进行议决案表决前,塞西尔发言希望日本阐述基本原则的具体内容,并质疑:"如果这些原则跟主席建议的内容相近,为何不能接受主席草案?"④芳泽表示:"日本政府认为最好不要在理事会列举基本原则的具体内容……日本政府相信这些原则对中日两国谈判是有帮助的。"主席白里安则称:"如果不知道具体内容,没有会员国会同意插入'基本原则'文本。"⑤

由于日本坚决以修正案反对议决草案,10月24日的议决案因一票反对而未获得一致通过。尽管白里安认为"距离实现目标仅差一步,这并不代表没

---

① 议决案的全文内容,参见"Appeal from the Chinese Government under Article 11 of the Covenant, Thirteenth Meeting", 4 p.m., October 23, 1931, *League of Nations Official Journal*, p. 2341.

② "Appeal from the Chinese Government under Article 11 of the Covenant, Fourteenth Meeting", 6.15 p.m., October 23, 1931, *League of Nations Official Journal*, pp. 2345 – 2346.

③ "Appeal from the Chinese Government under Article 11 of the Covenant, Fourteenth Meeting", 6.15 p.m., October 23, 1931, *League of Nations Official Journal*, p. 2347.

④ "Appeal from the Chinese Government under Article 11 of the Covenant, Fifteenth Meeting", 10 a.m., October 24, 1931, *League of Nations Official Journal*, p. 2351.

⑤ "Appeal from the Chinese Government under Article 11 of the Covenant, Fifteenth Meeting", 10 a.m., October 24, 1931, *League of Nations Official Journal*, p. 2357.

有任何效果"①,但施肇基"担心对改善东北局势的可能性不大,因为日本坚持中日直接谈判。在日本未实现完全撤兵,以及未在国联主持之下就有关"九一八"事变后产生的责任与破坏达成令人满意的协议之前,中国不会参与谈判"②。

国联理事会第二阶段会议因日本的抵制未全票通过有利于中国的议决案,且该议决案使日本十分被动,"未曾见过理事会全员针对某一国抱有如此反感的现象"③。白里安亦表示议决案保有"道德上的完全力量",希望"立即指派代表商定关于撤兵及撤退区域各事之细节"④。

限期撤兵议决案对中日此后的行为产生了影响。中国鉴于国联氛围转向对己方有利,更加坚持国联介入,并将10月24日议决案付诸实践,邀请中立国派遣代表,共同监督日本撤兵。10月27日,国民政府特外委议决,立即发出正式请柬,邀请中立国派遣代表⑤。10月29日,蒋介石表示:"日本对于此次国联决议坚不接受已甚明显,以后情势实较未决议前更为严重……吾人处此情状之下,单独对付既有许多顾虑,而一方在国际上已得到一致同情,以后自应信任国联,始终与之合作。"⑥

日本坚决不承认议决案的合法性,日本政府认为"现在我方若屈服于国联

---

① "Appeal from the Chinese Government under Article 11 of the Covenant, Sixteenth Meeting", 5 p.m., October 24, 1931, *League of Nations Official Journal*, p. 2359.

② "Appeal from the Chinese Government under Article 11 of the Covenant, Sixteenth Meeting", 5 p.m., October 24, 1931, *League of Nations Official Journal*, pp. 2361-2362.

③ 「大綱五項目ニ関スル芳澤理事ノ意見具申」(1931年10月21日)、JACAR(アジア歴史資料センター)Ref. B02030386200(第23画像目から)、満州事変(支那兵ノ満鉄柳条溝爆破ニ因ル日、支軍衝突関係)/善後措置関係/国際連盟ニ於ケル折衝関係/日支事件ニ関スル交渉経過(連盟及対米関係) 第三巻(外務省外交史料館)。

④ "Letter from the President of the Council to the Japanese Representative containing his observations on the Declaration published by the Japanese Government in Tokyo on October 26th, 1931", October 29, 1931, Annex. 1344-XXIII, *League of Nations Official Journal*, pp. 2515-2516.

⑤ 《中央政治会议特种外交委员会第二十三次会议记录》(1931年10月27日),刘维开编:《国民政府处理九一八事变之重要文献》,第81—84页。

⑥ 《中央政治会议特种外交委员会第二十五次会议记录》(1931年10月29日),刘维开编:《国民政府处理九一八事变之重要文献》,第88—92页。

之压迫，允诺中国方面先行撤兵之主张……帝国之权威将丧失殆尽，进而还将使我在朝鲜之统治受到影响……这实属生死存亡问题"①。在继续谋求中日直接谈判的同时，以驻比利时大使佐藤尚武为代表的一些日本驻外使节则向外务省表示："如果坚决反对国联介入，那就只有退出国联……此次中日纷争不仅仅是两国间的问题，也是关系到国联的存亡问题。"②中日冲突的解决将影响欧洲问题和军缩议题，日本试图改变国联对日不利的气氛。

（三）国联第三阶段会议和国联调查团产生

由于10月24日议决案未获一致通过，日军以保护侨民生命和财产安全为由，在东三省继续开展军事行动，并延伸至东北北部，与马占山部激战于嫩江桥，越过中东路而取黑龙江省城齐齐哈尔，截留东北盐税等重要公货。同时，日本军方也意识到需要改善国际舆论，"把现时国际联盟对我不利的形势扭转过来，是帝国意图完成上所必需，因此到11月16日为止的这段时间，要使各国正确认识中国的现实情况，使其了解帝国去就进退之正大光明……"③

日本的军事行动引起了美国和国联的担忧。第一次休会期间的锦州轰炸改变了美国和国联的对日态度，而第二次休会期间发生的日本侵华行动更加深了美国和国联对中日冲突的介入。11月5日，美国致函日本，"除非日本实现撤军，否则无法实现中日直接谈判"④。翌日，白里安向中日发函，重提9月30日议决案，"为履行承诺，中日应该立即命令指挥官控制军队，消除导致中

---

① 「満州問題政府方針」(1931年11月12日)、JACAR(アジア歴史資料センター) Ref. B02030390900(第10画像目から)、満州事変(支那兵ノ満鉄柳条溝爆破ニ因ル日、支軍衝突関係)/善後措置関係/国際連盟ニ於ケル折衝関係/日支事件ニ関スル交渉経過(連盟及対米関係) 第四巻(外務省外交史料館)。

② 「『ドラモンド』三案ニ関スル佐藤大使意見」(1931年10月22日)、JACAR(アジア歴史資料センター)Ref. B02030386600(第1画像目から)、満州事変(支那兵ノ満鉄柳条溝爆破ニ因ル日、支軍衝突関係)/善後措置関係/国際連盟ニ於ケル折衝関係/日支事件ニ関スル交渉経過(連盟及対米関係) 第三巻(外務省外交史料館)。

③ 片倉衷『満州事変機密政略日誌』、小林龍夫・島田俊彦編『現代史資料7：満州事変』、東京、みすず書房、1980年、235—236頁。

④ "Memorandum delivered to the Japanese Government by the American Ambassador at Tokyo pursuant to instructions of the Secretary of State", November 5, 1931, *Conditions in Manchuria*, pp. 30 - 31.

日间流血事件发生的所有可能性"①。中国回函要求国联介入,"真诚希望各国政府立即派遣代表观察现场真实情况和日本违反议决案之证据"②。

在日本扩大军事行动、美国与国联对日诘问和中国坚持派遣观察员的背景下,国联理事会常会第三阶段会议于11月16日如期召开。白里安再次对中日纠纷表示担忧,"如果军事行动仍然持续,如果两国舆论不能够冷静以确保中日在理事会协调下进行维护和平的合作,那么理事会致力于和平解决争端的努力将会无效"。深感国际舆论对日本不利的芳泽在11月21日的会议上主动提出派遣调查团,其称"造成中国东北当前事件的源头不仅仅源自9月18日",所以"解决问题的必要条件是对整个局势的真实了解,包括东北和中国本身",基于此,"建议国联派遣调查委员会赴现场……但不应授权该委员会干涉两国间开始的谈判或监督军事行动"③。

鉴于日本反常地提出派遣调查团,并要求调查整个中国,施肇基担心日本借此延迟撤兵,故在会议上不表态,但表示"在具体讨论调查团的组建和任务时会提出补充修正案"④,以争取时间向国民政府汇报。随后,国联理事会常会进入私人会议与草案起草阶段,国民政府积极利用这段空隙应对日本关于派遣调查团的提议。

国民政府特外委先电示施肇基,"告以此案不能接受"⑤,制定因应七条办

---

① "Second Appeal from the President of the Council to the Chinese and Japanese Governments", November 6, 1931, Annex. 1344 - XXVIII, *League of Nations Official Journal*, p. 2521.

② "Reply from the Chinese Government to the appeal from the President of the Council", November 6, 1931, Annex. 1344 - XXIX, *League of Nations Official Journal*, pp. 2521 - 2522.

③ "Appeal from the Chinese Government under Article 11 of the Covenant, Eighteenth Meeting", 4. 30 p. m., November 21, 1931, *League of Nations Official Journal*, pp. 2365 - 2366.

④ "Appeal from the Chinese Government under Article 11 of the Covenant, Eighteenth Meeting", 4. 30 p. m., November 21, 1931, *League of Nations Official Journal*, p. 2366.

⑤ 《中央政治会议特种外交委员会第四十七次会议记录》(1931年11月22日),刘维开编:《国民政府处理九一八事变之重要文献》,第147—151页。

法①,并向国联发电陈述中国政府关于任命调查团提案的保留意见,"如果不能同时使战争停止,日军实现立即撤退尽速完成,那么调查委员会只不过是用以宽恕已经达到不法目的的侵略者占领中国领土罪行的工具罢了"。② 同时特外委派顾维钧咨询美国意见,在得到"美国政府对国际调查团大约不致反对"③的回复后,转而有条件地接受理事会正在起草的议决草案,"应坚决主张下列三原则:(甲)严厉制止日军之侵略行为;(乙)在一定期间内撤兵;(丙)在中立国人员监视下撤兵……如国联不能接受,其他一切皆谈不到。"④

12月9日,国联理事会召开第十九次会议,白里安首先宣布议决草案,第五条是有关派遣调查团的内容:

> 鉴于本案之特殊情形,希望促进两国政府间各项问题之最后根本解决,在不妨碍上述办法实行的前提下,决定派遣一委员会,由五人组成,就地研究任何影响国际关系而扰乱中日两国和平或和平所维系之相关情形,并报告于理事会。中日两国政府得各派参加调查员一人,襄助该委员会。两国政府对于该委员会应予以一切便利,俾能就地获得所需之各种信息。如双方开始任何谈判,则此项谈判不在该委员会职权范围以内。该委员会对于任何一方军事办法亦无干涉之权。该委员会之委派及其考

---

① 11月21日,顾维钧等人致张学良电稿,转告特外委议决办法七条:1. 国联即日制止日本军事行动;2. 日本于两星期内完成撤兵;3. 日本撤兵后,中国保障东三省日侨生命及财产之安全;4. 国联与美国共同组织中立国代表团,监视撤兵与接收办法。并调查情形报告于第七项规定之国际会议;5. 中日两国,双方重申尊重国际条约之原则,尤以《国际盟约》《非战公约》《九国条约》为重;6. 中日两国在中立国参加视察之下,即日开始商定接收详细办法及保障东三省日侨安全办法;7. 中日间关于东三省一切问题,保障东亚和平及以国际合作办法,促进东三省经济上的发展,由美国与国联共同召集有关系国际会议,根据三个条约之原则讨论解决之。参见刘维开编:《国民政府处理九一八事变之重要文献》,第289—290页。

② "Memorandum from the Chinese Representative on the Council Concerning the Proposal for the Appointment of a Commission of Enquiry", November 22, 1931, Annex. 1344-XXXV, *League of Nations Official Journal*, pp. 2528-2529.

③ 《中央政治会议特种外交委员会第四十八次会议记录》(1931年11月23日),刘维开编:《国民政府处理九一八事变之重要文献》,第152—154页。

④ 《中央政治会议特种外交委员会第四十九次会议记录》(1931年11月24日),刘维开编:《国民政府处理九一八事变之重要文献》,第155—158页。

察，对于日本政府在九月三十日议决案内所做日军撤至铁路区域内之保证，并无任何妨碍①。

在草案宣读之后，白里安对草案各条加以说明，其中关于第五条之说明如下：

本段规定调查委员会之设立，此项委员会虽然是顾问性质，但是其职务范围甚广。在原则上，凡是该委员会认为应加研究者，都不得除外，但此项问题以影响国际关系而足以扰乱中日两国和平及和平所维系为限。两国政府之任何一方，可以请该委员会考虑该国政府特别希望研究之任何问题。该委员会有全权裁量决定以何项问题报告理事会，并提交临时报告。如果委员到达时，两方依照九月三十日议决案所为之保证，尚未履行，该委员会应将情势尽速报告于理事会。如果两方开始任何谈判，则该项谈判不在该委员会职权范围以内，而且该委员会对于任何一方之军事办法，无干涉之权。但此项规定对于委员会之调查职权并无限制。委员会应享有行动之完全自由以能获得所需报告之各种信息②。

12月10日，国联理事会召开本届常会最后一次例会，施肇基在同意接受议决案之后，基于中国的利益，指出该议决案主要具有四项要点："1. 立即停止敌对行为；2. 于最短时期内终结日本占领东北；3. 中立人员对于今后一切发展之观察及报告；4. 理事会所派遣委员会对东北全局就地之翔实调查。"其中，着重强调"中国了解并期望决案内所规定之委员会，如果于其到达目的地时，日本军队之撤退尚未完成，该委员会将以调查该项撤退情形和提出建议报告书为首要职责……"③再次明确应以日军撤退为最要紧之事。

---

① "Appeal from the Chinese Government under Article 11 of the Covenant, Nineteenth Meeting", 5 p.m., December 9, 1931, *League of Nations Official Journal*, pp. 2374 - 2375.

② "Appeal from the Chinese Government under Article 11 of the Covenant, Nineteenth Meeting", 5 p.m., December 9, 1931, *League of Nations Official Journal*, p. 2375.

③ "Appeal from the Chinese Government under Article 11 of the Covenant, Twentieth Meeting", 4.30 p.m., December 10, 1931, *League of Nations Official Journal*, pp. 2376 - 2377.

随后该议决案获得一致通过,白里安乐观表示:"战争之威胁业已避免。"①

12月10日议决案通过后,日本成功使国联对日氛围趋于好转,重获外交主动权。当芳泽提出派遣调查团后,国联理事会成员国纷纷表示支持,西班牙代表勒鲁斯表示:国联理事会至今无法获得最基本信息,以便探知有关此次争端的真实起源,在这些情况下,我们必须为日本的建议鼓掌。意大利代表夏洛亚(Vittorio Scialoja)认为:我们已经非常接近解决这个一度被认为几乎无法处理的问题,愿意利用在中国东北的所有条件为调查委员会提供便利。波兰代表扎列斯基(Auguste Zaleski)称,这将是缓和中日两国公共舆论的第一步,并可以恢复中国东北正常情况②。

不过,该议决案没有规定日本撤兵的限期,从而使日军得以进一步策划扶植伪满洲国,芳泽对接受议决案也提出了保留意见:"在理解本款并不排除日本军队采取这样的行动:对东北地区的'土匪'和'不法分子'采取必要行动,以保护日本国民的生命财产安全"③,且议决案规定调查团对军事行动无干涉职权。白里安也对此表示认可,"承认日本采取此种特殊行动的必要性,并须在恢复正常状态后立即取消"④,这就保证了日军以"剿匪"和打击"不法分子"为由,继续开展军事行动。关东军参谋部总务课片仓衷大尉就指出"目前兵匪实质上和正规军无法区别","鉴于此实情,(攻击中国军队)是讨伐'匪贼'的自然结果",给予了日军对东北地区的中国军队展开军事行动的借口。12月27日,臧式毅请愿讨伐辽西一带"匪贼",再次开展军事行动⑤。

---

① "Appeal from the Chinese Government under Article 11 of the Covenant, Twentieth Meeting", 4.30 p.m., December 10, 1931, *League of Nations Official Journal*, p. 2378.

② "Appeal from the Chinese Government under Article 11 of the Covenant, Eighteenth Meeting", 4.30 p.m., November 21, 1931, *League of Nations Official Journal*, pp. 2368-2369.

③ "Appeal from the Chinese Government under Article 11 of the Covenant, Twentieth Meeting", 4.30 p.m., December 10, 1931, *League of Nations Official Journal*, p. 2376.

④ "Appeal from the Chinese Government under Article 11 of the Covenant, Twentieth Meeting", 4.30 p.m., December 10, 1931, *League of Nations Official Journal*, p. 2377.

⑤ 片倉衷『満州事変機密政略日誌』,小林龍夫・島田俊彦編『現代史資料7:満州事変』、322—323頁。

相较于日本,中国则处于困难艰苦之期,国际外交空间受到日本压制,国内领土主权被日军逐步蚕食。12月2日,戴季陶代表特外委向国民党中央执行委员会政治会议提交对日外交方针,认为既要坚信"对日交涉,中国在国际上,必得最后之胜利……以固结民心保持政府人民之信任为根本要图",又要"须尽力表示中国政府完全信任国联之意思,并须设法显出时局益趋危险"①,表明中国向内团结民众,向外继续依靠国联,希望尽快实施派遣调查团,制止日本军事行动的态度。

小　结

在国联理事会第65届常会的第一阶段会议中,中国建议派遣调查团介入中日冲突,日本以坚持中日直接谈判交涉为由,竭力阻止第三方插手,以英法为代表的国联和美国寄希望于日本文治政府能够重新掌控局面,且考虑到自身困境,亦反对国联介入。在国联理事会第二阶段会议期间,中国继续强烈呼吁派遣调查团以了解实情,英美等国感到日本军事活动无法遏制,遂倾向于派遣调查团搜集实时信息,并命令在华军事武官先赴中国东北进行观察,但日本以应由中日直接谈判达成撤军基本原则为由,继续反对派遣调查团,更以一票否决使10月24日议决案未获得一致通过而丧失效力。在国联理事会第三阶段会议期间,日本为改变国联对日不利外交氛围,同时为争取时间布控中国东北,遂提议派遣调查团以消弭国联限期撤兵的要求,加之英美对中国东北信息的渴望及中国一贯的主张,国联遂通过议决案而产生调查团。

通过三个阶段的会议可以发现,调查团是合力的产物。中国推力、日本阻力、英美阻力,调查团被搁置;中国推力、日本阻力、英美推力,调查团被否决;中国推力、日本推力、英美推力,调查团产生。符合各国的不同利益诉求时,调查团方能产生,表明调查团的多重利益集合性。*

---

① 《中国国民党中央执行委员会政治会议第二九七次会议速记录》(1931年12月2日),刘维开编:《国民政府处理九一八事变之重要文献》,第200—208页。

* 本部分的主体内容发表于《抗日战争研究》2017年第3期,题为"国际性与主体性:中日冲突和国际联盟调查团的产生",收入本书时做了修改和补充。

二、"九一八"事变后的中立观察员派遣研究

国联正式宣布决定组建调查团是在 1931 年 12 月 10 日,距离"九一八"事变已经过去将近 3 个月,而调查团组建完成后前往东亚地区更是到了 1932 年的春天。既往研究关注中日在国联中的辩论、英美等国对中日冲突的应对,提及信息缺乏对解决冲突所造成的困难,但很少触及英美国家及国联在正式组建调查团之前如何搜集有关中国东北的信息,遑论搜集信息的过程和搜集到的信息对中日冲突和国联正式组建调查团的影响。因此,有必要追问,在国联组建调查团之前,国联通过哪些渠道获知有关"九一八"事变的信息,即中国东北被日本占领后,国联和西方大国采取了什么样的信息搜集方式?在西方国家获悉有关中国东北的实地信息过程中,中国和日本是如何应对的?国联又是如何辨别和利用来自不同渠道的信息,以及这些信息对国联处理中日冲突有何作用?

基于上述考量,本书拟深入挖掘从"九一八"事变发生后到国联调查团组建之前,国联和西方国家搜集有关中国东北信息的渠道。首先通过剖析"九一八"事变后的国联论争来说明搜集信息的必要性,继之以英国、美国及国联的中立观察员派遣来具体呈现"九一八"事变后信息获取的渠道,在此基础之上进一步分析中立观察员派遣及其信息搜集对国联处理中日冲突的作用和影响,从而梳理出中立观察员和国联调查团的内在逻辑关系,拓宽"国联与中日战争"的研究维度。

(一)调查团和视察员:"九一八"事变后的中日诉求差异

"九一八"事变发生后,国民政府很快就确定了诉诸国联和依靠国联派遣调查团等策略。张学良 9 月 19 日致电外交部,表示"此际我方若直接交涉,尚难着手。应先电达国联,请根据盟约,召集理事会临时会议,讨论制止侵略办

法,以维国际和平,且可唤起各国注意。日方或有所顾忌,不致再有进展"①。外交部回电告知已经命令驻日内瓦的施肇基将"九一八"事变"提出国联会",并"分电驻签订《非战公约》英、法、美、义、德、比各使馆与驻在国政府,切实接洽探询其态度"②。关于具体解决办法,张学良向外交部建议,"第一,迅派干员实地调查;第二,告诫民众力持镇静;第三,勿局部交涉;第四,约外使会同国联代表实地调查"③。外交部部长王宠惠亦向中国驻日内瓦代表团致电,指示"应该接触理事会成员国代表,要求日本立即撤军,并参照前例(如:巴拉圭和玻利维亚等),由国联派遣军事武官以监督局势"④。从张学良和王宠惠的电报中可知晓,国民政府的地方和中央都指向建议国联派遣人员前往中国东北,中国始终未改变此一策略。

施肇基于9月21日根据国民政府指示,根据《国联盟约》第11条,向国联理事会提出申诉,要求国联派遣调查团,并拒绝日本的直接谈判建议。此后国联理事会在公开会议和闭门会议中反复讨论调查团派遣问题,其原因不外乎中日两国所提交的关于"九一八"事变的信息存在极大差异性,以及原有通信渠道被切断,导致国联无法做出正确的判断。

一方面,中日两国驻日内瓦代表团向国联理事会转交的来自本国政府的信息存在明显的矛盾,导致国联无法对"九一八"事件做出评判。中国政府在9月21日一封致日内瓦代表团的电报中表示"日军未受何种挑衅,有规模地向沈阳华军以野炮轰击,炸击兵工厂及兵营……沈阳、安东各地公共机关场所均被占据,交通断绝。对于此次暴行,中国兵民经政府训令毫无抵抗,免致情形愈趋严重"⑤,施肇基在9月22日的理事会中通报"日军不仅占领了沈阳,而且相继占领了营口、安东、长春等地,向吉长铁路派遣满铁从业人员,切断上

---

① 《北平张学良致外交部电》(1931年9月19日),台北"国史馆"藏,"外交部"档案,020-010112-0022,第125页。

② 《外交部致北平张副司令急电》(1931年9月20日),台北"国史馆"藏,"外交部"档案,020-010112-0022,第126页。

③ 《北平张学良致外交部电》(1931年9月21日),台北"国史馆"藏,"外交部"档案,020-010112-0022,第129页。

④ 《王宠惠致日内瓦中国代表团电》(1931年9月21日),台北"国史馆"藏,"外交部"档案,020-010112-0034,第24页。

⑤ 《照译日内瓦代表电》(1931年9月21日),台北"国史馆"藏,"外交部"档案,020-010112-0034,第39页。

述各地的通信机关,掠夺沈阳的张学良私邸,驻朝鲜的两个师团正向中国东北派遣中"等等①。日本代表芳泽则称"尽管中国代表主张本事件不是由于中国方面的挑拨而发生的,但是没有证明该主张的证据",而且根据来自日本政府的信息,"事件的发生是由于中国军队破坏沈阳附近的日本铁路,少数日本守备队不得已拿起武器以应对破坏铁路行为",同时指出"中国军队无抵抗的主张是与事实相违背的,仅长春地区日军的死伤就有 150 余人"②。英国代表塞西尔只能无奈表示"关于本事件的原因及范围等,中日两国的主张存在巨大差异,难以直接判定"③。

另一方面,由于中国东北被日军占领,原有通信渠道被切断,也导致国联无法获悉现地准确信息。9 月 24 日,法国外交部亚洲司司长向日本驻法大使栗山茂指出,其没有收到法国驻沈阳领事发回关于"九一八"事件的报告,是否由于日军的检阅造成了这样的结果④。施肇基亦向国联秘书长德拉蒙德指出"牛庄、安东及长春等处于日本支配下,通信邮局交通都被杜绝"⑤,"日本对在沈阳的外国通信员的电报发送采取了极其严格的检查,导致事实上不可能由

---

① 「九月廿二日理事会模様」(1931 年 9 月 21 日)、JACAR(アジア歴史資料センター)Ref. B02030380900(第 171 画像目から)、満洲事変(支那兵ノ満鉄柳条溝爆破ニ因ル日、支軍衝突関係)/日支事件ニ関スル交渉経過(連盟及対米関係) 第一巻(外務省外交史料館)。

② 「九月廿二日理事会ニ於ケル芳澤代表ノ声明」(1931 年 9 月 23 日)、JACAR(アジア歴史資料センター)Ref. B02030380900(第 177 画像目から)、満洲事変(支那兵ノ満鉄柳条溝爆破ニ因ル日、支軍衝突関係)/日支事件ニ関スル交渉経過(連盟及対米関係) 第一巻(外務省外交史料館)。

③ 「九月廿二日理事会模様」(1931 年 9 月 21 日)、JACAR(アジア歴史資料センター)Ref. B02030380900(第 171 画像目から)、満洲事変(支那兵ノ満鉄柳条溝爆破ニ因ル日、支軍衝突関係)/日支事件ニ関スル交渉経過(連盟及対米関係) 第一巻(外務省外交史料館)。

④ 「日本軍ノ外国領事電報検閲ノ件」(1931 年 10 月 2 日)、JACAR(アジア歴史資料センター)Ref. B02030382400(第 58 画像目から)、満洲事変(支那兵ノ満鉄柳条溝爆破ニ因ル日、支軍衝突関係)/日支事件ニ関スル交渉経過(連盟及対米関係) 第二巻(外務省外交史料館)。

⑤ 「中国代表部ノ理事会通告」(1931 年 10 月 6 日)、JACAR(アジア歴史資料センター)Ref. B02030382300(第 52 画像目から)、満洲事変(支那兵ノ満鉄柳条溝爆破ニ因ル日、支軍衝突関係)/日支事件ニ関スル交渉経過(連盟及対米関係) 第二巻(外務省外交史料館)。

这些通信员提供充分的情报"①。日本驻国联代表也承认国联"各理事国关于现地缺乏明确的知识,如何处理是为疑惑……作为理事会,尽管有迫切希望,但无法采取充分积极的行动"②。

因此,主导国联理事会的英法积极协议派遣调查团,以了解实情。9月21日晚上,英法代表团团长一起拜访日本代表团成员佐藤尚武,提出三点劝告,"1. 由距离现地最近的第三国陆军武官进行实地调查;2. 从占领地立即撤兵;3. 两国约定开始直接谈判"。佐藤的回答是:同意第三点;在没有中国保证之前不能直接无条件撤兵;等待政府的训令后才能给出具体的答复③。其实当时的日本代表团内部早已意识到会出现组建调查团提议,"理事会会将任命实地调查团等作为解决本事件的策略之一,万一理事会根据调查团的报告而劝说我国撤兵,事态则会对我极为不利"④。

9月23日,在国联理事会公开会议之前,由理事会主席勒鲁斯和英、法、德、意代表组成的五人委员会同中日代表进行了内部商议。塞西尔提出,最必要的措施是详细了解中国东北当地的实情,因此需要派遣由理事会任命的视察员,并把派遣驻北平的第三国军事武官作为临时方案。芳泽回应"对于日本来说,很难接受来自他国的干涉,上述方案会刺激日本人的感情,不利于本事件的解决,严重怀疑日本政府是否会接受该方案"。尽管法国代表提议可以由

---

① 「施肇基ノ申立ニ関スル杉村ノ内報」(1931年10月7日)、JACAR(アジア歴史資料センター)Ref. B02030382400(第54画像目から)、満洲事変(支那兵ノ満鉄柳条溝爆破ニ因ル日、支軍衝突関係)/日支事件ニ関スル交渉経過(連盟及対米関係) 第二巻(外務省外交史料館)。

② 「理事会終了後ニ於ケル措置具申」(1931年10月2日)、JACAR(アジア歴史資料センター)Ref. B02030381900(第390画像目から)、満洲事変(支那兵ノ満鉄柳条溝爆破ニ因ル日、支軍衝突関係)/日支事件ニ関スル交渉経過(連盟及対米関係) 第一巻(外務省外交史料館)。

③ 「英佛聯盟部長ト我代表部トノ会談」(1931年9月22日)、JACAR(アジア歴史資料センター)Ref. B02030380800(第162画像目から)、満洲事変(支那兵ノ満鉄柳条溝爆破ニ因ル日、支軍衝突関係)/日支事件ニ関スル交渉経過(連盟及対米関係) 第一巻(外務省外交史料館)。

④ 「本事件上程ノ場合ニ関スル意見具申」(1931年9月21日)、JACAR(アジア歴史資料センター)Ref. B02030380800(第150画像目から)、満洲事変(支那兵ノ満鉄柳条溝爆破ニ因ル日、支軍衝突関係)/日支事件ニ関スル交渉経過(連盟及対米関係) 第一巻(外務省外交史料館)。

日本方面自发地提出派遣视察员,勒鲁斯和德、意代表亦反复强调派遣视察员对理事会来说是最为重要的,芳泽都没有正面答复,而是以等待日本政府批示为由予以拖延①。施肇基对五人委员会的提议则非常赞成,"敦促立即任命中立观察员"②,进一步强调"如果理事会在今天不能派遣调查团,他将在明天的公开理事会会议上提出由中华民国邀请观察员"③。

9月24日,五人委员会同中日代表再召开闭门会议,施肇基要求理事会尽快采取措施防止东北局势恶化,并提出取代昨晚五人委员会方案的建议,即由中国选定第三国人员充任调查团。芳泽对此表示反对。塞西尔希望芳泽充分考虑理事会致力于恢复原状的苦心,第一要事就是确切知道事情的真相,并要求芳泽提出反对中国方案的替代方案④。此次闭门会议的决定是让芳泽迅速联系日本政府,表明理事会认为非常有必要派遣调查团,以获取东北局势的正确信息,同时建议调查团由7人组成,理事会任命3人,中国和日本各自任命2人⑤。

面对上述五人委员会的会议决定,中日两国的应对截然相反。中国政府积极响应,提名代表人选。9月25日,中国驻国联代表团致电外交部,希望尽快提名中国任命的两名调查委员人选,并建议联系美国驻华公使约翰逊,从而任命驻北平的美国军事武官⑥;26日,中国代表团再建议可以任命一名美国

---

① 「五人委員会ト我代表トノ協議」(1931年9月23日)、JACAR(アジア歴史資料センター)Ref. B02030381100(第221画像目から)、満洲事変(支那兵ノ満鉄柳条溝爆破ニ因ル日、支軍衝突関係)/日支事件ニ関スル交渉経過(連盟及対米関係) 第一巻(外務省外交史料館)。

② 《日内瓦中国代表团致外交部电,第8号》(1931年9月23日),台北"国史馆"藏,"外交部"档案,020-010112-0034,第44页。

③ 《日内瓦中国代表团致外交部电,第7号》(1931年9月23日),台北"国史馆"藏,"外交部"档案,020-010112-0034,第46页。

④ 「二十三日理事会模様」(1931年9月24日)、JACAR(アジア歴史資料センター)Ref. B02030381100(第227画像目から)、満洲事変(支那兵ノ満鉄柳条溝爆破ニ因ル日、支軍衝突関係)/日支事件ニ関スル交渉経過(連盟及対米関係) 第一巻(外務省外交史料館)。

⑤ 《日内瓦中国代表团致外交部》(1931年9月24日),台北"国史馆"藏,"外交部"档案,020-010112-0034,第50—51页。

⑥ 《日内瓦中国代表团致外交部》(1931年9月25日),台北"国史馆"藏,"外交部"档案,020-010112-0034,第58页。

人和法国人,若不行则按顺序以英国人、意大利人替代①。王宠惠将此信息报送张学良征求意见,"请速核电示"②,张学良回复"关于调查委员人选,最要在求公私两方对我观感良好者,始能于事有益"③。

日本政府则是对此明确表示反对。日本代表团将调查团信息报告东京,表示国联"把派遣实地调查团作为最低限度的对策",日本"对此方案表示反对会引起怀疑,处于不利地位",故建议以未接到训令为由拒绝回答④。9月25日,日本外务省训示日本代表团"确信两国间直接交涉是圆满解决本件的唯一手段"。关于视察员派遣方案,日本政府认为"不仅没有实际好处,而且鉴于我国有关满洲事件的舆论,只会刺激国内民心,引发不愉快的事态"⑤。日本外务大臣币原喜重郎还召见了驻日本的英、法、意、美等国大使,分别阐明反对派遣调查团的决定,"希望中止该方案"⑥。英国驻日大使林德利(Francis O. Lindley)随后向英国外交部报告"日本已经下定决心,只能单独与中国人解决此问题"⑦。

与此同时,日本外务省发表关于"九一八"事变的第一次声明,内称"帝国

---

① 《日内瓦中国代表团致外交部》(1931年9月26日),台北"国史馆"藏,"外交部"档案,020-010112-0034,第66页。

② 《外交部致北平张副司令急电》(1931年9月26日),台北"国史馆"藏,"外交部"档案,020-010112-0022,第131页。

③ 《北平张学良致外交部电》(1931年9月28日),台北"国史馆"藏,"外交部"档案,020-010112-0022,第133页。

④ 「実地調査委員会ニ於ケル具申」(1931年9月24日)、JACAR(アジア歴史資料センター)Ref. B02030381200(第234画像目から)、満洲事変(支那兵ノ満鉄柳条溝爆破ニ因ル日、支軍衝突関係)/日支事件ニ関スル交渉経過(連盟及対米関係)第一巻(外務省外交史料館)。

⑤ 「『オブザーバー』派遣ニ関スル反対」(1931年9月25日)、JACAR(アジア歴史資料センター)Ref. B02030381300(第260画像目から)、満洲事変(支那兵ノ満鉄柳条溝爆破ニ因ル日、支軍衝突関係)/日支事件ニ関スル交渉経過(連盟及対米関係)第一巻(外務省外交史料館)。

⑥ 「幣原大臣在本邦英仏伊大使トノ会談要領」(1931年9月25日,JACAR(アジア歴史資料センター)Ref. B02030381300(第267画像目から)、満洲事変(支那兵ノ満鉄柳条溝爆破ニ因ル日、支軍衝突関係)/日支事件ニ関スル交渉経過(連盟及対米関係)第一巻(外務省外交史料館)。

⑦ "No. 531 Sir F. Lindley (Tokyo) to the Marquess of Reading", 25 Sept., 1931, F 5146/1391/10, *Documents on British Foreign Policy 1919-1939*, *Documents on British Policy Overseas*(DBPO).

政府对满洲不存在任何领土的欲望"①,一定会遏制事态发展,保证实施军队撤退。而且美国也表达了反对此时派遣调查团的建议,"美国对于派调查团亦不赞成,恐将影响大势,于我不利"②。再加上芳泽于9月25日的理事会公开会议中说明了日本反对派遣调查团,坚持中日直接谈判的立场,"帝国政府再次声明,为圆满解决本次事件,随时准备同中国政府开始进行直接商议"③,派遣调查团议案陷入"难产"。

不过,日本代表团中的有田八郎和杉村阳太郎认为"绝对反对调查团派遣方案会导致正面冲突",于是向外务省提出了两个妥协方案,"第一案:1. 日本方面自发地在事情允许范围内迅速将军队撤入铁道附属地内;2. 根据日本的提议,派遣国联秘书处成员作为国联的'联络员',前往东北搜集情报;3. 作为上述两项的条件,中国方面要承诺进行中日直接谈判""第二案:1. 在撤兵的同时,设置中日混合委员会,解决下列事情:冲突原因的调查,采取确保日本、朝鲜人的生命财产的办法,损害赔偿的调查;2. 向理事会报告上述委员会的决定;3. 中日两国政府可以推荐国联秘书处成员担任上述委员会的秘书长",同时推荐了当前停留于南京的国联秘书处成员沃尔特斯(Francis Paul Walters)担任上述妥协方案中的国联联络员④。鉴于国联理事会的氛围,在9月25日之后转向对日本有利,日本代表团进一步建议外务省"应该充分利用这样的机会在有利于日本的状态中结束讨论",可以采取上述第一个方案,邀请沃尔特斯,不仅能够得到理事会的认可,还可以满足德拉蒙德的诉求⑤。

---

① 「滿洲事變ニ關スル政府第一次聲明」(1931年9月24日)、外務省編『日本外交年表竝主要文書』下卷,東京:原書房、1966年、181—182頁。

② 《日内瓦中国代表团致外交部》(1931年9月26日),台北"国史馆"藏,"外交部"档案,020-010112-0034,第70页。

③ 「芳澤理事声明」(1931年9月26日)、JACAR(アジア歴史資料センター)Ref. B02030381600(第314画像目から)、満洲事変(支那兵ノ満鉄柳条溝爆破ニ因ル日、支軍衝突関係)/日支事件ニ関スル交渉経過(連盟及対米関係) 第一巻(外務省外交史料館)。

④ 「有田杉村案具申」(1931年9月25日)、JACAR(アジア歴史資料センター)Ref. B02030381400(第281画像目から)、満洲事変(支那兵ノ満鉄柳条溝爆破ニ因ル日、支軍衝突関係)/日支事件ニ関スル交渉経過(連盟及対米関係) 第一巻(外務省外交史料館)。

⑤ 「我代表部意見具申」(1931年9月26日)、JACAR(アジア歴史資料センター)Ref. B02030381600(第316画像目から)、満洲事変(支那兵ノ満鉄柳条溝爆破ニ因ル日、支軍衝突関係)/日支事件ニ関スル交渉経過(連盟及対米関係) 第一巻(外務省外交史料館)。

此后的国联理事会确实是在有利于日本的氛围中于 9 月 30 日达成了议决案而宣告暂时闭会,议决案没有关于派遣调查团的内容,"日本成功地抵制了中国试图将第三方引入谈判以求解决的企图"①。不过日本政府虽然成功阻止了国联派遣调查团,但不得不认可身处中日两国的外国人员可以前往中国东北进行实地考察。

根据前述可知,英国代表塞西尔曾提出派遣驻北平的英国军事武官前往中国东北,佐藤未置可否,英国驻华公使兰普森(M. Lampson)遂从北京派遣了军事武官。日本为避免国联直接派遣调查团,在理事会上认可了英国派遣军事武官的做法,所以日本亦"毫无内疚"地否定了有田和杉村的妥协方案,因为"现在以驻中国的英国公使馆陆军武官桑希尔(Badham Thornhill)中校为代表的外国将校、新闻通信员、太平洋调查会相关者等人的视察,日本方面都提供便利"②,可以通过已经在现场的人员提供信息,"不需要采取特别措施"③,即不需要从国联派遣调查团。

国联和英美等国亦利用日本不反对派遣桑希尔这样目前已经滞留在中日两国的外国人员的机会,纷纷适时地派遣了中立外交军事人员充当观察员,前往中国东北搜集实地信息,作为被搁置的应该以国联名义派遣的调查团的"预演"。

(二)英国、美国和国联的中立观察员派遣

当时的国联主导国是英国和法国,因此英法两国是较为急切和积极搜集关于中国东北地区信息的国家,笔者主要集中于英国的中立观察员派遣。美

---

① "No. 550 Sir F. Lindley (Tokyo) to the Marquess of Reading", 1 Oct., 1931, F 6279/1391/10, DBPO.

② 「我代表部具申ニ関スル回訓」(1931 年 9 月 28 日)、JACAR(アジア歴史資料センター)Ref. B02030381700(第 334 画像目から)、満洲事変(支那兵ノ満鉄柳条溝爆破ニ因ル日、支軍衝突関係)/日支事件ニ関スル交渉経過(連盟及対米関係) 第一巻(外務省外交史料館).

③ 「九月三十日理事会経過」(1931 年 10 月 1 日)、JACAR(アジア歴史資料センター)Ref. B02030381800(第 377 画像目から)、満洲事変(支那兵ノ満鉄柳条溝爆破ニ因ル日、支軍衝突関係)/日支事件ニ関スル交渉経過(連盟及対米関係) 第一巻(外務省外交史料館).

国尽管不是国联成员国,但美国的作用和地位在当时已经不容英法和国联忽视,中国和日本亦重视美国的立场,美国自身也十分关心中国东北局势,直接在中日两国使领馆中选派了赴中国东北观察队。在等待英美这两个大国的信息通报之外,国联自身亦寻求能够直接获悉信息的渠道,在"九一八"事变之前派往中国的工作职员恰好充当了观察员。这样,在国联调查团派遣之前,英国、美国和国联的中立观察员构成了"三管齐下"的关于"九一八"事变的观察之行。

1. 英国桑希尔、斯特灵(C. N. Stirling)和西姆森(H. J. Simson)的观察报告

日本在"九一八"事变之后迅速占领了中国东北的关键地区,英国驻华公使兰普森焦急地等待来自英国驻沈阳总领事的消息,但到 9 月 20 日"依旧没有收到来自沈阳总领事的消息"①,在 9 月 22 日的国联理事会中,塞西尔向中日代表询问"是否会反对派遣有能力的观察员(包括军事武官或民事人员)到东北"②,中国自然表示同意。在等待日本答复的同时,兰普森即于 22 日晚上派遣桑希尔出发去沈阳,"报告通过独立调查所确定的结果"③。英国的行动随后得到日本方面的认可,在其看来"许多中立国现在都在现场,其中包括英国军事武官,他们可以充分地了解正在发生的事情"④。日本驻英大使松平恒雄也向英国外交大臣李定侯爵(Rufus Daniel Isaacs, 1st Marquess of Reading)表示"日本政府关心的是从国联或其他地方派遣观察员的建议"⑤,对于现场的"外国武官及外国通信员的来往,非但没有禁止,反而继续提供了

---

① "No. 510 Sir M. Lampson (Peking) to the Marquess of Reading", 20 Sept., 1931, F 5076/1391/10, *DBPO*.

② "No. 519 Mr. Patteson (Geneva) to the Marquess of Reading", 22 Sept., 1931, F 5071/1391/10, *DBPO*.

③ "No. 522 Sir M. Lampson (Peking) to the Marquess of Reading", 23 Sept., 1931, F 5133/1391/10, *DBPO*.

④ "No. 539 Mr. Patteson (Geneva) to the Marquess of Reading", 29 Sept., 1931, F 5251/1391/10, *DBPO*.

⑤ "No. 542 The Marquess of Reading to Sir F. Lindley (Tokyo)", 29 Sept., 1931, F 5325/1391/10, *DBPO*.

相当的便利"①。于是,英国就成为在发生"九一八"事变后最早可以通过本国人员调查该事变的第三国,进而获取了较早的当地信息。

桑希尔从9月22日离开北平,9月30日完成观察回到北平,撰写报告书,10月5日由兰普森向李定提交了关于东北局势的报告,集中讨论了目前中国东北的状况、日本的说明、"九一八"事变的责任、日军撤退情况以及中国的可能性对策。

首先,关于中国东北的状况,桑希尔表示在铁路附属区以外,日军以吉林、敦化、郑家屯、营口等地为中心,继续向开原地区和洮南地区展开军事行动。其次,桑希尔会见了日本关东军参谋长等人,日本军方频繁以各地存在大量中国散兵威胁日本侨民生命财产为由,主张继续控制各个地区,但桑希尔认为日军夸大了实情,比如"日军称东吉林地区有1.4万余名中国散兵就是明显被夸大的数字",而且"日军强调最好的防御就是攻击",将目前局势的责任归因于中国军方的攻击。桑希尔认为日军是在自我辩护,即所谓"与表面(进攻)相反,日本人过去和现在都处于防御状态"。再次,关于"九一八"事变的责任,桑希尔明确指出"日军对9月18日晚至19日的事变负责",所谓的铁路被破坏只是"一个借口",日军决心避免随着解决中村事件,"使他们所关心的问题又跟以前情况相同",于是利用中村事件以满足下层士兵,即恢复日军在中国东北的权力和声望。第四,关于日军撤退情况,桑希尔驳斥了芳泽在国联所说的"军队正在撤离",事实上,"我目睹的是占领而不是撤兵"。最后,对于中国的可能性对策,回北平后的桑希尔得到来自张学良的秘密消息,即"准备以日本在中国东北的贸易权垄断来换取恢复原状"。这样的对策引起英国外交部的注意,远东司司长奥德(C. W. Orde)对这一点批示道"英国害怕失去贸易机会"②,意指英国会因这样的对策而利益受损。

桑希尔在9月30日就离开了中国东北,而根据国联9月30日的议决案,日本声明"随着其臣民之生命安全及财产获得有效之保障,将使日本军队撤入铁道附属地内",中国亦声明"将担负保护铁道附属地外之日本臣民及其财产

---

① 「英外相松平会談」(1931年9月30日)、JACAR(アジア歴史資料センター)Ref. B02030381900(第399画像目から)、満洲事変(支那兵ノ満鉄柳条溝爆破ニ因ル日、支軍衝突関係)/日支事件ニ関スル交渉経過(連盟及対米関係) 第一巻(外務省外交史料館)。

② "No. 557 Sir M. Lampson (Peking) to the Marquess of Reading", 5 Oct., 1931, F 5374/1391/10, *DBPO*.

安全之责任",而且中日两国都会"不使事件扩大或事态恶化"①,为了进一步获取中日两国对"9·30"议决案的执行情况以及中国东北的局势发展等信息,英国意识到有必要继续派遣观察员,不仅是军事武官,而且应该派遣民政外交人员。

为了在预定 10 月 14 日重开国联理事会之前能够充分了解实际情况,兰普森于 10 月 8 日命令英国公使馆第三秘书斯特灵和军事武官立即出发前往东北,且没有向中日两国政府通报,将派遣观察员视为"一件非常正常的事情"②。

就在斯特灵等出发之际,日军轰炸了辽宁省政府临时行署所在地锦州,东北局势进一步恶化,英国驻北平公使馆再派遣了语言官员斯特布尔斯(F. H. A. Stables)前往锦州,以确保英国知道那里的情况③。局势的恶化也延迟了斯特灵的调查,其第一份报告到 10 月 15 日才发给兰普森,主要讨论东北局势和日军撤兵问题。斯特灵认为,"东北局势已经陷入僵局,日本军事当局在当地拥有完全的控制权……日本军队正准备留在被占领的地方过冬",撤军是不可能的,因为撤军不仅"危及日本人生命和财产",而且"中国目前无法恢复秩序,也不太可能恢复秩序"④。

由于桑希尔和斯特灵都是从英国驻华公使馆派遣,可能是日本出于对这些报告的不满,日本外务省竟然主动建议英国驻日本大使馆也可以派遣观察员前往中国东北,于是林德利在 11 月 20 日派遣了由西姆森上校率领的观察队⑤。西姆森于 11 月 21 日离开东京,24 日抵达沈阳,12 月 5 日离开沈阳,访问了四平街、新民、吉林、哈尔滨、齐齐哈尔和嫩江河等发生战斗的区域,以及

---

① 《国联理事会关于满洲事变的决议》(1931 年 9 月 30 日),赵朗编:《"九·一八"全史》(第五卷·资料编下),第 820—821 页。

② "No. 578 Sir M. Lampson (Peking) to the Marquess of Reading", 8 Oct., 1931, F 5494/1391/10, *DBPO*.

③ "No. 640 Sir M. Lampson (Nanking) to Mr. Holman (Peking)", 5 Oct., 1931, F 5756/1391/10, *DBPO*; "No. 645 Mr. Holman (Peking) to Sir M. Lampson (Nanking)", 16 Oct., 1931, F 5765/1391/10, *DBPO*.

④ "No. 650 Mr. Holman (Peking) to Sir M. Lampson (Nanking)", 17 Oct., 1931, F 5871/1391/10, *DBPO*.

⑤ "No. 731 Sir F. Lindley (Tokyo) to Sir J. Simon", 13 Nov., 1931, F 7342/1391/10, *DBPO*.

长春和沈阳附近发生冲突的地区,会见了本庄繁、土肥原贤二、花谷正等日本军官,还见到了来自英国驻北平公使馆的观察员。

在整个行程中,日本试图向西姆森等表明"日本陷入了很大的麻烦之中",希望观察员相信日本所呈现的情况的"公正性"和日本有关"九一八"事件的言辞。通过日本特意组织的观察行程,西姆森在提交的报告中尽管指出"日本人不仅仅是为了防御而使用武力,而且是为了追求政治目的",但认可了日本反复强调的使用武力的背景情况,即谎称中国所统治的东北地区对日本造成了诸多恶劣影响,日本接管中国东北是以"效率"取代了中国统治造成的"无效",而且赞成日本不撤兵的借口,即东北地区的秩序混乱和强盗问题十分严重①。

2. 美国汉森—索尔兹伯里观察队②的观察报告

美国反对国联理事会中的调查团提议,但又只能依靠日本驻美大使出渊胜次以及新闻报道来判断"九一八"事变,因此国务卿史汀生"遭遇来自政界各方面的种种非难指责"③,同时日军占领中国东北南部地区,对美国的商业利益造成了严重损害。美国驻沈阳总领事亦完全不清楚目前处于何种状况,质问"1. 9月19日上午,为何日本士兵带着刺刀在总领事馆前巡逻? 2. 为何领事馆守纪律的工作人员在通过被日军控制的街道时要出示证明身份的标签或证书? 3. 为何领事馆官员在中国城市被日军禁止,被要求证明自己? 4. 为何美国人访问诸如沈阳中国广播站、中国航空基地、兵工厂、火车站和其他地方时,需要向日本军事当局提出申请? 5. 为何日本军方要通过日本总领事接

---

① "No. 2 Sir F. Lindley (Tokyo) to Sir J. Simon", 12 Dec., 1931, F 367/1/10, DBPO.

② 张俊义在《九一八事变后美国官方对事变真相的调查——汉森、索尔兹伯里东北调查纪实》一文中对汉森—索尔兹伯里观察队进行了梳理。本书利用日美档案文献中的观察队组建过程和张氏文章中没有使用的索尔兹伯里总结报告来扩充该观察队的研究深度,进一步认识美国在"九一八"事变后的中立观察员派遣。参见张俊义:《九一八事变后美国官方对事变真相的调查——汉森、索尔兹伯里东北调查纪实》,王建朗、栾景河编:《近代中国:政治与外交(下卷)》,北京:社会科学文献出版社,2010年。

③ 「国務長官現地調査員派遣申入」(1931年9月29日)、JACAR(アジア歴史資料センター)Ref. B02030381700(第351画像目から)、満洲事変(支那兵ノ満鉄柳条溝爆破ニ因ル日、支軍衝突関係)/日支事件ニ関スル交渉経過(連盟及対米関係) 第一卷(外務省外交史料館)。

二、"九一八"事变后的中立观察员派遣研究

管9月19日之前本在中国官员管辖范围之内的所有事务?"[1]为了获悉更多实地信息,史汀生决定派遣驻哈尔滨的总领事汉森和驻东京大使馆二等秘书索尔兹伯里一道赴南满进行观察,并指示驻日代办内维尔(Edwin L. Neville)直接向币原喜重郎征求允许派遣职员赴中国东北收集情报[2]。

在接到史汀生的指令后,内维尔于9月29日拜访币原,说明美国希望派遣驻日使馆职员赴中国东北南部地区进行观察。币原回复"日本没有任何理由拒绝派遣两名美国当值官员进入中国东北地区",内维尔向史汀生建议观察队应该考察长春、吉林、敦化、郑家屯、洮南、沈阳、营口、安东和其他有日军观察站以及日军抵达的城市[3]。币原亦通过出渊大使告知史汀生"愿意为观察员提供便利"[4],且观察员会得到日本军方的欢迎[5]。

10月3日,史汀生通知约翰逊公使,可以通过南京总领事告知国民政府,汉森和索尔兹伯里正准备前往中国东北进行观察[6]。在约翰逊转达该讯息之前,国民政府外交部已向驻美公使发函,希望美国能够派遣代表赴东北进行情报收集,"中国政府真诚地请求美国政府采取类似的立即行动,派遣代表搜集'满洲'日本军队的活动信息,并将之电达美国政府和民众"[7]。10月5日,南京总领事向国民政府表示已经"通过远东地区的代表获取关于东北局势发展

---

[1] "The Consul General at Mukden (Myers) to the Minister in China (Johson)", Oct. 5, 1931, FRUS, The Far East, 1931, Vol. Ⅲ, pp. 118–125.

[2] "The Secretary of State to the Charge in Japan (Neville)", Sept. 28, 1931, FRUS, The Far East, 1931, Vol. Ⅲ, p. 85.

[3] "The Charge in Japan (Neville) to the Secretary of State", Sept. 29, 1931, FRUS, The Far East, 1931, Vol. Ⅲ, pp. 90–91.

[4] 「米国官憲満州視察承認」(1931年10月1日)、JACAR(アジア歴史資料センター)Ref. B02030381800(第353画像目から)、満洲事変(支那兵ノ満鉄柳条溝爆破ニ因ル日、支軍衝突関係)/日支事件ニ関スル交渉経過(連盟及対米関係)第一巻(外務省外交史料館)。

[5] "Memorandum by the Secretary of State", Oct. 1, 1931, FRUS, The Far East, 1931, Vol. Ⅲ, pp. 100–101.

[6] "The Secretary of State to the Minister in China (Johnson)", Oct. 3, 1931, FRUS, The Far East, 1931, Vol. Ⅲ, p. 109.

[7] "Telegram from the Acting Minister of Foreign Affairs in Nanking to the American Minister at Peiping", Oct. 3, 1931, Conditions in Manchuria, House and Senate Documents, Serial Set Id:9520 S. doc. 55, pp. 12–13.

的实时信息",派遣两名远东当值官员赴南满地区观察,并报告其所发现的情况①,尽量将该观察队定位为美国的主动行为。

汉森和索尔兹伯里的观察行程十分紧密,可以通过表1予以直观反映:

表1 汉森—索尔兹伯里观察队的中国东北日程表

日期	行程
10月2日	索尔兹伯里离开东京
10月3日	汉森从哈尔滨出发
10月4日	汉森与索尔兹伯里在长春汇合,并收集长春情报
10月5日	考察长春状况以及邻近的南岭和宽城子
10月7日	早上前往吉林观察
10月8日	下午前往敦化观察
10月9日	下午返回吉林
10月10日	上午再次前往长春
10月11日	对长春实施进一步调查。下午4点半,出发前往洮南
10月12日	凌晨抵达洮南,晚上前往沈阳
10月13日	下午抵达沈阳,于途中的四平街逗留了4小时
10月14日	下午前往牛庄,当天晚上收集牛庄情报
10月15日	白天调查牛庄,下午8点抵达沈阳,停留3小时后前往丹东
10月16日	白天调查丹东,乘坐夜班火车返回沈阳
10月17日—19日	调查沈阳的状况,并准备覆盖整个旅途的最终电报报告
10月20日	各自返回驻地

资料来源:"The Charge in Japan (Neville) to the Secretary of State", Oct. 24, 1931, *FRUS*, The Far East, 1931, Volume Ⅲ, p. 314;关于汉森—索尔兹伯里观察队的记载,参见 *FRUS*, The Far East, 1931, Volume Ⅲ, pp. 85-328。

观察队报告分为两种:一是在南满旅途中发给约翰逊公使,由其转发国务院和东京大使馆的行程观察报告;二是观察任务完成后报备国务院的总结性报告。前一种报告是观察某一城市与采访人员后立即形成的状态汇报;后一

---

① "Reply of the American minister to the telegram from the Chinese Government of October 3, 1931", Oct. 5, 1931, *Conditions in Manchuria*, p. 13.

种报告是在概况分析基础上形成的综合汇报。

10月24日,返回东京大使馆的索尔兹伯里撰写了综合汇报①。关于军事情况,该报告称:9月18日夜发生冲突,在当晚和第二天中,日本军队占领了沈阳、长春、丹东和牛庄。9月21日,日军占领吉林。22占领郑家屯,随后控制东、西端跟南满铁路平行的中国铁路。9月22日至25日,日军相继占领了通辽、敦化和洮南府等城市。占领这些城市之后,日军最重要的军事行动是轰炸锦州。经过归纳,索尔兹伯里认为日军的行动包括四个阶段:第一阶段,以沈阳附近的铁轨爆炸为起点,以第二天占领南满铁路区域的战略城市为终点;第二阶段,夺取东、西两端跟南满铁路平行的中国铁路控制权,占领吉林、郑家屯、通辽等地;第三阶段,日军占领后又放弃的城市包括洮南府、敦化。索尔兹伯里认为占领洮南有助于控制齐齐哈尔,但是会遭遇苏联反对;占领敦化可以控制中朝边界铁路,但是分兵战线过长会削弱关东军的力量;第四阶段,组建独立于关内中国和中国东北前统治者的政治管辖机构。索尔兹伯里报告对日军撤退的评估是:直到10月19日,当我们返回各自驻地时,没有发现日本尝试进行有效撤退的迹象。虽然牛庄等地区有少量撤退,但是没有实际意义,"看起来日军不会打算放弃当前控制,直到解决关于东北的主要问题"。

关于日军行动的原因,报告认为日军一直因中国在东北地区的不妥协而愤怒,并且认为外务省关于东北的和解政策是错误的,军方威望因此受到削弱。关于日军的目标,报告认为毫无疑问是日军认为张学良政权不利于良好地解决一系列显著的问题,决定摧毁张家政权,以有利于日本人。关于日军对行动的解释,报告指出虽然日本表示军事扩张行动对保护日本侨民是必要的,但是牛庄地区的日军指挥官中校岩田文卫称日军占领牛庄,不是为了保护日本侨民,而是为了解散当时在牛庄的500名中国军人,这导致观察队对日军行为正当性的质疑,"没有在任何地方发现日本的借口能够使人说服"。关于中国人的对日军态度,索尔兹伯里报告称:所有采访到的中国人均十分反对日本占领,看起来都是怨恨,但没有发现中国人的怨恨扩展到了日本侨民身上,没有人说中国人的怨恨将会对日本侨民采取报复性攻击。

---

① 整个报告的具体文本参见"Report by the Second Secretary of Embassy in Japan (Salisbury)", Oct. 24, 1931, *FRUS*, The Far East, 1931, Vol. Ⅲ, pp. 315 – 328.

3. 国联拉奇曼（Ludwik Rajchman）和沃尔特斯的观察报告

根据已掌握的档案显示，德拉蒙德从英美等国获取关于中国东北的信息外，在中国充当宋子文顾问的国联卫生组织医学主任拉奇曼博士和滞留于远东地区的国联秘书处成员沃尔特斯是德拉蒙德联系较为密切的人员，为德拉蒙德直接提供了有关"九一八"事变的信息。

10月7日，德拉蒙德与施肇基举行会谈，其向施肇基指出"国联确实应该从外界得到消息"①，并告知已经致电拉奇曼，尽快汇报中国控制排日运动和日军撤退情况②。拉奇曼在回电中汇报了日军轰炸锦州、中国排日运动和日军撤退三方面的情况。关于锦州轰炸事件，拉奇曼叙述10月8日，12架日本飞机毫无预警地轰炸了锦州，造成一名德国教授身亡，中国要求国联理事会紧急派遣调查团；关于中国排日运动，拉奇曼称中国政府正在尽最大努力予以控制，但政府不能谴责这些群众运动，否则会危及政权合法性；关于日军撤退，拉奇曼表示没有证据表明日本在完全撤军方面取得了进展，日本亦未回复中国关于保护日本侨民举措的照会。总之，拉奇曼认为大国没有对日本施加压力，控制中国民众情绪的责任应该在于理事会的举措，而非中国政府③，意即建议国联派遣调查团前往中国东北，以缓解中国民众的情绪。

拉奇曼的报告被视为具有亲华性质，引起日本不满，为避免德拉蒙德受拉奇曼报告的影响，同时也出于满足德拉蒙德对信息的迫切需求，日本驻日内瓦代表团再次提出了曾被否定的派遣沃尔特斯方案。10月9日，芳泽等向外务省表示"各理事国及秘书处对东北实情，尤其是以东北为中心的中日关系非常缺乏了解，在交涉中存在很大困难，这也导致了他们容易倒向中国方面的宣传"，此时提出派遣沃尔特斯方案，不仅可以"让国联秘书处中的一名官员了解

---

① "No. 573 Record of conversation between Sir E. Drummond and Dr. Sze", 7 Oct., 1931, F 5592/1391/10, *DBPO*.

② 「『ドラモンド』ヨリ『ライヒマン』宛電報文」(1931年10月8日)、JACAR(アジア歴史資料センター)Ref. B02030382800(第162画像目から)、満洲事変(支那兵ノ満鉄柳条溝爆破ニ因ル日、支軍衝突関係)/日支事件ニ関スル交渉経過(連盟及対米関係) 第二巻(外務省外交史料館).

③ "No. 585 Mr. Patteson (Geneva) to the Marquess of Reading", 9 Oct., 1931, F 5551/1391/10, *DBPO*.

二、"九一八"事变后的中立观察员派遣研究　51

东北实情",以理解日本的立场,而且可以"取代国联派遣调查团"的提议①。

外务省在批示中认为日本已经认可了美英等国的视察员,鉴于"调查团派遣问题和国联作为囊括世界各国机构的性质",同意派遣沃尔特斯前往中国东北,会给"日本人国际干涉东北事件的印象",需要避免这一点,故而反对由国联派人前往中国东北,不过同意沃尔特斯可以前来日本②。10月13日,芳泽向德拉蒙德指出"如果沃尔特斯或其他英国人以国联观察员身份来日本,日本政府肯定会极力欢迎"③。德拉蒙德自然不会放弃这个机会,毕竟调查日本也能够获取关于"九一八"事变的信息,于是训令沃尔特斯前往日本,"听取日本当局关于'九一八'事变的意见",还可以"探求关于撤兵及基本原则谈判问题"④。沃尔特斯于11月8日从上海出发,12日抵达东京,在日本各界的接待下停留了一个多月。

11月15日,沃尔特斯向德拉蒙德发送了观察性质的电报,内称国联理事会在10月24日做出的议决案过于急切,造成日本各界不满,并强化了舆论界对日本军方的支持⑤。沃尔特斯建议"1. 下一次理事会不要使日本有被催促和逼迫的感觉;2. 避免悉愿适用制裁,否则会使军方更加强硬;3. 下一次理

---

① 「『ウォルタース』派遣案再具申」(1931年10月9日)、JACAR(アジア歴史資料センター)Ref. B02030382800(第164画像目から)、満洲事変(支那兵ノ満鉄柳条溝爆破ニ因ル日、支軍衝突関係)/日支事件ニ関スル交渉経過(連盟及対米関係) 第二巻(外務省外交史料館)。

② 「『ドラモンド』覚書及『ウォルタース』派遣案ニ対スル回訓」(1931年10月10日)、JACAR(アジア歴史資料センター)Ref. B02030382800(第169画像目から)、満洲事変(支那兵ノ満鉄柳条溝爆破ニ因ル日、支軍衝突関係)/日支事件ニ関スル交渉経過(連盟及対米関係) 第二巻(外務省外交史料館)。

③ 「芳澤『ドラモンド』会談」(1931年10月13日)、JACAR(アジア歴史資料センター)Ref. B02030383400(第318画像目から)、満洲事変(支那兵ノ満鉄柳条溝爆破ニ因ル日、支軍衝突関係)/日支事件ニ関スル交渉経過(連盟及対米関係) 第二巻(外務省外交史料館)。

④ 「『ウォルタース』渡日ノ件」(1931年11月10日)、JACAR(アジア歴史資料センター)Ref. B02030390800(第85画像目から)、満洲事変(支那兵ノ満鉄柳条溝爆破ニ因ル日、支軍衝突関係)/日支事件ニ関スル交渉経過(連盟及対米関係) 第四巻(外務省外交史料館)。

⑤ 国联理事会"10·24"议决案中引起日本不满的关键性内容是:"日本政府立即开始并渐次不断地将其军队撤退至铁路附属地以内,俾在理事会下次开会日期以前完成全部撤退"等,参见《国联主席白里安在理事会上提出的议决案》(1931年10月22日),赵朗编:《"九·一八"全史》(第五卷·资料编下),第826—827页。

事会应该是以'9·30'议决案为出发点,而不是'10·24'议决案,这样能够缓和东京的舆论氛围;4. 有关在满洲的条约重要权利,理事会将来要达成尊重日本的内容"①。通过日本政府的安排和影响,沃尔特斯的报告明显对日本有利。

(三)中立观察员派遣对处理中日冲突的影响

对于中立观察员派遣的作用,可以从观察员派遣的过程和报告两个层面来理解,一般思路都是以报告书及其利用状况来评判观察员的作用,其实在观察员派遣的过程中,不论是派遣方还是中日两国,都在因应的过程中共同推动了整个事件向前发展。可以说,中立观察员的派遣过程及其报告都对英国、美国、中国、日本、国联产生了作用,间接影响到对中日冲突的处理。

第一,中立观察员派遣对英美的影响在于获取现地信息,推动国联议决进程,并建议国联派遣调查团。

在观察员派遣之初,由于考虑到日本的立场和态度,英美在是否要将观察员所获取的信息提交给国联的问题上存在疑虑。英美派遣的中立观察员向本国政府进行汇报是无可厚非的,但是否需要向国联理事会进行汇报则关系到国联是否介入中日冲突。英国在酝酿派遣斯特灵观察员的时候,外交大臣李定就曾表示英国所派遣的代表"将自然而然地是向各自政府报告,而不是直接向中国政府所设想的国联理事会报告"②。兰普森也表示他所派遣的观察员"不是特定的调查团",仅是为了让"英国政府了解关于中国东北的事实"③,共同的出发点自然是为了避免引起日本不满。不过,这里存在一个迂回渠道,即

---

① 「『ウォルタース』ノ電報」(1931年11月17日)、JACAR(アジア歴史資料センター)Ref. B02030393100(第115画像目から)、満洲事変(支那兵ノ満鉄柳条溝爆破ニ因ル日、支軍衝突関係)/日支事件ニ関スル交渉経過(連盟及対米関係)第五巻(外務省外交史料館)。

② "No. 562 The Marquess of Reading to Lord Tyrrell (Paris)", 6 Oct., 1931, F 5388/1391/10, *DBPO*.

③ "No. 566 Sir M. Lampson (Peking) to the Marquess of Reading", 7 Oct., 1931, F 5454/1391/10, *DBPO*.

这些信息可以通过非正式途径提供给英国驻国联的代表①,再由代表以私人身份提供给国联秘书长。

美国亦面临同样的问题,史汀生在决定派遣汉森—索尔兹伯里观察队后向国联告知美国的行动,"他们的任务是旅行视察,并向本国政府报告,任何其他资格都不具备"②。美英之间还特意讨论了"以类似本国政府记者身份进行报告的观察员"和"做出共同报告的观察员"之间的职能区分③,可见史汀生一方面希望直接获取关于东北的情报,另一方面则尽量避免观察队被视为官方正式行动而引起日本的不满。对于观察队搜集到的信息通报,史汀生也仅是同意可以通过个人身份将搜集到的信息提供给德拉蒙德个人,而不是国联理事会④。尽管英美对于将信息通报国联理事会都表现出谨慎立场,但收到信息的德拉蒙德为使理事会能够进一步了解"九一八"事变的情况,以口头形式向理事会传达了所获悉的信息。

英美的中立观察员所搜集的情报也改变了英美两国对中日冲突的判断和应对。英国驻日内瓦代表团专家普拉特(J. T. Pratt)就根据实地信息和历史背景,对中日冲突做了备忘录研究,一方面认为如果国联介入中日争端,日本将失去争论的机会,甚至会"退出国联";另一方面提出"除非能找到一些方法来抑制日本,否则结果可能同样具有灾难性"⑤。

针对中日在处理"九一八"事变上的冲突性立场,掌握较多实地信息的兰普森提出解决中日冲突的妥协方案,即中国改变在日军撤退问题上的强硬要

---

① "No. 571 Lord Tyrrell (Paris) to the Marquess of Reading", 7 Oct., 1931, F 5453/1391/10, *DBPO*.

② 「『ソースベリー』等視察旅行通告」(1931年10月13日)、JACAR(アジア歴史資料センター)Ref. B02030383500(第354画像目から)、満洲事変(支那兵ノ満鉄柳条溝爆破ニ因ル日、支軍衝突関係)/日支事件ニ関スル交渉経過(連盟及対米関係) 第二巻(外務省外交史料館)。

③ "Memorandum of the Chief of the Division of Far Eastern Affairs (Hornbeck) of a Conversation with the Counselor of the British Embassy (Osborne)", Oct. 8, 1931, *FRUS*, The Far East, 1931, Vol. III, pp. 139-140.

④ "The Secretary of State to the Consul at Geneva (Gilbert)", Oct. 5, 1931, *FRUS*, The Far East, 1931, Vol. III, pp. 116-117.

⑤ "No. 621 Memorandum by Sir J. Pratt (Geneva) respecting Manchuria The political background of the present dispute", 12 Oct., 1931, F 6118/1391/10, *DBPO*.

求,日本放松反对在谈判中加入观察员的态度①。国联理事会于10月13日重开,兰普森遂建议仿照华盛顿会议期间的山东问题解决模式,"在国联中立观察员监督下或第三方大国的监督下进行直接会谈"②。李定亦在国联理事会中提议"派遣中立国人员充任国联调查团"③,并且主导理事会产生了10月24日的议决案,当中国根据该议决案提出派遣国联调查团监督日军撤退时,李定认为"除了同意中国的请求外,我们别无选择"④,此时英国已经深感国联调查团派遣的可行性和必要性。

美国国务卿史汀生亦对观察队的作用十分赞赏,"在很短的时间内就收获了一系列关于东北状况的有价值报告,使我对已经发生的事情和那些快速发展的事件将产生的后果,可以做出具体化的判断意见"⑤。美国不断将获取的关于中国东北的信息传递给国联理事会,国联理事会也加快了同美国的合作,专门开会讨论邀请美国列席理事会的提议。尽管日本对此提议强烈反对,但英法主导的国联无视日本阻扰,强行通过了邀请美国列席理事会的议决案,史汀生遂派遣基尔伯特(Prentiss B. Gilbert)作为列席代表参加国联会议,英美之间的协作得到加强。

当得知中国在国联理事会中提议美国派遣委员监督日军撤退时,美国亦提出类似英国的妥协方案,即沿用山东问题交涉的模式,由国联派遣代表在场

---

① "No. 662 Sir M. Lampson (Nanking) to Mr. Patteson (Geneva)", 19 Oct., 1931, F 5950/1391/10, *DBPO*.

② "No. 629 Mr. Patteson (Geneva) to Sir R. Vansittart", 14 Oct., 1931, F 5700/1391/10, *DBPO*.

③ 「英国聯盟局長ニ対スル五項目ノ説明」(1931年10月21日)、JACAR(アジア歴史資料センター)Ref. B02030386700(第159画像目から)、満洲事変(支那兵ノ満鉄柳条溝爆破ニ因ル日、支軍衝突関係)/日支事件ニ関スル交渉経過(連盟及対米関係) 第三巻(外務省外交史料館)。

④ "No. 688 The Marquess of Reading to Sir M. Lampson (Peking)", 29 Oct., 1931, F 6134/1391/10, *DBPO*.

⑤ Henry L. Stimson, *The Far Eastern Crisis: Recollections and Observations*, New York: Harper and Brothers, 1936, p. 46.

监督，美国愿意加入由国联派遣的调查团①。11月10日，史汀生再向出渊大使提出山东问题解决模式，"希望中日两国可以通过和平的手段解决该问题"，同时希望日本可以允许"第三国委员在场的方案，这是国联和第三者好意斡旋的体现"②。

在获得汉森—索尔兹伯里观察队的总结报告后，史汀生依据报告责备了日本的行为，"我不得不认为日军违反《非战公约》和《九国公约》，在这样的情况下，我必须告知币原，美国保留公布美日关于交流此问题的文件档案的全部自由"，同时澄清关于美国不会支持国联对抗日本的谣言，"在国联和日本的争议问题上，美国完全同情国联"，表明了美国支持国联的对日立场③。

第二，中立观察员派遣对中国的影响，在于坚定最初目标，依靠国联和第三方介入，将"九一八"事变交由国际解决。

中国最早在国联提出派遣调查团，尽管调查团提议在9月底被国联搁置了，但英美等国纷纷派遣中立观察员前往中国东北，他们所搜集的信息在很大程度上揭穿了日本的谎言，使国际舆论偏向于中国。因此，中国继续在不同场合倡议派遣调查团或观察员，冀望第三方的介入可以牵制日本的军事行动，并进一步揭露日本在"九一八"事变中的战争罪行。

10月3日，为使国联理事会闭会后仍然关注"九一八"事变和西方大国能够获取现地信息，中国政府向英美法等国家发出正式照会，建议"派遣代表赴中国东北收集日本军队在此地的情况，并报告给本国政府和公民"④。驻北平的美国公使和国联理事会成员国组成的公使团专门为此集会，讨论来自中国

---

① 「日支交渉『オブサーバー』立会ニ関スル『ヘラルド、トリビューン』論説」(1931年10月14日)、JACAR(アジア歴史資料センター)Ref. B02030386700(第390画像目から)、満洲事変(支那兵ノ満鉄柳条溝爆破ニ因ル日、支軍衝突関係)/日支事件ニ関スル交渉経過(連盟及対米関係) 第二巻(外務省外交史料館)。

② 「国務長官出淵会談」(1931年11月17日)、JACAR(アジア歴史資料センター)Ref. B02030393100(第123画像目から)、満洲事変(支那兵ノ満鉄柳条溝爆破ニ因ル日、支軍衝突関係)/日支事件ニ関スル交渉経過(連盟及対米関係) 第五巻(外務省外交史料館)。

③ "Memorandum by the Secretary of State of a Conversation with the Japanese Ambassador (Debuchi)", Nov. 19, 1931, FRUS, Japan:1931—1941, Vol. I, pp. 44-46.

④ "The Minister in China(Johnson) to the Secretary of State", Oct. 4, 1931, FRUS, The Far East, 1931,Vol. Ⅲ, pp. 111-112.

政府的照会，与会者基本同意"'九一八'事件的发展势态充满了严重的可能性，不能轻易忽视中国的建议"，美国公使约翰逊在会上通报美国已经暗中派遣汉森和索尔兹伯里，且得到日本同意①，这在一定程度上加快了英国派遣斯特灵观察员。

最早实地搜集有关中国东北信息的是英国观察员桑希尔，中国关心英国是否将桑希尔报告通报给德拉蒙德，以及德拉蒙德是否会散发报告给各个理事国。10月5日，宋子文致信日内瓦代表团，表示通过一个秘密消息得知桑希尔向塞西尔提交了一份关于中国东北的报告，并得到法国、西班牙方面的确认，要求代表团"私下向德拉蒙德确认这些报告是否会在理事会散发"②。施肇基随即向德拉蒙德进行询问。德拉蒙德称确实收到了这封报告，不过由于报告的日期是9月30日，而现在的东北局势有了新的发展，并不打算将该报告分发给理事会成员，正在等待来自美国搜集的信息③。

在10月8日锦州遭到日军飞机轰炸袭击后，中国政府向德拉蒙德提出"采取紧急措施维护和平，邀请国联立即向锦州派遣调查团，中国将为调查团提供所有便利"④，德拉蒙德亦要求"中立国提交目前已经收到的领事报告"⑤。10月11日，中国政府再致电国联，指责日本"不但不履行撤兵之决定，实践该国政府所自发表之不扩大声明，且更继续在各地实行各种军事行动"，要求理事会"另定有效解决办法，并请贯彻其原定令日本完全撤兵之主张"⑥。这里的"有效解决办法"就包含了中国一直以来建议的派遣国联调查团，同时

---

① "The Minister in China (Johnson) to the Secretary of State", Oct. 5, 1931, FRUS, The Far East, 1931, Vol. Ⅲ, p. 115.

② 《宋子文致日内瓦代表团电》（1931年10月5日），台北"国史馆"藏，"外交部"档案，020-010112-0034，第78页。

③ "No. 573 Record of conversation between Sir E. Drummond and Dr. Sze", 7 Oct., 1931, F 5592/1391/10, DBPO.

④ 《外交部致日内瓦代表团电》（1931年10月9日），台北"国史馆"藏，"外交部"档案，020-010112-0034，第87页。

⑤ 《日内瓦施肇基致外交部电》（1931年10月9日），台北"国史馆"藏，"外交部"档案，020-010112-0034，第89页。

⑥ 《外交部致日内瓦国际联合会施代表电》（1931年10月11日），台北"国史馆"藏，"外交部"档案，020-010112-0034，第92—96页。

向美国政府提出"希望派遣两名美国代表"监督撤兵①。

国联理事会于10月13日重新开会,中国政府针对接收日本撤军后的区域,提出"由理事会派遣国际委员团,偕同中国政府所派大员、军警前往接收"②。其目的一方面是防止中日军队再发生冲突,另一方面依旧是延请国联介入中日冲突。10月18日,在讨论此轮理事会议决案的时候,中国政府强调国联介入是顺利完成日军撤退的前提,"占领区域之退出,应在国联理事会指派之中立委员国监视下,实行之"③。蒋介石亦利用会见英美公使的机会,向英美政府传达"中立观察员应该指派于观察撤军安排"④。10月24日的议决案尽管因日本不顾所有国家反对而予以一票否决,导致议决案不具备法律效力,但蒋介石坚决要将议决案予以实施,同张学良商讨提名中国代表,并要求兰普森尽快提名英国方面的人选⑤。

待日本将军事行动扩大至嫩江后,中国政府提出要求理事会"紧急派遣军事武官前往嫩江观察并报告"⑥,11月22日,再提出"国联与美国共同派遣中立国代表团监视撤兵与接收办法",以及"中日两国在中立国代表团视察之下,即日开始商订接收详细办法,及撤兵后保障东三省日侨安全之办法"⑦。总之,中国反复强调调查团和观察员,其目的就是突出中日冲突的国际性,依托国联和英美等强国来制衡日本,实现弱国的生存之道。

---

① 「支那政府の撤兵監視委員派遣要請」(1931年10月13日)、JACAR(アジア歴史資料センター)Ref. B02030383700(第383画像目から)、満洲事変(支那兵ノ満鉄柳条溝爆破ニ因ル日、支軍衝突関係)/日支事件ニ関スル交渉経過(連盟及対米関係)第二巻(外務省外交史料館)。

② 《外交部致日内瓦中国代表团电》(1931年10月13日),台北"国史馆"藏,"外交部"档案,020-010112-0023,第26页。

③ 《外交部拟致施代表电》(1931年10月18日),台北"国史馆"藏,"外交部"档案,020-010112-0023,第29—30页。

④ "No. 677 Sir M. Lampson (Nanking) to the Marquess of Reading", 22 Oct., 1931, F 6889/1391/10, DBPO.

⑤ "No. 684 Sir M. Lampson (Nanking) to the Marquess of Reading", 27 Oct., 1931, F 6094/1391/10, DBPO.

⑥ 《日内瓦施肇基致外交部电》(1931年11月7日),台北"国史馆"藏,"外交部"档案,020-010112-0034,第108页。

⑦ 《外交部致驻法使馆电》(1931年11月22日),台北"国史馆"藏,"外交部"档案,020-010112-0023,第86—87页。

第三，中立观察员派遣对日本的影响，在于诱导观察员，改变反对调查团立场，欲利用调查团为己服务。

随着中国愈加频繁催请英美等国派遣观察员，以及越来越多观察员前往中国东北搜集信息，日本不得不调整中日直接谈判的立场。日本的外交团队亦出现分歧，外务省对外继续强调中日直接谈判，而日内瓦代表团等驻外使节相继建议同意派遣调查团，日本政府在这个过程中意识到了主动邀请调查团的"好处"。

中国在日军轰炸锦州后强烈建议国联和第三国派遣调查团，日本外务省对此表示反对，并对法国、英国、美国、意大利、西班牙、德国等重提中日应该直接谈判[1]，"国联派遣调查员是属于无益的不必要举措"[2]，并向日内瓦代表团发出批示称，中国方面的核心是"故技"重施，通过彻底的第三方介入而回避直接交涉，不废除这样的主张，无法推进问题的解决，代表团的工作重心应该是"推动中国与日本进行直接交涉"[3]。

针对有提议沿用华盛顿会议期间的山东问题处理方式，外务省表示"如果跟山东问题一样在此问题中有观察员的干预，将会严重刺激日本舆论"[4]，反对美国派遣观察员监督撤兵。接到训令的出渊大使在新闻记者会上宣称"此次事件的结果需要依靠中日两国的直接交涉予以解决，这个时候出现第三者

---

[1] 参见「在本邦英米仏伊各国大公使ノ幣原外相申入」、JACAR(アジア歴史資料センター)Ref. B02030382000(第258画像目から)、満洲事変(支那兵ノ満鉄柳条溝爆破ニ因ル日、支軍衝突関係)/日支事件ニ関スル交渉経過(連盟及対米関係) 第二巻(外務省外交史料館)。

[2] 「東郷参事官の東方局長ニ対スル説明」(1931年10月11日)、JACAR(アジア歴史資料センター)Ref. B02030383000(第225画像目から)、満洲事変(支那兵ノ満鉄柳条溝爆破ニ因ル日、支軍衝突関係)/日支事件ニ関スル交渉経過(連盟及対米関係) 第二巻(外務省外交史料館)。

[3] 「巴里発第一五一号対スル回訓」(1931年10月12日)、JACAR(アジア歴史資料センター)Ref. B02030383300(第299画像目から)、満洲事変(支那兵ノ満鉄柳条溝爆破ニ因ル日、支軍衝突関係)/日支事件ニ関スル交渉経過(連盟及対米関係) 第二巻(外務省外交史料館)。

[4] 「山東交渉ニ於ケル『オブサーバー』立会事情」(1931年10月15日)、JACAR(アジア歴史資料センター)Ref. B02030383700(第393画像目から)、満洲事変(支那兵ノ満鉄柳条溝爆破ニ因ル日、支軍衝突関係)/日支事件ニ関スル交渉経過(連盟及対米関係) 第二巻(外務省外交史料館)。

介入只会延迟上述交涉的进行"①。

在国联理事会第二轮会议期间，面对理事会讨论派员监督日本撤军时，日本外务省提出需要中日谈判达成五大原则以"缓和两国国民感情"，再"进行撤兵问题交涉"②，意在反对派遣调查团。当议决案无视日本上述立场时，外务省借"舆论沸腾"为由拒绝投赞成票③，并反复强调"除了等待中国同意直接交涉外没有其他办法"④。在国联理事会第三轮会议之前，日本外务省向美国等传达的关于中国东北问题的方针中依旧是反对中国的倡议，认为中国是在"利用第三者以控制对方"，日本若同意，则会造成"中国更加目中无人，帝国权威扫地，进而危及朝鲜统治"⑤。

虽然从上述档案梳理中没有看到日本外务省立场的根本变化，但以日本驻日内瓦代表团为首的一批外交人员对国联派遣调查团提出了不同的看法。日军轰炸锦州后，日本代表团就向外务省提出"如在上次会议中由中立国人员组成的实地调查团提案再次发生，这是可以想象的"。在外务省已经同意美国派遣汉森和索尔兹伯里前往中国东北的情况下，"单独不同意国联派遣调查

---

① 「『スチムソン』出淵ノ新聞記者ト会見」(1931年10月14日)、JACAR(アジア歴史資料センター)Ref. B02030383700(第395画像目から)、満洲事変(支那兵ノ満鉄柳条溝爆破ニ因ル日、支軍衝突関係)/日支事件ニ関スル交渉経過(連盟及対米関係) 第二巻(外務省外交史料館)。

② 「我方ノ態度回訓」(1931年10月22日)、JACAR(アジア歴史資料センター)Ref. B02030386700(第173画像目から)、満洲事変(支那兵ノ満鉄柳条溝爆破ニ因ル日、支軍衝突関係)/日支事件ニ関スル交渉経過(連盟及対米関係) 第三巻(外務省外交史料館)。

③ 「理事会決議案ニ対スル我方ノ態度」(1931年10月23日)、JACAR(アジア歴史資料センター)Ref. B02030386900(第219画像目から)、満洲事変(支那兵ノ満鉄柳条溝爆破ニ因ル日、支軍衝突関係)/日支事件ニ関スル交渉経過(連盟及対米関係) 第三巻(外務省外交史料館)。

④ 「今後ノ対聯盟方針」(1931年10月28日)、JACAR(アジア歴史資料センター)Ref. B02030388200(第74画像目から)、満洲事変(支那兵ノ満鉄柳条溝爆破ニ因ル日、支軍衝突関係)/日支事件ニ関スル交渉経過(連盟及対米関係) 第四巻(外務省外交史料館)。

⑤ 「満州問題政府方針」(1931年11月12日)、JACAR(アジア歴史資料センター)Ref. B02030390900(第112画像目から)、満洲事変(支那兵ノ満鉄柳条溝爆破ニ因ル日、支軍衝突関係)/日支事件ニ関スル交渉経過(連盟及対米関係) 第四巻(外務省外交史料館)。

员，这是基于什么样的理由，肯定会遭到诘问。我方毫无疑问会陷入艰难辩论之中"①，于是有了日本代表团再次提议派遣沃尔特斯的方案。

在日本否决"10·24"议决案后，国际舆论对日本十分不利。面对中日的对立主张，瑞典外相对日本驻瑞典公使武者小路表示，支持"国联有必要向现地派遣调查员或混合委员会"对日本有利，因为通过调查才能支持日本的主张，也就是"判定中国的主张是错误的"，而且"若要对此次事变采取公平立场，就需要由第三国人员进行现地调查"②。挪威政府也表示"派遣第三国人员进行现场调查，日本方面若能接受的话，理事会方面亦将会满意并推动事件的解决"③。11月12日，芳泽向外务省请示关于应对即将召开的国联理事会的对策，明确提出应该"由国联向现地派遣调查员，让他们感受到当前局势下撤兵是过于急切的，因此难以撤兵……努力让理事会在调查员提出报告之前将本事件延迟审议"④。

与此同时，日本主动邀请和安排的西姆森、沃尔特斯等人的观察结果明显对日本有利，进一步促使日本外务省转变了立场。西姆森在报告中提出与来自北平公使馆观察员们不一样的观察，比如"(北平)观察员声称在他们没有去过的地方没有中国军队"是一种极端态度⑤。沃尔特斯的观察报告更是深得

---

① 「混合委員会設置ニ関スル意見具申ノ件」(1931年10月9日)、JACAR(アジア歴史資料センター)Ref. B02030382900(第186画像目から)、満洲事変(支那兵ノ満鉄柳条溝爆破ニ因ル日、支軍衝突関係)/日支事件ニ関スル交渉経過(連盟及対米関係)第二巻(外務省外交史料館)。

② 「瑞典外相ニ対スル説明」(1931年11月7日)、JACAR(アジア歴史資料センター)Ref. B02030389500(第377画像目から)、満洲事変(支那兵ノ満鉄柳条溝爆破ニ因ル日、支軍衝突関係)/日支事件ニ関スル交渉経過(連盟及対米関係)第四巻(外務省外交史料館)。

③ 「諾威政府ニ対スル説明」(1931年11月13日)、JACAR(アジア歴史資料センター)Ref. B02030389500(第382画像目から)、満洲事変(支那兵ノ満鉄柳条溝爆破ニ因ル日、支軍衝突関係)/日支事件ニ関スル交渉経過(連盟及対米関係)第四巻(外務省外交史料館)。

④ 「芳澤理事会対策請訓」(1931年11月12日)、JACAR(アジア歴史資料センター)Ref. B02030390900(第121画像目から)、満洲事変(支那兵ノ満鉄柳条溝爆破ニ因ル日、支軍衝突関係)/日支事件ニ関スル交渉経過(連盟及対米関係)第四巻(外務省外交史料館)。

⑤ "No. 26 Sir F. Lindley (Tokyo) to Sir J. Simon", 24 Dec., 1931, F 519/1/10, *DBPO*.

日本人欢迎，"经过和我国官民的接触，(沃尔特斯)最终了解了日本的真意，并多次向国际联盟发送有利于我方的情报"①。

在权衡利弊之下，外务省决定邀请国联调查团为己所用，批示日本代表团"根据情况，我方应积极要求派遣视察员，这反而会取得对我方有利的预想之事态"②。11月17日，芳泽等人草拟了方案，提议"若理事会没有关于针对中国排日问题等的决定，可以考虑派遣国联调查团×名前往中国"③。

第四，中立观察员派遣对国联的影响，在于汇集现地情报，逐步朝向派遣正式调查团以展开全方位调查。

国联秘书长德拉蒙德在9月29日就向日本表示，"为了理事会便利推进任务处理，各理事国从本国驻中国东北官员处获得的关于'九一八'事变的公报应该转达给秘书长"④，在9月30日的公开理事会中，各理事会成员国也认为"需要搜集有益的实地情报，并转送给秘书长"⑤。尽管德拉蒙德没有将英国桑希尔的报告散发给理事会各成员，但对施肇基表示将充分利用美国观察员的报告，并已经征求美国"允许理事会成员使用这些报告"，同意"确实应该

---

① 「国際聯盟派遣調査員キャプテン・ウォルタースノ来阪ニ関スル件」(1931年12月9日)、JACAR(アジア歴史資料センター)Ref. B02030441700(第15画像目から)、満洲事変(支那兵ノ満鉄柳条溝爆破ニ因ル日、支軍衝突関係)/国際連盟支那調査員関係 第一巻(外務省外交史料館)。

② 「満州事変(聯盟関係)」(1931年11月14日)、JACAR(アジア歴史資料センター)Ref. B02030359400(第190画像目から)、満洲事変(支那兵ノ満鉄柳条溝爆破ニ因ル日、支軍衝突関係)/国際連盟支那調査員関係 第二巻(外務省外交史料館)。

③ 「我代表部私案」(1931年11月17日)、JACAR(アジア歴史資料センター)Ref. B02030393100(第105画像目から)、満洲事変(支那兵ノ満鉄柳条溝爆破ニ因ル日、支軍衝突関係)/日支事件ニ関スル交渉経過(連盟及対米関係) 第五巻(外務省外交史料館)。

④ 「情報供給方ニ関スル提議」(1931年9月30日)、JACAR(アジア歴史資料センター)Ref. B02030381800(第369画像目から)、満洲事変(支那兵ノ満鉄柳条溝爆破ニ因ル日、支軍衝突関係)/日支事件ニ関スル交渉経過(連盟及対米関係) 第一巻(外務省外交史料館)。

⑤ 「九月三十日理事会経過」(1931年10月1日)、JACAR(アジア歴史資料センター)Ref. B02030381800(第377画像目から)、満洲事変(支那兵ノ満鉄柳条溝爆破ニ因ル日、支軍衝突関係)/日支事件ニ関スル交渉経過(連盟及対米関係) 第一巻(外務省外交史料館)。

从外界得到消息"①。得知中国政府已经发出邀请英国等派遣观察员的照会后,德拉蒙德也催促英国继续派遣观察员,认为"日本政府似乎很难反对这样的行动",即通过派遣现地观察员"以便告知本国政府关于中国东北的局势"②。

在发生锦州轰炸后,德拉蒙德根据拉奇曼观察员等所提交的信息,对局势的恶化表示"完全震惊"③。针对日本所通报的"日本飞机为侦察状况而飞跃北宁线的锦州上空,遭到地面射击,遂对中国军队实施了轰炸"④的说法,德拉蒙德表示质疑,"无法想象中国方面如何向日本飞机进行射击等类似事件"⑤,而且发出致日本政府照会,建议日本政府主动邀请第三国派遣代表前往中国东北,并向各自政府汇报情况,将这样的举措予以公开,"对中国舆论会产生最令人放心的影响,有助于维护和平"⑥。

在愈多获悉来自观察员等的报告后,德拉蒙德和国联愈加意识到东北局势在恶化,并对施肇基所提出的囊括第三国人员的调解委员会的建议表达了

---

① "No. 573 Record of conversation between Sir E. Drummond and Dr. Sze", 7 Oct., 1931, F 5592/1391/10, *DBPO*.

② "No. 567 Mr. Patteson (Geneva) to the Marquess of Reading", 7 Oct., 1931, F 5455/1391/10, *DBPO*.

③ 「緊急措置ニ関スル『ドラモンド』杉村ニ対スル談話」(1931 年 10 月 8 日)、JACAR(アジア歴史資料センター)Ref. B02030382800(第 159 画像目から)、満洲事変(支那兵ノ満鉄柳条溝爆破ニ因ル日、支軍衝突関係)/日支事件ニ関スル交渉経過(連盟及対米関係) 第二巻(外務省外交史料館)。

④ 「錦州爆撃ニ関スル情報」(1931 年 10 月 8 日)、JACAR(アジア歴史資料センター)Ref. B02030382900(第 204 画像目から)、満洲事変(支那兵ノ満鉄柳条溝爆破ニ因ル日、支軍衝突関係)/日支事件ニ関スル交渉経過(連盟及対米関係) 第二巻(外務省外交史料館)。

⑤ 「錦州爆撃ニ関スル『ドラモンド』ノ談話」(1931 年 10 月 10 日)、JACAR(アジア歴史資料センター)Ref. B02030383000(第 208 画像目から)、満洲事変(支那兵ノ満鉄柳条溝爆破ニ因ル日、支軍衝突関係)/日支事件ニ関スル交渉経過(連盟及対米関係) 第二巻(外務省外交史料館)。

⑥ 「日本政府ニ対スル『ドラモンド』ノ覚書」(1931 年 10 月 8 日)、JACAR(アジア歴史資料センター)Ref. B02030382800(第 163 画像目から)、満洲事変(支那兵ノ満鉄柳条溝爆破ニ因ル日、支軍衝突関係)/日支事件ニ関スル交渉経過(連盟及対米関係) 第二巻(外務省外交史料館)。

深深的兴趣①，遂主导在国联理事会第二轮会议的议决案中加入"理事会建议双方设立调解委员会，或类此之永久机关"②的内容，目的就是期待可以通过派遣调查团介入中日冲突，既了解更多信息，又能避免局势恶化。可以说，"10·24"议决案的出台就是国联理事会在信息搜集的基础上所采取的避免日军继续扩大行动和督促日军撤退的举措。

11月16日，身处日本的国联观察员沃尔特斯向德拉蒙德报告，"日本军部的一部分人赞成缓和时局"，而且"日本政府出现为了视察满洲而邀请国联调查员的计划，因此希望理事会应该给予日本政府充分考虑上述计划的余地"③。得此消息的德拉蒙德十分喜悦，回电告知"日本政府自己提出任命调查团，以调查中日一般关系的方案，并将之作为理事会的措施，这实在是太好了"④。在日本提出调查团方案后，德拉蒙德对日本驻日内瓦代表团杉村表示调查团的派遣"关系到中日正常关系的恢复，同意日本方面的主张，期待日本或日本代表提出更加具体的提议"⑤。

至此，由国联派遣调查团的事情逐渐成熟，国联理事会进入讨论起草派遣调查团议决案的环节。

---

① 「施肇基調停委員会設置提議」(1931年10月21日)、JACAR(アジア歴史資料センター)Ref. B02030386700(第166画像目から)、満洲事変(支那兵ノ満鉄柳条溝爆破ニ因ル日、支軍衝突関係)/日支事件ニ関スル交渉経過(連盟及対米関係) 第三巻(外務省外交史料館)。

② 《国联主席白里安在理事会上提出的议决案》(1931年10月22日)，赵朗编：《"九·一八"全史》(第五卷·资料编下)，第826—827页。

③ 「『ウォルタース』電報要旨」(1931年11月18日)、JACAR(アジア歴史資料センター)Ref. B02030393100(第117画像目から)、満洲事変(支那兵ノ満鉄柳条溝爆破ニ因ル日、支軍衝突関係)/日支事件ニ関スル交渉経過(連盟及対米関係) 第五巻(外務省外交史料館)。

④ 「『ドラモンド』ヨリ『ウォルタース』宛電報」(1931年11月18日)、JACAR(アジア歴史資料センター)Ref. B02030393100(第119画像目から)、満洲事変(支那兵ノ満鉄柳条溝爆破ニ因ル日、支軍衝突関係)/日支事件ニ関スル交渉経過(連盟及対米関係) 第五巻(外務省外交史料館)。

⑤ 「杉村『ドラモンド』会談」(1931年11月18日)、JACAR(アジア歴史資料センター)Ref. B02030393200(第146画像目から)、満洲事変(支那兵ノ満鉄柳条溝爆破ニ因ル日、支軍衝突関係)/日支事件ニ関スル交渉経過(連盟及対米関係) 第五巻(外務省外交史料館)。

小　结

南京国民政府迅速将"九一八"事变申诉于国联，并援引《九国公约》，表面上是依靠国联以牵制日本，实质上是联合英美以制衡日本。

中立观察员派遣一定程度上缓解了国联和美国等迫切渴望的"真实"信息获取问题。英国的桑希尔、斯特灵、西姆森，美国的汉森和索尔兹伯里，国联的拉奇曼和沃尔特斯，以上述人员为代表的中立观察员的派遣及其形成的报告，不仅为国联评判"九一八"事变提供了有价值的信息，而且推动了国联在处理日本侵华问题上的进程。

中立观察员派遣实现了中国的既定目标，强调中日冲突的"国际化"是在一定时代背景下的中国外交策略选择。通过加强国际宣传，将中日争端推向世界舞台，利用列强之间的矛盾冲突，使之形成互相制衡局面，是当时身处弱国地位的中国的外交思路。中立观察员派遣促成和构成了中国外交策略的实施。

中立观察员派遣迫使日本转变立场，日本预谋利用调查团为之服务。日本起初反对国联派遣调查团，但无法拒绝已经在中日两国的第三国人员前往中国东北。当日本发现主动邀请观察员，并安排好观察行程有可能取得倾向于日本的报告后，逐渐转变了对国联调查团的立场。于是日本提议国联派遣调查团，并积极建议此调查团要先来东京调查，意在诱导调查团。

中立观察员派遣和国联调查团存在逻辑一致性，二者是一种递进和互补的关系。身处远东地区的中立观察员在"九一八"事变后就迅速前往中国东北，时间与空间上的优势使得他们能够获取未被日本掩盖的真相，具有一定的客观性，为国联调查团的进一步调查提供了基础。但中立观察员受限于权限和身份性质问题，其报告有一定程度的误导性、不全面性，而且没有提出对策性的解决方案，这些恰好构成了需要国联正式派遣调查团的内在动力。*

---

* 本部分的主体内容发表于《抗日战争研究》2019年第2期，题为"国联调查团的预演：九一八事变后的中立观察员派遣"，收入本书时做了修改和补充。

居于"台前"的李顿调查团

三、"接待政治"和李顿调查团的中国关内之行

弱国亦有外交,或者说,弱国更需要外交。20 世纪第一个 20 年的中国外交,窘迫、难堪比比皆是,但亦曾在大国博弈的缝隙中,为中国赢得宝贵的机遇。只是弱国外交无法从实力出发(from the position of strength),它身姿柔软,仰面观人,更倾向于围绕《非战公约》《九国公约》诉诸情辞恳切的道德性说理,经常辅之以唯恐不够周全完美的接待,其目的之部分实现也有赖于强权之间复杂博弈所提供的可能。"九一八"事变之后,南京国民政府以国际联盟为中心的外交就是如此。

事变发生后,应国民政府之吁请,国际联盟在 1932 年 1 月成立了以英国人李顿(亦有译为莱顿)为首的调查团赴东亚调查真相、调解纠纷,美国、法国、德国、意大利分别派出代表麦考益少将、克劳德中将、希尼博士和马柯迪伯爵[①]参与其事。国联调查团成立的重要前提是国联理事会 1931 年 9 月 30 日决议确认,日本声明"对于东三省并无图谋领土之意",而且国联理事会已经"知悉日本代表之声明,谓日本军队,业经开始撤退","知悉中日代表已保证各该国政府采取一切必要步骤,以防止事变范围之扩大或情势之愈加严重"[②]。换言之,当时中日两国尤其是肇事者日本曾有和平解决的姿态和正式外交表

[①] 李顿,前印度总督之子,1919—1922 年任印度次官,1922 年任孟加拉国省长,1925 年代理印度总督;麦考益,历任罗斯福总统、塔夫脱总统副官,菲律宾总督,1923 年任美国赴日调查团领袖,1928 年任玻利维亚、乌拉圭仲裁委员会主席;克劳德,1918 年为凡尔登法军司令,1919 年指挥"远东军"在东欧作战,驻索菲亚、君士坦丁堡,曾任安南调查团首领;希尼,1905 年任驻英大使馆参赞,1912 年任德属东非总督,1924 年任下院议员;马柯迪,曾任外交部次长,巴黎和会意大利代表团秘书长,驻荷兰、保加利亚、埃及、阿根廷、德国大使。见《国联调查团五国委员之略历》,天津《大公报》1932 年 1 月 17 日,第 4 版。

[②]《国际联盟调查团报告书》(中文版),张生、陈海懿、杨骏编:《李顿调查团档案文献集·国联调查团报告书》,南京:南京大学出版社,2019 年,第 288—289 页。

态,这是理解此后双方话语取向和动作的重要背景。

1932年3月14日晚,李顿调查团从日本抵达上海,3月27日,抵达南京,4月9日,抵达北平。至9月4日签署调查报告书期间,调查团成员或其属员奔赴杭州、芜湖、安庆、九江、武汉、重庆、万县、徐州、济南、天津和沈阳、长春、吉林、哈尔滨、大连、旅顺、鞍山、抚顺、锦州等中国各地询问、会谈、调查。东北方面,日军不容他人插手;其他各处,中国方面高度重视,予以热情的接待,尤以上海、南京、北平三地最为隆重。其间,运用现代政治动员手段之处,比比皆是。

热情接待远方来客,释放中式待客之道的种种善意,是行之久远的中国传统,但以国联对调查团作用的定位和各成员丰富的政治阅历,接待不可能轻易影响其立场。战场上得不到的,却希望在餐桌和谈判桌上达成目的,彷徨无依的国民政府明显企图通过接待营造良好的会谈氛围,以求国联"主持公道",促使日本撤军,否定伪满洲国合法性,恢复和平。可以说,把政治表达融于接待过程之中,体现了国民政府时代外交的姿态和面相。

(一)序曲:上海—杭州之行

接风洗尘、以最高规格宴请接待调查团,日方率先为之。1932年2月29日,调查团抵达日本,入住东京帝国酒店。3月1日,出席总理大臣的午餐会。3月2日,参加报社团午餐会,外务大臣晚餐会。3月3日上午,谒见天皇并陪餐,下午出席外相夫人的家宴,国际联盟协会晚餐招待。3月4日下午,出席经济联盟、工业俱乐部及其他实业团体的茶会,之后晚餐会,并接受该团体招待前往歌舞伎座。3月5日,出席海军大臣午餐,下午接受太平洋问题调查会茶会。3月7日,出席陆军大臣午餐会,并出席外务次官在红叶馆的晚餐。3月8日上午,在滨离宫猎鸭,在离宫午餐,下午前往京都。3月9日上午,参观京都御所、二条离宫、金阁寺,下午访问修学院离宫,在离宫茶点。3月10日,上午从京都出发赴奈良,参观春日神社、大佛等后,在奈良宾馆出席由该县官民共同举办的招待午餐会;下午前往大阪,出席大阪府知事、大阪市市长及商工会议所在堺卯主办的晚餐会。3月11日上午,登六甲山,出席兵库县知事午餐会,下午前往上海①。

　　日方接待之时,少不了表达政治意见,如日本外相芳泽宴请调查团时,即表示中国的"革命外交"使列强大感不安,"排外的空气,更起于满洲,以致不幸事件相继发生,使日本官民感情大受刺激"②。这些,中国媒体进行了绵密的报道,冲击甚大。如何更妥善热情地接待调查团,使其不为日方殷勤接待所蒙蔽,成为时人自然的考虑。

　　国联调查团上海之行的背景是"九一八"事变后"一·二八"事变的发生,中方同样诉诸国联。为接待该团,上海方面专门组织了一个代表团,代表顾维钧,秘书长王广圻,总务兼宣传主任张祥麟③。宋子文亦与李调生飞沪,帮同招待④。

　　调查团乘坐"阿丹姆总统号"抵达上海之时,已是夜间。但沪上头面人物云集,上海市长吴铁城、外交部政务次长郭泰祺,及新闻界、商界代表70余人远迎至白莲泾,顾维钧登轮"谈阔别之意"。及至码头,上海总商会、银行业同业公会的袁履登、贝淞荪、陈介、徐新六等亲临迎接。李顿等登岸时,"军乐大作,以电光摄影者拥挤异常"⑤。

　　抵沪以后,中国方面的接待活动不断,调查团应接不暇。以3月15—16日为例,上午李顿等五委员和调查团秘书哈斯礼节性拜访宋子文、郭泰祺、吴铁城等。中午,郭泰祺即在何东宅欢宴调查团及中外来宾70余人。下午,调查团访顾维钧,顾维钧五时携金问泗等在静安寺路程宅举办欢迎茶会,到法国、意大利使领团及各国海军司令等中外宾客300余人,六点才散。晚八点,

---

①「国際連盟支那調查委員本邦滞在中ノ日誌」(1932年3月)、JACAR(アジア歴史資料センター)Ref. B02030443800(第154画像目から)、満洲事変(支那兵ノ満鉄柳条溝爆破ニ因ル日、支軍衝突関係)/善後措置関係/国際連盟支那調查員関係 第二巻(外務省外交史料館)。

②《国联调查团在日本之酬酢情形,日皇及芳泽均设宴招待,莱顿爵士说明任务》,《中央日报》1932年3月7日,第3版。

③《国联调查团定今日抵沪,吴铁城代表市民致电欢迎,我国代表团职员名单发表》,天津《大公报》1932年3月14日,第3版。

④《颜惠庆通知国联大会,中国接受决议案并申述最要三点,调查团到沪受严肃欢迎》,天津《大公报》1932年3月15日,第3版。

⑤《颜惠庆通知国联大会,中国接受决议案并申述最要三点,调查团到沪受严肃欢迎》,天津《大公报》1932年3月15日,第3版。

吴铁城等在华懋饭店设宴款待。16日中午,沪上大学联合会在华安公司宴请,下午五时,孔祥熙、宋子文太太又在孔宅举行茶会。这还不包括沪上西方人士为调查团举办的宴会①。

在沪调查尾声,调查团的麦考益、克劳德、希尼顺访杭州,王广圻、张祥麟等陪同前往,杭州各机关、团体、学校代表百余人,及群众约万人,到站迎接。"全城商店悬旗,沿途由警察、童子军警戒"。三代表下车后,曾养甫、陈布雷及省政府秘书长鲁岱等陪同,乘坐汽车17辆,赴灵隐寺、中山公园、西泠印社等地游览,并换船游览三潭印月。下午五点一刻,到汪庄,应杭州市长赵志游茶会,赵分赠各代表西湖风景照片和土产,"以资纪念"。晚八点,浙江省政府、省党部在西泠饭店宴请。为了安排各代表随后前往南京,外交部特备汽车10辆,开杭候用,"沿线归江浙两省保安队放哨保护"②。

中国方面精心接待调查团,目的并不是为了满足其口腹耳目之欲。在接待的几乎每一个细节,凝结了中方政治表达的心意。

吴铁城在上海组织接待代表团时,接到了南京方面的"党部来电",请其"尽量引导国联调查团参观沪战区域及文化机关损失焚毁惨状"③。上海码头迎接之时,潮汕同乡会多人高呼"拥护国联公正调查团万岁!""中华民国万岁!""十九路军万岁!"等口号④。而上海市区情形更加夸张:"全沪各马路及商店,遍贴欢迎调查团,反对强权,我们仅求公理,拥护非战公约、九国公约、国联会章等标语,以示民意。"⑤

国民政府小心翼翼地考虑到避免予人强行灌输的印象,官方直接出面接待时,政治诉求比较委婉。郭泰祺宴请调查团时,诚恳地表示,希望调查团在《非战公约》之下,"可恢复远东之和平";四亿人的中国,"能与各邻邦在相互尊

---

① 《到沪后之国联调查团,顾、吴、郭等昨分别宴会招待,离沪前将视察淞沪各战区,莱顿告报界:调查东事出以公正》,天津《大公报》1932年3月16日,第3版。

② 《调查团昨分两批离沪,三委员到杭受热烈欢迎》,天津《大公报》1932年3月27日,第3版。

③ 《国联调查团定今日抵沪,吴铁城代表市民致电欢迎,我国代表团职员名单发表》,天津《大公报》1932年3月14日,第3版。

④ 《颜惠庆通知国联大会,中国接受决议案并申述最要三点,调查团到沪受严肃欢迎》,天津《大公报》1932年3月15日,第3版。

⑤ 《国联调查团昨已抵沪,各界代表均至码头热烈欢迎,希望秉公调查暴日侵华真相》,《中央日报》1932年3月15日,第2版。

重平等之地位,敦睦相处,自由发展其国家生命"①。杭州市长赵志游的言说重点是反驳日本关于中国"排外"的说辞。他表示,"日本代表在日内瓦反复强调中国是一个无组织的国家,以及当局盲目煽动排外情绪",这样的指责对中国不公平。他以杭州外侨为例,"你们的同胞久居在此,定能向你们提供更准确的关于我国行政、社会经济和教育的组织情况"。中国的目的,就是与世界各国包括日本"友善合作"②。

顾维钧擅长沟通中西。他说,"国联基本原则,多符合中国历代理想。""国联精神即是中国文化的精神。"他分析说,"中国现在处于过渡期间,国家正在改造,新陈代谢,进行极速"。"九一八"事变,使得中国前途受到极大打击。因之,"中国人民愤慨,实系武力政策对付中国之反响。表示愤慨之方式虽各不同,或以语言文字,或在购买外货上示区别,其原因要在中国以外,且非中国所能控制",精要地将中国抵制日货的责任归责于日本。他要求调查团调查真相,设法"尊重中国领土主权完整"③。

非官员身份者,言辞则激烈许多。上海总商会主席王晓籁宴请调查团时指责说,"九一八"事变发生后,国联多次错过制裁机会,于是日本"一手制造之傀儡国家,公然出现"。由此他警告,如果"九一八"事变"敷衍了结","而世界大战之动机,或即由此加增速率;国联威信如因辽东一役而全被破坏,势必举全世界十五万万生命以殉之"④。

上海新闻界在万国体育会宴请调查团,史量才呼吁"对于迫害人类和平与福祉的行为,应当予以严正的揭露"。他的举例,集中于西方人士熟知的新闻自由,提示青岛《民国日报》被日本人焚烧,上海《民国日报》在日本人威胁下停刊,福州、长沙、北平都有类似情事发生。天津《大公报》因为一张插画,被日本

---

① 《国联调查团抵沪后,决努力进行远东和平,郭泰祺吴铁城设宴招待致欢迎词,李顿爵士表示来华负有和平使命》,《中央日报》1932年3月16日,第2版。

② "Chao Chi-yu's Speech", S30 - NO 1, *League of Nations and United Nations Archives*, Geneva. 需要说明的是,日内瓦"国联和联合国档案馆"所藏李顿调查团相关档案,尚未整理形成详细文件目录,仅将相关文件打孔穿绳集在一起,用法文取一总的文件名。因此,除原文有文头者外,笔者根据文本的文字种类和内容自取英文或中文文件名。

③ 《南京准备招待调查团,外委会组织招待会办理,顾维钧以恢复公约尊严属望该团,并深信能办到中国领土主权完整》,天津《大公报》1932年3月15日,第3版。

④ 《沪市商会欢宴国联调查团,王晓籁痛陈暴日侵略野心》,《中央日报》1932年3月19日,第2版。

领事威胁。他指责日本多行不义,"复欲一手抑止我们正直的呼声",要求调查团发挥国联"不磨的光荣",实现"公理与和平"①。

　　各方宴请接待调查团,用意甚明,但李顿等人反复声明其调查备询的性质。李顿在东京演讲时就有"此来系为收音器,非为播音台"的说法②。接受日本外相芳泽宴请时,他亦表示,"吾侪之任务,非为发表意见而来,而在由日方探求日方之意见,由华方探求华方之意见后,即赴现地调查实情,以便向国联再陈关于维持和平之最善方策也"③。但这不妨碍接待的过程中,中方参加者利用一切机会力图唤起共鸣。李顿曾担任过大学校长,上海各大学联合会乃推交通大学黎照寰、劳动大学王景岐等校长招待调查团。席间黎照寰用国联官方语言英语致辞,王景岐则用国联另一官方语言法语致辞④。其细节考虑之周详,令人动容。

　　显然,中方的接待令调查团的个别成员印象颇深,并在被接待时对中方蕴涵的诉求不无同情。麦考益在短暂的杭州之行中答谢称:"贵国笃信和平方式解决国际纠纷。……贵国著名的英雄孙逸仙博士,曾确定某种对外关系的原则,我们称之为他的'圣经'。因此贵国在危难时刻向国联提起申诉,完全符合你们的和平思想与政治习惯。调查团深悉中国的政策,并会对中国问题给予充分考虑。"⑤虽多外交辞令,毕竟和中方重在彰显和平价值取向的言说形成了某种共振。

　　与上海中方周到接待形成对比的是,当地日方接待较为潦草。国联调查团视察淞沪战区时,下午一点半,"驱车至杨树浦公大纱厂内日司令部午餐,首座为老叟菱刈,植田陪席,每人仅虾半只、牛肉一块、腊肠两块"。"日人于文化机关被毁,辄以华军在内作战为辞,以答调查团之问。途中风沙甚大,随员等

---

① 《南京准备招待调查团,外委会组织招待会办理,顾维钧以恢复公约尊严属望该团,并深信能办到中国领土主权完整》,天津《大公报》1932 年 3 月 18 日,第 3 版。
② 《南京市商会主席濮仰山等来信》(1932 年 3 月),S38,*League of Nations and United Nations Archives*, Geneva.
③ 《国联调查团在日本之酬酢情形,日皇及芳泽均设宴招待,莱顿爵士说明任务》,《中央日报》1932 年 3 月 7 日,第 3 版。
④ 《调查团在沪之酬酢:莱顿不谈黑暗但言光明》,天津《大公报》1932 年 3 月 17 日,第 3 版。
⑤ "Memorandum", March 28, 1932, S30 - No 1, *League of Nations and United Nations Archives*, Geneva.

三、"接待政治"和李顿调查团的中国关内之行　73

乘车多无篷,回沪时尘垢满面,几如黑人"①。日方在上海接待调查团的轻忽,与在日接待形成强烈反差,这似乎与当时驻上海公使重光葵的见解有关。他致电芳泽称:"调查团到达当地后,连日来遭受到中国方面的连番宴请,反而感到为难,最近一直尽可能地拒绝招待宴会的宴请。"所以,他提议,将来到东北,应该减少宴会次数,"以说明情况的会见为主"②。

其实,看到中国方面细致入微的接待,日方当然也希望在实地调查中,使调查团形成某种有利于己的印象,但无法掩盖的事实和用力过度、违背常识的刻意举措,往往令调查团生疑。如在上海调查战区情形时,"调查团下车入暨南大学,由日军官授每人英文日军作战地图一,声言华军退后日军始来此驻扎。乃入致远堂及洪年图书馆,日方指馆外侧门所贴反对调查团来华标语,谓此系暨大学生所贴,莱顿等笑而不言"③。日方又指出,洪年图书馆中的图书系被中国军队带走,"莱顿大笑,谓退兵时军火尚不顾,何独惜书籍耶"④?又据报道,李顿询问为何日军用飞机轰炸闸北平民房屋,日军官答称民居中有中国军队,炮火无法覆盖,故用飞机。李顿说,房屋中未必都是军队,为何不分青红皂白轰炸之,日军官称:"日方彼时用飞机侦察,以分别平民与华兵之所居,然后从机上以炸弹轰掷之。"李顿表示疑问:"飞机离地甚高,日方何以能分别孰为平民,孰为华兵所居?"日军官乃强称可以侦察清楚⑤。

必须指出的是,李顿的尖锐、刻薄,并非仅仅针对日方说辞,更非左袒中方之意。正准备盛大隆重接待调查团的南京诸政要,很快就体会到这一点。

---

① 《调查团视察淞沪战区,莱顿询问对平民掷炸理由,炮台被毁,淞镇景象较闸北尤惨,昨巡视各战地已毕,今日不再往》,天津《大公报》1932年3月22日,第3版。
② 「重光公使から芳澤外務大臣まで」(1932年3月21日)、JACAR(アジア歴史資料センター)Ref. B02030443200(第31画像目から)、満洲事変(支那兵ノ満鉄柳条溝爆破ニ因ル日、支軍衝突関係)/善後措置関係/国際連盟支那調査員関係 第二巻(外務省外交史料館)。
③ 《调查团视察淞沪战区,莱顿询问对平民掷炸理由,炮台被毁,淞镇景象较闸北尤惨,昨巡视各战地已毕,今日不再往》,天津《大公报》1932年3月22日,第3版。
④ 《调查团二十八日离沪,如何赴京路线尚未大定,京招待办法已筹备就绪,昨日起邀上海中外当局作私人谈话》,天津《大公报》1932年3月22日,第3版。
⑤ 《调查团视察战区详记:李顿对日军暴行不满》,天津《益世报》1932年3月27日,第3版。

（二）间奏：南京之行

国民政府外交部在李顿调查团抵达上海前后，组织了"招待委员会"①。外交部之外，"市党部于上星期召集各团体、学校等代表开始筹备"，各团队推"纠查指挥"一人负责②。3月16日，南京新闻界决定用茶会招待调查团，同时报道称，林森、汪精卫、蒋介石、罗文干、顾维钧以及新闻记者、民众团体、中央党部和中山陵园均拟宴请，至于地点，"林在国府，汪、蒋均在励志社，罗在外部，顾在铁部，记者在中央饭店或华侨招待所，民众团体在金陵女大，中央党部和陵园均在原处"。随行的日方代表20人安排在下关惠龙饭店③。接待计划不断补充，甚至在菜式上亦与民族国家整体诉求连带考虑，"外部、市府及中山陵均用西餐，林、汪、蒋均用中菜，表示我中华立国之固有文明"④。

3月27日，首都警察厅以警察一大队从调查团预定下榻的励志社沿着中山路，警戒至下关码头；励志社门口，由宪兵司令部派干练宪兵站岗。各界欢迎人员"数万人"，分段站立于十数公里的道路两旁。海宁门和新街口，搭建大牌楼各一座，用蓝边白布和柏枝扎成，"高可四五丈"，上面悬挂"欢迎公正严明的调查团，欢迎和平使者国联调查团，中华民国决不接受丧权辱国条件，中华民国决不受强权屈辱，抗日绝非排外，中华民族为求生存而抗日，中华民国宁为碎玉不为瓦全，上海问题须与东北问题同时解决"等标语。李顿一行乘船抵达南京下关江心时，外交部长罗文干、海军部长陈绍宽、南京代市长谷正伦等即登轮迎接，上岸时，军乐队奏乐欢迎。进城后，调查团乘坐外交部招待委员会"特备之汽车"，在众人簇拥下抵达励志社。外交部次长徐谟、励志社总干事黄仁霖导入休息。访问杭州的麦考益等三人另从京杭国道晚间抵达南京，罗

---

① 《颜惠庆通知国联大会，中国接受决议案并申述最要三点，调查团到沪受严肃欢迎》，天津《大公报》1932年3月15日，第3版。
② 《到沪后之国联调查团，顾、吴、郭等昨分别宴会招待，离沪前将视察淞沪各战区，莱顿告报界：调查东事出以公正》，天津《大公报》1932年3月16日，第3版。
③ 《调查团在沪之酬酢：莱顿不谈黑暗但言光明》，天津《大公报》1932年3月17日，第3版。
④ 《调查团视察战区，今晨与中日代表同出发，南京已定招待程序，留四日北来》，天津《大公报》1932年3月21日，第3版。

文干、顾维钧等在中山门迎接①。

接待活动竭尽隆重,然而,南京方面事无巨细的接待并不能改变他们面临的严峻局面。3月29日、30日、31日和4月1日,国联调查团与汪精卫等人连续举行四次会谈,直指国民政府的管理及其效能、中国的共产主义运动等敏感问题,火药味十足。

四次会谈均由时任行政院长汪精卫台前主导。首次会谈前,3月28日,汪先在铁道部官舍午宴调查团,"满举一杯"祝调查团成员健康。当晚,外交部长罗文干出面在华侨招待所宴请调查团委员、秘书长、副秘书长、秘书等16人,而中方作陪者是在南京的各部(会)部长和各部(会)次长、外交委员会诸人、南京市长以及日本代表有田等数十人,可谓冠盖云集。李顿回应了罗文干对刚刚去世的白里安的悼念,"极为诚恳"地自信提出:"国际联盟为世界和平柱石,对此次中日间不幸的问题,决负责解决。"②

然而,国民政府与调查团的第一次会谈就遭遇了尴尬。会谈聚焦东北铁路平行线和1915年"二十一条"问题。行政院长表示,国民政府原则上愿意承认日本在中国东北的"合法权益",只要这些权益基于条约,但是拒绝承认"那些不利于中国政府的权益"。他提出"五点原则":相互尊重权利;以武力强加的条约是无效的;双方秉持和解精神;最好是订立新的条约;双方相互尊重对方的权利;门户开放政策和机会均等原则。注意到这一表态中的悖论性漏洞,李顿追问为何中方认为"二十一条"不合法,行政院长表示,它未经当时国会批准,并且举例说1895年《马关条约》经过"正式批准和签署","合法性"无异议。李顿立即诘问:"因此,我认为,不承认1915年条约的理由不在于它们是通过武力强迫的,而在于它们没有得到批准,是吗?"汪只得承认这是原因。

显然国民政府对国联解决东北问题过于乐观。李顿表示,到达东北后,将立即"向日内瓦报告去年9月30日决议得到遵守与否",他询问,如果日本撤军,中国政府是否做好准备维持秩序。汪表示将派出警察部队,并采取与中国其他地区一样的行政制度。顾维钧补充说,根据9月30日决议,日本撤军后,

---

① 《国联调查团昨莅京,李顿勋爵等昨早先到第二批晚亦到,罗文干陈仪陈绍宽等均亲登轮欢迎,各委员昨未见客与外罗作私人接谈》,《中央日报》1932年3月28日,第2版。

② 《国联调查团抵京后,政府当局作重要表示,汪院长罗外长均有恳切演词,各委员昨先后谒见汪蒋林罗》,《中央日报》1932年3月29日,第2版。

中国将保证日本人在东北的生命与财产安全。

国联调查团内部本有分歧,会谈中涉及具体问题时暴露无遗。美国代表麦考益询问:"可以向调查团提供日本在中国阴谋活动的证据吗?我从各种私人渠道获得的消息表明,这些阴谋阻碍了一个所谓的稳定政府的建立。"意大利代表马柯迪也表示,希望从教育部长朱家骅处获得证据,因为据他了解,"教育部长知道日本教材中的反华篇目"。李顿却提示日方亦有类似材料,"日本还提到所谓系统性的政策,即培养广大民众对外国人,尤其是日本人的敌意"。他提醒说,日本这方面的抱怨比其他任何国家严重,认为不该容忍反日团体。行政院长承接了两方面的询问,技巧地表示:"关于中国教材中的抗日宣传,朱部长已经调查了日本教材,发现其中许多实例不仅反华而且排外。"而抗日团体在"九一八"之前并不存在,在日本占据中国领土、攫取盐税和关税的情况下,"政府没有正当理由停止这些组织的活动"。对汪的表态,李顿悻悻地表示:"我理解您的意思是说这些组织代表了一种对日本方面极不友好的回应。"①

第二次会谈,主问的李顿更加尖锐。他要求中国提供"迄今为止尚未公布的所有可能与中日满洲争端有关的条约、协议或共识的书面文件",以及关于东北朝鲜人的任何协议。汪表示,未必能全部提供,因为有些是地方当局签订的。行政院长表明态度说,虽然有些媒体称国民政府应该承认东北地方当局和日本签订的所有秘密条约的有效性,但他"想以最正式的方式否认这一说法"。至于1915年的"二十一条",汪表示,是在袁世凯非法统治时期签订的,是无效的。李顿立即反问:"您是想表达中国政府视袁世凯非法统治期间缔结的所有条约均为无效吗?"汪自我圆场说:"1916年国会重开后,国会并没有否定袁世凯签订的所有条约,但郑重宣布1915年条约无效。"

李顿又提出中国的共产主义问题,问"是否有地方存在不被国民政府承认的共产党政府"?汪矢口否认有"那种固定的政府组织",却提出令西方惊心的问题:如果东北"情况继续下去,我不确定共产主义不会在那里生根"。他无中生有地声称:"我们在被监禁的共产主义者身上发现了日本武器,并在其中发现了日本人。"也许感受到了汪对这一问题的愤怒,李顿伤口撒盐式地表示"歉

---

① "Entrevue de la Commission d'étude avec desmembres du Gouvernement chineis", S30 - No 1, *League of Nations and United Nations Archives*, Geneva.

意":"因为向调查团提出的指控称国民政府没有权威,管辖权有限。我希望能回应这种指控。"①

第二次会谈结束后,蒋介石夫妇组织了盛大的宴会,在励志社中山堂宴请调查团全体委员,同时请汪精卫夫妇、李济深、朱家骅、陈铭枢、朱培德等国民政府要员数十人和金陵女子文理学院校长吴贻芳、中央大学校长罗家伦等名流作陪。席间余兴,有夏一峰的七弦琴,上海"人人笑"的口技,"以欢娱调查团委员",并有明星公司张石川摄影。中餐由已故行政院长谭延闿的厨师曹某烹调,"八人一席,桌帷椅披,并燃蜡烛"②。宴会强调中国传统礼仪和文化,调查团五委员分坐五桌之首席,"蒋及各招待人员均服常礼服,蓝袍,黑马褂"。致辞环节,蒋表示:"中国素为仁义之邦,向以忠厚真诚为交友之基础,不特个人交际为然,即国际交礼亦复如是。"其隐含中日对比的意味甚浓③。而李顿推崇蒋为"中国现代之英雄",是世界上"有本领之军事家",同时为"有名望之政治家"④,一时宾主言欢。融洽的氛围营造之下,3月31日的第三次会谈进展稍显顺利。

汪精卫代表国民政府,提出可以通过调停、仲裁、国际常设法院、第三方参与下的谈判和斡旋等四种办法来解决中日争端,并提出"日本应尊重中国领土和行政主权的完整,而中国则尊重日本的合法利益","双方保证不对彼此采取任何侵略措施",承认门户开放政策,在东北商业和经济活动中自由竞争等十项原则。李顿执着于1905年和1915年条约的有效性问题,汪表示不存在1905年协议,"当时只有几分钟的讨论涉及铁路平行线问题",而1915年条约违反了国联盟约和华盛顿会议精神。李顿随后转向东北民政当局一直"无法镇压土匪活动"问题。朱家骅表示,根据"满铁"的报告,"九一八"事变之前,东北是和平的,在那之后,"土匪活动大大增加"。希尼对此颇感兴趣,他说,中国

---

① "Record of conversation with members of the Chinese government", March 30, 1932, S30-No 1, *League of Nations and United Nations Archives*, Geneva.

② 《国联调查团昨会晤我国政府当局,对中日事件调查范围交换意见,调查团全体委员昨觐见林主席》,《中央日报》1932年3月30日,第2版。

③ 《调查团与当局交换意见,铁部官舍昨再度开会,蒋中正昨在励志社欢宴,调查团行程变更,抵汉后仍将回京转道北上》,天津《大公报》1932年3月31日,第3版。

④ 《调查团与当局交换意见,铁部官舍昨再度开会,蒋中正昨在励志社欢宴,调查团行程变更,抵汉后仍将回京转道北上》,天津《大公报》1932年3月31日,第3版。

铁道部长顾孟余提到同样的事情,除此有没有其他信息来源?汪精卫表示,日本媒体也有报道①。当晚,未参与第三次会谈的蒋介石专门与李顿进行谈话。谈话结果,蒋认为"此人理解甚明,似有政治经验也"②。

会谈进行的幕后,外界是很难得知的,他们看到了想看到的场景。1932年4月1日,南京媒体报道称:

> 国联调查团委员昨日上午接见各界代表后,……同外交部招待委员,及励志社干事等引导,分乘汽车二十余辆,晋谒总理陵。……先至明孝陵,各委员暨随员乃下车步行,游览各地胜迹,且值春光明媚,万花争发之际,各委员无不现欢欣之色。

国联调查团拜谒中山陵后,出现了一场体现中式接待精妙之处的"巧遇",双方心照不宣的接待表演仍在进行:

> 一时零五分,各委员既循级而下。适行政院长汪精卫、外交部长罗文干,我国代表顾维钧,驱车而至,步行至石级中段,与调查团各委员相遇,遂陪同而下。照原定日程,原拟再游中央运动场一带风景,以时间已晏,不及前往,乃驱车赴总理陵园,应中央党部之午宴云③。

然而第四次会谈,李顿又恢复了此前的尖锐,问到了抵制日货问题。汪表示,中国不想对任何外国表现出敌意;"抵制给中国国民本身造成了很大的痛苦。我们非常不情愿使用这种武器……但是我们被迫使用它"。李顿出示了在日本收到的传单,内中提到八次抵制日货运动。李顿问:我是否可以认为,按照中国方面观点,每次抵制运动都是日本侵略行为引起的?汪表示肯定。李顿追问,日方指出1931年7月到11月有1 484件日本货物被没收,这是否

---

① "Record of conversation with members of the Chinese government, Nanking, Railway ministry", March 30, 1932, S30 - No 1, *League of Nations and United Nations Archives*, Geneva.

② 《蒋介石日记》,1932年3月31日,斯坦福大学胡佛研究所藏。

③ 《中委昨欢宴调查团,李顿爵士昨率全体委员谒陵,今日再与当局晤谈晚间赴汉》,《中央日报》1932年4月1日,第2版。

出于国民政府命令？汪表示，政府没有这样做，但"国民党党员可能这样做了"。有意思的是，行政院长最后提到，因为东北形势严峻，"调查团应尽快到达那里。因此，中国政府必须暂时放弃让调查团享受愉悦"。① 目的未遂之后的讪讪之情，溢于言表。

但调查团没有应汪的要求立即北上，他们西上汉口。一路之上，各地热情接待如故。轮船经过安庆时，三万余人"在江干悬挂中西文标语，欢迎情绪，极为热烈"。到九江，顾维钧陪李顿等人"登岸游览"②。4月4日晨抵达汉口，何成濬、夏斗寅登轮欢迎，中午12时赴市长普海春宴，下午五点赴外商宴，晚七时赴何成濬宴③。4月7日，调查团返回南京，先与罗文干在铁道部会谈，后由罗文干陪同其渡江赴浦口车站登车。码头两旁，贴有欢迎调查团英文标语，"车站正面竖有欢迎大牌楼，缀以无数彩色电灯"，月台由军警严密戒备，并有"国府军乐队"参加欢送。此时，"九一八"事变中的中方关键人物张学良等人已经做好了接待准备。

（三）高潮：北平之行

北平方面的接待工作，时间上衔接调查团尚未到上海时，空间上延伸到南京附近。早在3月11日，媒体即报道称，铁道部已经训令北宁路局，预备卧车、头等车、三等车和饭车，拟于3月15日开到南京浦口④。3月12日，天津市长周龙光赴北平，向北平绥靖公署主任张学良请示接待事宜⑤。调查团抵沪后，北平军政当局和民众团体组织"招待国联调查团委员会"，并设办事处，聘请鲍毓麟、蔡元培、于学忠、周大文等名流为委员。预定事项达18项之多，

---

① "No. 4 Record of conversationn with members of the Chinese government", April 1, S30 - No 1, *League of Nations and United Nations Archives*, Geneva.

② 《调查团今日抵汉口，前昨经过安庆九江备受欢迎》，《中央日报》1932年4月4日，第2版。

③ 《国联调查团昨抵汉，何夏及民众团体在码头欢迎，今晚七时返轮东下转车北上》，《中央日报》1932年4月5日，第2版。

④ 《欢迎国联调查团北来，北宁路备车往接》，天津《大公报》1932年3月11日，第7版。

⑤ 《周龙光赴平，请示招待国联调查团办法》，天津《大公报》1932年3月13日，第7版。

包括预订北京饭店、游览名胜、准备专车等,尤其规定:"调查团在平期间,各机关团体遇有与该团会晤宴请事项,须先与招待团接洽。"①津浦路局不甘落后,推定钱宗渊为"招待国联调查团主任",赵国栋等 4 人为"招待专员",向北宁路借花车 2 辆、饭车 1 辆,"全体招待人员随同北上招待,另派护路队十六人随车警卫,并派铁甲车一列压道"②。

竞相接待,易起纠纷,铁道部乃令"改由北宁路一路供给"。车上设施"备极华丽",车上职员一律穿制服,并"均选通达外国语言者,以便肆应"。餐标甚高,"调查团委员每餐之费约在十元左右"。为便于调查团委员办公,"每人为之特备包车一辆",其余人员坐头等卧车。北平绥靖公署并派副官汤国桢前往参加招待。铁道部犹未为足,致电北宁路局称,"乘车人数,现经调查,国联为十七人,日本方面约二十人,我国约三十人,共约七十人。原备头等卧车三辆,共卧铺四十八位,包车二辆,共卧铺八位,合为五十六位,恐不敷用。应加拨头等卧车一辆……如遇人数加多时,再行电饬加拨",令其将车辆开浦口备用③。

北平当局的准备,比之南京,有过之而无不及。调查团南京之行接近尾声时,北平筹备工作基本停当。为调查团准备卧室 23 间、客厅 7 间、会议室 1 间,日本代表 14 间,中国代表 40 间。茶役 46 人,由"北平外交部档案保管处雇用",内中 22 人穿燕尾服,其余穿蓝布长衫。车夫一律穿制服。指定怀仁堂、居仁堂和迎宾馆三处为宴会、茶会地点。车站欢迎人员预定 1 100 人,维持秩序的军警不在其内。预备调查团下车时由北平市长周大文率女生献花,调查团五成员各由 2—3 人陪同。除第一天和第五天的晚宴外,预计七天的游览地点和午宴、晚宴均早早安排④。

1932 年 4 月 9 日下午 6 时 15 分,李顿一行专车抵达北平。千余人到站迎接,"乐声大作",张学良登车与调查团寒暄,随即相偕下车,张返回顺承王

---

① 《北平各界筹备招待国联调查团,成立办事处,聘于学忠等为委员,组招待委员会并确定招待办法》,天津《大公报》1932 年 3 月 17 日,第 4 版。

② 《调查团将视察战区,豫定二十一日赴闸北、江湾、吴淞,下周入京,海军已备专轮,北来专车亦经津浦路局准备》,天津《大公报》1932 年 3 月 19 日,第 4 版。

③ 《欢迎国联调查团,省市府派定负责专员,津变损失统计已译成英文,该团到津即送交以备参考,北宁路专车已备极为整洁》,天津《大公报》1932 年 3 月 24 日,第 7 版。

④ 《欢迎调查团莅平,各界招待程序已拟定》,天津《大公报》1932 年 3 月 29 日,第 4 版。

府,五委员由顾维钧陪同前往北京饭店休息,路过街道,"军警皆举枪为礼"①。10日上午,调查团拜会张学良,下午,张学良回拜,当晚,张学良、顾维钧、周大文的太太们在迎宾馆为调查团举行茶会,除各界领袖外,另请德国大使陶德曼、美国巴克新、比利时代办甲瑞尔等(笔者按:当时,大多数西方国家使馆尚在北平,未迁至南京),"共四百余人"②。11日晚,张学良在怀仁堂宴请调查团,席间,提出其三点原则性认识:"第一,东三省向来为中国之一部,已有悠久之历史……四万万中国人民向来视东三省为中国之一部,与河北山东无异。……第二,中国现在正处于改革期中,政治上经济上社会上皆发生种种变化,正与十九世纪时德、义〔意〕、日之革新无异。……第三,中日纠纷之真正原因,由于日本嫉视中国社会经济之进步,与政治渐趋统一,日本历来思将东三省攫为己有,而其主要政策为铁路政策。"他特地引用希尼的书,表示"真理与正义,终不能隐蔽"③。

因为日军、伪满阻挠顾维钧赴东北,调查团在北京迁延至4月19日。4月20日至6月4日,调查团赴东北各地实地调查。6月5日,调查团再次回到北平。6月26日,调查团经朝鲜赴东京,7月4日到东京,接洽各方至7月15日。7月20日,调查团第三次抵达北平,起草报告书。

三次北平之行,调查团聚焦于厘清"九一八"事变真相和中日矛盾之所在,因此与张学良、荣臻、王以哲相关人等进行了多次会谈。同时,接待各方求见人士,收到了来自中国关内外民众关于"九一八"事变真相、伪满"建国"是否出于民众"自愿"、日本侵略野心和危害的大量信函和电文。而汪精卫、宋子文、罗文干等唯恐没有清楚表达中方意见,亦到北平做二度长谈。就双方谈及的内容而言,调查团的北平之行,远比此前的行程重要。

张学良是东北军政核心,调查团高度重视,之前就准备了四页纸的问题清

---

① 《调查团昨过津抵平,在津虽仅小勾留获得不少资料,旅平绝谢绝酬应准备实际工作,拟十五六日出关,返平后延日》,天津《大公报》1932年4月10日,第3版。
② 《伪国拒顾问题,李顿表示严重态度,调查团资格不准任何人疑难,如伪国拒顾入境全团均不赴东,调查团五员昨日访晤张学良》,《中央日报》1932年4月11日,第2版。
③ 《日本侵略东北真相,张学良报告调查团,东三省为中国之一部不能分离,日本攫夺东省乃嫉视发展结果》,《中央日报》1932年4月12日,第2版。

单①。与张学良的第一次会谈开始于4月12日下午,李顿首先提到日方认为其管制失效,土匪横行。张学良认为自己治下匪患的程度和规模都下降了,并引用德国人的文章为证。李顿把主要的精力集中在铁路问题上。他挑明,高纪毅代表东北当局与日方进行了旷日持久的铁路谈判,张学良表示,铁路问题分四个部分:根据中日条约建设新铁路的问题;平行铁路问题;中日铁路竞争问题;正式合约取代临时合约的问题。讨论中,张学良提到高纪毅在日方压力下签署一个"预备契约",但是他拒绝批准。燕京大学教授徐淑希解释说,因此这是无效的合约。

会谈随即进入糟糕的气氛之中。李顿表示:我实在不明白为何日本人要威胁一个签字无效的人?顾维钧解释说,日本人擅长"蚕食",一次得不到想要的东西,就先搞能得到的东西。李顿说,日本人跟他说了,他们从张作霖元帅那里得到了合约,虽然没有签署。张学良表示那是无效的,李顿认为,"我理解它是低阶官员签署的但从来没有被张作霖元帅签署,我想知道,为何元帅从未签署?"顾维钧说,张作霖在这些合约签署17天后被杀。李顿随后出言讥刺,咆哮质问:"我问的是为何少帅的父亲没有签署这些合约,我得到的答案是他不喜欢它。你告诉我他17天后被杀,那我可以设想,如果他儿子喜欢,他可以批准啊!"顾维钧详细解释了张作霖时代的批准程序和张学良时代的不同,特别是当时张作霖曾代表中国政府。李顿追问为何张学良不喜欢这些合约,张学良回答说事关主权和领土完整。李顿表示这只是完成筑路、填补空白的问题,张学良和徐淑希坚持这关系国家利益②。

4月13日上午,调查团首先与荣臻和王以哲进行了会谈。荣臻的谈话要点是"九一八"当晚的情况。"九一八"事件发生时,负责北大营的是王以哲将军。大概晚上10点的时候,听到城北的爆炸声,王以哲电话报告日军正在进攻北大营,荣臻告诉他,按照少帅9月6日的命令,遇到麻烦不得抵抗。几分钟后,王以哲再来电话,说日军进入北大营了,电话中可以听到枪声,但荣臻告诉王以哲遵守命令。然后荣臻与外交公署专员联系,想通过日本总领事看看

---

① "Questions to be put to Marshal Chang Hsueh-liang", April 12, 1932, S32, *League of Nations and United Nations Archives*, Geneva.

② "Record of conference held at the residence of Marshal Chang Hsueh-liang, Peiping", April 12, 1932, S32, *League of Nations and United Nations Archives*, Geneva.

三、"接待政治"和李顿调查团的中国关内之行　83

发生了什么事，日本总领事称自己也迷惑，不知攻击原因。晚11点，日军从西门进入城市，杀死遇见的警察和士兵。荣臻去见外交公署专员，叫他再次与日本总领事取得联系，日本总领事请他们体谅他的处境——他无权命令日军。9月19日上午10点，全城被日军占领，街上贴了布告。荣臻表示，沈阳印不了这么大的布告，这些布告是在大连印刷的，后来在东北各地发现了大量类似的布告，说明日军早有准备。

回答麦考益的问话时，荣臻说，张学良不在时，臧式毅负责民政事务，他本人负责军事。9月18日午夜前，他两次电话北平的少帅，得到的指示是力避冲突，少帅还叫他与外国领事取得联系①。

本来，与荣臻的谈话为清晰准确判断"九一八"事变的实情奠定了基础，但4月13日下午的会谈进行得非常困难。李顿指向了核心问题，问张学良"不抵抗指示"的具体日期，张说，发出的日期是9月4日或5日，沈阳收到是9月6日，随即出示了电报的复制件（笔者按：会后张学良提供了这份电文的英译件，现存日内瓦国联和联合国档案馆）②。麦考益问张学良有没有把"中村事件"看成足以被日军当作借口的严重事件？张是否向南京政府报告日本试图

---

① "Record of conversation with General Yung Cheng, former chief of staff of Northeastern Forces, and General Wang Yi Chih, former commander of North Barracks at Mukden", April 13, 1932, S32, *League of Nations and United Nations Archives*, Geneva.

② 该电报英译文全文为："General Tsang Shih Yi, Acting Chairman of the Political Council, and General Yung Chen, Chief of Staff of the Frontier Defense Forces, Mukden. In view of our relations with Japan getting strained, we should be specially cautious in dealing with them. No matter what the Japanese may challenge, we should be extremely patient and should not resort to force, so as to avoid conflict. It is important that orders should be issued secretly and immediately to all officers calling their attention to this effect. Chang Hsueh-liang. Sept. 6th, 1 A. M., 1931", S32, *League of Nations and United Nations Archives*, Geneva. 这一电文的内容，与已经发现的张学良中文"鱼子秘电"是一致的，秘电记录于"东北边防军司令长官公署来报纸"，注明为9月6日上午十点收到："辽宁政委会臧代主席边署荣参谋长鉴。平密。查现在日方外交渐趋吃紧。应付一切，亟宜力求稳慎。对于日人，无论其如何行事，我方务须万方容忍，不可与之反抗，致酿事端。即希迅速密令各属，切实注意为要。张学良。鱼子秘印。"《张学良为日方外交吃紧对于日人寻事我方务须容忍不可反抗事致臧式毅电》（一九三一年九月六日），辽宁省档案馆编：《辽宁省档案馆珍藏张学良档案（五）——张学良与九一八事变（上）》，桂林：广西师范大学出版社，1999年，第280页。

借机寻衅?南京政府是否批准"不抵抗指令"?张学良表示,其与南京代表心意相通,他派私人顾问汤尔和与日方沟通。汤尔和8月22日赴东京与外相币原进行了沟通,币原表示不可能发动军事行动。随后,中国驻日公使蒋作宾9月14日赴东京,16日抵达沈阳。而据蒋作宾表示,宋子文也与日方进行沟通。张学良说,这些足以证明他的举措,南京接受,日本也接受。汤尔和回忆说,1931年5月他去东京与陆军大臣南次郎见面,南次郎表示,有些低阶军官想发动对华战争,他们已经予以镇压了。

李顿回头再次提起中村事件,张学良表示,中村是个间谍,他明明是上尉,却自称是农业博士,身上发现两本日记和地图。李顿话中有话地表示:他早上已从荣臻处得知此事,中村被射杀后身上发现这些东西。荣臻立即纠正说,中村被逮捕监禁时发现了这些材料,逃跑时被射杀①。

双方并不愉快的会谈进行之时,中方在为调查团的东北之行精心准备。因调查团拒绝伪满接待,北宁路局特地"电令唐山机厂改造特别专车一辆,内有救护室、沐浴室、理发室、洗衣室、冷藏室等,由头等改造,以便调查团长期使用"②。

4月14日第三次会谈中,李顿首先了解东北军在关内外的分布情况,张学良告知,沈阳有6万人,3.5万支枪;吉林有8万人,4.5万—5万支枪;黑龙江有5万人,2.6万—2.7万支枪。李顿又问及张学良和各地义勇军的关系,张表示,与李杜、丁超、马占山、苏炳文等关系友好。他提到马占山有给国联的长篇电文,李顿狐疑地问道,马占山不是伪满的部长吗?张学良和顾维钧解释了马占山反正的背景,并解释其通过苏联布拉戈维申斯克经上海向北平发电的路径,李顿乃要求获得马占山通电的英译文(笔者按:马占山1932年4月12日致调查团长电英译件亦存"国联和联合国档案馆")。

最后,李顿问道,中日之间如就东北问题作出安排,张学良将如何对待?张表示,处在他的位置很难表态,但不管南京政府作出什么决定,他都接受。张特别指出,东北是他出生、成长的地方,日本说东北对其很关键,但清朝的历史表明,从东北出发就可以占领全中国。日方的种种说辞,对中国来说,就像

---

① "Record of conference held at the residence of Marshal Chang Hsueh-liang", April 13, 1932, S32, *League of Nations and United Nations Archives*, Geneva.

② 《北宁路局改造专车备调查团赴东北之用,今日由唐山开往北平》,天津《益世报》1932年4月14日,第6版。

说"我没有腿,把你的腿割下来给我,你的腿对我很关键"。日本曾说没有国家会吞并朝鲜,朝鲜今日何在①?

第三次会谈接近尾声时,李顿曾有感谢多日来合作之类的客套话,看上去像要结束会谈。所以第四次会谈一开始,张学良未等李顿发问,主动发表了关于东三省与中央政府关系的长篇谈话。他说,东三省与其他地方路途遥远,反对中央政府的活动通常不参与,在各派势力间保持中立,但这从来都不影响东三省与中央政府的关系。海关、邮局、司法一直在中央政府控制之下,东三省从不使用异于中央的法律,也从未飘扬起独立的旗帜。中国代表团参加华盛顿会议,东三省分担了费用,显示大家是一体的。东三省的教育系统和教科书是中央政府批准的。东三省也经常参加中央召集的会议。张学良说,我知道有人指责我们违反条约,实际上,日本设立的铁路守备队和领事警察并无条约依据,但我们仍然忍了。另一个指责是东三省当局效率低,张学良表示:我不想说东三省当局如何,事实是"九一八"前无人反对当局,现在是遍地烽火。张学良坚称,东三省秉持门户开放,而日本则否。

李顿想结束整个会议时,麦考益突然问及张学良还有什么"特别的建议"有助于调查团去东北的工作。张学良表示,如果安全得到保障,有些人是调查团应该见的。麦考益表示,应该得到一个名单,看哪些是应该见的,哪些是能见的,通过特定的外国人来安排。李顿表示反对,称调查团可以通过日本顾问或其他办法自己选择突出的、有代表性的人士。麦考益很不客气地反驳说,这正是少帅担心的,会给这些人带来危险。张学良还特地建议调查团会见溥仪,但他精神脆弱,又被顾问控制,如果单独问话,会很有趣②。

4月16日,调查团与原吉林省主席张作相、原黑龙江省主席万福麟进行了补充性会谈,二人的中心思想是一致的:日军进军的过程中,他们奉令要求部下不抵抗。张作相提到,万宝山事件后,他与日本领事携手平息事态,万福麟则提到代理黑龙江省主席马占山等在嫩江桥等地进行的抵抗③。

---

① "Record of conference held at the residence of Marshal Chang Hsueh-liang", April 14, 1932, S32, *League of Nations and United Nations Archives*, Geneva.

② "Record of conference held at the residence of Marshal Chang Hsueh-liang", April 15, 1932, S32, *League of Nations and United Nations Archives*, Geneva.

③ "Record of interview with General Chang Tso Hsiang and Wang Fu Ling", April 16, 1932, S32, *League of Nations and United Nations Archives*, Geneva.

可以看出,第一次北平之行中,中方人员的立论要点是:"九一八"事变前中日之间因铁路平行线、万宝山事件、中村事件,以及大大小小300余件"悬案",关系日趋紧张。中方深知形势不容乐观,乃采取"不抵抗"方针。这一强调自身"不抵抗"的耻辱性的诉说取径,与特定的历史场境有关——国联理事会1931年9月30日决议即强调不扩大事态的原则①。国联主席白里安1931年12月10日重申日军应退至铁路区域内,并强调"避免任何行动致再令发生战争,及其他一切足使情势扩大之举动,实为必要而急切"②。从实际后果看,中方对"打不还手"的反复诉说,后来得到了国联调查团报告书的采信:"中国方面遵守上峰之训令,既无进攻日军之准备,在彼时或在该地亦无危害日人生命财产之计划。对付日军并未集中应战,亦未奉命开火",故"日军在是夜所采之军事行动,不能认为合法之自卫手段"③。对日军"九一八"事变当夜行动性质的判断,是后续结论和判断的基础——"故独立运动,于一九三一年九月以前,在满洲从未听得;所以能有此项运动者,仅由于日本军队之在场",所谓的"满洲国","不能认为由真正的及自然的独立运动所产生"④。

6月,调查团从东北回北平。有了前次经验,中方接待之热情已经大为降低,但仍决定在北戴河招待调查团。"北宁路局将北戴河风景照片汇成精册,分赠各委。九时各委及中日代表团人员出发游览,由朱光沐、蔡元、宁向南等招待,分坐皮车登山。先至西山之麓同功堂别墅,次游莲花石公园。园在半山,有石岩二,成莲花形,因以为名。各委员登石巅远眺,海滨景物历历在目,均怡然称快。九时三刻,抵乐山堂。堂为二层西式楼房,外有园亭,室内陈设精洁。各委员在彼小息,略进茶点。旋过海滨公园,至段芝贵、田中玉等别墅,复折而南行,参观巴贝大楼等处。预定参观之别墅精舍,为数一十有四,以为为时过晏,恐误行程,乃沿海滨游览一周,即返车站。……各委员游览之际,均

---

① 《国际联盟调查团报告书》(中文版),张生、陈海懿、杨骏编:《李顿调查团档案文献集·国联调查团报告书》,南京:南京大学出版社,2019年,第288页。
② 《国际联盟调查团报告书》(中文版),张生、陈海懿、杨骏编:《李顿调查团档案文献集·国联调查团报告书》,第290页。
③ 《国际联盟调查团报告书》(中文版),张生、陈海懿、杨骏编:《李顿调查团档案文献集·国联调查团报告书》,第361页。
④ 《国际联盟调查团报告书》(中文版),张生、陈海懿、杨骏编:《李顿调查团档案文献集·国联调查团报告书》,第387页。

为秀色所醉。美委员麦考益喜野花鲜艳,摘而为佩,返车时,尚佩诸襟,以留纪念云。"①他们不知道,李顿经历东北之行后,很多观点受到了日方的影响,风暴即将到来。

6月14日、15日,调查团先与北大营指挥官王以哲、赵镇藩、王铁汉等进行会谈,会谈内容尚称清晰:"九一八"之前,日军就在做一系列准备,警训不断,王以哲8月底还向张学良请示,但据张学良9月6日指示,采取一切措施避免冲突,北大营哨兵甚至只配备木制假枪。事变发生时,王以哲向荣臻请示,荣表示:不要采取行动,平静如常,"大家的责任就是睡觉",如果抵抗,杀了哪怕一个日军,你也要负责。所以当晚北大营没有任何抵抗。接下来几天,红卍字会(笔者按:当时中国的民间慈善互助组织)从北大营带出约170名轻、重伤员,计149人被杀。王以哲告诉李顿,当晚并无任何中国士兵在营外,中方如真想挑起事端,完全可以摧毁桥梁隧道,同时进攻日本车站;当晚的爆炸更可能是日军进攻的信号。至于日方提供给调查团的爆炸现场有两个已死中国人的照片,王以哲提醒说,日本可能用北大营死去的中国士兵拍照②。

但接下来的会谈,风格大变,充满争执。6月19日,汪精卫、宋子文、罗文干、顾维钧在北平外交部与调查团进行第一次会谈,李顿突然抛出在东北实行"自治"的问题,而且将热河省裹挟其中。汪立即声明,东北包括辽吉黑三省,不包括热河。李顿表示理解中方的意见,但固执己见,说调查团的东北之行,得到强烈的印象:来谈话的人士,不喜欢日本和"满洲国"当局,但希望与中国其他地方的纷扰隔绝开来;他们抱怨日本的行动,但也不想回到先前的管理体制之下;调查团收到很多来信,刚刚翻译完毕,内中不少人表示愿意在中国领土完整和统一治下实行自治③。中立的第三方人士,也表达了类似的看法。汪、罗等人没有正面回应李顿的理由,反复强调热河、绥远、察哈尔作为内蒙古

---

① 《嘉宾莅海滨,夜色苍茫烟树朦胧,风和日丽野花齐放——调查团漫游北戴河之详情》,天津《益世报》1932年6月6日,第1版。

② "Conversation with Gen. Wang I. Cheh, former commander of the North Barracks, Mukden, at Hotel de Peking", June 14, 1932, S32, *League of Nations and United Nations Archives*, Geneva; "Second Conversation with Gen. Wang I. Cheh, in command of North Barracks on September 18, at Gran Hotel de Peking", June 15, 1932, S32, *League of Nations and United Nations Archives*, Geneva.

③ 笔者按:这里,李顿的说法不符合事实,来信内容参见张生:《"新史学"的宗旨:中国各界致李顿调查团呈文初解》,《抗日战争研究》2021年第2期。

地区与东三省行政体制的不同。

汪精卫转向抵制日货问题,他说,抵制日货是出于对日本侵略自然的怨恨,因为日本要求承认伪满,这场运动扩大了。因为英货也曾屡遭抵制,李顿对此颇为敏感,他尖锐地挑明,抵制日货运动在中国各地有强有弱,其原因有四,其中国民党党务机器的组织是重要因素,组织强的地方比较激烈,反之则不然。汪反唇相讥,称有个因素李顿没提到:比如在天津,日军就站在边上,商民不敢抵制!李顿不甘示弱,说汪的解释不适用于山东,罗文干打圆场说,山东济南1927年、1928年两度遭到日本占领。宋子文岔开话题说,教育是最重要因素,像广东没有遭到日本入侵,但抵制日货运动非常强劲。

李顿又说到,日本代表在日内瓦强调东北"土匪"问题,因此要出兵"进剿"。汪解释了土匪和义勇军的区别,比如土匪从事抢劫等刑事犯罪。李顿不客气地表示,汪的解释是理论性的,实际上很难区分,他们都没有生活来源,要依赖地方为生①。

6月20日的会谈,一上来就聚焦停火问题。汪精卫表示,按照国联决议,日军须撤退到铁路区域内,"满洲国"也不能作为谈判的一方。李顿表示,现实地说,日军眼下不可能退至铁路区域,国民政府应该讨论在何种条件下开始谈判。汪强硬表示,日本不兑现承诺,我们准备应对最坏的局面。李顿说,根据国联1931年9月30日决议讨论停火已经不实际,1931年12月,日本已经作了保留,称为镇压"土匪"将保留军队。汪表示,如果确保领土完整,中国可以谈;停火,应该导向日本撤军。李顿称,停火期间,日军占领将持续,但绝非永久。事关重大,中方代表团短暂休会后,由顾维钧提出:南京政府代表团已经抵达北平,将和地方当局讨论日本持续侵略的情况下采取"积极的步骤"有效加以抵抗;但如果国联调查团希望向日本提出减少日军和东北地区中国"非正规军"之间的敌对,汪会赞成。

李顿确认中方不会允许伪满参与谈判,进一步追问谈判条件。汪再次表示,日军须退至特定区域,其实这已经无异于让步说日军有权驻兵东北。李顿并不领情,称这样等于又回到了去年九月中日双方的立场,一个说"日本不撤军我们不谈判",一个说"我们不能撤",那就无法再谈。汪称,停火会议前,我

---

① "Conversation with members of Chinese Government at the Waichiapu, Peking", June 19, 1932, S32, *League of Nations and United Nations Archives*, Geneva.

们必须知道日本采取何种措施,确保撤军成为可能。李顿再问其他条件,汪提出伪满的承认问题,李顿表示,日方已经明确,在调查团报告出来之前,只谈如何减少敌意,不讨论如此大的问题。汪精卫表示,停火会议的条件,中方将聚焦撤军和不承认伪满的问题。

李顿的隔膜和不友善表露无遗,他在当天下午四点继续进行的会谈中表示,日本人多次对其说过,"理论上在东北我们应可接受任何满足我们条件的政府,但事实上我们认为中国政府不可能建立一个满足我们条件的民政当局"。因为一旦日军撤退,张学良的军队就会重建军事当局。汪精卫嘲讽道,我们当然会努力在东北建立民政当局,但想知道国联或调查团对实现这一理想能有什么帮助?李顿毫不客气地说,他会在报告书中提出办法,但汪脑子里应该有根弦——在建立民政当局的愿望和现实之间有军队存在。他补充说,国民政府的愿望是好的,但很多军阀存在于发生问题的边界上,你怎么保证日军撤退以后他们不会取而代之?汪强辩道,国民政府完全可以按照它的愿望调动军队。李顿诘问,少帅的军队接受南京命令吗?

会谈陷入了泥沼,李顿提出如何制约东北义勇军军事行动问题,汪表示,他们为抵抗日本而产生,国民政府力所能及地给予帮助,他们肯定会遵守政府的命令。李顿反问,即使汪代表这些义勇军签署了协定,如何向散布东北各地的武装传递"愿望和命令"?如果地处偏僻的他们没有得到命令而行动,日本自然会召集他们"组织纪律性"很强的军队。汪表示,真正的问题存在于日方,即使签署协定,他们也会说义勇军是土匪,必须镇压。李顿抓住中方说要采取积极行动的话柄,严肃"提醒"汪精卫,中日双方12月曾表示要防止扩大事态,"抵抗侵略"和主动进攻之间是存在差别的。汪反驳说:日军正在图谋进攻山海关和热河,我们还能怎么做①?

会谈如此,曾经与调查团推杯换盏的当事诸人其实对通过国联解决东北问题已经不抱很大期望。20日下午的会谈前,北平各界召开慰劳顾维钧大会。顾心情沉重,说起在东北时,"偶有前来会话之同胞,均于事后遇难"。公园中大学生跟他说话,"保护者"即横目阻止;伪满"建国运动"之游行,"中国学生则垂头默不作声";日军以几万人而统治三千万东北民众,"亡国之痛,使人

---

① "Conversation with members of Chinese Government at the Waichiapu, Peking", June 20, 1932, S32, *League of Nations and United Nations Archives*, Geneva.

伤心"。他号召大家化解"地域之思想、阶级之冲突",团结谋国①。汪、宋、罗三人亦十分失望,第二天悻悻南归,并决定顾维钧中止赴日②。

7月,调查团结束第二次日本之行途经山东返回北平。尽管此前的会谈中李顿对张学良评价甚低,中方念李顿年高,还是专门派福特飞机赴济南迎接,"福特飞机内为李氏备有卧床,颇舒适。李氏卧游天空,极感愉快"。法国委员克劳德同行,其余委员乘专车抵达③。此后,调查团专心于起草报告书,没有与中方高层举行进一步会谈。

小 结

中方接待国联调查团的全过程,日本看在眼里,认为热情过度,不忍卒睹:

国联调查团滞留北平、天津期间,中国官员热情款待,其逾矩过度,有近于谀者。尤其顾维钧之待李顿爵士,主从之态势,观之始终如一,中国学生皆耻于代表中国之顾氏之态度。中国人如何甘心居于欧美人之指导下,露骨以求其欢心,显为中国之辱,黄色人种自求白色人种之支配,屈服于彼,实堪愤慨。在天津、广东青年中,有中国灭亡之慨。又调查团滞留北平期间,彼等之态度,傲慢过甚,遂至此次调查团来燕(笔者按:指北平),于一般居民中唤起反白色人种之思想,观之舆论可知也④。

顾维钧是当时为数不多的职业外交家之一,熟稔欧美外交界,被日方视为

---

① 《北平各界昨开慰劳顾维钧大会,顾沉痛陈述东北惨况,希望奋起挽救三千万同胞,救国要人有牺牲之精神》,天津《大公报》1932年6月21日,第4版。
② 《汪、罗、宋定今晨离平回京,昨晚与张详谈,完全赞同庐会决议,决令顾维钧中止赴日》,天津《大公报》1932年6月22日,第3版。
③ 《调查团昨先返抵故都,李顿病甚重,由济飞平入医院静养,报告书将分别在北平、海滨编制》,天津《益世报》1932年7月21日,第2版。
④ 「天津軍参謀長から参謀次長まで」(1932年4月24日)、JACAR(アジア歴史資料センター)Ref. B02030445600(第57画像目から)満洲事変(支那兵ノ満鉄柳条溝爆破ニ因ル日、支軍衝突関係)/善後措置関係/国際連盟支那調査員関係 第三巻(外務省外交史料館)。

眼中钉,"治安上的最大隐患",试图拒绝其赴东北调查①。关东军司令官本庄繁甚至当着李顿的面说明"顾维钧的危险性"②。当时尚未落水、主持会谈的汪精卫也被日本人在调查团面前大加嘲弄:"中国人是极其歇斯底里及情绪化的民族。一时的公愤随着事态的变化,一瞬间就忘却了,两年前蒋介石与汪精卫不共戴天般地相互仇视,今天却握手言和。"③

嘲讽中方殷勤接待的同时,日方显示了自己在接待方面的真正"才华"。调查团赴东北调查时,日方以大批"土匪出没",特地配备装甲车,作为调查团专列的"先驱"④。调查团第二次赴日之前,日本外务省推出了接待方案:在东京住帝国宾馆,去日光则住金谷宾馆,宫殿下、前田侯爵、三井男爵、贵族院议长、外务大臣等人的茶会、晚宴不在话下。另外安排箱根、岐阜、京都、奈良和山田的游览。细节上十分考究,铁路次官负责给调查团发免费车票,联络"特别车",派遣游览向导,协助观光局;大藏次官负责免税通关;内务次官负责警卫。接待费"从机密资金中支付"⑤。调查团的餐费标准也相当可观,早餐每人每餐3日元,午、晚餐每人每餐5日元。甚至连调查团的宾馆小费,日方都

---

① 「森島総領事代理から芳澤外務大臣まで」(1932年4月22日)、JACAR(アジア歴史資料センター)Ref. B02030445500(第39画像目から)、満洲事変(支那兵ノ満鉄柳条溝爆破ニ因ル日、支軍衝突関係)/善後措置関係/国際連盟支那調査員関係 第三巻(外務省外交史料館)。

② 「森島総領事代理から芳澤外務大臣まで」(1932年4月23日)、JACAR(アジア歴史資料センター)Ref. B02030445500(第47画像目から)、満洲事変(支那兵ノ満鉄柳条溝爆破ニ因ル日、支軍衝突関係)/善後措置関係/国際連盟支那調査員関係 第三巻(外務省外交史料館)。

③ 「森島総領事代理から斎藤外務大臣まで」(1932年6月6日)、JACAR(アジア歴史資料センター)Ref. B02030447500(第72画像目から)、満洲事変(支那兵ノ満鉄柳条溝爆破ニ因ル日、支軍衝突関係)/善後措置関係/国際連盟支那調査員関係 第四巻(外務省外交史料館)。

④ 「森島総領事代理から芳澤外務大臣まで」(1932年5月13日)、JACAR(アジア歴史資料センター)Ref. B02030446100(第213画像目から)、満洲事変(支那兵ノ満鉄柳条溝爆破ニ因ル日、支軍衝突関係)/善後措置関係/国際連盟支那調査員関係 第三巻(外務省外交史料館)。

⑤ 「国際聯盟支那調査委員接伴計画(案)」(1932年6月7日)、JACAR(アジア歴史資料センター)Ref. B02030447600(第97画像目から)、満洲事変(支那兵ノ満鉄柳条溝爆破ニ因ル日、支軍衝突関係)/善後措置関係/国際連盟支那調査員関係 第四巻(外務省外交史料館)。

列具了预算①。日方在接待中用心之深、用力之猛,令人咋舌。调查团第二次赴日路过朝鲜,驻安东的日本领事米泽给外务省发去只有一句话、却充满暗示的电报:"已向田中大使报告,李顿热切希望能在日本河川里钓鱼。"②

"九一八"事变的主谋石原莞尔 1929 年在长春演讲"战争史大观"时曾提出:"欧洲战争是欧洲各民族的决胜战,不应称为'世界大战'。第一次世界大战后,西洋文明的中心转移至美国。接着而来的决战是以美日为中心的战争且是真正的世界大战。"为此,日军要能在陆上要对抗苏联,在海上对抗美国。达成这一目标,"满洲国"是关键——"'满洲国'在东亚联盟防卫上的责务相当重大。特别是对于苏联的侵略上,必须要有与在大陆日本军联合击溃苏联侵略的自信心。"③在这一充满邪恶想象力、图谋称霸世界的战略构想中,侵占中国东北、扶植傀儡国家成为事关日本成败的焦点。如此"宏大"的战略能否实现,应该不是宴请接待所能决定的。然而,虽有重光葵那样的见解,做好接待还是日方的主流做法,驻北平矢野参赞就提出:"当调查团来北平时,我认为届时应劳烦天津驻屯军司令官、第二遣外舰队司令官,还有各参谋长以及天津、济南、青岛各总领事来北平,以招待宴、晚宴的形式创造一个对各自管理事项进行亲自说明、回答的机会,应该是有益的。"④

---

① 「高裁案」(1932 年 6 月 27 日)、JACAR(アジア歴史資料センター)Ref. B02030448400(第 354 画像目から)、満洲事変(支那兵ノ満鉄柳条溝爆破ニ因ル日、支軍衝突関係)/善後措置関係/国際連盟支那調査員関係 第四巻(外務省外交史料館)。

② 「米沢領事から斎藤外務大臣まで」(1932 年 6 月 30 日)、JACAR(アジア歴史資料センター)Ref. B02030448400(第 381 画像目から)、満洲事変(支那兵ノ満鉄柳条溝爆破ニ因ル日、支軍衝突関係)/善後措置関係/国際連盟支那調査員関係 第四巻(外務省外交史料館)。被日本寄予厚望的主事者李顿回到欧洲后,披露了自己对日军的真实想法,他在巴黎和平协会演讲称:日本"海陆军组织,则与中古时期无异,日本海陆军之完善,固为事实,其参谋本部之思想与普鲁士在一八七〇及一九一四年之参谋本部见地相同。……日本参谋本部以为可以与日内瓦及莫斯科相对抗,但此决非和平途径。"《李顿痛论日阀落伍,组织与中古时期无异,参部见地与普参部同》,《中央日报》1933 年 2 月 22 日,第 2 版。

③ 《第二部·战争史大观》,石原莞尔著,郭介懿译:《最终战争论·战争史大观》,新北:广场出版,2013 年,第 57—59 页。1938 年、1940 年,石原莞尔分别在"新京"(今长春)和京都对此说进行修订。

④ 「矢野参事官から芳澤外務大臣まで」(1932 年 3 月 22 日)、JACAR(アジア歴史資料センター)Ref. B02030443200(第 37 画像目から)、満洲事変(支那兵ノ満鉄柳条溝爆破ニ因ル日、支軍衝突関係)/善後措置関係/国際連盟支那調査員関係 第二巻(外務省外交史料館)。

日方不仅在接待中费尽心机,而且作为与中方的对比,日方认为自己的接待有效地维护了国联调查团对日本的好感,有望在报告书中粉饰其侵略行动。其外交密电乐观地表示:"国联调查团随员佛兰(Jouvelet,ジュヴレー,作为克劳德的翻译出席调查团的会议)于二十九日向日本方面随员透露,预备报告书大体上与日本方面的主张一致。克劳德将军每逢调查团不注意细节及有人发表对日本不利言论之时,即发表反对意见,使会议向有利于日本的方向发展。李顿保持了较为公平的态度。希尼和马柯迪二人均注重细节且顾全大局。麦考益整体而言不反对日本。"①

但是,让中日两国都意外的是,国联大会以 42 比 1(日本)通过李顿调查团报告书。其中,在"九一八"事变关键问题上的判定对日本明显不利:关于日军"九一八"当夜借口铁路被炸进攻北大营、占领沈阳,报告书称,"日军在是夜所采之军事行动,不能认为合法之自卫手段"②;关于伪满的合法性问题,报告书称,"一般中国人对'满洲国政府'均不赞成,此所谓'满洲国政府'者在当地中国人心目中直是日人之工具而已"③;关于东北与中国的关系,报告书复称,"东三省之为中国东三省,直与其大部分移民所自来之邻省河北、山东无异"④。甚至之前颇为调查团所批评的张学良,也获得了客观的评价:"虽然,东省行政在一九三一年九月事变以前,无论有若何弊病,但在若干地方,未尝不努力改良行政,其成绩颇有可观。"⑤报告书并非没有受到日方的影响,如称中国民族主义兴盛、国民党鼓动抵制日货等,但关键问题上与国民政府立场接近,诚为事实。蒋介石评论说,李顿报告书"调查之本责任则甚公道,余对此主

---

① 「森島総領事代理から芳澤外務大臣まで」(1932 年 4 月 30 日)、JACAR(アジア歴史資料センター)Ref. B02030445800(第 99 画像目から)満洲事変(支那兵ノ満鉄柳条溝爆破ニ因ル日、支軍衝突関係)/善後措置関係/国際連盟支那調査員関係 第三巻(外務省外交史料館)。
② 《国际联盟调查团报告书》(中文版),张生、陈海懿、杨骏编:《李顿调查团档案文献集·国际联盟调查团报告书》,第 361 页。
③ 《国际联盟调查团报告书》(中文版),张生、陈海懿、杨骏编:《李顿调查团档案文献集·国际联盟调查团报告书》,第 403 页。
④ 《国际联盟调查团报告书》(中文版),张生、陈海懿、杨骏编:《李顿调查团档案文献集·国际联盟调查团报告书》,第 422 页。
⑤ 《国际联盟调查团报告书》(中文版),张生、陈海懿、杨骏编:《李顿调查团档案文献集·国际联盟调查团报告书》,第 318 页。

张,有修正或保留之接受,不必拒绝,以弱国图强,非此不可也"①。后中国驻日内瓦代表颜惠庆又进一步表示,"中国愿以公断,解决中日争案","无条件接受报告"②。

国联调查团报告书釜底抽薪地解构了日方的各种主要论点③。急恼羞愤的日本选择退出国联④,从此实行"焦土外交",孤立于国际社会,一步步走上与全世界为敌、终至失败投降的绝路。

其实,历史演进的内在逻辑,本在觥筹交错、游山玩水之外,这应是谋国者的常识。但当时中日官方花费了大量的精力,企图在接待中实现自己的现实政治诉求。所希望出现的,被想象成一种"事实",乃和真的事实之间,产生了巨大的隔阂和张力。这使双方,尤其是当时军国主义情绪爆棚、自信一切尽在掌握的日本,在精心接待国联调查团之后,收获了影响其国运的"意外"——希望有多大,失望就有多大,在近代东亚外交史上留下了令人深省的篇章。*

---

① 《蒋介石日记》(手稿),1932年10月9日,美国斯坦福大学胡佛研究所藏。

② 《日代表愤懑一致退出,昨国联大会通过报告书,派定顾问委员会协助全体大会,请美俄政府与国联采同样行动》,《中央日报》1933年2月25日,第2版。

③ 日方的主要论点参见 K. K. Kawakami, *Japan speaks*, with an introduction by His Excellency TSUYOSHUI Inukai, Prime Minister of Japan, The Macmillan Company, New York, 1932. League of Nations and United Nations Library, Geneva. 李顿调查团亦曾说明报告书所依据的材料和中日双方观点,见《国际联盟调查团报告书》(中文版),张生、陈海懿、杨骏编:《李顿调查团档案文献集·国际联盟调查团报告书》,第288—433页。

④ "Withdrawal of Japan from the League of Nation", R3631, *League of Nations and United Nations Archives*, Geneva.

* 本部分的主体内容发表于《近代史研究》2022年第2期,题为"接待与政治:李顿调查团的中国关内之行",收入本书时做了修改和补充。

四、"新史学"宗旨与中国各界致李顿调查团呈文

中国进入近代，系拜西方列强坚船利炮所赐。凌辱不时而来，刺激国人探究西方崛起的奥秘，希图借鉴。其观点之言人人殊，可以想见。梁启超另辟蹊径，探究了史学在西方发展过程中的特殊作用："今日欧洲民族主义所以发达，列国所以日进文明，史学之功居其半焉。"相比之下，中国史学虽称繁盛悠久，但"知有朝廷而不知有国家""知有个人而不知有群体""知有陈迹而不知有今务""知有事实而不知有理想"。他提出："史学者，学问之最博大而最切要者也，国民之明镜也，爱国心之源泉也。"过去中国旧史学弊端重重，作史者，为帝王将相树碑立传，而"曾无有一书为国民而作者也"，匹夫走卒社会基层之人的历史不彰，史家如"群蛆逐矢，争其甘苦"，实乃自欺欺人。史学应当关注每个时代的现实，正在发生的历史，"泰西之史，愈近世则记载愈详"，中国则非要等到鼎革发生，才能为史。各种摧残之下，中国旧史学百孔千疮，读者"虽尽读全史，而曾无有足以激厉〔励〕其爱国之心，团结其合群之力，以应今日之时势而立于万国者"，因而有创立"新史学"之必要①。

梁启超1902年发表的这一宏论，通常被视为"新史学"之嚆矢，虽然今天

---

① 《新史学·中国之旧史》，梁启超：《中国历史研究法》，北京：中华书局，2012年，第175、177—178、181页。

"新史学"之定义已非易事①。从梁启超的原文看,其对史学作为"爱国心之源泉"的期许,鲜明地揭示其所称"新史学"乃民族国家之史学;摆脱一家一姓史学之陈词滥调,唤起国民关心国家民族之前途命运,是梁启超倡言"新史学"的根本目的,也与其在1902年前后提出"中华民族"的概念互为表里。

李顿调查团东亚之行过程中,中国各界通过各种途径,以信函、"快邮代电"、电报等方式向其递交呈文,除表达欢迎之外,表明对于事变、伪满洲国、中日矛盾和世界大势的看法,以及对国联的期待。呈文数量巨大,90年来深埋于瑞士日内瓦的国联和联合国档案馆中,不见天日。历史虽曾实际发生,而依赖史料的历史学界因此没有及时以梁启超所期待的"新史学"回应那个时代的历史——在民族国家危机面前,中国各界的爱国心被激发出来,在给李顿调查团的呈文中表达出来,影响了李顿调查团的结论和当时国际社会的判断。整理至今依然"发烫"的文本可以看出,李顿调查团东亚之行前后,中国经历了一次深刻、全面的爱国主义思想激荡过程,国家整合因此显现出与前不同的趋势。

---

① 梁启超之后,美国历史学家詹姆斯·哈威·鲁滨孙(J. H. Robinson)1911年出版《新史学》一书,也提出"新史学"的概念。其"新史学"之要义有五:"一、把历史的范围扩大到包括人类既往的全部活动。二、用综合的观点来解释和分析历史事实。三、用进化的眼光考察历史事实,把人类历史看成一个'继续不断的'成长过程。四、研究历史的功用在于帮助人们了解现状和推测未来。五、利用历史知识来为社会造福。"参见《出版说明》,詹姆斯·哈威·鲁滨孙著,齐思和等译:《新史学》,北京:商务印书馆,2017年。1987年,法国人弗朗索瓦·多斯(François Dosse)在批判"年鉴学派"第三代学者背弃总体性、整体性和通贯性追求,研究日益"碎片化"时,把矛头对准了"新史学",其所谓"新史学"主要指社会文化史。参见弗朗索瓦·多斯著,马胜利译:《碎片化的历史学——从〈年鉴〉到"新史学"》,北京:北京大学出版社,2008年。亦见张生:《穿行于"碎片"之中的历史学及其应有态度》,《历史研究》2019年第6期。杨念群认为,以《新史学》集刊为阵地的"新史学",逐渐模糊了"新""旧"界线,拆除了"世界化"与"本土化"的藩篱,其以中国学界15年来的"新史学"研究为讨论对象,表明其心目中的"新史学"别有年轮。参见杨念群:《"新史学"十五年:一点省思》,《读书》2018年第1期。王先明则将"新时期以来史学演进的新走向或新态势",包括新领域、新范式,如社会史、文化史、环境史、医疗社会史、区域史以及新社会史、新文化史、新革命史等,均作为"新史学"的讨论范围。参见王先明:《当代中国新史学发展趋向问题刍论——立足于近代社会史的讨论》,《史学理论研究》2020年第3期。

（一）"在场"者的立场

　　法国大革命、北美独立战争和拉丁美洲革命以降，民族主义运动气势磅礴，塑造了近代世界基本政治地图。鸦片战争以后，持"天下观"的中国被强行纳入世界资本主义体系，逐渐形塑为民族国家。又经第一次世界大战和五四运动，现代民族国家理念深入人心，"这不仅是因为现代民族主义在此期间在中国扎下根来，同时也是因为在这一时期启蒙历史的叙述结构以及一整套与之相关的词汇……主要通过日语而进入中文。这些新的语言资源，包括词汇和叙述结构，把民族建构为历史的主体，改变了人们对于过去以及现在民族和世界的意义和看法"①。"九一八"事变后，东北民众以"中国人"为自己的身份认同，以此为基调向李顿调查团表达对于事变及其后果的看法，共时性地呈现了一种新的国家观和历史观，给调查团留下了深刻的印象。

　　东北各界在各自生活的空间经历了"九一八"事变及其之后的局势演变，是广义上的"在场者"，但"九一八"当夜发生在柳条湖的爆炸事件并无中国人目睹，在当时只有调查团有条件到实地考察并询问当事人。东北各界给李顿调查团的呈文乃集中于两点：第一，"满洲国"建立并非东北民众自愿，而出于日军的侵略和扶植；第二，东北是中国的，东北人是中国人。

　　以言"满洲国"性质。日军淫威之下，尽管多数人用了化名或匿名，但也有不少人署名呈文，指陈事实，勇气可嘉。小学生"笲及"致函李顿指出，日方"犹曰三千万民众欲建'满州〔洲〕国'，其谁欺？欺调查团也！查'满洲国'，尽是日人掌权，无一处不是日人造成，以灭高丽之手段灭我东三省"②。闫志峰说，日本"这次又建设了'满洲国'，想要使东三省变成朝鲜'一般'，我心〔充〕满了苦疼。因为我国内本不应当又为一国，日人的意思是要想错〔借〕'满洲国'的名词〔义〕而吞东三省！我们都是很不赞成设这国的"③。李作云说，"'满洲国'

---

① 杜赞奇著，王宪明译：《从民族国家拯救历史：民族主义话语与中国现代史研究》，北京：社会科学文献出版社，2003年，第2—3页。
② 《小学生笲及来信》，张生主编，郭昭昭、孙洪军、唐杨编：《李顿调查团档案文献集·关外团体与民众呈文（上）》，南京：南京大学出版社，2019年，第293页。
③ 《闫志峰来信》，张生主编，郭昭昭、孙洪军、唐杨编：《李顿调查团档案文献集·关外团体与民众呈文（上）》，第1页。

之成立对东省人民是否有益,我是东省的人民,我说'满洲国'绝对没有对人民有益之一点。我受了'满洲[国]'无限的压迫,因此我是一定要否认的"①。大连自甲午战争后久在日本殖民统治之下,当地人对日本治下意味着什么有发言权。张良万等人致函调查团,表示不赞成"满洲国",理由有六点:日本人行为举动不人道,不配做我们榜样;日本人用"毒法"陷害我们同胞;日本是一系相传的君主立宪国,人民不自由;日本压迫弱小民族;日本挑唆中国人做胡匪;日本人侮辱中国妇女②。

东北民众注意到了日军扶植伪政权过程中汉奸的作用。"中国国民一份〔分〕子"提出,"日军在我东省非抢即夺,奸掳妇女、侵占民人房屋,在各处开设赌局,贩卖毒品,一切不和〔合〕国联条件,应当各国[予以]处治。东省成立'新国家',此乃日军之主持,再和我中国卖国贼联手,暗成此大'满洲国',民谅全球各国不能承认的罢〔吧〕"③。李寅公等14人特别向调查团介绍了"满洲国"要员的身世背景,以便调查团了解伪满洲国网罗人员之素质,他们说:"参议府议长"张景惠早年卖豆腐,"目不识丁,出身卑贱",后为胡匪,"日本正利用此等混蛋人物",签署各种卖国文件。又云:伪哈尔滨市市长鲍观澄的生母是日本人雇佣的女佣,"薄具姿色,为日本主人垂涎,久之,果得与之通奸",鲍"实是日本人"④。迹近谩骂之词,恰恰是国人民族意识高涨之时批刺汉奸的常态,原非雅驯之公文。

个人之外,复有团体呈文。吉黑民众代表团罗列了日本十项侵略事实,内中指出:"其用吞并朝鲜之故智,助成'满洲国'之独立。……我东北接壤亡韩,殷鉴不远,谁愿蹈其覆辙?确为日本武力逼迫,造成此满洲伪国家。所谓积威之下,谁敢伊何,顺尔者生,逆尔者死。不然,苟使日本撤兵,则我东北伪政府

---

① 《被帝国主义压迫者李作云来信》,张生主编,郭昭昭、孙洪军、唐杨编:《李顿调查团档案文献集·关外团体与民众呈文(下)》,第141页。

② 《大连张良万、李万久来信》,张生主编,郭昭昭、孙洪军、唐杨编:《李顿调查团档案文献集·关外团体与民众呈文(上)》,第2页。

③ 《中国国民一份子来信》,张生主编,郭昭昭、孙洪军、唐杨编:《李顿调查团档案文献集·关外团体与民众呈文(上)》,第154页。

④ 《民众代表李寅公等来信》,张生主编,郭昭昭、孙洪军、唐杨编:《李顿调查团档案文献集·关外团体与民众呈文(上)》,第185—186页。

亦必欣然解散矣。"①东北民众救国总会分析了"新国家"与日军的关系:"'新国'土地视日军势力为范围,由日军负保卫之责。'新国'主权系自日军赐与〔予〕,政事由日人主持,名为国家独立自治,实不啻亡于日本。更趁此机会,极力移民,以为实力之保障。"②

以言东北与中国的关系。自民国肇始以来,东北三省在张作霖父子统治之下,一直是中国政治的主要参与者之一,有利则破关而入,参与军阀争霸,甚至长驱直入长江流域,不利则龟缩东北生聚教训。纷纷攘攘,究属一国国内之事。在外人侵夺的当口,东北民众分得清其中的关键。王柱国向调查团声明:"我是中华民国的人民,不是日本的人民,即不是满洲伪国的人民。"③金芳茹告诉调查团,在沈阳到山海关的铁路上,日本人强迫旅客裸体上下车,以便检查身体,虽女性也免不了这种羞辱。她表示:"现在虽旅居满州〔洲〕之地,但为青天白日下的国民,小民虽死亦不能为'满州〔洲〕国'之国民。"④有人以"热血动物"为名致函李顿,"自日本占我国东北以来,东北的中国人民受了日本的极惨虐待和惨杀……现在的管〔官〕吏全是日本人所举……'满洲国家'也就是日本瞒世界各国的耳目而已! 徒一时之美观,以谋求把中国做第二个朝鲜"⑤。中国危亡之际,匿名信函中,以"中国国民""中华国民""中华民众""中华人民""大中华民国之民"等署名的反而比比皆是。呈文的文字显示,上书人文化水平并不高,但大义名分所在,其爱国之忧跃然纸上。

团体呈文的文字和逻辑则完善甚多。中国国民党青年团哈尔滨市支部致函代表团,剖析日方所谓"民族自决"的阴谋:"三省为全中国诸行省之一部,其人民在政治上、社会上所享之权利及应尽之义务,与其他各省人民处于一律平等地位,从无异视。……向来未有此种民族自决运动,亦从无一人有此提示,

---

① 《吉黑民众代表团诉愿书》,张生主编,郭昭昭、孙洪军、唐杨编:《李顿调查团档案文献集·关外团体与民众呈文(上)》,第24页。
② 《东北民众救国总会来信》,张生主编,郭昭昭、孙洪军、唐杨编:《李顿调查团档案文献集·关外团体与民众呈文(上)》,第24页。
③ 《王柱国来信》,张生主编,郭昭昭、孙洪军、唐杨编:《李顿调查团档案文献集·关外团体与民众呈文(上)》,第184页。
④ 《金芳茹来信》,张生主编,郭昭昭、孙洪军、唐杨编:《李顿调查团档案文献集·关外团体与民众呈文(下)》,第185页。
⑤ 《中国国民党青年团哈尔滨市支部来信》,张生主编,郭昭昭、孙洪军、唐杨编:《李顿调查团档案文献集·关外团体与民众呈文(上)》,第199页。

其无须自决也,明矣。……日本诡计,先后如出一辙,所谓民族自决,只是灭亡工具。"①东北民众抗日救国团宣传部向代表团分析说:"况既名国家,须有土地、人民、主权,三者缺一,即难成立。此次日本所谓的满州〔洲〕伪国,既占中国之土地,复迫中国之人民,而一切主权,又皆出自日人之手,其土地何有?人民何在?……不过嗤其仅有'满州〔洲〕国'三字而已。"②东北民众救国义勇军军政委员会郑重声明:"一、伪满洲国之建立绝非基于我东北民众之意旨,誓必反抗到底。二、吾人始终承认东三省为中国完整领土之一部,绝不容任何国家吞并或建设独立国家。三、本会所直辖之队伍乃我东北民众之武力,苟日本不撤兵、取消伪国家,我救国义勇军必与其实力周旋,直至达到目的为止。"③

在东北,"去中国化"与"日化"同时进行,东北民众特别敏感地专门向调查团指明,这是日本实施殖民统治的处心积虑之招。小学生王国仁说,事变之后,日方"把孙中山的东西都份〔焚〕[烧掉],甚至孙中山的小时的事情都不叫我们知道"④。"无名氏"说:"我以前也没念过日本字,现在又叫念日本字,也不叫念三民主义,又念一些个老旧书。"⑤吴飞举报告调查团,日方正在进行周密的奴化教育:"在官立小学所念的课本,关于中山小说,他也给损坏了。关于建立〔设〕中国的信,他更是不叫小学生们看见。对于一切的周判〔刊〕、新文〔闻〕报,他也给察见〔检查〕,如关于他的不好事情,他都给剪去。关于国文一类的书,他都给去掉,都改换日文。"⑥

毋庸讳言,东北各界来信中,亦有为数极少赞美"满洲国"和日本殖民统治、批判张作霖父子的。这些呈文的主旨,多指责张氏父子治下民众困苦,"满

---

① 《热血动物中华人民某人来信》,张生主编,郭昭昭、孙洪军、唐杨编:《李顿调查团档案文献集·关外团体与民众呈文(上)》,第300页。
② 《东北民众抗日救国团来信》,张生主编,郭昭昭、孙洪军、唐杨编:《李顿调查团档案文献集·关外团体与民众呈文(上)》,第132—133页。
③ 《东北民众救国义勇军军政委员会来信》,张生主编,郭昭昭、孙洪军、唐杨编:《李顿调查团档案文献集·关外团体与民众呈文(上)》,第143页。
④ 《小学生王国仁来信》,张生主编,郭昭昭、孙洪军、唐杨编:《李顿调查团档案文献集·关外团体与民众呈文(下)》,第185页。
⑤ 《无名氏来信》,张生主编,郭昭昭、孙洪军、唐杨编:《李顿调查团档案文献集·关外团体与民众呈文(下)》,第270页。
⑥ 《吴飞举来信》,张生主编,郭昭昭、孙洪军、唐杨编:《李顿调查团档案文献集·关外团体与民众呈文(下)》,第271—272页。

洲国"得到民众"拥戴"。如"前君主立宪会会长"文耀称，"日本因自卫计，思欲止乱"，而"满洲人民拥戴满洲故君为元首，仍然恢复'满洲国'，脱离残暴嗜杀之张学良和党徒专横之蒋中正"①。据初步整理，关外各界致李顿调查团的中文信函中，揭露日本侵略和伪满洲国者1 390余封，而为敌伪张目者仅20余封②。

梁启超所期许的"新史学"，就这样诞生于国破家亡之际，由细碎、低沉而宏阔、激越，抗日救亡最终成为中国压倒一切的政治诉求。梁启超曰："今日欲提倡民族主义，使我四万万同胞强立于此优胜劣败之世界乎？则本国史学一科，实为无老、无幼、无男、无女、无智、无愚、无贤、无不肖所皆当从事，视之如渴饮饥食，一刻不容缓也。"③前辈的爱国心如涓涓细流，汇成改写历史的滔天巨浪，是我们今天仍然为之动容、值得记诵的篇章。

（二）不"在场"，亦出场

1932年的日本，是东亚公认的强国，亦是世界"五强"之一，李顿调查团为完成"调解"任务，向日本释放了巨大的"善意"。其行程意味十足——调查团在国际联盟的主导者之一法国组建，1932年2月3日，从勒哈弗尔港出发，途经伦敦、华盛顿，向英美两强致意。29日先到达日本，访问8日，拜会了日本天皇裕仁、首相犬养毅等，然后才在上海登陆，4月21日抵达沈阳。在中国调查一番后，又赴日本，最后返回北平起草向国联理事会提交的报告书。漫长的行程，及其背后风云诡谲的国际形势，被那个时代的中外媒体进行了绵密的报道。不是国联成员国的美国主动加入李顿调查团，而没有派员加入调查团的苏联自始至终被视为解决东北问题必须考虑的因素④。可以说，就国际关注

---

① 《前君主立宪会会长来信》，张生主编，郭昭昭、孙洪军、唐杨编：《李顿调查团档案文献集·关外团体与民众呈文（上）》，第443页。

② 根据张生主编，郭昭昭、孙洪军、唐杨编：《李顿调查团档案文献集·关外团体与民众呈文》（上）（下）内容统计。另据调查团表示，仅在东北，他们就接受到中文信件1550封。参见《国际联盟调查团报告书》（中文版），张生主编，张生、陈海懿、杨骏编：《李顿调查团档案文献集·国联调查团报告书》，南京：南京大学出版社，2019年，第295页。

③ 《新史学·中国之旧史》，梁启超：《中国历史研究法》，第181—182页。

④ 《国际联盟调查团报告书》（中文版），张生主编，张生、陈海懿、杨骏编：《李顿调查团档案文献集·国联调查团报告书》，第423页。

度而言,"九一八"事变甚至超过6年后的卢沟桥事变,它并不"局部",从中国社会各界的反应来说,它也不"局部"。

南京国民政府建立以来,中国尚无一事如此这般地被国际社会关注。内地各界暂时远离东北战火,虽不"在场",但对东北局势的发展非常关心,情感代入极为炽热,他们对李顿调查团寄予厚望,希望国际社会介入中日冲突的心情溢于言表,纷纷上书李顿调查团,陈述日本贯彻"大陆政策"、侵占中国东北、制造伪满洲国的事实,提醒当年日本灭亡朝鲜之旧事,分析其行为违反《非战公约》等国际条约,破坏东亚与世界和平,可能酿成世界大战的危险。与关外呈文者多数为个人不同,关内各界绝大多数以团体名义呈文,且因安全关系,多为实名。

各地国民党党务机构是呈文的一大主力。陆军第二十七师特别党部致电调查团:"我全国上下正盼诸公转告国联予日本以严惩,忽悉日本议会公然通过承认东省伪组织……不但破坏我国领土行政之完整,并且目无诸公,其蔑视国联可想而知",要求国联援引《国联盟约》第16条,"对于日本采取断然之处置"①。江西省鄱阳县党务整理委员会电称:日本占领东三省,"不徒损害中国主权,破坏东亚和平,实已违反《国联盟约》《非战公约》及《九国公约》",中国军队"为中华民族争生存及拥护《国联盟约》与《国联决议》,乃不得不誓死抵抗"②。湖南省大庸县党务指导委员会指出,"暴日垂涎东省,蓄意谋夺,已非朝夕。……近复狡计百出,以亡韩之故伎〔技〕,威胁东省叛逆,组织非法机关,破坏敝国行政、领土之完整,妄称出自民意,淆乱世界听闻"③。

国民党党务机构的呈文均为文化人捉刀,文通字顺不在话下,修辞排比滔滔不绝。如江苏省常熟县党部电文称,"自'九一八'沈阳被占以后,日本野心尤〔犹〕未足,恃其犀利之武器,逞其强悍之固性,不顾公理,蔑视国际,蚕食鲸吞,得寸进尺,封豕长蛇,毒逾蜂虿,经济政治之侵略榨取有加无已;终复继之

---

① 《中国国民党陆军第廿七师特别党部筹备委员会来电》,张生主编,孙洪军、郭昭昭、郝宝平编:《李顿调查团档案文献集·关内团体与民众呈文》,南京:南京大学出版社,2019年,第9—10页。

② 《中国国民党江西省鄱阳县党务整理委员会来电》,张生主编,孙洪军、郭昭昭、郝宝平编:《李顿调查团档案文献集·关内团体与民众呈文》,第31—32页。

③ 《中国国民党湖南省大庸县党务指导委员会来电》,张生主编,孙洪军、郭昭昭、郝宝平编:《李顿调查团档案文献集·关内团体与民众呈文》,第120页。

以武力，实行强占我东北三省土地"，对国联寄予厚望自不待言，而如果国联不能制止侵略，则只能诉诸自卫，"我中华民族为保持东亚和平，为求民族生存与夫维护国联神圣盟约计，决取自卫手段，继续抵抗到底，宁为玉碎不为瓦全"[1]。

党务机构的呈文文字通畅，诉求集中，较具现代知识，非一般民众具体感性的呈文可比。其背后的力量，调查团其实早已洞悉。调查团在报告中指出，早在东北易帜加入国民政府后，国民党宣传机关在东北各地"一再声称恢复已失主权及取消不平等条约之重要，与夫帝国主义之险恶"。事变之后，"在组织方面，虽包括多数各〔个〕别之团体，而重要支配之机关，厥为国民党"。然而，在西方语境中，党与政府毕竟分属不同单位，调查团对此颇觉为难，"欲决定该党责任之终点，与政府责任之起点何在，则系一宪法上之复杂问题，调查团自觉不应有所表示"[2]。

商会、农会、救国会等团体组织，亦为呈文大宗。"中华民国国民救国会"致电调查团五位代表，贡献四点意见：第一，日本在华侨商未受重大损害，且"历次惨案过程皆由日本称兵来华，敝国未尝加兵日本"；第二，因东北被侵占，中国人"乃有消极抵制日货之表示，完全由日本以暴力压迫所激成"，日本停止侵略，"则敝国爱国运动亦即自然停止"；第三，"以日本大陆野心之蓬勃，世人无不共晓。假如敝国以一部分土地为其拓展之依据，窃恐数年而后，各友邦亦必有受其侵害之一日，利害相关，非仅敝国而止"；第四，中国的态度，"最希望日本先行撤兵及东省、上海、朝鲜等案同时解决"[3]。河北省永年县农会和各机关、学校致电调查团，希望其报告国联，"采断然手段，取有效措施，使破坏世界和平之日人不得辞其咎；强制执行决议，保全盟约威信，使暴日撤兵，赔偿中国一切损失，世界和平、人类幸福，皆系于此也"。他们指出，日本不尊重条约，其满蒙政策由来已久，旨在破坏中国统一，在东北形同盗贼，排挤外人投资。

---

[1]《常熟县党部来电》，张生主编，孙洪军、郭昭昭、郝宝平编：《李顿调查团档案文献集·关内团体与民众呈文》，第198页。

[2]《国际联盟调查团报告书》(中文版)，张生主编，张生、陈海懿、杨骏编：《李顿调查团档案文献集·国联调查团报告书》，第316、412、413页。

[3]《中华民国国民救国会来电》，张生主编，孙洪军、郭昭昭、郝宝平编：《李顿调查团档案文献集·关内团体与民众呈文》，第6页。

而中国人抵制日货,都发生在日本侵略中国之后①。中国警察协会结合东北和上海战事,提出"日本之宣传大陆政策,首在并吞中国,次则征服列强。此次借端侵华,已实施其初步计划","田中奏折"揆诸事实,不得谓无。该呈文对比日本灭亡朝鲜的历史,点明日本"现主使我国东北叛徒组织伪政府,宣布脱离中央关系,是以灭亡朝鲜之计策欲灭亡我东三省也。我满洲溥义〔仪〕辈甘为李完用第二,受其嗾使,他日予取予求,我幅员广阔之东三省,焉得不入日本之版图耶?"②

各团体呈文中,浙江全省商会联合会等百余组织联名致电调查团的文书堪称范本。该文回顾日本侵占东北,进而进攻上海的事实,特别总结了"日本欺骗世界之宣传",胪陈其"对于中国国家民族,为恶意污蔑"的种种说法,"如谓:日本尊重国际条约,对中国无领土政治野心;日本之行动,均为自卫;中国为无组织、无秩序之国家;中国蔑视条约;中国排外;中国对日经济绝交,不啻与日本宣战;日占东北及保卫伪国,乃为防止共党"。文中对调查团提出三点要求:"请调查作公正透彻之调查","请调查团认明东北与上海为一整个问题,中国人民绝不承认满洲伪国","请调查团注意中国国民不为暴力屈服之决心"。呈文最后把东北问题放大到整个亚太地区的安危:"今日世界和平之枢纽在太平洋,太平洋之枢纽在中国,中国之和平繁荣不独为全国国民一致之殷望,亦大有补益于世界。"③对照国联和联合国档案馆所藏相关档案,可见浙江全省商会联合会对日方的论点非常了解,其反驳之针对性甚强。

个人呈文不是关内各界呈文的主要部分,但颇多知名人物列名其间,其影响不可小觑。其时,吴佩孚已蛰伏多时,他以"大中华民国孚威上将军"名衔致函日本天皇,并抄送调查团,呈文指出,日军"一若任何公理可以勿顾,绝对以强权行之,纵引起世界战争而弗辞",穷兵黩武如此,"固中国之不幸,抑亦岂日本之福哉?"他分析了日阀侵占中国东北的理由:一是日本物产不丰,不占东北无以生存;二是日本人口激增,不得不向外殖民;三是日俄竞争

---

① 《河北省永年县农会等团体来电》,张生主编,孙洪军、郭昭昭、郝宝平编:《李顿调查团档案文献集·关内团体与民众呈文》,第 306—307 页。

② 《中国警察协会来电》,张生主编,孙洪军、郭昭昭、郝宝平编:《李顿调查团档案文献集·关内团体与民众呈文》,第 190 页。

③ 《浙江全省商会联合会等各团体来电》,张生主编,孙洪军、郭昭昭、郝宝平编:《李顿调查团档案文献集·关内团体与民众呈文》,第 253—255 页。

东北,日本牺牲巨大,不得不有所补偿;四是出于防范苏联之需要。而这些理由均不能成立,日本铤而走险,一方面遭到四亿中国人的恶感,另一方面开罪列强,有重蹈德皇威廉二世战败覆辙的可能。他规劝天皇果断实现中日和平,不要"逞一时之雄而贻百年之祸"①。湖南省主席何键口气峻急,他认为日军侵占东北、进攻上海,均为"破坏中华民国领土行政完整及日本自身对于世界盟约之义务",调查团要以"公正之态度、敏捷之手段,搜求合法之事实,以备公平之解决"②。南京市商会主席濮仰山表示,出于"爱护诸公,爱护国联,爱护世界之正义与公理",不能不指出,"我国当东京地震之时,尚不惜予以友谊上之接济,今日本乘我全国水灾之际,竟出兵夺我东北,此为我排日乎?"他抓住李顿在东京演讲时"此来系为收音器,非为播音台"的说法,明确要求代表团不仅要做"收音器",还要做"摄影机",把中国人民遭受的苦难告知国联和整个世界③。

（三）外国语是人生斗争的一种武器

用外国人看得懂的文字,说外国人看得懂的话,是呈文陈情者自然的思路。李顿调查团收到的中国人呈文中有一部分是英文的,其来源主要有三:一是中方人士或团体直接用英文呈递的;二是本为中文、请国民政府外交部转交调查团的,外交部择要翻译了一部分,以便阅读;三是调查团自己组织翻译的,大多用概括性按语而不是全文迻译。据调查团回忆,他们从东北返回北平后,到再赴日本前,完成了此项翻译④。

上海总工会致信调查团,就日本称中国组织混乱提出辩护意见:"国联会议上,日本人指责中国不是一个组织良好的国家,这可能会使那些远离中国的

---

① Communication et petition adressées à Commission, dossiers 1) à 7)(1932)-Rapports et coupures de presses chinoise, européenne et américaine, dossiers 8)(1932), 9 (1931), 10) (1932), S39, *League of Nations and United Nations Archives*, Geneva.

② 《湖南省政府主席何键来电》,张生主编,孙洪军、郭昭昭、郝宝平编:《李顿调查团档案文献集·关内团体与民众呈文》,第84—85页。

③ 《南京市商会主席濮仰山等来信》,张生主编,孙洪军、郭昭昭、郝宝平编:《李顿调查团档案文献集·关内团体与民众呈文》,第133—134页。

④ 《国际联盟调查团报告书》(中文版),张生主编,张生、陈海懿、杨骏编:《李顿调查团档案文献集·国联调查团报告书》,第295页。

朋友误解中国的实际情况。……日本非法占领沈阳,却促进了中国的统一,这是中国组织良好的最好证明。"文中告诫调查团:"你们会被告知,'新国家'是由人民运动产生的,你们也会获得日本认为必要的证据和文件。但是,历史会证明他们的计划和主张是错误的。"①洛阳人民外交协会就日本指责中国排外提出:外国侨民遍布中国,与中国人建立友谊,大家彼此尊重。"我们公开声明要废除不平等条约,这只是为符合一个独立国家保证被平等对待、在国家之间拥有平等地位的要求,怎么能被视为是排外运动呢?如果我们偶尔发起抵制日货的运动,那也是由日本的野蛮政策引起的,这一责任必须归咎于日本"②。可以看出,英文呈文不仅行文方式与中文呈文不同,其说理的逻辑也比较"西式"。杭州人民团体接待委员会就日军轰炸平民目标提请调查团注意"空战规则的第 24 条,该决议由英国、美国、法国、意大利、日本与荷兰组成的委员会起草,并于 1922 年 2 月 4 日在华盛顿会议上通过。上述条款部分内容如下:禁止对与陆军部队作战区域不毗邻的城镇、乡村、住宅或建筑物进行轰炸。如果与本条第二款提出的特定军事目标非常靠近,为了避免不分青红皂白对平民进行轰炸,禁止使用航空器"③。其精深的国际法知识回应了当时尚未被国际社会充分认知的无差别轰炸问题,令人赞叹。

东北领土主权属于中国,伪满洲国系日军扶植之傀儡,仍是英文呈文的主旨所在。如中华普产协会北平分会特别罗列了日本对国联的 11 种虚假宣传,就日方所称"满洲国"建立出于"人民自决",呈文对调查团进行了历史教育:

> 满洲在古代被称为肃慎,满洲人民是居住在此地的皇帝后裔的一个分支。……满洲人来到中国后,他们的语言、习俗和社会制度与我们相互融合,吸收了中国文化。在过去的几十年里,来自河南、河北、山东和山西等省的人民已经从关内迁往满洲谋生,他们已构成了东三省人民的主体。……东三省人民在历史、事实和文化上都从未有过分裂的意识,又怎么会

---

① 《上海总工会致国联调查团的信》,张生主编,向明、李英资、王小强编:《李顿调查团档案文献集·中国民众与团体英文呈文》,第 4 页。

② 《洛阳人民外交协会来电》(一),张生主编,向明、李英资、王小强编:《李顿调查团档案文献集·中国民众与团体英文呈文》,第 16 页。

③ 《杭州市人民团体接待委员会代表致国联调查团备忘录》,张生主编,向明、李英资、王小强编:《李顿调查团档案文献集·中国民众与团体英文呈文》,第 5 页。

想到通过"自决"建立一个独立的国家呢?即使是最无知的人也会意识到这一点。我们担心的是,威尔逊的在天之灵会哀叹,他所倡导的"人民自决"现在却被日本人用作征服中国的工具①。

大量翻译成英文的呈文十分简短,文辞无从讲究,但保留了核心信息。如"东北无名氏"的来信,被整理成三点:"1. 我不承认'满洲国',因为这个新组织对我们的折磨已经无法用言语来描述了。2. 如果中国人第一次对日本人说自己是中国人,会被殴打。如果他们第二次不改口说自己是'满洲人'的话,就会立即被处死。3. 一天,两个中国女人路过一个日军占领的兵工厂,日本人扒光了她们的衣服,让她们赤裸着站在大街上,最后这两个女人都被冻死了。"②由调查团加了按语的呈文往往是其中内容的概括而非呈文本身,并以第三人称呈现。如"一个小男孩写了这封信,他站在了新成立的'满洲国'的对立面。他认为自己仍然是中国人,而不是'满洲国'的臣民"。"六名十岁的中国儿童表达了他们对'满洲国'的强烈反对,他们曾因声称自己是中华民国公民而遭到几名日本士兵的殴打"③。

个别英文呈文显示,除前述三个主要来源之外,调查团另有偶然的信息来源。如署名为"哈尔滨教育局督察员"的长信是由调查团的美籍顾问达夫曼(Ben Dorfman)教授转交的,包括 12 个方面的内容,调查团择其筋骨加以翻译,其中包含了一些生动的细节:"在建立'满洲国'的庆典期间,为吸引无知阶级来见证这个庆典,日本人共花费了 9 000 美元编排戏剧。鲍观澄负责带头高喊庆祝口号,但现场无人应和他,他简直气疯了。""调查团到达马迭尔宾馆后,中国的爱国人士向调查团递交了约 5 000 份请愿书,但都被日军查获并销毁。"等等④。

---

① 《中华普产协会北平分会递交的三十九人签字的备忘录》,张生主编,向明、李英资、王小强编:《李顿调查团档案文献集·中国民众与团体英文呈文》,第 47 页。
② 《东北无名氏来信》,张生主编,向明、李英资、王小强编:《李顿调查团档案文献集·中国民众与团体英文呈文》,第 140 页。
③ 《六名十岁的中国儿童来信》《一个小男孩来信》,张生主编,向明、李英资、王小强编:《李顿调查团档案文献集·中国民众与团体英文呈文》,第 212 页。
④ 《哈尔滨教育局督查员来信》,张生主编,向明、李英资、王小强编:《李顿调查团档案文献集·中国民众与团体英文呈文》,第 290—294 页。

小 结

　　李顿调查团并不仅仅依赖中国各界的呈文,其报告书的形成依据多国官民多种文字的信息。中日两国政府除具体说贴外,均提交了总备忘录。两方学者提供了由官方加持的专著,论述各自立场。如中方孟治著有 *China Speaks：On the Conflict between China and Japan*,由中国驻国联代表团首席代表颜惠庆作序;日方不甘示弱,河上清著有 *Japan Speaks：On the Sino-Japanese Crisis*,由日本首相犬养毅作序。双方的书面意见由国联装订成册,名为 *Pamphlets on Sino-Japanese Relations*,共十大卷。另有欧美澳等第三方人士多种著述以及第三国公民、机构的电文等,供国联调查团参考[①]。

　　关内、外各界的呈文也发挥了重要作用,它们与其他资料互为补充,其影响于《李顿调查团报告书》中随处可见。如"中国政府,虽有种种失败之处,而其所成就者,亦已不少矣。""近数年中,日本之要求,在中国方面已认为对于中国国家愿望之一种严重挑衅。""东省行政在一九三一年事变以前,无论有若何弊端,但在若干地方,未尝不努力改良行政,其成绩颇有可观。""中国人民认满洲为第一防线。……近数十年来,中国人民常称满洲为'中国之粮食策源地'。"[②]处处构成对日方说辞的否定。

　　尤可注意者,中国各界表达的意见,在李顿调查团的关键性结论中得到了呼应,载于其报告书中:"一般中国人对'满洲国'政府均不赞成,此所谓'满洲国'政府者在当地中国人心目中直是日人之工具而已。""东三省之为中国东三省,直与其大部分移民所自来之邻省河北、山东无异。"另外,调查团还根据对中日双方当事人的调查询问和实地勘查,指出:"九一八"事变当夜日军"所采之军事行动,不能认为合法之自卫手段"[③]。1933 年 2 月,除日本外,国联大会全体通过十九国委员会关于接受《李顿调查团报告书》的决议,日本为此恼羞

---

　　① 以上所提资料,均藏于瑞士日内瓦"国联和联合国图书馆"(League of Nations and United Nations Library)和国联和联合国档案馆中。
　　② 《国际联盟调查团报告书》(中文版),张生主编,张生、陈海懿、杨骏编:《李顿调查团档案文献集·国联调查团报告书》,第 302、308、318、326 页。
　　③ 《国际联盟调查团报告书》(中文版),张生主编,张生、陈海懿、杨骏编:《李顿调查团档案文献集·国联调查团报告书》,第 403、422、361 页。

成怒，愤而退出国联①，从此孤立于国际社会。日本前首相安倍晋三在日本无条件投降 70 周年讲话中承认，这是日本近代史的转折点："满洲事变以及退出国际联盟——日本逐渐变成国际社会经过巨大灾难而建立起来的新的国际秩序的挑战者，前进的方向有错误，而走上了战争的道路"，最终战败投降②。

历史的结论已成，整理、研究、阐释 90 年前数以千计的中国人以李顿调查团为对象"书写"的历史，是今天的历史研究者实践梁启超所云"史界革命"之任务。沿此思路，尚有一点，本书愿作进一步申说。

欧美列强，均为近代民族主义所催生，无一例外。事成之后，转而污名化民族主义，特别是其中的合理内核爱国主义，对力图实现民族独立自由平等的殖民地半殖民地国家的"后发"的爱国主义尤为敌视，因为这些被压迫国家和民族的爱国主义构成了对列强话语体系和利益体系的巨大挑战。前贤对此早有剖析。1924 年，孙中山演讲三民主义时指出，世界主义是强者的逻辑，"民族主义是人类生存的工具。如果民族主义不能存在，到了世界主义发达之后，我们就不能生存，就要被人淘汰"。世界上分两种人：2.5 亿压迫者，12.5 亿被压迫者，要"提倡民族主义，自己先联合起来，推己及人，再把各弱小民族都联合起来，共同去打破二万万五千万人，共同用公理去打破强权"。他说，列强之所以反对中国人民和其他弱小民族讲民族主义，是因为"他们想永远维持这种垄断的地位，再不准弱小民族复兴，所以天天鼓吹世界主义，谓民族主义的范围太狭隘"。孙中山当然也知道狭隘民族主义的危害，他特别叮嘱："还要去学习欧美之所长"，做到后来居上。将来中国强大了，要体会今天身受的列强之苦，"济弱扶倾"，帮助弱小民族③。

历史证明，孙中山的看法富有远见和针对性。"九一八"事变之后，日本向国联强辩其出兵理由，其中重要的一点就是中国民族主义强劲，造成排外浪潮。李顿调查团在报告书中也承认，"现在中国之重要原动力，即为其民族自身之近代化。今日之中国，实为一正在进化中之民族"。报告书同意当时中国

---

① "Withdrawal of Japan from the League of Nation"，R3631，*League of Nations and United Nations Archives*，Geneva.

② 「戦後 70 年の安倍談話（全文）」，『朝日新聞』朝刊、2015 年 8 月 15 日、6 頁。

③ 《三民主义·民族主义》(1924 年 1 月至 8 月)，广东省社会科学院历史研究所、中国社会科学院近代史研究所中华民国史研究室、中山大学历史系孙中山研究室合编：《孙中山全集·第九卷》，北京：中华书局，1986 年，第 183—254 页。

民族主义运动塑造现代国家的合理性,但对当时中国学校里的爱国主义教育横加指责:"试一翻阅各校课本,即使读者感觉著书之人,图以嫉恨之火焰燃烧爱国观念。"①李顿调查团各成员均来自欧美强国,其观点本不在孙中山意料之外,而可怪者,"九一八"事变90年之后,贬低甚至痛诋史学之爱国主义本位与功能,生吞舶来之只言片语以为"新史学",目下不乏其人其论。

"九一八"事变90年来,东亚和整个世界的秩序被彻底重构,美国和美国强力制压下的日本构成的日美同盟,取代了曾经在东亚横行无忌的日本帝国,而中国,从几乎亡国灭种,转变为"一带一路"的倡议者。追根溯源,其内在动力和机制,从90年前柳条湖边演化而来,从至今不知姓名曾辗转为民族呼号的国人而来,从中国人民不计生死的十四年持久抗战而来。"善为史者,必研究人群进化之现象,而求其公理公例之所在","历史者,以过去之进化,导未来之进化者"②。新中国,诞生于国人觉醒的爱国心之中。虽然,每个时代的"新史学",会有自己特定的内容,但每个时代"新史学"问题之提出和设定,应从历史实践中提炼而来。有志于"新史学"者,应注意及此!*

---

① 《国际联盟调查团报告书》(中文版),张生主编,张生、陈海懿、杨骏编:《李顿调查团档案文献集·国联调查团报告书》,第296、303页。

② 《新史学·史学之界说》,梁启超:《中国历史研究法》,第185—187页。

* 本部分的主体内容发表于《抗日战争研究》2021年第2期,题为"'新史学'的宗旨:中国各界致李顿调查团呈文初解",收入本书时做了修改和补充。

五、李顿调查团对"一·二八"事变的聚焦与因应

"九一八"事变爆发后,上海发生了排日风潮,在日本驻沪总领事向上海市长吴铁城提出抗议的同时,驻沪日本海军中的极端组织"血盟团"分子意欲采取激进举措,"正当陆军在中国北方采取强硬手段的时候,好像与陆军竞争似的,上海的海军也表示了强硬态度"[1],上海局势白热化加剧。1932年1月28日,日本海军陆战队在上海挑起了冲突,中国军民进行顽强抵抗,是为"一·二八"事变。因上海是国际观瞻之地,"一·二八"事变很快进入国际联盟的视野。

"九一八"事变导致的日本侵华问题已在国际联盟进入讨论程序,日本在上海的侵略之举进一步引起国际联盟的关注与警觉。国联理事会遂向日本发出警告照会,同时提议由驻上海的西方外交官成立调停委员会,由英、美、法、意四国及中日双方代表组成,以圆桌会议的形式推进日本与中国的停战撤军交涉,以期实现军事调停的目标。迫于国际压力以及遭遇中国军队抵抗等原因,日方愿意进入谈判程序,"各国见于上海事件的严重,不仅通过中国的请求,并且以参加理事会十二国名义向日本提出警告。日本虽一再用全力以扑灭第十九路军,但仍不得逞,亦不能不同意于国联所通过的上海圆桌会议,以谋上海事件之解决"[2]。

---

[1] 重光葵著,齐福霖等译:《日本侵华内幕》,北京:解放军出版社,1987年,第45页。
[2] 包华国:《国际政治与中日问题》,华侨图书局,1934年,第189页。

学界从国际视角研究"一·二八"事变已有一定的积累①,重点是研究英美等国的因应,主要基于民族国家的视角。刘建武的《一·二八事变后国际联盟的调处活动评析》(《抗日战争研究》1994年第3期)一文,突出了一战后成立的国际联盟处理国际冲突的主体性,但主要是以中文资料为基础,以时间为线索,陈述了国际联盟调处"一·二八"事变的过程。其实,"九一八"事变爆发后,由国际联盟派出的国联调查团1932年的东亚之行,对"一·二八"事变也有系统和直观的认识。李顿调查团因"九一八"事变而产生,其东亚之行的目的是调查中日冲突,以期撰写一份客观全面的调查报告书,供国际联盟决策参考。从后续国联对《李顿调查团报告书》的讨论来看,李顿调查团的工作赢得了国联理事会的认可。正如在1932年12月召开的国联大会上,希腊代表所言:"国联曾解决上海之中日战事,其功极大。目前所须处理者,系东三省问题,自较上海事件更加困难。……该报告书,使各代表深悉当地情形,且予国联以解决此问题之途径。……自国际公法上研究此问题,李顿爵士为国际公法著名专家,而调查团报告书关于此点之观察,极显明。除非日本能另觅证据,推倒报告书之理论,则日本应遵从国联全体大会之决议"②。

李顿调查团的东亚之行有一个清晰的路线图,那就是先到日本,再到中国进行调查,且抵达中国的第一站就是"一·二八"事变发生地上海,逗留半个月。中、日双方以及西方在沪人士就"一·二八"事变的细节向调查团进行了陈述,调查团对"一·二八"事变进行了深度聚焦和因应,且根据一手调查资料,在《李顿调查团报告书》中单列"上海"一节进行专论。为什么以调查"九一八"事变为主要职责的李顿调查团如此关注"一·二八"事变?其对"一·二八"事变进行了怎样的聚焦和因应?又该如何评价调查团所做的工作?本书基于全面搜集的"李顿调查团档案资料",对上述问题进行审视与剖析,以求教于学界。

---

① 代表性成果主要有:吴景平、赵哲:《评美国对九一八事变和一二八事变的态度——兼析"史汀生主义"的提出及局限性》,《抗日战争研究》1993年第3期;王宇博:《英国与"一·二八"事变》,《江苏社会科学》1993年第6期;张北根:《英国在上海一·二八事变中的调停》,《党史研究资料》1997年第6期;王立诚、吴金彪:《一二八事变与英国对中日冲突的立场转变》,《安徽史学》2003年第6期;陈谦平:《蒋介石与一·二八淞沪抗战》,《近代史研究》2019年第5期;左双文:《一·二八事变与国民政府的外交政策》,《华南师范大学学报(社会科学版)》2010年第1期。

② 《国联大会开会详情》(1932年12月7日),台北"国史馆"藏,"外交部"档案,020-010112-0020,第57页。

（一）聚焦的缘起

"九一八"事变爆发后，按照南京国民政府指示，中国驻国际联盟常任代表施肇基向国联理事会提出申诉，并提议国联派遣调查团来华调查。国联理事会对此提议进行了讨论，过程一波三折，迟至1931年12月上旬方才做出派遣调查团的决定。"一·二八"事变爆发后，新任代表颜惠庆又在第一时间向国联控诉日本侵略，要求日本撤兵。在国联理事会开会期间，一些成员国尤其是小国代表强烈指责日本的武力侵略，呼吁国际联盟主持公道，推动上海停战、日军撤兵，提出由两当事国及有关各国协商停战及撤兵方案等。上海战事爆发向国际社会昭示了远东局势的升级，加快了李顿调查团的东方之行。

1932年2月3日，李顿调查团从欧洲出发，调查团路过美国时，接受了合众社记者的采访，李顿说："虽近日上海有事，该团仍仅限于调查满洲。但因远东近日有危机，委员等已改变其原来计划，将不与胡佛及美国务部人员会商并放弃各种酬应，急速穿过美陆"①。穿越太平洋后，李顿调查团于2月29日抵达日本，日本政府精心准备了接待。通过和各方人士的谈话，调查团得知有关东北诸多信息，尤其是日本在中国东北的利益。调查团也和日本外交、工商界人士就上海事件进行了讨论。双方交谈过程中，日方一再强调"一·二八"事变的主要责任在中国，根源是中国的排外政策，"中国固执地推行对日经济绝交。……这次抵制日货造成的日货查扣，光是上海、汉口两地就达到了八千万两，加上橡胶、鞋、洋伞、石碱、珐琅、铁器以及其他各种制造工场，去年以来因为抵货运动倒闭的数以百计"②。

1932年3月14日，李顿调查团抵达中国上海。虽然在面对媒体和公众时，调查团强调主要任务是调查东北问题，没有调查"一·二八"事变的权责，但他们在事实上关注"一·二八"事变的真相和寻求问题的解决办法。而且，这在法理上也不算越位，因为国联理事会议决案中的调查团权限是"对一切可

---

① 《国联调查团明日离美赴远东》，天津《大公报》1932年2月12日，第3版。
② 「内外綿花株式会社専務岡田源太郎の発言」(1932年3月10日)、JACAR(アジア歴史資料センター)Ref. B02030442800(第293画像目から)、満洲事変(支那兵ノ満鉄柳条溝爆破ニ因ル日、支軍衝突関係)/善後措置関係/国際連盟支那調査員関係 第一卷(外務省外交史料館)。

能影响国际关系,扰乱日中间和平或作为和平基础之良好谅解等情形就地进行调查"①,因此"一·二八"事变自然亦在调查范围之内。调查团原计划在上海调查一周,但最终逗留了半个月,体现了他们对"一·二八"事变的高度重视,其原因主要有以下几点:

第一,了解"一·二八"事变有助于从全局掌握中日冲突。解决东北问题,需要对中日冲突的面貌有全面了解,把握全局有助于解决局部问题。从现有资料来看,调查团在抵达上海之前,就开始深入思考上海问题和东北问题的关系。调查团内的德国代表希尼在前往东亚之前,曾会见日本驻德大使。希尼的提问具有艺术性,在围绕解决东北问题这一主题的前提下谈到"一·二八"事变,"希尼向本使询问,因为上海事变,中国学生的感情变得日益激烈起来,问题也进一步升级,以致影响到满洲问题的解决,这使中国中央政府的立场变得极为困难,对此日方是否感到担心?本使回答道,处理上海问题的方针是在该地区内解决,两国的官员都在进行着努力,无论如何也要和平地解决纠纷"②。从双方对话可见,希尼认为"一·二八"事变爆发给解决东北问题增加了障碍,日方认为"一·二八"事变是地区问题,希望就地解决。

第二,重视"一·二八"事变是关注西方列强在上海利益的要求。"九一八"事变后,国际联盟迟迟没有派出调查团,有大国博弈、启动程序耗时等诸多原因,但国联主导国家英法在中国东北的利益,不足以刺激其第一时间做出强烈反应亦是深层次的原因。地处长江入海口之地的上海就不同了,在近代国际条约体系的维护下,英法等西方国家在交通便利的上海拥有巨大的利益。可以说,"一·二八"事变爆发后的一周内,李顿调查团就启程奔赴东亚,说是调查满洲问题,其实也与"一·二八"事变爆发对西方列强在上海"特殊庞大利益"构成威胁有紧密关系,"大多数西方人,以满洲为辽远地方,不予重视,惟一旦上海有事,则全世界为之震动"③。因此,李顿调查团不仅从上海进入中国,

---

① 《国联理事会决议、主席白里安宣言和芳泽理事保留宣言》(1931年12月10日),赵朗编:《"九·一八"全史》(第五卷·资料编下),第836页。

② 「小幡大使から芳澤外務大臣まで」(1932年1月27日)、JACAR(アジア歴史資料センター)Ref. B02030441900(第91画像目から)、満洲事変(支那兵ノ満鉄柳条溝爆破ニ因ル日、支軍衝突関係)/善後措置関係/国際連盟支那調査員関係 第一巻(外務省外交史料館)。

③ 金问泗:《从巴黎和会到国联》,台北:传记文学出版社,1983年,第81页。

五、李顿调查团对"一·二八"事变的聚焦与因应　115

更是比计划多用了一周时间调查上海局势。

第三,调查"一·二八"事变是意欲促成上海停战。一战后确定的东亚秩序暗含保障西方列强在上海的利益,也内在要求日本尊重这一国际秩序。因此,无论是东北问题还是上海问题,由西方列强主导的国际联盟都主张中日冲突要在国际条约体系下解决。"九一八"事变爆发后,国际联盟要求日方停止军事行动,"一·二八"事变爆发后,国际联盟也同样提出上述要求。李顿调查团在路过夏威夷时,李顿会见了日本驻夏威夷的岩手总领事。因为历史上有交往,二人进行了深入交谈,一个重要的话题是上海问题的解决,"李顿说,在调查团将要去当地进行调查的时候,两军在上海的战火却日渐激烈,类似这样的情况是最不愿意看到的",李顿表示"现在最重要的就是希望停战交涉可以早日成功"①。李顿其实已经向日本外交官明确表示需要日本在上海尽快实现停战交涉。

调查团乘坐的轮船在靠岸上海前,他们进一步感受到了上海局势的紧张,"我们理应上午 6 点到达上海,但是由于昨天被告知上海有'骚乱',所以延迟到下午 6 点靠岸……看来我们到达之后马上有很多事要做!"②面对紧张的局势,调查团决定上岸后要做"很多事",因为"很多事"需要解决,原计划一周的逗留时间改成了半个月,"一·二八"事变在李顿调查团的视野中有了更为立体的关注,为将上海事变写入《李顿调查团报告书》奠定了基础。

(二)李顿调查团对"一·二八"事变的调查

李顿调查团入城后,国民政府外交部、上海市政府等机构举行了欢迎会和茶会等活动,中外各界要人有 1 000 多人应邀参加,李顿于 3 月 15 日傍晚招待中外记者,在讲话中透露出"目前最关心者为上海之停战,如有机会,当与日

---

① 「岩手総領事から芳澤外務大臣まで」(1932 年 2 月 18 日)、JACAR(アジア歴史資料センター)Ref. B02030442100(第 141 画像目から)、満洲事変(支那兵ノ満鉄柳条溝爆破ニ因ル日、支軍衝突関係)/善後措置関係/国際連盟支那調査員関係 第一巻(外務省外交史料館)。

② 《1932 年 3 月 14 日信件》,朱利:《李顿赴华调查中国事件期间致其妻子信件(上)》,《民国档案》2002 年第 2 期,第 26 页。

军当局晤谈,至上海战区实况,日内即前往视察云云"①。调查团本打算在上海逗留7天时间,但是"鉴于上海恢复原状之急需,乃延长留沪期间,希望在上海和平问题,有相当把握后,再行离沪。自15日起,进行办事,调查沪案,征集资料,甚为繁冗。其调查办法,大率先访问当地各国领事及著名人士,以采局外旁观之议论,然后及于中国各界代表"②。从中方的接待记载来看,调查团希望上海和平有相当把握后再行离开。在上海这段时间里,调查团对"一·二八"事变的调查在多个层面展开。

第一,向在沪日方要员调查取证。调查团会见了驻沪的日本海军指挥官盐泽幸一,李顿问及为何日本海军陆战队要越过防御界限进入中国管辖的河南路,盐泽幸一回答其之所以越出了列强协定的防守路段和区域,是因为部队刚登陆,不熟悉道路,"沿着较宽阔的河南路前进,以避免迷路"③。对此解释,调查团看出了破绽,因为他们非常清楚地知道自1927年以来,日本海军陆战队一直有权驻扎在虹口公园,那里有他们的司令部,说不熟悉道路是无稽之谈。调查团还会见了南满铁路株式会社的前副总裁松冈洋右。第一次会谈因为松冈要参加一个葬礼,交谈时间较短,重点是上海谈判问题。李顿明确告诉松冈洋右,"在东京与芳泽外务大臣会见时,芳泽外务大臣告知我,中国方面对停战交涉采取拖延态度,因此希望我们到达上海后进行关于停战交涉的斡旋;可到当地来一看,反倒感觉是日方采取拖延的态度。"④松冈对此仅仅是进行了礼节性的回答。通过此次谈话,李顿认为松冈不够真诚。几天后,李顿再次会见松冈,深刻认识到他是一个典型的日本强硬派。

第二,向中方人士调查取证。调查团会见上海商界人士,就"一·二八"事变爆发原因听取他们的介绍。商务印书馆经理王云五陈述东方图书馆被日军

---

① 《招待报告》,中华民国国民政府外交部:《参与国联东案调查委员会概要(上)》,上海:上海三联书店,2015年,第3页。

② 《招待报告》,中华民国国民政府外交部:《参与国联东案调查委员会概要(上)》,第3页。

③ "Record of a Conversation with Real-Admiral Shiozawa",Mar. 18,1932,S30-NO. 2,*League of Nations and United Nations Archives*,Geneva.

④ 「重光公使から芳澤外務大臣まで」(1932年3月19日)、JACAR(アジア歴史資料センター)Ref. B02030443200(第20画像目から)、満洲事変(支那兵ノ満鉄柳条溝爆破ニ因ル日、支軍衝突関係)/善後措置関係/国際連盟支那調査員関係 第二巻(外務省外交史料館)。

五、李顿调查团对"一·二八"事变的聚焦与因应　117

轰炸的事实,指出日军声称在轰炸之前东方图书馆的很多图书已被转移是错误的①。调查团也收到上海总工会的呈文,详细叙述日本入侵上海的事实及给城市造成的破坏,"一月二十八日午夜,日本陆战队在盐泽司令指挥之下,竟于日本总领事表示满意接受上海市长答复后之八小时进攻闸北,经我军自卫抵抗,战事延长一月有余,……日兵则对一切文化机关、慈善处所及商店、居户等竭力焚炸,鲜获幸存"②。在上海期间,调查团和顾维钧进行交谈,顾告诉调查团:上海警察局长也有一份报告,如果他们需要的话,该报告可以转交给调查团。据该警察局长从现场警员那里收到的报告,是日本海军陆战队首先开枪而不是中国警察……由于接受了日本的最后通牒,上海市市长感到形势会趋于缓和,以致他觉得没有进一步担心的理由。他甚至减少了警方最初采取的预防措施③。

第三,向在沪西方人士调查取证。调查团认为在沪的西方外交官、传教士和商人,比起中日双方,更为客观中立。为了解"一·二八"事变的爆发原因,调查团与这一群体进行了深度交流。英国总领事布伦南(John F. Brenan)及他的助手布莱克本(Arthur D. Blackburn)与调查团进行了会面,双方围绕"一·二八"事变进行了交谈。二位借助地图给李顿说明了他们从亲历者口头的和书面的证据所了解的全部事实,特别是布莱克本,他"描述了日本军队如何在午夜前从虹口公园的海军总部开始出发,沿着四川北路前进,在通往铁路的每个路口投下岗哨,然后根据信号,所有这些岗哨都向路口推进,因此马上就遇到了中国警察的反击"④。在上海的西方传教士对日军进攻上海表示气愤,主动给调查团呈文,"我们是生活在上海的传教士,一月二十八开始的日军对上海的军事进攻,伤害了无数平民的生命,这种野蛮的做法是对文明的极大

---

① "Meeting with Representatives of Chinese Commerce and Industry", Mar. 22, 1932, S30-NO. 2, *League of Nations and United Nations Archives*, Geneva.

② "Recordof a Conversation with Wellington Koo", Mar. 1932, S30-NO. 2, *League of Nations and United Nations Archives*, Geneva.

③ 《上海市总工会来电》(1932 年 3 月),S38, *League of Nations and United Nations Archives*, Geneva.

④ 《1932 年 3 月 22 日信件》,朱利:《李顿赴华调查中国事件期间致其妻子信件(上)》,《民国档案》2002 年第 2 期,第 31—32 页。

破坏"①。多方资料互相支撑,调查团认识到是日本故意挑起"一·二八"事变。李顿在给其妻子的信中写道:"我和钱塞勒就'一·二八'事件谈了很长时间。他告诉我那天晚上他陪同坐在铁甲车里的日本水兵从虹口公园出发,他证实了布伦南和布莱克本向我所做的说明。"②

除了从上述三个层面进行调查取证,调查团还选择了战场遗迹等进行实地调查。3月21日,他们视察了真如车站、暨南大学、上海北站、商务印书馆等地。虽然,日本强调"军方坦诚、恳切地担当向导并予以说明"③,但看到大学教学楼被摧毁、上海北站被炸得破烂不堪、商务印刷馆成了废墟的情景,调查团认识到此次战争对上海破坏之大。李顿调查团中的专家勃来克斯雷(G. H. Blakeslee)活动较多,他视察了中国的兵站医院及福民医院,甚至提到了日军使用"达姆弹"的问题④,而且同美国红十字会相关人员及拉西曼(Ludwik J. Rajchman)、辛普森(John H. Simpson)进行联系,对上海事件进行全方位调查,详细地视察了所有的战线。为此日本外务省判断勃来克斯雷"虽然不被看作是偏袒中国的,但中国方面的小额贿赂也确实是起到了作用。"⑤调查团在几天后会见商会代表之际,当被问及参观战场遗迹感受如何时,李顿回答道:"看了被破坏地区后留下了深刻的印象,这里的情况很糟糕,调查团有责任

---

① "Statement by British and Americanmissionaries",Mar. 12,1932,S30,*League of Nations and United Nations Archives*,Geneva.

② 《1932年3月25日信件》,朱利:《李顿赴华调查中国事件期间致其妻子信件(上)》,《民国档案》2002年第2期,第33页。

③ 「重光公使から芳澤外務大臣まで」(1932年3月23日)、JACAR(アジア歴史資料センター)Ref. B02030443200(第42画像目から)、満洲事変(支那兵ノ満鉄柳条溝爆破ニ因ル日、支軍衝突関係)/善後措置関係/国際連盟支那調査員関係 第二巻(外務省外交史料館)。

④ 「重光公使から芳澤外務大臣まで」(1932年3月17日)、JACAR(アジア歴史資料センター)Ref. B02030443200(第9画像目から)、満洲事変(支那兵ノ満鉄柳条溝爆破ニ因ル日、支軍衝突関係)/善後措置関係/国際連盟支那調査員関係 第二巻(外務省外交史料館)。

⑤ 「重光公使から芳澤外務大臣まで」(1932年3月22日)、JACAR(アジア歴史資料センター)Ref. B02030443200(第36画像目から)、満洲事変(支那兵ノ満鉄柳条溝爆破ニ因ル日、支軍衝突関係)/善後措置関係/国際連盟支那調査員関係 第二巻(外務省外交史料館)。

通过必要行动阻止类似事情的再次发生。"①

通过多方调查取证尤其是实地考察,李顿调查团整体把握了"一·二八"事变爆发的深层原因以及认识到了日方挑起战争的责任。调查团表面保持平静,但实质对上海遭受的破坏感到震惊,对日方的解释表示不信和气愤。

(三) 李顿调查团协助上海调停工作

在李顿调查团抵达上海之时,驻沪西方外交官对中日冲突的调停并不顺利,因此调查团希望"在此两星期,吾等除普通调查工作外,努力研究最近战争之事实及休战之可能性"②。对于"休战的可能性",李顿调查团显然是想有一番作为。

抵沪后,调查团即与中国外交代表顾维钧商谈上海问题解决办法。3月17日,顾维钧在致国民政府外交部长和行政院长的电报中详述了双方的会谈:

> 李认为,停止战争及撤退日军必须办到。虽调查团职务在调查满洲情形,但若上海方面两军相持,随时可以接触,则该团自未便北上。因此,该团对于沪案愿意援助解决,但未知如何援助方法。弟答以,辽、沪两案须并案办理,上海方面固须停止敌对行为,满洲方面亦有此必要。况沪案因辽案发生,自难分离。李谓:两案性质究属不同,并案办理,恐有困难。经讨论后,弟提议:第一步解决沪案军事部分;第二步解决辽案军事部分;第三步,将上海安全问题及辽案其他问题同时解决。李对此三步办法意见大致赞同,但云该团无权办理沪案,仅可向国联报告③。

上述谈话,本质上是在讨论面对日本接连入侵东北和上海,中国方面对两

---

① "Record of conversation with the Representatives of the Chinese Chamber of Commerce in Shanghai", Mar. 25, 1932, S30, *League of Nations and United Nations Archives*, Geneva.

② 橘秀一编辑:《李顿调查团报告书》,满洲报社出版部,1932年,第7页。

③ 《上海顾维钧致外交部电》(1932年3月17日),台北"国史馆"藏,"外交部"档案,020 - 010102 - 0262,第87—88页。

件事相关性把握的尺度。从有利于中国的角度出发,顾维钧主张在军事部分最好两案分别处理,但对其他问题暂不讨论,留待后续两案并一案处理。对此,李顿给出了"该团无权办理沪案,仅可向国联报告"的回复。此后,中国政府的态度日益明朗,认为要么就谈停战撤兵之事,要么整体讨论中日纠纷。不要在谈上海停战撤兵的同时,涉及中国抗日排外等议题。中国方面主张:"会议工作纯粹属于军事方面,他项事件,英、日或将提出排货及租界之情势等等。我方必须以其为系整个争执中之一部分,或以其为不相关之问题,加以拒绝。"①

调查团与日本驻沪外交官也讨论上海问题的解决,日方主张军事问题要分开解决,且指责中国举国一致的排外政策,强调上海排外与"一·二八"事变爆发的关联,主张上海圆桌会议必须讨论解决中国排外问题。通过和中日双方的交谈,李顿调查团认识到上海圆桌会议陷入胶着的深层原因。

因为中日双方对圆桌会议议题的认识有很大分歧,调停遇到了阻力。鉴于调查东北问题更为重要,调查团于3月26日离开上海。这既与调停无果有关,也与中国政府的一再催促有关。1932年3月19日,中国驻国联代表致电国联秘书长,表示"李顿团长为参加所谓的上海问题的审议,可能要延长在上海的滞留时间。该调查团的首要任务是调查中国东北的事态并就其提交报告……很难赞同此种旅程的变更。李顿团长长期滞留上海,明显违背了相关各国对李顿团长所期待的任务,深切期望李顿团长按照最初的预定早日赶赴中国东北"②。中方在接待报告亦记载了这一点,"及该团抵沪,复向李顿委员长重申此旨,力促其早日北行,而该团见沪事仍急,对于中日停战撤兵问题,颇拟有所尽力,嗣以日方态度强硬,中日两方及关系国代表会议多次,虽稍有眉目,而决定尚无确期,复经维钧一再催促,该团乃认为行程不能再缓,始决定二

---

① 《照译颜代表自日内瓦来电》(1932年3月12日),台北"国史馆"藏,"外交部"档案,020-010112-0023,第271页。

② 「澤田局長から芳澤外務大臣まで」(1932年3月22日)、JACAR(アジア歴史資料センター)Ref. B02030443200(第35画像目から)、満洲事変(支那兵ノ満鉄柳条溝爆破ニ因ル日、支軍衝突関係)/善後措置関係/国際連盟支那調査員関係 第二巻(外務省外交史料館)。

十六日起程"①。由于上述原因,李顿调查团离开了上海。

离开上海后,李顿调查团并不是不再关心上海局势,上海圆桌会议的进展情况仍然是调查团关注的重点。在南京,调查团会见了蒋介石、汪精卫、罗文干等政要。李顿记载:"他们问我有关上海的情况。我告诉他们,我认为他们在抵制圆桌会议上犯了错误。我建议他们接受这个会议,并且尽可能地接受会议的议程,但是会议一旦召开,日本就要将撤军作为一个条件。"②对于李顿提出的批评,南京国民政府也没有改变主张。显然,中国政府的态度也非常明确,那就是要么日军无条件撤退后再开圆桌会议,要么圆桌会议的议题仅围绕日本侵略上海的军事问题进行讨论,坚决反对在局部讨论上海军事问题时附带讨论中国排外等全局问题。如果讨论全局问题也可以,那就干脆围绕中日纠纷,将东北和上海问题两案并一案进行整体讨论。中方的外交文件对此有明确的记载:"(一)坚持日军应于限定时期内,无条件撤退;(二)然后开始圆桌会议。会议日程,应限于在日本侵略行为所造成之非常状态中。租界之和平、安全诸直接问题,不得强求事外问题之解决,如租界治外权地位之类。设有是项问题提出,则其他事件,如以租界为军事行动根据地问题,整个赔偿问题,以及其他均须讨论。抵货问题亦因不属地方问题,不应成立。总之,我方须使圆桌会议范围极狭,不然,则须扩大而包括整个中日纠纷"③。

离开上海后,李顿调查团仍在搜集有关上海局势的资料,类似"东方图书馆损失项下错误函抄一件"④这样的有关公私财产的受损统计还是通过多种渠道送达调查团手中。此外,调查团北上途中,中国外交代表也一再提醒调查团关注上海和中国东北的关系,特别是日本将驻扎上海的多门师团调到东北,进攻东北义勇军一事。中国方面在提供给调查团的说帖中详细写道:"北满吃紧时,日人知叛军之不可恃,乃由本国兵士出动作战,并利用上海停战协

---

① 《接待报告》,中华民国国民政府外交部:《参与国联东案调查委员会概要(上)》,第6页。

② 《1932年3月31日日记》,王启华:《李顿赴华调查中国事件期间日记》,《民国档案》2002年第4期,第17页。

③ 《照译颜代表自日内瓦来电》(1932年4月7日),台北"国史馆"藏,"外交部"档案,020-010112-0023,第294页。

④ 《外交部致北平档案保管处转顾代表电》(1932年4月10日),《搜集日本违法行为资料提交国联调查团(二)》,台北"国史馆"藏,"外交部"档案,020-010102-0263,第57页。

定,抽调驻沪多门等师团增援。时调查团正旅长春,见北上军车日夜不绝,到哈后,彼乃向丁、李两部为大规模之攻击,其能阻止丁、李之前进保持哈尔滨者,盖恃此也。"①类似的说帖具有极强的针对性,一是向调查团提醒日本侵略东北和上海是一盘棋布局下的行动;二是向调查团强调"满洲国"政权不过是日军扶植的傀儡,并不像日军所言是出自东北人民自发拥护,东北义勇军的顽强抵抗就证明了这一点。正因为东北义勇军的顽强抵抗,日本才将驻扎上海的多门师团调到东北。

李顿调查团在上海停留调查半月,集中精力研究了"最近战争之事实",也思考了"休战之可能性",且希望有所作为。但因中方催促北上,加之上海圆桌会议一时陷入僵局,在上海停战协定签订前一个多月,调查团离开上海,先西行后北上,集中精力于东北问题的调查和报告书的撰写。离开上海后,李顿调查团继续关注上海局势和调停工作,也继续搜集有关上海局势的资料。调查团在东北期间,上海圆桌会议的僵局有了扭转,"以国联及西方各国之努力调解,及我军之誓死抵抗,亦以日方在此阶段,对上海尚无领土野心,而在满正积极进行,无暇他顾"②,有关上海停战撤军的谈判有了突破,中日两国于5月5日签订了停战协定。

小 结

"九一八"事变和"一·二八"事变是"十四年抗战"研究的两个重大问题,前者发生在东北,后者发生在上海;前者由驻扎东北的关东军挑起,后者由驻扎上海的日本海军挑起,二者都引起国际联盟的关注。虽然李顿调查团衔命来华的主要目的是调查东北问题,且向外界一再陈述"一·二八"事变不是调查团的调查范围。但事实上,调查团一行在上海逗留半个月,会见中、日以及西方等国的各界人士,全面调查"一·二八"事变,并进行灵活因应。

李顿调查团的上海之行对上海局势的改变有多大的贡献呢?调查团自身有客观的评价,在《李顿调查团报告书》中写道:"三月十四日,我等抵上海,是

---

① 《东北调查报告》,杨奎松主编:《抗日战争战时报告初编·"九一八"之十七》,上海:上海三联书店,2015年,第28页。

② 金问泗:《从巴黎和会到国联》,第87页。

时战争已息,但停战谈判,殊感困难。调查团适于此时莅临恰合时机,对于顺利空气之产生,或能有所裨助。我等瞭悉最近战争所造成之紧张情绪且对于有关于此次争执之困难与焦点,且能得一种更亲切与明确之印象。"①"对于顺利空气之产生,或能有所裨助",此言是较为谦虚的。从后续历史发展来看,李顿调查团上海之行对"一·二八"事变的调查,重要的意义不在于解决上海问题,而在于留下了诸多"印象",如"调查团团员对中日军队间所发生的战斗的严重性有极深刻的印象"②。诸多"明确的印象"的汇总,对其思考中日冲突的解决大有裨益。

看似李顿调查团没有等到上海停战协定签字就离开了上海,其实调查团上海之行和调查"一·二八"事变的全过程,对整个东亚调查工作具有重要意义,尤其是了解到了"九一八"事变和"一·二八"事变之间更为复杂的关系。调查团不仅注意到日本以"一·二八"事变来转移国际社会对东北问题的注视,进而趁隙制造出"满洲国"的行径,也关注到上海战争结束后日本将不需要的兵力第一时间调到东北的事实,"日军第十四师团于三月七至十七日之间在上海登陆,约一月之后,该师团开拔至满洲,以补充驻彼之日军,中国人民对之深为愤慨"③。

总之,上海调查给国联调查团留下了深刻的印象,以至于在《李顿调查团报告书》中调查团专门设置了第五章内容,写上了醒目的标题"上海"。本章特别写了如下的话:"我等并未以调查团之名义,正式查究上海事件,是以对于有关系之争点,不表示意见。但为完成纪录起见,我等对自二月二十日起至日军撤退止之战争经过,应予以纪载。"④1932年9月,《李顿调查团报告书》对外公布,整体分为两部分,共十章内容。第一部分包括一到八章,重在陈述日本侵华的基本事实,让世人看清冲突背后的责任;第二部分包括九到十章,重在提出解决对策。对第一部分的陈述,中方认为整体客观,因为其全面介绍了日本侵略的事实。对第二部分提出的东北国际共管的建议,中方不予接受。日本对报告书的第一部分和第二部分都是不愿接受的,特别是包括第五章"上海"

---

① 橘秀一编辑:《李顿调查团报告书》,第90页。
② 顾维钧:《顾维钧回忆录(第一分册)》,中国社会科学院近代史研究所译,北京:中华书局,1983年,第426页。
③ 橘秀一编辑:《李顿调查团报告书》,第91页。
④ 橘秀一编辑:《李顿调查团报告书》,第90—91页。

在内的第一部分内容细数了日本的侵略事实,引起了日方的强烈不满。日本认为,调查团"将新闻报道、偶尔获得的私人信件以及委员或专门委员以特别身份资格而进行的私人谈话等作为判断的基础,这种事实在报告书中可以明显体现。日本政府对此不能漠视。……日本政府要保留再调查的权利"①。*

---

① 「国際連盟支那調査委員会報告書ニ対スル帝国政府意見書」、外務省編『日本外交文書:満州事変』別卷、外務省、1981年、291—360頁。

* 本部分的主体内容发表于《民国档案》2021年第2期,题为"国际联盟对一·二八事变的聚焦与因应——以李顿调查团为视角的考察",收入本书时做了修改和补充。

六、李顿调查团对东北海关的
聚焦与日本的应对

近代以来，中国海关整体牵涉列强利益。在中国东北，牛庄海关于1864年开关，是东三省第一个近代意义上的海关。日俄战争后，东北开埠城市增多，沈阳、安东和大连海关建立于1907年，哈尔滨海关建立于1908年，珲春海关建立于1909年。此外，满洲里、绥芬河、延吉等地也陆续设置了分关。上述海关分为沿海、沿江、沿边和内陆等类型，概而言之，都受制于西方列强，海关税务司的任免由驻上海的总税务司决定。

学界从国际视角研究"九一八"事变后的东北海关问题有一定的积累[①]，重点关注东北海关遭日军破坏的过程，海关运行状态改变对东北对外贸易的影响，英美等国的差异化因应以及西方国家没有联合起来抵制日本的深层原因。既有研究主要是从主权国家视角分析各国的反应，对国联在解决国际冲突问题上主体性的认识是不足的。李顿调查团代表来自英、美、法、德、意五国，集体对国联负责是其成行的合法性所在。本书关注以下问题：国际联盟派出的调查团为什么聚焦东北海关问题？对此问题是如何展开调查的？日本方面又是如何进行应对的？

---

① 相关研究参见陈诗启：《中国近代海关史（民国部分）》，北京：人民出版社，1999年；连心豪：《日本夺取中国东北海关述略》，《厦门大学学报（哲学社会科学版）》1997年第1期；武菁：《梅乐和维护海关行政"完整"若干活动再探析》，《安徽大学学报（哲学社会科学版）》2009年第6期；于耀洲：《九一八事变后日本对东北海关的强占与东北贸易的变化》，《学习与探索》2013年第6期；张军、费驰：《近代东北海关与对外贸易研究》，《辽宁大学学报（哲学社会科学版）》2017年第5期。

（一）对东北海关问题聚焦的缘起

1932年3月14日李顿调查团抵达中国，在对上海、杭州、南京、汉口、宜昌、济南、天津、北平等地进行调查后，于4月20日进入东三省开展为期6周的调查，结束后于6月5日返回北平。其间，调查团围绕系列问题对关键人物进行了访谈并做了记录，也收集了中日两国政府提交的报告和团体民众递交的呈文。这些资料都被调查团带回日内瓦，收藏在今天的国联和联合国档案馆，并进行了编目。此外，中日两国政府为了对接调查团，也进行了准备，积累了一批档案。通过整理这批资料，能看出调查团对东北海关问题的关注主要基于以下几点原因：

1. 调查团出于维护西方在华利益关注东北海关问题。一战后，中国利用微妙的国际关系加速了在国际社会争取利权的努力，得到了一定的回应。先有华盛顿会议对中国议题的聚焦，后又"根据华盛顿会议的条约与决议，在北京举行了关税会议和法权委员会的国际会议（1925年）。后者根据中国方面的要求，以废除治外法权为目的；前者是以中国恢复海关自主权为目的"[①]。通过外交努力，中国收回了海关的一些主权，但由于近代条约体系规定关税要拿出定额偿还海关担保的外债，西方大国对中国海关的治权还是不愿放手且牢牢掌握。据中国海关总税务司梅乐和（Frederick W. Maze）介绍，截至20世纪30年代初，由海关担保的贷款偿还项目有"每月的义和团赔款约一千五百万两，国内贷款九百万两，国外贷款六百万两"[②]。由于治权在西方人手中，中国各地的海关税务司以及帮办、总巡、港务长、监察长等重要岗位主要由外国人担任。从赫德（Robert Hart）时代开始，总税务司围绕西方在华海关洋员的待遇问题，就着手建立了一套优厚的福利保障体系。有鉴于此，西方国家和中国海关洋员都关注中国海关运行以及关税收缴等相关利益问题。对东北海关更是如此，因为其在中国海关体系中占有重要角色。据统计，东北海关"一

---

① 重光葵著、齐福霖等译：《日本侵华内幕》，第18页。

② "An interview with Frederick Maze Inspector-General of the Chinese Maritime Customs", Mar. 17, 1932, S30-NO.2, *League of Nations and United Nations Archives*, Geneva.

九三〇年在全中国之税收为百分之十四·七,在一九三一年为百分之十三·五。于此,则可知满洲在中国关税行政上所占地位之重要矣"①。调查团来华的使命是调查中日冲突,整体来看,维护西方国家在华利益是五国代表的共识。基于对中国和西方签订的不平等条约尤其是关税担保外债偿还的情况整体了解,在内力驱动下,调查团的东亚之行自然关注东北海关问题。

2. 南京国民政府围绕东北海关问题进行了议题强化。南京国民政府认识到东北海关问题对调查团具有吸引力,于是在接触中一再提及这一问题。1932年3月29日,调查团会见了国民政府行政院院长汪精卫,当李顿提及中国政府对日方认为中国有强烈排外情绪这一问题有何看法时,汪强调正是日本强占中国领土、攫取中国关税等收入,方才激起了民众的义愤,这个因果关系请调查团明察。汪精卫说:"1931年9月18日之前,中国并没有这样的团体存在。我认为他们可能是保护措施,我相信只要达成了公平的解决方案,这些团体就会自动消失。但是日本仍侵占中国的领土,攫取盐和关税收入,在这种情况下,政府不认为自己有正当理由停止这些组织活动。"②4月1日,汪精卫和调查团再次会晤,他进一步提醒调查团要关注东北关税问题:"目前,日本已经建立了傀儡政府,他们夺取了国民政府的销售收入,并试图收缴关税收入。"③调查团北上后,南京国民政府为把日本破坏东北海关的事实说得全面细致,组织了一个团队整理报告,拟在北平提交给调查团。其在给参与国联调查团中国代表处的电文中要求:"关于日本破坏东省关税、盐务、邮政、电信各事项。请分别转请财政、交通两部,拟具说帖寄平,以便向调查团提出。"④报告分为总报告和专题两类。6月8日,在提交给调查团的《关于日本占领中国东三省的备忘录》这一总报告中,南京国民政府将东北海关问题单独列出,并提醒调查团这个问题不仅重要而且复杂,将有一个专题报告来细述,"日本破

---

① 橘秀一编辑:《李顿调查团报告书》,第112页。

② "Record of Conversation with Members of the Chinese Government", Mar. 29, 1932, S30-NO.1, *League of Nations and United Nations Archives*, Geneva.

③ "Record of Conversation No. 4 with the Members of the Chinese Government", Apr. 1, 1932, S30-NO.1, *League of Nations and United Nations Archives*, Geneva.

④ 《交通部咨外交部文》(1932年5月6日),《搜集日本违法行为资料提交国联调查团(二)》,台北"国史馆"藏,"外交部"档案,020-010102-0263,第107页。

坏东北关税之完整及撤换税务司各情形,财政部亦将专具报告"①。7月29日,中国代表向调查团提交了专题报告《日本占领中国东三省海关的备忘录》,控诉了日本侵夺东北海关的过程与恶劣行径。日本对东三省的侵略是全面的,中国政府对此既要全面控诉,又要设置关键议题,南京国民政府认识到西方列强在乎中国海关行政的完整性以及海关税收的稳定性,因此不放弃一切机会向调查团陈述日本破坏东北海关的罪行,以此强化调查团的认知。从时间进程来看,南京国民政府的这一努力贯穿调查团在华调查的始终。由于有这一外力驱动,调查团对东北海关问题更加关注。

3. 东北海关问题同伪满洲国及其财源问题紧密相关。1932年3月,在李顿调查团到达东亚之际,伪满洲国在东北成立。4月中旬,调查团进驻东三省之时,伪满洲国成了一个牵扯多方面的焦点问题。事实上,日本当局扶植了一个伪满洲国对西方国家以及调查团而言是一种不尊重。"九一八"事变后,面对日军占领东北的事实,西方大国对东三省地方新政府是有设想的。从1932年4月的美国外交文件来看,他们主张可以在东北成立一个隶属于南京国民政府、由中国名流担任领导、代替张学良的地方政府,但是需要南京国民政府任命一个中日两国都能接受的顾问委员会,并在此基础上,商讨聘请外国顾问,且这个地方政府可以监督东北地区财政的税款征收和支出,将按照常规汇出的部分或以其他方式商定的部分汇给中央政府用于清偿中国政府从这些收入中扣除的债务,以及东北在中央政府开支中占的份额,但不得干涉中国海关、盐和邮政的正常管理②。就"九一八"事变后的东北形势而言,西方大国的这一设想考虑到了一战后的国际条约体系,也考虑到了日军占领中国东北的事实,更考虑到了西方大国在中国东北的利益存在,本质上还是"门户开放"政策的延续。然而,日本在东三省的"冒进"之举与其设想背道而驰。基于此,李顿调查团则势必聚焦伪满洲国的各方面情况,在对伪满洲国成立过程、伪政权领导班子构成进行调查后,更加关注"伪政权财政来源与东北关税关系"这一重要问题。

---

① "Memorandum on the Japanese Invation into Manchuria", Jun. 8, 1932, "Chinese Assessor's Documents—Commission of Inquiry in the Far East", *League of Nations and United Nations Archives*, Geneva.

② "The Acting Secretary of State to Dr. George H. Blakeslee", Apr. 22, 1932, *FRUS*, The Far East, Vol. III, 1932, pp. 713–716.

六、李顿调查团对东北海关的聚焦与日本的应对 129

"九一八"事变后的中日冲突有一揽子问题需要调查,涉及军事、政治、经济等方方面面。调查团从欧洲来到东亚,从日本再到中国,从上海前往东北,是一个不断接近调查现场的过程,东北海关问题只是诸多问题中的一个子问题。其能引起调查团的始终关注,正是上述合力驱动的结果。

(二)李顿调查团对东北海关问题展开调查

在合力驱动下,调查团抵达中国后,对东北海关问题的调查陆续展开,且有清晰的问题意识,主要包括以下几个层面:

1. 会见西方在华人士,认知中国海关统一的重要性。 上海是调查团到达中国的第一站,抵达初期,虽然调查团将主要精力放在"一·二八"事变后的上海局势研究,但因海关问题重要,且梅乐和常驻上海,调查团遂与其在华懋饭店进行了长谈。梅乐和介绍了中国海关概况,提及海关统一的重要性以及灵活处理中国海关主权和治权的经验;具体到东北海关,梅乐和指出张作霖和张学良对此从未干涉过;面对现状,梅乐和表示,维持中国海关的完整性非常重要,如果这点被打破,就开创了先例,当中国的其他地区陷入混乱时,自然就会效仿。东北海关应该为外债偿还拿出"按比例"的份额,并应保持盈余超过这一比例[①]。此外,调查团在上海也会见了西方的传教士,在和中华基督教青年会的修中诚(E. R. Hughes)博士谈到西方人管理中国海关对中国有益之处时,修中诚回答:"从技术上讲,这种形式非常有帮助。然而,组建它的初衷主要是维护外国权利,而现在部分初衷依然保留着。"[②]

1932年4月初,调查团来到了汉口,这里是西方工商业聚集之地。调查团与英国商会代表进行交谈,了解到了海关统一性遭到破坏对西方在华工商业的威胁,感受到了商会领袖对当前混乱局势的担忧。商会领袖告诉调查团:"当中央政府大大增加进口关税时就已经声称,所有内部运输税收将被废除,政府已经安排将进口关税的收益的一部分转给每一个省份。这种做法已经有

---

① "An interview with Frederick Maze Inspector-General of the Chinese Maritime Customs", Mar. 17, 1932, S30 - NO. 2, *League of Nations and United Nations Archives*, Geneva.

② "Record of Conversation with Leading Missionaries", Mar. 24, 1932, S30 - NO. 2, *League of Nations and United Nations Archives*, Geneva.

一段时间了,但最近,对湖北而言,我们又回归到原有的安排,货物是由中央政府征税进口,然后被省政府再次征税后发送到省内。"①

总之,围绕海关议题,调查团会见了海关的总税务司、西方传教士以及工商界代表,探讨了一些"大道理",认识到了中国海关保持统一不仅是保证中国外债偿还正常化的内在要求,也有益于西方在华工商业的发展。梅乐和的陈述给调查团留下了特别深刻的印象,李顿将二人谈话的内容写信告诉妻子:"下午我们从梅乐和爵士那里得到非常有趣的证据。他解释了海关的运行,告诉我们在全中国动乱中只有海关的统一没有被打破。……日本的领事官员已经强力地介入了这个政府,一个复杂的国际形势可能会出现。"②

2. 多渠道接收中方信息,掌握日本侵夺东北海关的事实。 民族危亡背景下,全面揭露日本侵略是中国各界接触调查团的目标,各个层面的信息也随之汇聚而来。南京国民政府给调查团提交了专题报告,陈述了日本对东北关税的长期觊觎以及分步骤控制东北海关的过程:"先以封锁税收入手,然后将积存各银行之关税没收,最后再以强制力驱逐各关税务司,达到接收各关的目标。"③也向调查团报告了"九一八"事变后东北进口贸易中走私现象日趋严重,影响了东北关税收入,"自一九三一年下半年以来,东三省之私运,占进口货之大宗,此则未可忽视者"④。调查过程中,调查团就不明之处与中国政府频繁互动,例如针对日方提出的"营口对于卷烟税,仅征收五分之一,其余五分之四,以退还名义发还,大连则征收全额等语",调查团请中国政府予以回应。对此,中方就细节进行了解释回应:"(民国)二十年一月,进口税则将卷烟税率增至百分之五十。本部因舶来卷烟统税,关系库券基金甚巨,乃于(民国)二十

---

① "Report on Lack of Government Control In the Province by Hankou British Chamber of Commerce", Apr. 5, 1932, S30 - NO. 1, *League of Nations and United Nations Archives*, Geneva.

② 《1932 年 3 月 17 日信件》,朱利:《李顿赴华调查中国事件期间致其妻子信件(上)》,《民国档案》2002 年第 2 期,第 27 页。

③ "Memorandum on the Seizure of the Chinese Maritime Customs Establishment in Manchuria", Jul. 29, 1932, "Chinese Assessor's Documents—Commission of Inquiry in the Far East Ⅱ", *League of Nations and United Nations Archives*, Geneva.

④ 《对于调查委员会所询中国海关册缺点之答案暨一九二八年至一九三〇年各国输入东三省及东三省输往各国之进出口货表》,杨奎松主编:《抗日战争战时报告初编·"九一八"之十七》,第 1 页。

年二月一日,决定将海关税则中舶来卷烟进口税划分征收,即以百分之十,由海关以金单位征收,其余百分之四十照统税办法征收,作为库券基金。……通令自(民国)二十年十一月一日起,将各口舶来烟件,一律改归海关。按照进口税则,全额征税。并令行海关,将所收卷烟进口税,以百分之四十拨归统税署,作为库券基金。"①调查团到达北平后,与原东北军将领进行了密集接触,张学良强调自己在执掌东北期间,尊重中国海关的整体性和"门户开放"政策,从未有干涉海关的行动,"(一)从前所谓独立,均因不愿加入内战。除政治外,一切如海关、盐税、邮政、司法、护照等均照旧;……(三)我国尊重'门户开放'政策,日本反是"②。

除了中国政府渠道给调查团提供信息,关内和关外的团体与民众也给调查团来信、来电,陈述日本的侵略。津浦铁路职工来信指出,肆意截留东北关税的伪满洲国是日本扶植的:"近且嗾使亡清废帝溥仪违叛中央,自称执政,截留关税,而实行其建立傀儡政府矣。"③东北民众来信控诉日本人控制东北关税,"一切权力皆为日人所霸占。一切关税、一切机关亦皆是日人掌权"④。

可以说,调查团通过上述渠道获得了大量信息,认识到了东北海关运行状态发生变化、日本力量全面介入、伪满洲国在其中扮演特殊角色的事实。中方渠道提供的信息不仅在大方向上与西方在华人士的陈述相一致,且陈述得更为细致,致使调查团对日本侵夺东北海关的事实有了全面的认识。

3. 访谈伪满官员,判断伪满财源与东北关税的关系。调查伪满洲国政权是调查团工作的重点,进入东三省后,调查团对关东军军官、外交领事以及伪满洲国官员进行了几十场访谈。同伪满洲国官员的交谈一律有日方人士在场,调查团考虑到日方代表在场会使伪满洲国官员的回答避重就轻,为此提问时注意针对性,"伪满洲国政权运行的财源"就是一个好的提问切入口,因为访

---

① 《财政部致外交部公函》(1932 年 7 月 6 日),《搜集日本违法行为资料提交国联调查团(四)》,台北"国史馆"藏,"外交部"档案,020 - 010102 - 0265,第 92—93 页。
② 《北平顾维钧致外交部电》(1932 年 4 月 17 日),《搜集日本违法行为资料提交国联调查团(二)》,台北"国史馆"藏,"外交部"档案,020 - 010102 - 0263,第 135 页。
③ 《津浦铁路员工敬致国联调查团欢迎词》,S38,*League of Nations and United Nations Archives*,Geneva.
④ 《孙台站李绍儒来信》,S40,*League of Nations and United Nations Archives*,Geneva.

谈对象对此难以回避。1932年5月4日,调查团与伪满洲国"国务总理"郑孝胥会面,李顿直截了当地提问:"关于征税,我们是否也可以等待咨询其他人?还是我们现在就能听到一些事情?"郑孝胥回复伪满洲国政府坚持减税减负,收缴的关税会拿出定额偿还外债:"我们正着力减少税负。截至目前,征税还没有什么变化。关税还是一样,外国借款以海关作为担保,这一点不会被危及。"①5月6日,调查团向伪满洲国实业部长张燕卿提出了以下几个问题:(a) 政府官方是否已切断或意欲切断"满洲国"与中国海关之间的联系?(b) 如果是这样的话,政府是否打算接管一部分中国借款?该借款已由中国海关收入担保。(c) 如果是这样的话,"满洲国"政府是否已经制定新的关税政策?张燕卿对此回复:东北海关与中国海关的关系将被切断,但是对于海关收入担保的借款,"满洲国"会担任"一部分责任","考虑到满洲已宣布其为独立国家,所有与中国海关机构的联系都将切断;……新政府将根据东北关税占中国海关关税的比例,承担起应担负的外债担保偿还的义务"②。可见,伪满洲国官员在交谈中透露出:东北关税关乎外债偿还,他们会履行义务,但考虑到新政权运行需要财源,伪满洲国全权管理东北海关是个必然。

协助调查团工作的还有秘书处和顾问团队,调查过程中,他们也观察到"九一八"事变后东三省与西方国家的进口贸易急剧萎缩,"1932年前两个月的大连海关报表显示了商品价值的增加——1 736万日元,去年同期则有1 459万日元,但其增加几乎全部来自中国和日本商品。……整个满洲的进口业务很可能已低于去年的较低水平。机械和其他类似的重工业生产线尤其如此,特别是对美国的影响。1932年前两月,对美进口总计24.6万日元,去年同期则有88万日元"③。总之,通过全面调查,结合秘书处、顾问团队的分析研判,调查团对东北海关问题有了深入的了解,对"九一八"事变后东三省与

---

① "Conversation with Premier Cheng Hsiao-hsu of the Manchukuo Government", May 4, 1932, S31 - NO. 2, *League of Nations and United Nations Archives*, Geneva.

② "Record of Conversation with the Manchukuo Minister of Industry MR. Chang Yen Ching", May 6, 1932, S31 - NO. 2, *League of Nations and United Nations Archives*, Geneva.

③ "Special Report NO. 46, The First Seven Months of the Japanese Occupation of Manchuria Submitted by Louis C. Venator, Asst. Trade Commissioner", Apr. 21, 1932, S31 - NO. 1, *League of Nations and United Nations Archives*, Geneva.

西方国家进口贸易额下滑深表担忧。东北海关被侵夺形式上看是伪满洲国下的命令,但日本顾问自始至终作为主角出现,让调查团明眼看出事情的本质。伪满洲国的成立对调查团已构成了不尊重,东北关税被强征作为伪满洲国的财政来源更使调查团对其无好感。

(三) 日方的应对

日方深知中国海关牵涉西方列强利益,也认识到"东北海关"是调查团中国之行绕不开的话题,为此采用了一套应对举措:

1. 强化情报搜集的基础工作。情报搜集是日本在侵略中国过程中的常规举措,因东北海关是调查团关注的重点,日方对此工作进行了强化。调查团1932年3月在上海期间,日方情报系统得知"目前南京方面正在权衡由福本给税务总司传达一个方案"①,日本驻沪外交官意识到总税务司和调查团会有接触,遂电告芳泽,希望政府加以研判并布置在东三省的特务机构统一步调。调查团4月中旬抵达天津时,日方情报系统得知"天津市政府向调查团提供了以下资料:一、日本和东北官员勾结,组织伪政府的证据。二、伪国家和日本之间的借款问题及盐税、关税的扣留情况"②,天津驻屯军将该信息及时电告东京。4月下旬,调查团进入东三省后,英国驻东三省的外交官将了解到的日商逃税走私的事实告知调查团。得知这一情报后,日本领事迅即介入,准备应对之策:"窃闻事件发生后,日本商人大量进口诈称为军需品(免税)之毛毯等其他商品至满洲,其证据已为当地英国总领事馆所掌握,该领事将报告此事给近日来哈尔滨之国联调查团。烦请将上述免税进口货物之理由及声明材料,并

---

① 「重光公使から芳澤外務大臣まで」(1932年3月24日)、JACAR(アジア歴史資料センター)Ref. B02030443500(第96画像目から)、満洲事変(支那兵ノ満鉄柳条溝爆破ニ因ル日、支軍衝突関係)/善後措置関係/国際連盟支那調査員関係 第二巻(外務省外交史料館)。

② 「支那駐屯軍参謀長から参謀次長まで」(1932年4月17日)、JACAR(アジア歴史資料センター)Ref. B02030445000(第448画像目から)、満州事変(支那兵ノ満鉄柳条溝爆破ニ因ル日、支軍衝突関係)/善後措置関係/国際連盟支那調査員関係 第二巻(外務省外交史料館)。

附内情，详细回电告知。"①

1932年6月，结束东三省调查后，调查团回到北平准备《李顿调查团报告书》的起草工作。其间李顿等人同参与国联调查团的日本顾问吉田伊三郎进行了交谈，吉田还试探性地问及南京国民政府是否有关于东北问题的提案。李顿正面回复"中国方面要求必须满足两点：一是不丧失主权；二是关税等由南京国民政府直接统辖"②，日本驻北平外交官第一时间将此情报传递给东京。总之，日方既想伸手控制东北海关，也担心国际关系不利于己，面对调查团的实地调查，希望能周到应对。为提升动态把控局面的能力，日本方面加强了情报搜集工作。

2. 定下暧昧化处理的基调。调查团调查期间，幕后还有一支西方驻中、日两国的外交官队伍为后援，他们积极配合调查团的工作。1932年3月14日，调查团到达上海，就在这一天，英国驻日大使林德利在东京拜访了芳泽，就"满洲国"成立等问题进行了交谈。林德利告诉芳泽，因为英国承认南京国民政府，就不能承认"满洲国"，但由于东北海关问题、治外法权问题较为复杂，想听听芳泽的意见。芳泽回复："满洲国"的成立是东北民众自发的行为，且日本当前也没有考虑和"满洲国"建交。至于东北海关等问题，芳泽说道："海关、治外法权等问题，总而言之因为关系到中国与各国间的条约，我们深信应该在此种考虑下进行处理。"③芳泽的回复含糊其辞，实质是调查团抵达初期日本在东北海关问题上进行暧昧化处理的起步。同一天，日本驻华公使重光葵给外务大臣的电报恰恰也提到了"暧昧化处理"："将与总税务司作暧昧化处理，对

---

① 「長岡領事代理から芳澤外務大臣まで」(1932年4月24日)、JACAR(アジア歴史資料センター)Ref. B02030445600(第54画像目から)満洲事変(支那兵ノ満鉄柳条溝爆破ニ因ル日、支軍衝突関係)/善後措置関係/国際連盟支那調査員関係 第三巻 (外務省外交史料館)。

② 「矢野参事官から齋藤外務大臣まで」(1932年6月23日)、JACAR(アジア歴史資料センター)Ref. B02030448300(第318画像目から)、満洲事変(支那兵ノ満鉄柳条溝爆破ニ因ル日、支軍衝突関係)/善後措置関係/国際連盟支那調査員関係 第四巻 (外務省外交史料館)。

③ 「芳澤外務大臣ヨリ在英澤田代理大使宛」(1932年3月14日)、JACAR(アジア歴史資料センター)Ref. B02030443200(第6画像目から)、満洲事変(支那兵ノ満鉄柳条溝爆破ニ因ル日、支軍衝突関係)/善後措置関係/国際連盟支那調査員関係 第二巻(外務省外交史料館)。

海关的一切命令全部经由海关监督下达较为妥当。"①

调查团初到中国,日本定下这种暧昧化的处理基调是具有双重目标的:其一,考虑日本和西方大国的关系。调查团抵达东亚之际,正是日本扶植伪满洲国成立之时,这对调查团而言是一种不尊重。面对事实,调查团希望日本不要将事态扩大。不扩大事态就需要日本在多方面保持克制,东北海关问题自是其一,因此"暧昧化"是保持克制较为理想的方式之一。其二,日本意欲通过这种暧昧化处理方式使南京国民政府陷入被动。日本外交文件中清晰写道:"关于海关问题的处理,希望对以下几点给予特殊考虑。……若是南京拒绝的话,'新国家'立刻就接收除大连以外的满洲各海关的话并不是上策。应该暂且先只扣押关税,允许海关保持现状。这样的话,南京政府或许会将这些海关封锁起来,那时南京方面就会背上破坏海关组织的指责。"②日方做出上述分析不是空穴来风,因为1931年底南京国民政府在向国际社会表明立场时也提到了封锁海关一事,"中国代表团今日(九日)有正式照会交国联理事会,……如日本干预东三省海关行政事宜,或提用海关税款,则东三省之各海关办事处,将一律封闭。"③

总之,在调查团抵达中国初期,日方定下了暧昧化的处理基调,简单地认为只要代为履行用东北关税偿还担保外债的义务,就不至于触犯西方代表的底线。

3. 以狡辩说辞试图误导调查团。到达东三省后,调查团密集会见了日本军政人员,谈及东北海关问题时,日方刻意狡辩说辞,强调东北海关近期的变动与己无关,且伪满洲国的成立是东三省从乱到治的转折点。1932年5月6日,调查团在长春会见了伪满洲国的总务厅长驹井德三,驹井为迎合调查团,

---

① 「重光公使から芳澤外務大臣まで」(1932年3月24日)、JACAR(アジア歴史資料センター)Ref. B02030443500(第96画像目から)、満洲事変(支那兵ノ満鉄柳条溝爆破ニ因ル日、支軍衝突関係)/善後措置関係/国際連盟支那調査員関係 第二巻(外務省外交史料館)。

② 「重光公使から芳澤外務大臣まで」(1932年3月24日)、JACAR(アジア歴史資料センター)Ref. B02030443500(第96画像目から)、満洲事変(支那兵ノ満鉄柳条溝爆破ニ因ル日、支軍衝突関係)/善後措置関係/国際連盟支那調査員関係 第二巻(外務省外交史料館)。

③ 《国联行政院今日大会,政府训令施肇基坚持删除剿匪,撤兵问题白里安将有公开声明》,《中央日报》1931年12月10日,第3版。

从赫德担任中国海关总税务司谈起,称赞了西方人管理中国海关的成就:"海关是当时中国存在的唯一可靠的行政机构,所有的外国人都相信海关当局发布的报告。海关的大多数雇员是英国人,……很显然,可以通过良好的外国策略补足中国人的短处,海关制度确实说明这是有可能的。而且我发现,那种想法——如海关一例所显示,可以对中国某些行政机构实行改革——我觉得可能适用于行政的其他面向。"①驹井紧接着进行逻辑切换,分析中国的政治如同海关一样,没有外国人的干预就不能实现统一。日本驻长春领事田代在给芳泽的电文中,细致汇报了驹井与调查团的这次交谈:"中国之关税制度,乃因外国人之干预而得以存在之唯一完整之行政机构。中国之政治缺陷,非有强力之支援不能去除也。满洲亦是在此信念之下得以立国者,盖满洲之立国,非有外人对行政机关之广泛干预与适当指导、援助而不能建立完全独立之国家也。"②日方之诡辩可见一斑。

日方起初定下的暧昧化处理基调仅是停留在"守"的层面,调查团进入东北后,日方又采取了一套"攻"的战术,在谈及"中国海关没有外国干预就没有今天的发展成就"后,话锋一转提出"中国任何一个领域没有外力控制就会混乱",进而得出日本支持"满洲国"是正义的结论。伪满洲国的成立是调查团不愿看到的,日方在谈及海关时又拿伪满洲国议题来加持,让调查团看到了日本在东北海关和伪满洲国问题上的一体化立场。

4. 让伪满洲国出面分步骤控制东北海关。日本当局在东三省没有像控制盐税和盐务行政那样快速出手,而是先期定下暧昧化的处理基调,让伪满洲国政府派员进驻海关,时机成熟后再一举控制关税和海关行政。1932年2月27日,伪满洲国临时政府成立后,第一时间通知东北各海关监督及税务司照常工作,并向牛庄、安东、龙井村等海关各派出日方海关顾问一名。从3月到6月初,日本顾问并没有过多插手海关行政,但到了6月中旬,形势发生了变化,伪满洲国财政部命令中国银行不得将关税汇寄上海,且派警察到中国银行

---

① "Conversation with Mr. Komai, Secretary General of the ManChuKuo Government", May 6, 1932, S31-NO.2, *League of Nations and United Nations Archives*, Geneva.

② 「田代領事から芳澤外務大臣まで」(1932年5月7日)、JACAR(アジア歴史資料センター)Ref. B02030445900(第149画像目から)満洲事変(支那兵ノ満鉄柳条溝爆破ニ因ル日、支軍衝突関係)/善後措置関係/国際連盟支那調査員関係 第三巻(外務省外交史料館)。

六、李顿调查团对东北海关的聚焦与日本的应对　137

通知经理交出关税。6月底,伪满洲国在东北各海关开启驱逐行动,海关税务司和行政人员被迫离开。这时,仍有两地属于例外:一个是瑷珲海关,因为此地未被伪满洲国控制;一个是大连海关,大连为日本租借地,海关税务司是日本人,虽是由驻上海的总税务司任命,但变局面前,他选择站在了日方一边,梅乐和遂于6月24日将其免职。然而,三天后伪满洲国对其进行了重新任命。对此,日本当局同样对外声称这一事件是伪满洲国的行为,"其症结乃在一方面之'满洲国'及另一方面之中国政府与其大连关税务司而已"①。

从进程来看,日本对东北海关的侵夺发生在伪满洲国成立之后,先是分步骤控制关税,再一举控制海关行政,至1932年6月底,彻底破坏了中国海关的统一。日方自始至终都摆出"东北海关运行被改变的现实与己无关"的姿态,实际上内心是充满顾虑的,从日本驻华外交官给外务大臣的汇报可见一斑,"六月三十日早,除高级中国海关人员外,现场其他低级人员几乎全部回国。虽多少有些担心,但在执行业务方面可完全避免事故"②。

调查团在华期间,日方认识到东北海关问题难以回避,为了不激化与西方国家的矛盾,其在侵夺东北海关过程中也注意国际观瞻。为此,在强化情报工作的基础上,先是定下了暧昧化的处理基调,后以狡辩说辞试图误导调查团,攻守结合,希冀通过周到的应对获得调查团的理解。但其努力终归无效,因为中国海关统一性遭破坏以及西方国家与东三省贸易额直线下滑等现实都是调查团不愿见到的,日方的行动触犯了调查团及背后西方国家的底线。

小　结

国际联盟在调查团出发前曾指示:对于中日双方的军政行动调查团无干涉之权,但可就关注的重要问题放手调查,"以决定何项问题应报告于理事会,如认为适宜时,并得缮具临时报告"③。调查团完成调查回到北平准备起草

---

①　橘秀一编辑:《调查团报告书》,第113页。
②　「山岡関東長官から齋藤外務大臣まで」(1932年6月30日)、JACAR(アジア歴史資料センター)Ref. B02030448400(第378画像目から)、満洲事変(支那兵ノ満鉄柳条溝爆破ニ因ル日、支軍衝突関係)/善後措置関係/国際連盟支那調査員関係 第四巻(外務省外交史料館)。
③　橘秀一编辑:《李顿调查团报告书》,第4页。

《李顿调查团报告书》期间，虽认识到不能干涉日方的行动，但还是给日方以善意的提醒，希望其在东北海关问题上不要过激。1932 年 6 月 28 日，李顿和吉田伊三郎进行了交谈，提及西方国家对日本在东北海关问题上的冒进之举是不满的，吉田进行了回应。李顿的讲话内容由日本驻北平领事馆的参事矢野发给日本外务大臣，即："《九国公约》的缔约国有尊重中国的统一及领土行政之完整，而且不参与分裂中国之义务。依据该公约的第七条，日本承认'满洲国'，必须与有关缔约国交涉，英国政府也是持同样的见解。现在，针对中国的关税问题，美国正在与他国进行协议，英国政府也采纳相同的方式。而日本却与这些见解不同，在未经与他国交换意见之前就对（'满洲国'）予以承认，并将调查团意见置之不理。"①

从李顿的讲话可见，日方对调查团的建议是"置之不理"的。面对"见解不同"的日本当局，调查团固然没有权力进行实质干预，但有权将其行径写入报告书。1932 年 9 月初，《李顿调查团报告书》撰写完毕，10 月初对外公布，共分十章内容。其中，第六章内容的标题是"满洲国"，重点介绍了"满洲国"产生的历程、"满洲国"政府的概况以及满洲居民的态度。在介绍"满洲国"政府概况时，拿出较长篇幅陈述了东北海关被侵夺的过程，明确记述实施这一行动的是日本扶植的"满洲国"政府，且"一般中国人对'满洲国'政府均不赞助，此所谓'满洲国'政府者在当地中国人心目中直是日人之工具而已"②。如此表述颠覆了日本关于"'满洲国'的成立是民众自发行为"的论调。将东北海关问题和伪满洲国问题放在一起陈述，体现了调查团在内容设计上的深思熟虑。在此问题上，调查团做出的结论真实客观，符合了中国的期望，也体现了中国政府在东北海关问题上对调查团进行议题强化的前瞻性。

《李顿调查团报告书》公布后，中国政府对《报告书》前八章指出日本侵略的事实大体是满意的，对东北由国际共管的建议是不接受的。日本政府对《报告书》两部分内容均持否定态度，尤其提出"报告书关于日本政府的记述中，推测'满洲国'一切政治以及行政权力握在日本官员及顾问的手中，是全然没有

---

① 「矢野参事官から齋藤外務大臣まで」(1932 年 6 月 28 日)、JACAR(アジア歴史資料センター)Ref. B02030448400(第 359 画像目から)、満洲事変(支那兵ノ満鉄柳条溝爆破ニ因ル日、支軍衝突関係)/善後措置関係/国際連盟支那調査員関係 第四卷(外務省外交史料館)。

② 橘秀一编辑:《李顿调查团报告书》，第 120 页。

理由的,这些官员与东京政府之间意见并不一致。……相信这些诽谤能够引起国际联盟的注意"①。

中日两国近代以来都受到西方列强的入侵,遭遇了同样的命运。但是通过明治维新,日本实现了崛起。崛起后的日本不仅侵略中国,更意欲在亚洲太平洋地区攫取全局利益和主导权力,一战前后表现得格外明显,这令持"门户开放"政策的西方大国深表担忧。为此,在华盛顿会议上,列强协商制定了《九国公约》,内有"尊重中国之主权与独立,及领土与行政之完整"之规定,这是对日本在亚洲太平洋地区攫取霸权的限制。但"看不见世界大势"的日本,依旧在东亚挑战这一世界秩序,先在中国东北发动"九一八"事变,继而在上海挑起"一·二八"事变,调查团抵达中国前又扶植了一个伪满洲国,调查团调查期间再一举破坏了中国海关的统一。上述行径与一战后国际社会就东亚秩序定下的条约精神背道而驰,一再触及西方大国的底线。虽然日本政府对《李顿调查团报告书》深表不满,在此后的国联大会上狡辩反驳,但国联大会在审议中采纳了《报告书》的整体内容。强辩无效后,日本于1933年退出国联,以激进的方式自绝于国际社会,并加速侵略中国。从后续历史来看,日本退出国联的影响是深远的,其不仅全面走向了法西斯道路,对国际秩序的挑战最终也归于失败。二战结束后,日本受到了国际社会的惩处,自食了战败的苦果。*

---

① 「国際連盟支那調査委員会報告書ニ対スル帝国政府意見書」、日本外務省編『日本外交文書:満州事変』別巻、外務省、1981年、第291—360頁。

* 本部分的主体内容发表于《安徽史学》2022年第3期,题为"九一八事变后国际联盟对东北海关的聚焦与日本的应对——以李顿调查团为视角的考察",收入本书时做了修改和补充。

七、李顿调查团与西方记者密访马占山风波

"九一八"事变的第二天，即1931年9月19日，驻日公使蒋作宾代表中国政府向日本提出严重抗议，出席国际联盟会议的中国代表施肇基也将此事报告给国联，并分别向《非战公约》各签字国发出通告，请求国联"主持公道"。9月21日，中国代表又向国联秘书长提交照会，请求国联"立即采取办法，使危害国际和平之局势不致扩大"①。9月22日，国联理事会召开会议，决定采纳英国代表的意见，以理事会会议主席的名义，劝告中日双方"务须避免一切足以使事变扩大或足以妨碍和平解决之行为"，并声明将由主席"与中日两国代表，协商一种确实办法，使两国立即撤兵"②，还决定由理事会会议主席西班牙代表勒鲁斯和英、法、德、意代表组成五国委员会处理"九一八"事变一案。9月23日，五国委员会建议向现地派遣观察员，调查事变的实际情况，并邀请美国派代表参加。

9月30日，国联理事会会议主席提出解决"九一八"事变的决议草案，要求日本政府"从速将军队撤退到铁路附属地以内，并希望在最短时间内完成"，"中国地方官宪及警察权力恢复时，当负责保护铁路区域以外的日本臣民的生命财产安全"，同时呼吁中日两国"采取一切措施，从速履行和完成上述保证"③。

就在国民政府竭力与国联交涉之际，日本关东军驱使汉奸张海鹏向黑龙江省城齐齐哈尔进犯，日本的侵略战火已经燃烧到北部边境。在此背景下，10

---

① 《由一八七一年同治订约至一九三一年九一八事变》，王芸生编著：《六十年来中国与日本·第8卷》，北京：生活·读书·新知三联书店，2005年，第241—243页。

② 吉林省档案馆编：《东北沦陷十四年史档案史料丛编·九一八事变》，北京：档案出版社，1991年，第436页。

③ 「国際連盟理事会における審議状況ならびに各国との交渉」、日本外務省編『日本外交文書：満洲事変』第1巻第3冊、209頁。

月 22 日，国联理事会主席白里安提出日本限期撤兵的议决案，要求"日本政府立即开始将军队撤至铁路区域以内，在规定之下次开会日期（11 月 16 日）以前完全撤退"；"中国政府接收日军撤退地域后，履行保护各该地的日侨生命财产安全的保证"；"撤兵完成后，中日两国政府开始直接交涉两国间之悬案"①。然而，日本政府拒不执行撤兵议决案，忽而提出"修正案"，忽而执意要求"日中直接谈判"，否则"日本绝对不能明示撤兵期限"②。

11 月初，日本关东军主力进犯齐齐哈尔，黑龙江省代理主席兼军事总指挥马占山率领军民打响了震惊中外的江桥之战。半个月后，齐齐哈尔失陷，再一次引起国际轰动。

（一）被监控的调查团

鉴于日本侵略扩张的锋芒越发显露，国联各大国出于自身利益的考虑，提出派遣调查团的折中方案。尽管中国代表一再坚持先撤兵再调查，国联理事会仍于 1931 年 12 月 10 日通过了派遣调查团的议决案。1932 年 2 月 29 日，调查团到达日本，先后会见了天皇、犬养毅首相、芳泽外相、荒木陆相、大角海相以及社会各界代表。自然，他们从这些人口中获得的完全是日本强词夺理、颠倒黑白的论调，诸如"中国排日""保护邦民""保卫生命线""自卫手段"之类。

为了抢在国联调查团进入东北之前把水搅浑，造成既成事实，1932 年初，日本关东军高级参谋、"九一八"事变的直接策划者板垣征四郎串通日本驻上海公使馆武官田中隆吉、汉奸川岛芳子和一批日本浪人，寻衅滋事，自编自导，在上海挑起了"一·二八"事变。

就在世界目光一时转向上海之际，关东军于 1932 年 3 月 9 日抬出清逊帝溥仪，匆忙宣布成立伪满洲国。3 月 14 日，待淞沪抗战结束，调查团才前往上海和南京，先后会见了国民政府要员林森、蒋介石、汪精卫、宋子文、罗文干、陈铭枢、朱家骅等人及各界代表。随后，调查团又去了汉口、重庆、济南、天津等

---

① 秦孝仪主编：《中华民国重要史料初编——对日抗战时期·第七编·战后中国（一）》，台北：中国国民党中央委员会党史委员会，1981 年，第 328、329 页。
② 「国際連盟理事会における審議状況ならびに各国との交渉」，日本外務省編『日本外交文書：満洲事変』第 1 巻第 3 冊、408 頁。

地。4月9日,调查团抵达北平,会见了张学良和东北军政要员,听取汇报后于4月21日进入沈阳。

为了禁锢调查团与东北抗日武装及爱国民众接触,关东军事先制定了一份《对联盟调查员准备案》,指令各日伪机关、警宪部门"尽可能阻止不良中国人入满,防止其接近调查员";"严格控制对外通信";"通过宾馆博役监视外国人及中国人接近调查员,获取情报"①。

按照关东军的指令,日伪军、警、宪、特便衣出动,密布宾馆、酒店以及调查团可能活动的所有区域,以领班、店员、夫役、清扫员等身份布控,时刻对调查员进行严密监控。1932年10月,李顿受伦敦广播局邀请,做了一次《在"满洲国"的经历》的讲演,其中提到,在当地"受到严密的监视,满洲各地的旅馆布满日本的侦探,调查团所到之处都有他们随行"②。在哈尔滨,早在调查团进入一个月前,日伪军、警、宪、特就逮捕了大批对伪满洲国怀有"敌意"或有"嫌疑之虞"者,其中包括1 361名中国人、苏联人及朝鲜人,另有9名日本人③。调查团抵达哈尔滨当天,一名金姓朝鲜人试图冲破警戒向调查委员呈递文书,被警察阻止抓获,并对其严刑逼供,两天后将这名朝鲜人枪杀④。在调查团下榻的马迭尔宾馆,"委员们住宿的邻近房间,由苏联人或日本人政治警察装扮成普通房客入住,另有3名便衣警察化装成领班,其他同伙装扮成杂役、房间清扫员等……许多便衣警察在食堂、图书室以及宾馆的各处转来转去"⑤,一旦发现可疑者立即逮捕,甚至连在宾馆周边散步、游逛的人也不放过,其间至少

---

① NHK"ドキュメント昭和"取材班編『十字架上の日本:国際連盟との訣別』、角川書店、1987年、112—113頁。

② 「十月十三日倫敦放送局ヨリ國際講座時間ニ『滿洲國ニ於ケル經驗』ト題シテ『リットン』卿ノ為シタル講演要旨」、JACAR(アジア歴史資料センター)Ref. B02030450200(第483画像目から)満洲事変(支那兵ノ満鉄柳条溝爆破ニ因ル日、支軍衝突関係)/善後措置関係/国際連盟支那調査員関係 第五巻(外務省外交史料館)。

③ アムレトーウエスパ「リットン調査団を欺く関東軍」、猪瀬直樹監修『目撃者が語る昭和史』第三巻『満洲事変』、新人物往来社、1989年、130—131頁。

④ アムレトーウエスパ「リットン調査団を欺く関東軍」、猪瀬直樹監修『目撃者が語る昭和史』第三巻『満洲事変』、新人物往来社、1989年、134—136頁。

⑤ アムレトーウエスパ「リットン調査団を欺く関東軍」、猪瀬直樹監修『目撃者が語る昭和史』第三巻『満洲事変』、新人物往来社、1989年、130頁。內中的"政治警察"当指宪兵。

有 150 名中国人及 50 名俄国人被逮捕①。另针对每一位调查委员，日伪分别部署 4 名便衣警察实施跟踪监控，这些便衣警察随时"监视委员的动态，记录委员的所有行动，记录主动或被动与委员交谈者的姓名，总之一直紧随其身边"②。

中方参与调查委员顾维钧及其随员的活动更是受到严格限制，包括顾维钧发给国民政府的密码电报也被截获或扣押，其中一份被扣押的电文真实地展现了顾维钧等人的处境："我们在沈阳受到日本警察的监视，来拜访我们的人被逮捕……到了长春后监视更加严厉，外出时便衣警察强行与我们同车，车后有摩托车紧随，如同'护送'一般。在宾馆房间会见外国人传教士时，突然有五六名警察闯了进来，查询客人的姓名和来意，恰好李顿的秘书阿斯达（W. W. Astor）进来，气愤地指责警察的无理。"③

后来顾维钧在青岛会见当地记者时也披露："本人与调查团一行赴东北之时，日本借口保护，实行严重的监视，调查团一举手一投足的自由都被束缚。本来，我的初衷是与我亲爱的同胞们面谈，了解实况，但与我会面的同胞第二天就被逮捕，结果我的初衷无法实现。"④

就在调查团抵达哈尔滨前，马占山出走省城返回黑河，再揭抗日义旗。为了直接与反满抗日武装接触，5 月 14 日，李顿向伪满外交部总务司长大桥忠一递交一封信，表示："我们已明确说过，准备赴黑河采访在北部揭扬中国政府旗帜的马占山将军，日本方面明确表示不希望我们与马占山会面，他们希望我们早一天离开哈尔滨，不要去'鼓励'背叛者。可是，我们正是要会见马占山才

---

① アムレトーウエスパ「リットン調査団を欺く関東軍」、猪瀬直樹監修『目撃者が語る昭和史』第三巻『満洲事変』、新人物往来社、1989 年、140 頁。

② アムレトーウエスパ「リットン調査団を欺く関東軍」、猪瀬直樹監修『目撃者が語る昭和史』第三巻『満洲事変』、新人物往来社、1989 年、136 頁。

③ NHK"ドキュメント昭和"取材班編『十字架上の日本：国際連盟との訣別』、角川書店、1987 年、120—121 頁。

④ 「日本駐青島総領事川越から斎藤外務大臣まで」(1932 年 6 月 11 日)、JACAR（アジア歴史資料センター）Ref. B02030447800(第 137 画像目から)、満洲事変(支那兵ノ満鉄柳条溝爆破ニ因ル日、支軍衝突関係)/善後措置関係/国際連盟支那調査員関係 第四巻 (外務省外交史料館)。

来到这里的,哈尔滨是个收集情报的很好的地方,请允许我们不久就能够成行。"①然而,李顿调查团的正当要求却遭到日伪当局的无理阻拦。无奈,李顿调查团又向苏联外交机关提出入苏签证要求,计划通过苏境进入与黑河一江之隔的布拉戈维申斯克,赴黑河与马占山晤面。5月19日,伪满外交总长谢介石致李顿调查团一份警告电文,态度十分强硬:"贵团之来满,大有影响敝国之治安者,业经我代表向贵团哈斯秘书长郑重声明,然近来哈尔滨及呼海路沿线匪贼猖獗,可以视为因贵团欲与马占山会见而发生也……特向阁下忠告,如阁下不顾敝国之所感而采取自由行动,则敝国为维持治安起见,当采取相当之处置。"②对此,李顿调查团并没有据理力争,态度表现温和,还递交大桥忠一一份备忘录,内称:"我们为什么要会见马占山呢? 我们想在此表明真意,关于满洲的现状,有各种各样的主张,我们认为,还不是下结论的阶段,我们考虑要倾听各个方面的意见,所以,就像会见'满洲国'政府的首脑一样,也希望给马占山将军发言的机会,这一点请勿误会。"③

就在谢介石发出强硬警告电文后,苏联方面也通知调查团,入苏的签证被拒签,理由是苏联方面保持"局外中立"。不仅如此,苏联政府还通知驻哈尔滨苏联领事馆"禁止向调查团提供情报"④。这样,李顿调查团准备赴黑河面见马占山的初衷不仅落空,连全团去齐齐哈尔的打算也被拒绝,李顿只好率多数成员返回沈阳。调查团秘书长哈斯曾感叹:"'满洲国'反对我们会见马占山,不久我们就要返回沈阳","我们身边到处都是日本派来的俄国警察,交谈非常不方便。"⑤

尽管日伪当局采取各种手段严密监控调查团与东北民众接触,但还是有

---

① NHK"ドキュメント昭和"取材班編『十字架上の日本:国際連盟との訣別』、角川書店、1987年、133頁。

② NHK"ドキュメント昭和"取材班編『十字架上の日本:国際連盟との訣別』、角川書店、1987年、135頁。

③ NHK"ドキュメント昭和"取材班編『十字架上の日本:国際連盟との訣別』、角川書店、1987年、135頁。

④ NHK"ドキュメント昭和"取材班編『十字架上の日本:国際連盟との訣別』、角川書店、1987年、135頁。

⑤ August R. Lindt, *Im Sattel durch Mandschukuo: Als Sonderberichterstatter bei Generälen und Räubern*, Leipzig: F. A. Brockhaus, 1934. 该文献为德文,由刘锐女士协助翻译了文中所用部分德文资料(未刊),在此表示衷心感谢。

许多爱国人士冒着生命危险,通过各种渠道,直接把揭露日本炮制伪满洲国阴谋和罪行的材料递交给调查团,或者把东北民众坚决不承认伪满洲国的信件寄给调查团。据载,调查团在东北期间收到的中文信件就达1 550封,其中除两封信件外,全是揭露日本阴谋或不承认伪满洲国的信件[①]。沈阳爱国人士刘仲明、张查理、李宝实、毕天民、巩天民等人,秘密搜集日本侵略东北的大量材料,通过英国朋友传递给调查团,事后他们遭到日伪当局的逮捕、拘押和迫害。

黑龙江省有两名知识分子冒着风险,向顾维钧邮寄一封表达东北民众热盼当局出师抗日的信件,信件署名滨江县北鲁补习学社社长张连全与东省特别区第三小学校教员宋连元,信件称:"暴日侵占东北已八阅月,东省人民处此水深火热之中,欲求振拔自救,誓必抵抗到底……望建议中央政府及北平张绥靖主任一面出师讨贼,一面充分接济东省民众,使财政与武器不感困难,以作长期奋斗……氏等滥竽学界,稍知爱国,自事变后不敢一日安枕,刻对调查团已多有所陈诉,唯日人严重监视未能面见,不知先生还有指导事项否,或对马占山主席及李杜、丁超两司令有无何等意见,氏等均能为之传达报告。"[②]遗憾的是,这封信函并没有呈交到顾维钧手中,而是被日本特务机关扣留,直至战后才在日本的出版物中出现。

（二）西方记者密访马占山

日本侵略中国东北的"九一八"事变爆发后,引起西方媒体的强烈关注,尤其是马占山率领江省军民打响抗击日本入侵的江桥之战后,更引起世界舆论的关注,纷纷选派记者前往东北采访,瑞士记者林特(August R. Lindt)[③]就是

[①] 顾维钧:《顾维钧回忆录（第一分册）》,中国社会科学院近代史研究所译,北京:中华书局,1983年,第430页。

[②] NHK"ドキュメント昭和"取材班编『十字架上の日本:国際連盟との訣別』、角川書店、1987年、137頁。文中句读为笔者所加。

[③] 奥古斯特·林特(August R. Lindt, 1905—2000),瑞士著名外交官、新闻记者和法学博士。1932年担任瑞士《巴塞尔消息》驻中国东北的德、英文报社特派记者。二战后,先后担任瑞士驻美国、苏联、印度和尼泊尔等国大使、UNICEF(联合国儿童基金会)执行委员会主席、联合国观察员、联合国难民委员等职务。

其中的一位。1932年4月中旬,经日本驻瑞士大使介绍,林特以瑞士《巴塞尔消息》特派记者的身份到达哈尔滨,入住哈尔滨中央大街马迭尔旅馆。他在旅馆里听到了一些马占山的故事,因此对马产生了强烈的兴趣。而此时又有一名美联社记者斯蒂尔(Archilbald Trojan Steele)[①]入住马迭尔旅馆,共同的新闻敏感性以及马占山的吸引力和影响力使两个人进行合作。

5月9日,国联调查团到达哈尔滨后也入住马迭尔旅馆,两个人的消息来源更加广泛,同时得知日伪当局拒绝调查团采访马占山的要求,于是决心秘密去北方寻找马占山及其队伍,把中国军人抗日第一线的消息传达给全世界。

此前,在获知李顿调查团即将到达哈尔滨的消息后,马占山当即派出两名密使分别前往哈尔滨和齐齐哈尔,指示他们秘密会晤李顿调查团,递交马占山的亲笔信,并邀请调查团前往黑河晤面。不料,派往齐齐哈尔的密使王子馨(廷兰)落入日本特务机关的手中,马占山呈给调查团的有关信件、文书等被搜出,王本人也惨死在日本特务机关的酷刑之下。

派往哈尔滨的密使姜松年潜入哈尔滨后,几经风险,终于在5月14日(李顿调查团到达哈埠的第5天),在美国驻哈尔滨领事馆会见了调查委员之一的美国人麦考益以及调查团法律顾问、大学教授杨格(C. Walter Young)博士。当天,麦考益与杨格避开日本人的监视,悄悄离开马迭尔旅馆,乘车前往美国驻哈尔滨领事馆,在那里与姜松年晤面,听取了姜的有关陈述。其间,除了接受马占山呈交的一部分资料外,姜还向二人解释了马占山一度降日的苦衷:"因为没有同日军对抗的实力,为了建立强有力的军队,时间和资金都是需要的,日本给了我们各种装备和资金,所以能够装备起10万人的军队,我们没有从苏联和中国政府获得任何援助,只是从北京张学良那里得到援助的承诺。"据杨格回忆:"第二天,(日伪方面)对我们的监视明显地加强了,屋子被检查,未经允许禁止会见任何人,此前(会见姜之前——引者)与外国传教士见面还比较自由,这以后连见他们也困难了。也许,日本方面一定觉察到我们同马占山的使者见了面"[②]。

[①] 斯蒂尔(Archilbald Trojan Steele,1903—1992),先后为美联社、《纽约时报》《芝加哥每日新闻》及《纽约先驱论坛报》记者,曾三次到访东北、两次到延安,与毛泽东的谈话收录在《毛泽东选集(第四卷)》中,1978年采访过邓小平。

[②] NHK"ドキュメント昭和"取材班編『十字架上の日本:国際連盟との訣別』、角川書店、1987年、132—133頁。

七、李顿调查团与西方记者密访马占山风波

为了北上寻访马占山,林特、斯蒂尔进行了精心准备,首先是在哈尔滨找到一位韩姓懂英文的中学教师,还设法弄到一部分中文《圣经》,把自己打扮成传教士。行前还把手表和贵重物品托付给旅馆的朋友,并对一直"陪同"的日本人谎称去中东铁路沿途采访等。为防止意外,斯蒂尔还特意将出行的意图告知美国驻哈尔滨领事汉森。5月26日,在调查团离开哈尔滨后,两个人悄悄乘火车离开哈尔滨,两个多小时后在对青山车站下车,然后沿着铁路前行,遇见一支中国驻军,遂在部队驻地留住一宿。第二天,他们继续前行,到达了兰西县。"会讲英语的兰西县县长接见了我们……县长很高兴地说:'有记者来采访,很好'……县长为我们找了两匹上好的蒙古马,第三天出发时又派了5位军人护送我们到绥化"①。直到第七天,在沿途军人和百姓的护送下,两名记者终于在海伦县西乡三门谢家村见到了马占山。据林特记载:

> 马将军正式地接见了我们,接受了我们的采访。马将军个子矮小,穿着黑蓝色的长裤,黑色的丝绸衬衣,黑色的皮凉鞋……军衣领上有三颗金星,圆圆的光头,脸被太阳晒得黝黑,脸上的皱纹很深,他的手却像是一位从事创作诗文的文人……他的问候语很简单,像一位富有、朴实的农民……马将军说,日本发动"九一八"事变时,我只是镇守黑河的一位普通的旅长,日本军队占领沈阳、吉林后,当时的黑龙江省长万福麟跑到北京,于是,东北的军事统帅张学良任命我为黑龙江省的军政首脑。我到齐齐哈尔就任后,打电报给张学良,说"如果日本军队进攻黑龙江,我要进行反击,即使您不赞同,我也要战斗"。日本派人与我谈判,如果我不反击他们,日本给我十万块银元,我没有答应日本人提出的条件。日本军队就迅速向齐齐哈尔发起了进攻,全国人民都很震惊,从日本侵略中国东北开始,中国军队一直没有进行抵抗,只有我一人在齐齐哈尔敢进行抵抗,使日本军队占不了嫩江、齐齐哈尔。本来这场战役在军事上不重要,我想在中国人民心里产生巨大的震撼作用,让中国人看到抵抗日本军队的侵略

---

① August R. Lindt, *Im Sattel durch Mandschukuo: Als Sonderberichterstatter bei Generälen und Räubern*, Leipzig: F. A. Brockhaus, 1934. 刘锐译(未刊)。

是可能的。之后，全东北的人民都开始抵抗日本军队的侵略了①。

第二天，记者随同马占山的部队一起行军，马占山还赠送二人皮质马鞍。一路上双方没有交谈，只是到了晚上宿营时，记者才与马占山第二次交谈。马占山表示，最大的困难是"武器和弹药，我的士兵使用的枪各式各样，现在的子弹不是全能用的，只有一部分能用。没有子弹没关系，我们就用长矛、枪上的刺刀，什么武器都没有，我们还有拳头"。对于记者"能否战胜日本人"的提问，马占山表示："现在还不知道，我想我们会成功的。如果我战死了，我的儿子、孙子会继续战斗，他们一定会把日本人赶出中国。"②

两名记者与马占山接触了三天，"马将自己的身世、日寇一手制造伪满洲国的详细情况、自己的反正经过和继续抗日的决心，与斯蒂尔和林特谈了三天，希望他们突破日寇的新闻封锁，把自己坚决抗日的声音，传达给国联和传向全世界"③。

李顿调查团离开哈尔滨一周后，日本外务省突然接到驻哈尔滨领事馆代理总领事长冈的报告，内称："5月27日左右，瑞士记者林特声称为视察战况，从东支西部线车站骑马北行而失去音信（是单人还是有中国人向导不详），鉴于内地的不安状态，应注意其安否。"④这一消息引起日伪当局的震惊和不安，他们立即加紧刺探马占山及其所属部队的情报，并截获了马占山发给北平万福麟的电报，电报内容是："调查团派来新闻记者林特和斯蒂尔，已向其提供了

---

① August R. Lindt, *Im Sattel durch Mandschukuo: Als Sonderberichterstatter bei Generälen und Räubern*, Leipzig: F. A. Brockhaus, 1934. 刘锐译（未刊）。

② August R. Lindt, *Im Sattel durch Mandschukuo: Als Sonderberichterstatter bei Generälen und Räubern*, Leipzig: F. A. Brockhaus, 1934. 刘锐译（未刊）。

③ 王平鲁：《秘密采访马占山将军的美国记者斯蒂尔》，黑龙江省社会科学院、东北地区中日关系史研究会编：《东北沦陷与东北抗战研究——纪念抗日战争胜利七十周年》，哈尔滨：黑龙江人民出版社，2017年，第118页。

④ 「長岡代理総領事から斎藤外務大臣まで」(1932年6月3日)、JACAR(アジア歴史資料センター)Ref. B02030447400(第34画像目から)、満洲事変(支那兵ノ満鉄柳条溝爆破ニ因ル日、支軍衝突関係)/善後措置関係/国際連盟支那調査員関係 第四巻 (外務省外交史料館)。

必要的资料。由此，两记者与调查团的关系是清楚的。"①关东军这才断定，两名记者确实见了马占山。

6月13日，驻哈尔滨日本代理总领事长冈再次致电斋藤外务大臣，报告："林特与斯蒂尔途中在反吉林军的保护下北行，在海伦西北一个偏僻小村与马（占山）会面，三日间（马）提供该人各种情报，马如同历来声明的那样，宣传反日反满，表示……直至中国对日宣战之前，坚持在满洲对日抗争。"电文还称："林特表示与马占山会见，仅凭新闻记者的好奇心，与国联调查团没有任何关系，但鉴于其人敢于冒着当时的危险状态前行，尚存有极大的疑问。"②

战后，日本NHK取材班访问了健在的林特，据林特回忆，在李顿调查团离开哈尔滨后，趁日本当局放松警戒，他与美国《纽约时报》记者斯蒂尔，在一名懂英语的中国人陪同下，悄悄离开哈尔滨，两人装扮成传教士骑马北进，至于到何处能见到马占山一无所知。三人骑马在原野中行进，有时会出现中国士兵盘问，回答是"会见马占山"，士兵就告知"向北"，他们走了大约一周，在一个村庄（据马占山卫队长杜海山回忆，这个村庄位于海伦县，名三门谢家），一位农民打扮的人出现在面前，此人说："我就是马占山。"③这以后，二人对马占山进行了几天的采访，了解到大量在哈无法得到的信息，特别是马占山率领黑龙江军民英勇抗击日本侵略者的实际情况，以及东北人民坚决不承认伪满洲国，绝不做亡国奴的严正态度。

林特等二人返回哈尔滨后立即遭到日伪军警机关的迫害。6月15日晚8时，伪北满特区警察管理署照会代理瑞士领事业务的法国领事馆，要求林特随时到警察署听候讯问。当日深夜，警察突然搜查林特在旅馆的房间，"发现瑞

---

① 「長岡代理総領事から斎藤外務大臣まで」(1932年6月15日)、JACAR(アジア歴史資料センター)Ref. B02030448000(第208画像目から)、満洲事変(支那兵ノ満鉄柳条溝爆破ニ因ル日、支軍衝突関係)/善後措置関係/国際連盟支那調査員関係 第四巻 (外務省外交史料館)。

② 「長岡代理総領事から斎藤外務大臣まで」(1932年6月13日)、JACAR(アジア歴史資料センター)Ref. B02030447900(第173画像目から)、満洲事変(支那兵ノ満鉄柳条溝爆破ニ因ル日、支軍衝突関係)/善後措置関係/国際連盟支那調査員関係 第四巻 (外務省外交史料館)。内中"反吉林军"指与汉奸熙洽分庭抗礼，抵御日本侵略者的李杜、丁超等抗日武装。

③ 这里的细节与前述略有区别，据林特后来撰写的 *Im Sattel durch Mandschukuo：Als Sonderberichterstatter bei Generälen und Räubern* 一书记载，马占山穿着军服。

士公使致张学良的介绍信,以及二三件其他重要物证"。日伪军警机关同时还照会美国总领事馆,要求引渡调查斯蒂尔,"眼下,斯蒂尔逃避进美国领事馆内确实""两记者从马占山处获取的材料必定用什么办法传递到调查团手中,此乃对'满洲国'的反叛行动,对维持新国家秩序有留下重大祸根之虞"①。"过10时,警察方面变更为逮捕的形式,对林特进行调查取证""取证于16日凌晨2时结束",同时派出"三名俄籍警官到旅馆……进行了三四十分钟的居室搜查,没收了部分通信资料"②。

与日伪当局的拘留审查相呼应,哈尔滨的日本报纸刊文称,"攻击美国领事馆庇护斯蒂尔,斯蒂尔收集反'满洲国'的新闻记事,有间谍之嫌疑,应将其驱逐出境"云云③。伪满外交部总务司长大桥则宣称:"'满洲国'对林特从马占山处获得的资料,或者交付给调查团之举动,绝不能忽视,所有资料必须全部呈交给'满洲国',也不准对此进行新闻报道。"同时,大桥还以伪满外交部的名义向美国驻哈尔滨总领事提出严重交涉④。

据林特回忆,"回到哈尔滨后,日本警察马上来到我的旅馆房间,拿走了我所有的采访资料,把我带上汽车押到警察局。日本警察问我,'是不是间谍?是不是张学良派我到马占山那里去的?'在法国驻哈尔滨领事的帮助下,深夜两点钟才让我离开警察局。法国领事要求日本当局交还我的全部采访资料,

---

① 「長岡代理総領事から斎藤外務大臣まで」(1932年6月16日)、JACAR(アジア歴史資料センター)Ref. B02030448000(第219画像目から)、満洲事変(支那兵ノ満鉄柳条溝爆破ニ因ル日、支軍衝突関係)/善後措置関係/国際連盟支那調査員関係 第四巻 (外務省外交史料館)。

② 「長岡代理総領事から斎藤外務大臣まで」(1932年6月21日)、JACAR(アジア歴史資料センター)Ref. B02030448200(第294画像目から)、満洲事変(支那兵ノ満鉄柳条溝爆破ニ因ル日、支軍衝突関係)/善後措置関係/国際連盟支那調査員関係 第四巻 (外務省外交史料館)。

③ 「上海総領事館守屋書記官から斎藤外務大臣まで」(1932年6月18日)、JACAR(アジア歴史資料センター)Ref. B02030448100(第250画像目から)、満洲事変(支那兵ノ満鉄柳条溝爆破ニ因ル日、支軍衝突関係)/善後措置関係/国際連盟支那調査員関係 第四巻 (外務省外交史料館)。

④ 「日本駐長春代理領事田中から斎藤外務大臣まで」(1932年6月18日)、JACAR(アジア歴史資料センター)Ref. B02030448100(第251画像目から)、満洲事変(支那兵ノ満鉄柳条溝爆破ニ因ル日、支軍衝突関係)/善後措置関係/国際連盟支那調査員関係 第四巻 (外務省外交史料館)。

几天后,日本当局提出条件:让我交出马占山将军秘书记录的我们与马占山将军会谈的全部资料,才能返还我被没收的东西。可是,全部的会谈资料都在斯蒂尔那里。我们回到哈尔滨后,斯蒂尔就到美国驻哈尔滨领事馆去了,当日本警察来旅馆带走我时,斯蒂尔不在旅馆的房间里,日本警察往美国领事馆打电话,美国领事不在,斯蒂尔也没有接电话。第二天,哈尔滨的日本当局在报纸上发表题为《美国领事帮助一个间谍罪犯》的文章,控告美国领事。"[1]

与此同时,日本驻国联的盐崎局长也质问调查团与两记者的关系,调查团成员哈斯回复:"调查团委托他们会见马占山之事毫无事实,马对外发出的电报只是无根据的宣传而已。"[2]

十几天后,美国记者斯蒂尔将部分资料交给特警署日本顾问八木,包括"与马占山会见录、马占山致调查团陈情书以及没有署名的陈情书"等[3]。

(三)秘访事件之余波

日伪军警当局公然践踏新闻采访自由原则,随意拘捕、扣押甚至威胁、恫吓西方记者,并有无理没收其新闻采访记录、往来信件、私人用品等粗暴行为,西方国家当然不能等闲视之。事件发生后不久,受瑞士政府委托,代理瑞士在哈领事业务的法国领事馆连同美国领事馆即提出抗议,又上报北平外交机关,《纽约时报》还专门发文报道这一事件[4]。6 月 18 日,《纽约时报》驻沪代表阿本德拜访日本驻上海领事馆,"态度激愤",称:"《纽约时报》特派员斯蒂尔全是

---

[1] August R Lindt,*Im Sattel durch Mandschukuo：Als Sonderberichterstatter bei Generälen und Räubern*,Leipzig：F. A. Brockhaus,1934. 刘锐译(未刊)。

[2] 「北平公使館矢野参事官から斎藤外務大臣まで」(1932 年 6 月 17 日)、JACAR(アジア歴史資料センター)Ref. B02030448000(第 237 画像目から)、満洲事変(支那兵ノ満鉄柳条溝爆破ニ因ル日、支軍衝突関係)/善後措置関係/国際連盟支那調査員関係 第四巻 (外務省外交史料館)。

[3] 「長岡代理総領事から斎藤外務大臣まで」(1932 年 6 月 18 日)、JACAR(アジア歴史資料センター)Ref. B02030448100(第 247 画像目から)、満洲事変(支那兵ノ満鉄柳条溝爆破ニ因ル日、支軍衝突関係)/善後措置関係/国際連盟支那調査員関係 第四巻 (外務省外交史料館)。

[4] NHK"ドキュメント昭和"取材班編『十字架上の日本：国際連盟との訣別』、角川書店、1987 年、141 頁。

为了新闻报道，冒着生命危险去会见马占山，不过是为了传递马占山军队的实况，以及调查马占山与苏联军队是否有联系或有关系等。（日方）在秘密文书中将其视为马占山的间谍，完全没有事实依据。"①

6月20日，瑞士总领事拜访日本驻上海领事馆守屋书记官，称："林特是瑞士知名之记者，林特的新闻报道在本国深受欢迎，该人深入危险境地，仅仅是为了完成新闻记者的任务而已，没有其他，却突然被传唤及讯问，毫不理睬本人的申辩，甚至搜查其居室，没收其新闻资料，对法国领事治外法权保护下的瑞士人行使不当之权力，对此，特提出抗议"；"尤其甚为遗憾的是，不仅'满洲国'警察官，日本总领事馆的警察也参与了此事，要求迅速归还林特的新闻资料"，"并暗示希望我方表示遗憾之意"②。

鉴于美、瑞、法等国针对两记者事件的强硬态度，尤其时值国联调查团结束调查即将出炉调查报告之际，日本外交界认识到此事可能影响日本在国联的话语影响力。驻哈尔滨代理总领事长冈电呈外务大臣斋藤，建议"本着防止将来在'满洲国'的外国人策动反对'满洲国'之宗旨，如果二人与国联调查团没有关系……没有反对'满洲国'之意思，只是敢于会见马占山，携带给调查团的陈情书以及署名的文书返回扰乱'满洲国'的治安，甚是不谨慎之行动。为此，'满洲国'采取适当之手段是理所当然的"，"鉴于阿本德历来的亲日态度，以及林特一直向欧洲提供信息，对于欧洲人正确认识满洲有所贡献，本问题尽快解决为妥。包括向'满洲国'陈谢等寒暄之类也无必要，相反会为将来埋下祸根"③。

---

① 「上海総領事館守屋書記官から斎藤外務大臣まで」(1932年6月18日)、JACAR(アジア歴史資料センター)Ref. B02030448100(第248画像目から)、満洲事変(支那兵ノ満鉄柳条溝爆破ニ因ル日、支軍衝突関係)/善後措置関係/国際連盟支那調査員関係 第四巻 (外務省外交史料館)。

② 「上海総領事館守屋書記官から斎藤外務大臣まで」(1932年6月20日)、JACAR(アジア歴史資料センター)Ref. B02030448100(第276画像目から)、満洲事変(支那兵ノ満鉄柳条溝爆破ニ因ル日、支軍衝突関係)/善後措置関係/国際連盟支那調査員関係 第四巻 (外務省外交史料館)。

③ 「長岡代理総領事から斎藤外務大臣まで」(1932年6月21日)、JACAR(アジア歴史資料センター)Ref. B02030448100(第282画像目から)、満洲事変(支那兵ノ満鉄柳条溝爆破ニ因ル日、支軍衝突関係)/善後措置関係/国際連盟支那調査員関係 第四巻 (外務省外交史料館)。

驻上海总领事馆守屋书记官也致电斋藤外务大臣："李顿已经明确声明林特、斯蒂尔与调查团之间没有任何关系，将他们搜集的新闻资料返还之同时，由'满洲国'方面略微向在哈尔滨的美国、法国各领事予以说明，如此考虑处理是明智的。另对瑞士方面也予以适当之应酬。"①

日本驻国联的松平大使则致电称："依本人卑见，本件之要点是该人与马占山会见，李顿调查团是否支付了资金（他们与马占山会面，李顿调查团是否了解，或者借用其口吻套取马占山的内情，是新闻记者的惯用手段）。毋宁说该人如何向欧美报道对我有利的满洲实况，这一点甚为重要。如果在这一点上成功，比起我方煞费苦心操纵新闻媒体，能获事半功倍之结果。'满洲国'方面采取强硬手段是出于不得已，可以体谅。没收情报资料乃至封口令，一旦该人去了国外，则收不到实效。鉴于此，毋宁显示宽大态度，令其将来不做让日本讨厌的新闻记者，避其不利，乃是大局上的良策。"②

6月21日上午，法国领事到访伪满交涉署，正式提出以下条件：一、被没收的资料可以向"满洲国"方面提供两周时间；二、两周后将所有资料返还给两记者，二人表示绝不提供给其他任何政府，但必要时可以将其内容发表；三、返还搜查居室时没收的物品；四、"满洲国"方面向林特道歉；五、本事件解决后，两记者发表声明，解除与调查团之间有关系之嫌疑。以上要求24小时内予以答复③。

尽管伪满交涉署认为"其要求有些过分"，但按照日本人"可以做最小限度

---

① 「守屋書記官から斎藤外務大臣まで」(1932年6月21日)、JACAR(アジア歴史資料センター)Ref. B02030448200(第284画像目から)、満洲事変(支那兵ノ満鉄柳条溝爆破ニ因ル日、支軍衝突関係)/善後措置関係/国際連盟支那調査員関係 第四巻 (外務省外交史料館)。

② 「松平大使から斎藤外務大臣まで」(1932年6月23日)、JACAR(アジア歴史資料センター)Ref. B02030448300(第312画像目から)、満洲事変(支那兵ノ満鉄柳条溝爆破ニ因ル日、支軍衝突関係)/善後措置関係/国際連盟支那調査員関係 第四巻 (外務省外交史料館)。

③ 「長岡代理総領事から斎藤外務大臣まで」(1932年6月21日)、JACAR(アジア歴史資料センター)Ref. B02030448200(第296画像目から)、満洲事変(支那兵ノ満鉄柳条溝爆破ニ因ル日、支軍衝突関係)/善後措置関係/国際連盟支那調査員関係 第四巻 (外務省外交史料館)。

让步"的意旨,最后,"'满洲国'方面应允其要求"①,于 6 月 22 日,将没收的资料物品等返还两记者,并"采取记者采访形式由警察当局发表"事件处理结果。

小　结

西方记者密访马占山风波虽暂告平息,但这一事件对日本在国联的地位及话语权或多或少产生了一定的负面影响。如同日本驻国联的泽田局长在电报中分析的那样:"英法两国历来持旁观主义,但法国新内阁并非如此,与此同时又发生瑞士记者林特在满洲遭受日本军宪处理,此等不幸可想而知该国政权处于何等状态。其人仅仅是新闻记者,执行新闻记者之任务,便以与李顿调查团有关联之罪名,遭受逮捕搜查之厄运。基于事实,调查团的报告里若认定(伪满政权)为出色则是笑谈了"②。*

---

①　「長岡代理総領事から斎藤外務大臣まで」(1932 年 6 月 21 日)、JACAR(アジア歴史資料センター)Ref. B02030448200(第 296 画像目から)、満洲事変(支那兵ノ満鉄柳条溝爆破ニ因ル日、支軍衝突関係)/善後措置関係/国際連盟支那調査員関係 第四巻 (外務省外交史料館)。

②　「澤田局長から斎藤外務大臣まで」(1932 年 6 月 28 日)、JACAR(アジア歴史資料センター)Ref. B02030448400(第 355 画像目から)、満洲事変(支那兵ノ満鉄柳条溝爆破ニ因ル日、支軍衝突関係)/善後措置関係/国際連盟支那調査員関係 第四巻 (外務省外交史料館)。

＊　本部分的主体内容发表于《日本侵华南京大屠杀研究》2019 年第 3 期,题为"禁锢与监控:李顿调查团与西方记者密访马占山风波",收入本书时做了修改和补充。

八、李顿调查团与"九一八"事变中的"共产主义"因素

"九一八"事变发生后,日本以"共产主义"威胁为借口之一拒绝从中国东北撤兵,而此时国民政府正在实施"剿共"军事行动,双方对"共产主义"各执一词。由国际联盟派遣的李顿调查团于1932年春赴远东地区调查,为探究"共产主义"在"九一八"事变中的实态提供了一个特殊视角。关于"九一八"事变发生后中共严厉谴责日本侵略行为并领导东北人民艰苦抗战,学界多强调中共的主体身份及其功绩[①],相对忽视在"九一八"事变的整个过程中,中共、苏联或泛化的"共产主义"不仅是参与主体之一,而且是"九一八"事变的一种对象客体。

通过李顿调查团研究"九一八"事变中的"共产主义"因素,是深入批判"攘外必先安内"政策的应有之义,不仅能够了解日本如何利用"共产主义"因素为其侵略作辩护,而且可以认知国民政府如何辩解其对中国共产主义运动的因应,更有助于掌握李顿调查团和国际社会是如何看待中国共产主义运动,从而审视"九一八"事变与"共产主义"之间的复杂关系。

[①] 参见郑德荣:《中国共产党对"九一八"事变的应对》,《光明日报》2011年9月14日;张静、刘文佳:《中国共产党与东北地区的抗日斗争——以"九一八"事变为起点》,《南开学报(哲学社会科学版)》2015年第4期;洪岚:《九一八事变与中共对国联调处中日争端的反响》,《"九一八"研究》2018年;赵崧杰:《九一八事变前日本对延边地区的侵略活动——以龙井事件为中心的考察》,《中共党史研究》2020年第3期;陶祺谌:《九一八事变后中共反日统一战线策略在东北的实践——结合日方观察的分析》,《党的文献》2020年第3期。

(一)"共产主义"因素进入"九一八"事变

1931年9月18日深夜,日军炸毁南满铁路柳条湖段路轨,并嫁祸国民政府东北军,继而攻打北大营和占领沈阳城。19日,以日本关东军司令本庄繁名义发布的布告谎称,"中华民国东北边防军之一队,在沈阳西北侧北大营附近炸破我南满铁路,驱其余威,贸然袭击日本军守备队"①。在随后的3个月内,关东军基本占领中国东北地区。

在日本发动事变后,国民政府采取的主要措施是依靠国际联盟。国民政府驻国联常任代表施肇基于9月21日向国联理事会提出申诉:"依据《国联盟约》第11条所赋予的权利,理事会应采取立即措施,阻止危及国家和平的局势进一步恶化,并恢复原状"②,同时提议派遣调查团介入中日冲突,而日本则以中日直接谈判为由予以抵制。双方在国联理事会上的唇枪舌剑过程十分激烈。

较早把"共产主义"引为"九一八"事变的因素之一,并引入国联理事会讨论之中的是中国方面。9月30日,国联理事会第65届常会第一轮会议通过的议决案,虽记载日本的撤兵承诺,但未涉及调查团内容。10月9日,中国驻国联代表团向理事会提交第一轮会议结束后有关东北局势的各种电文。其中有一封南京记者协会发给中国代表团的函电,内称"在中国遭受重大自然灾害和共产党'威胁'的时候,日本趁人之危所采取的野蛮行动,引起了四亿人的愤慨"③,借共产主义运动强调国民政府所遇困难之大和日本侵略进一步加重此种困难。10月13日,施肇基在理事会会议上宣读了一份来自美国人谢伍德·埃迪(Sherwood Eddy),"可能会引起理事会会员们感兴趣"的电报,"值得注意的是,如果国际联盟和《国联盟约》在这场重大危机和战争威胁中失败,中

---

① "No. 8. Lt.-Gen. Honjo's Proclamation on Sept. 19th 1931", S37/1, *League of Nations and United Nations Archives*, Geneve.

② "Letter from the Chinese Government to the Secretary-General Submitting its appeal to the Council under Article 11 of the Covenant", September 21, 1931, *League of Nations Official Journal*, Vol. 12, Iss. 12, 1931, p. 2453 - 2454.

③ "Communication received by the Chinese Delegation", September 21, 1931, *League of Nations Official Journal*, p. 2458.

国将把苏联作为盟友。共产主义正在发展,世界有陷入广泛的无政府状态之危险"①。施肇基意在警示理事会成员,国联解决"九一八"事变成功与否,直接关系到中国乃至世界的共产主义运动发展。

10月至11月,由于日本关东军不断扩大军事侵略行动,支持国联派遣调查团的舆论日趋积极,日本内阁亦有意利用调查团为己谋利,遂于11月15日向日本驻国联代表团发出主动提议组建调查团的函电。日本为调查团设定的任务是:调查中国各地的对日不法行为;调查中国是否有能力确保日本侨民的生命财产安全,以及现在是否确保上述安全;调查中国是否有能力履行同日本及其他各国的条约,以及现在是否正在履行这些条约等②。20日,日本外务省再次指示日本代表,调查团必须"调查中国是否具备作为近代国家的功能,以及是否存在统一政府"③。日本试图诱导调查团判断中国不是一个近代国家、不存在统一政府,而形成此判断的基础便是中国政局混乱、内政不统一和存在共产主义运动等现象。

21日,日本驻国联常任代表芳泽谦吉在国联理事会会议上主动提议组建调查团,称"根本解决问题的必要条件是真正了解满洲和整个中国的情况"④,意在将调查团的调查范围扩展至整个中国。23日,日本驻华公使重光葵发布指示,要求驻华各领事馆准备材料,"向调查团说明日本立场",包括中国是否具有维持国内秩序、确保外国人生命财产的想法与能力以及中国各种不当与不法行为等⑤。30日,日本驻沈阳代理总领事森岛守人还表示,有必要准备英译文的说明材料,并罗列需要准备说明材料的项目,包括"匪贼及一般治安

---

① "Appeal from the Chinese Government under Article II of the Covenant, Ninth Meeting (Public)", October 13, 1931, *League of Nations Official Journal*, p. 2318.
② 「第194号 再開理事会への対策について」(1931年11月15日)、日本外務省編『日本外交文書:満州事変』第1巻第3冊、外務省、1978年、557—561頁。
③ 「支那視察員派遣問題ニ関スル回訓」(1931年11月20日)、JACAR(アジア歴史資料センター)Ref. B02030393500(第206画像目から)、日支事件ニ関スル交渉経過(連盟及対米関係) 第五巻(外務省外交史料館)。
④ "Appeal from the Chinese Government under Article 11 of the Covenant, Eighteenth Meeting", 4. 30 p. m., November 21, 1931, *League of Nations Official Journal*, pp. 2365 - 2366.
⑤ 「重光公使在支各領事宛訓令」(1931年11月23日)、JACAR(アジア歴史資料センター)Ref. B02030394100(第393画像目から)、日支事件ニ関スル交渉経過(連盟及対米関係) 第五巻(外務省外交史料館)。

状况""排外状况及排日状况""中国司法权不独立和行政不统一的恶政"等①。不论是重光葵要求准备的材料,还是森岛守人着手准备的材料,都是出于"坐实"中国内部政局混乱的目的,正在发展之中的共产主义运动自然成为关注对象。

事实上,在中共开展土地革命、建立革命根据地后,日本外务省就进行了情报调查工作,内容包括中共与苏联的关系、中共军队从苏联和共产国际获得资金与武器弹药情况、苏区的政权组织及其运行情况、中国政府的讨伐情况等②,提醒"必须注意这场运动的巨大影响";日本陆军则出于以苏联为假想敌的立场,长期认为"中共活动是国际共产主义运动的一个部分,其活动将波及各国,所以日本不能视之为'对岸之火'"③。可见,日本军政部门密切关注中国共产主义运动发展,在因应国联调查团的准备过程中,日本逐渐意识到中国共产主义发展及其所造成的中国内政事实,可以利用为日军解释侵略"合理性"的借口之一。

12月10日,国联理事会一致同意通过议决案,正式决定组建调查团。在调查团组建过程中,日本继续向国联发电,称在中国东北地区存在"土匪劫掠事",且国民政府"倾向共党,乞援苏俄",将这些作为日军"延不撤兵"的借口。国民政府则予以否认驳斥,并将这些问题归因于日本侵略④。

1932年1月21日,李顿调查团召开成立后的第一次内部会议,日本人杉村阳太郎以国联副秘书长的身份得以出席,中国代表以"当事国不便参与之理由"被拒之门外。杉村在会上不仅分发日本准备的"参考文件",而且明确提到了"共产主义"。他强调:"中国青年抱有幻想,即预想在二三十年后之未来实现恢复国权运动,故生硬照搬西欧的民主主义甚至苏联的共产主义,有冒进之

---

① 「支那調査員説明材料調査項目」(1931年11月30日)、JACAR(アジア歴史資料センター)Ref. B02030394200(第397画像目から)、日支事件ニ関スル交渉経過(連盟及対米関係) 第五卷(外務省外交史料館)。

② 「中、南支地方共産党及共産匪ノ行動調査項目」(1930年8月)、JACAR(アジア歴史資料センター)Ref. B02032016300(第345画像目から)、中、南支地方共産党及共産匪行動状況実地調査関係(外務省外交史料館)。

③ 祁建民:《日本全面侵华战争前对中共的情报调查与认识》,《中共党史研究》2020年第4期。

④ 《第375号 外交部致巴黎中国代表团电》(1931年12月28日),台北"国史馆"藏,"外交部"档案,020-010112-0023,第163页。

倾向"，希望调查团"尽可能广泛地考察中国南北各地，同时会见各个阶层、类别之人士，实际观察中国现状及今后之走势"①。可以看出，引导调查团关注中国共产主义运动事实是日本的图谋之一。

在国民政府和日本的不同指向性言论引导之下，李顿调查团踏上了东亚调查之行。抵达东亚首站的日本横滨之前，调查团发表了一份声明，称调查团"愿意与中日两国讨论他们希望提出的任何问题"，"希望两国自由地通报各种意见，以及任何有助于完成任务的事实状况"②。这使得调查范围容易扩大到"九一八"事变本身之外，为日本利用、抵毁共产主义运动提供了可能。

（二）日本的诋毁

1932年2月末，调查团首先抵达日本。日本军政大员利用各种场合向调查团"倾诉"共产主义运动及其宣传的严重性与危害性。3月5日，陆军大臣荒木贞夫向调查团表示，日本的战略地位跟东亚和平紧密联系在一起，只有日本能够承担起维持和平的任务，强调"只有苏联共产主义停止'侵略'，满洲的和平才有希望"③。7日，海军大臣大角岑生在午餐宴会中向调查团解释"一·二八"事变时提到共产主义危险："常听人说，中国人无法无天的行为已经让我们忍无可忍，但其实不是耐心是否具备的问题，而是绝对有必要保护日本三万侨民免受共产主义者破坏的问题。"④

转任外务大臣的芳泽谦吉也着重向调查团表述共产主义宣传的严重性："如果满洲有布尔什维克，朝鲜将面临巨大危险，日本人民对这种危险非常敏感。"李顿问："日本是否认为苏联宣传在目前是主要威胁？"芳泽没有予以正面回答，但表示"无论如何，日本必须考虑到这一点"，同时以东北地区朝鲜侨民

---

① 国際聯盟支那調査団外務省準備委員会「杉村公使ト国際聯盟支那視察委員トノ会見録」(1932年1月21日)、JACAR(アジア歴史資料センター)Ref. B02030442400(第202画像目から)、国際連盟支那調査員関係 第一巻(外務省外交史料館)。

② "Draft of a proposed statement to the press to be issued on arrival at Yokohama", February, 1932, S50/5, *League of Nations and United Nations Archives*, Geneve.

③ "Conversation with General Araki, Minister of War at his Official Residence", March 5, 1932, S34/1/2, *League of Nations and United Nations Archives*, Geneve.

④ "Speech delivered by the Minister of Navy at Luncheon", March 7, 1932, S49/4, *League of Nations and United Nations Archives*, Geneve.

前几年发生过共产主义"骚乱"为例,说明苏联宣传在中国东北的影响。芳泽还向调查团歪曲1927年的广州起义是一场"导致成千上万人牺牲的共产主义'骚乱'",国民党政权逼迫苏联顾问离开中国,但"破坏已经发生,共产主义在中国的宣传仍在继续",目前"中国有数以万计的共产主义分子,蒋介石试图进行镇压,但没有成功"①。

调查团于1932年3月中旬抵达上海,以日本外相私人代表身份陪同调查团的松冈洋右继续鼓动调查团重视苏联暨共产主义因素,强调苏联"想趁着中国处于一片混乱,在中国贯彻推行共产主义,然后将其影响波及印度,直至将亚洲共产主义化,踏上世界革命之路"②。结合调查团在中国的行程,基本上每到一地,日本驻地官员就利用会谈机会,向调查团说明当地的共产主义情况。在调查团前往汉口之前,日本驻南京代理总领事上村伸一向汉口发电,"介绍说明当地情况,特别是排日运动、原租界归还前后的行政状况比较、共产主义运动等"③,驻汉口总领事坂根准三在与调查团的会谈中就提及"本地最大的不幸就是共产党的'横行'"④,并将"湖北省遭到共产党和'土匪'的严重破坏"⑤视为汉口地区商业经济不好的原因之一。

4月下旬,调查团进入中国东北地区,受日本积极抛出共产主义问题的引导以及本身意识形态的影响,调查团在访谈中主动了解"共产主义"状况。在沈阳,调查团设定的会谈主题就包括共产主义,"共产主义者在中国东北的活

---

① "Record of conversation with Mr. Yoshizawa", March 7, 1932, S49/4, *League of Nations and United Nations Archives*, Geneve.

② 「重光公使から芳澤外務大臣まで」(1932年3月23日)、JACAR(アジア歴史資料センター)Ref. B02030443300(第46画像目から)、国際連盟支那調査員関係 第二巻(外務省外交史料館)。

③ 「上村総領事代理から芳澤外務大臣まで」(1932年3月27日)、JACAR(アジア歴史資料センター)Ref. B02030443600(第124画像目から)、国際連盟支那調査員関係 第二巻(外務省外交史料館)。

④ 「坂根総領事から芳澤外務大臣まで」(1932年4月6日)、JACAR(アジア歴史資料センター)Ref. B02030444400(第298画像目から)、国際連盟支那調査員関係 第二巻(外務省外交史料館)。

⑤ 陈海懿、屈胜飞、吴佳佳编:《李顿调查团档案文献集·国联调查团访谈与调查》,南京:南京大学出版社,2019年,第53页。

动及其同影响日本安全的革命运动之间的关系"①。森岛守人遂向调查团说明包括东北地区共产主义运动状况在内的多个问题②,并称在1930年11月,日本配合中国政府,在沈阳抓捕了29名共产主义分子,其中既有中国人,也有朝鲜人,更有日本人,"不同分子之间是有联系的"。自1929年苏联接管中东铁路,重获在东北北部地区权力后,"莫斯科总部尽最大努力在中国东北宣传共产主义……东北地区的行动与上海中国共产党中央存在关联"③。

关东军总司令本庄繁在与调查团的多次会谈中也论及共产主义问题。1932年6月2日,本庄繁在会谈中强调,"日本采取的政策不只是为了保护日本的利益免受共产主义政策的威胁,同时也站在保护西方文化与文明、捍卫世界和平的前线",其诡辩的依据是"不论从经济角度还是地理角度,满洲和蒙古都构成了日本的绝对'生命线';同时,它们也构成日本为自卫以及保存先进国家的文化、文明而对抗'赤色'威胁的前沿阵地"④。

在长春,调查团听取日本总领事石射猪太郎关于中国政府压迫朝鲜人及东北地区不法朝鲜人(即独立运动参与者及共产主义者)情况的说明⑤。在哈尔滨,日本特务机关长小松原道太郎称苏联共产主义分子在哈尔滨频繁制造"恐怖事件",原因是"日军进入北满使苏联感到威胁",因此苏联"一方面增兵西伯利亚、将中东铁路的营运材料搬入苏联境内、买入物资,另一方面依靠上述'恐怖活动'阻碍日本的军事行动"⑥。小松原还称日本为"自我保护"而对

---

① 陈海懿、屈胜飞、吴佳佳编:《李顿调查团档案文献集·国联调查团访谈与调查》,第295页。
② 「第633号 森島総領事代理から芳澤外務大臣まで」(1932年4月25日)、JACAR(アジア歴史資料センター)Ref. B02030445600(第61画像目から)国際連盟支那調査員関係 第三巻(外務省外交史料館)。
③ 陈海懿、屈胜飞、吴佳佳编:《李顿调查团档案文献集·国联调查团访谈与调查》,第294页。
④ 陈海懿、屈胜飞、吴佳佳编:《李顿调查团档案文献集·国联调查团访谈与调查》,第203页。
⑤ 「第225号 田代領事から芳澤外務大臣まで」(1932年5月7日)、JACAR(アジア歴史資料センター)Ref. B02030445900(第154画像目から),国際連盟支那調査員関係 第三巻(外務省外交史料館)。
⑥ 「第513号 長岡総領事代理から芳澤外務大臣まで」(1932年5月14日)、JACAR(アジア歴史資料センター)Ref. B02030446100(第220画像目から)、国際連盟支那調査員関係 第三巻(外務省外交史料館)。

抗"中国赤色革命",因此"一定程度上是由于日本参与,才使中国共产主义运动得到遏制",强调"日本一直是阻止共产主义势力从中国内地渗透满洲的屏障"①。

在齐齐哈尔,日本领事清水八百一针对"黑龙江省情况,特别是日本军队占领之后的变化、省官民对军事占领的态度、中村事件的经过、中国违反条约、共产党及'匪贼'的状况"作了说明②,并专门制作了一份《黑龙江省共产主义者活动》报告,内称"自'九一八'事变爆发后,约3营穿着便服的苏联武装共产主义者秘密进入北满,阻止日军进入北满",更附有一个数字列表,显示中东铁路西线分布着3 480 名"赤色"苏联人和1 650名便服武装共产主义者;关于共产主义最新活动,报告称"莫斯科共产国际计划往中国东北输送更多布尔什维克宣传人员,训练中国官员,使其具有反日思想,并在双城子、海参崴或伯力培养共产主义宣传人员"③。

因为会谈期间的说明容易受到时限和语言的限制,为了对调查团进行有利于己的引导和劝说,日本将提交纸质材料放在重要位置。1932年2月,为接待将要抵达日本的李顿调查团一行,日本外务省设立国际联盟调查团外务省准备委员会,外务次官任委员长,条约局长任副委员长,成员涵盖外务省各个部门。5月底,该委员会制作了两份调查报告提交给调查团,分别是《关于搅乱国际和平和作为国际和平基础的对善良国际的了解之中国现状》④和《日本与满蒙》。前者有7个附件,分别是《中国海盗》《最近10年在华外国人被害

---

① "Conversation with Col. Komatsubara, Chief of Harbin Special District, Harbin Special Service Section", May 13, 1932, S34/1/1, *League of Nations and United Nations Archives*, Geneve.

② 「第574号 長岡総領事代理から芳澤外務大臣まで」(1932年5月24日)、JACAR(アジア歴史資料センター)Ref. B02030446500(第347画像目から)、国際連盟支那調査員関係 第三巻(外務省外交史料館)。

③ 陈海懿、屈胜飞、吴佳佳编:《李顿调查团档案文献集·国联调查团访谈与调查》,第357页。

④ 「国際平和及国際平和ノ基礎タル善良ナル国際的了解ヲ攪乱スヘキ事項ニ関スル支那ノ現状」、1932年、JACAR(アジア歴史資料センター)Ref. B10070195500、国際平和及国際平和ノ基礎タル善良ナル国際的了解ヲ攪乱スヘキ事項ニ関スル支那ノ現状/1932年(官扱_220)(外務省外交史料館);League of Nations, Lytton. Appeal by the Chinese government: Supplementary documents to the Report of the Commission of Enquiry, 1932, *League of Nations and United Nations Archives*, Geneve.

表》《中国共产主义运动》《"二十一条"的现状和效力》《中国的排外教育》《中国违反条约等主要案件及日中交涉概要》《中国抵制外货运动》等①。

其中,《中国共产主义运动》②分为三编,即第一编,中国的共产主义运动、红军及苏维埃区域的状况;第二编,蒙古共产主义;"追编"以及附图。"追编"内容又分为两部分,即截至1932年5月的中国内地共产主义运动和东北地区的共产主义运动。中国内地共产主义运动包括进入福建以前共产党及红军的情况、红军进攻福建省、红军包围厦门、闽南的革命政治、红军"侵入"广东省、红军在鄂皖地区的活动,以及国民政府的对策;东北地区的共产主义运动包括满蒙的共产主义运动沿革、东北地区朝鲜人的共产主义运动、"九一八"事变与共产主义运动、东北北部的中国共产党活动与鼓动排日行动。

针对东北地区的共产主义运动,日本称发生在东北的数次工人暴动都有共产主义因素,这些暴动"或尚不成气候,或因发现较早遭到中日官员的镇压未酿成大祸,但因中国官员不彻底的取缔行为,'赤化'运动有逐渐增大之势是无可争议的事实",并且试图对"马占山部队、李杜丁超部队以及间岛方面的反'满洲国'军和辽宁、吉林两省的大刀会进行'赤化',煽动反日高潮,建设北满第一苏区,推翻'满洲国',反对国民党,成立苏维埃政权"等③。

针对"九一八"事变和共产主义的关系,日本称"九一八"事变发生在共产主义运动扩大的态势之下,将共产主义运动作为解释"九一八"事变后出现的混乱和社会不安等状况的原因之一。"共产党向来为扩张军队势力而努力","九一八"事变后的"满蒙军事状态为共产党提供了最佳时机,他们将反'满洲国'军队作为对象,是实现共产主义运动武装化的上策",并狡辩日军在这个过

---

① 「第195号 斎藤外務大臣から在間島岡田総領事まで」(1932年6月10日)、JACAR(アジア歴史資料センター)Ref. B02030447800(第132画像目から)、国際連盟支那調査員関係 第四卷 (外務省外交史料館)。

② 《中国的共产主义运动》(支那ニ於ケル共産運動)前两编于1931年年底制作完成,国民政府外交部翻译了前两编内容,参见《外交部致军事委员会公函》(1932年),台北"国史馆"藏,"外交部"档案,020-010102-0265,第48—91页。

③ 国際聯盟支那調査外務省準備委員会「支那ニ於ケル共産運動」、JACAR(アジア歴史資料センター)Ref. B10070165900(第154画像目から)、支那ニ於ケル共産運動/1932年(官扱_34)(外務省外交史料館)。

程中起着阻止作用,遏制了"九一八"事变后东北地区共产主义运动的发展①。

综上,日本向李顿调查团所采取的言行有明显的目的性与指向性。日本希望向调查团呈现的"共产主义"内容有以下三点。一是渲染共产主义对东北地区的"威胁"。日本希望借助强调东北地区存在共产主义"威胁",为其坚持不撤兵提供借口。二是强调共产主义在中国盛行。这是日本论证中国政治不统一的关键说辞,也是将中国内政问题和日本侵略"合理"混搭在一起的基本模式。三是突出日本遏制共产主义的"贡献"。这既是向国际社会展现日本侵略具有"重要价值"的噱头,也是抵制国际社会制裁日本侵略的重要伎俩。

质言之,日本紧紧抓住"共产主义"问题,试图借助意识形态的误导迷惑性,向调查团及其背后的国际联盟、英、法、美、德、意等国家,诡辩日本侵华的"合理性",以推论伪满洲国存在的"必要性",进而坐实"九一八"事变的"正当性",可以说日本"防共"外交策略在20世纪30年代初已具雏形②。

(三)国民政府的"辩解"

面对日本的诋毁,国民政府利用访谈之机进行"辩解"。李顿调查团抵达中国第一站——上海之后,代表国民政府的顾维钧就频繁与调查团进行晤谈,希望了解日本政府向调查团所传达的信息。1932年3月24日,顾维钧致电外交部长罗文干,表示"探知日本方面向该团诋毁我国约有五端:1. 国家无健全组织;2. 生命财产不安全;3. 不遵守条约;4. 抗日运动及抵制日货;5. 共产党徒'横行'国内",希望国民政府和外交部对以下问题"早筹答案",包括"国家组织如何益使健全,人民生命财产之安全如何切实担保,遵守条约有何决心,'剿共治匪'有何治平办法,对于抗日运动定何态度,以及抵制日货如何勿

---

① 国際聯盟支那調査外務省準備委員会「支那ニ於ケル共産運動」、JACAR(アジア歴史資料センター)Ref. B10070165900(第153画像目から)、支那ニ於ケル共産運動/1932年(官扱_34)(外務省外交史料館)。

② 祁建民:《日本全面侵华战争前对中共的情报调查与认识》,《中共党史研究》2020年第4期;酒井哲哉「防共概念の導入と日ソ関係の変容」、『北大法学論集』第40卷第5・6合併号下卷、1990年9月。

逾越法律范围"①。可见,国民政府知晓共产主义是日本用来攻击的重要借口之一。

从3月29日起,调查团同汪精卫、蒋介石、朱家骅、罗文干、陈公博、陈铭枢等人举行正式会谈,讨论了包括共产主义在内的多个问题。在30日的第二次正式会谈中,李顿称:"日本政府反复提及在中国境内,特别是在东北地区和朝鲜存在共产主义与共产党宣传,他们还声称共产党宣传的大本营就在上海。"汪精卫答复:"中国有一定数量的共产主义者,中国政府一直试图镇压。在上海以北及吴淞地区发生战争期间,国军对共产党军队的进攻仍在继续,尤其是在江西省。'一·二八'事变期间,政府军甚至给予了共产党军队沉重打击。"针对日本关于共产党宣传总部在上海的指控,汪精卫否认上海有任何此类组织,称如果上海存在共产主义者,绝大多数也是藏在外国租界内,以躲避中国官方②。

李顿还询问了"共产党军队实际代表什么"和"中国国内是否有地方存在不被国民政府承认的共产党政权"等核心问题,汪精卫答复道,"共产党军是由失业者和土匪组成……严格意义上说,没有共产党军队,只有当政府军进攻时,逃往别处的小股部队",且不存在固定的政府组织,"在江西省有一定数量的共产主义者,但在中国东北没有听说过",并称东北局势持续恶化,共产主义可能在东北发展,"如果现在的情况继续下去,不确定共产主义不会在东北生根",同时暗指日本援助中国共产主义运动,"在被监禁的共产主义分子身上发现了日本武器,并在其中发现了日本人"③。

4月13日,调查团在北平停留期间,李顿除了向张学良、荣臻、王以哲等东北军政要员询问"九一八"事变的具体情况外,也曾问及东北地区的朝鲜人中是否存在共产主义的煽动情况。王以哲回答说:1931年7—8月,在吉林—敦化铁路沿线发生过共产主义暴动,但被吉林省政府镇压,并对参与者作了判

---

① 《第32281号 上海顾维钧致外交部电》(1932年3月24日),台北"国史馆"藏,"外交部"档案,020-010102-0262,第45—46页。

② 陈海懿、屈胜飞、吴佳佳编:《李顿调查团档案文献集·国联调查团访谈与调查》,第18页。

③ 陈海懿、屈胜飞、吴佳佳编:《李顿调查团档案文献集·国联调查团访谈与调查》,第19页。

决,其中大约有 60 名朝鲜人,已移交给了日本方面①。

鉴于共产主义对时局的重要性,汪精卫在调查团访华期间曾感慨时局有 4 项关键内容,分别是"对日外交、'剿共'军事、财政、政治",其中政治与"剿共"密切相关②。

此外,国民政府也积极准备纸质材料。1932 年 3 月 24 日,顾维钧建议罗文干"分函军政部、实业部将'剿共'情形及改善农民待遇、改良农村办法,速备节略见示"③。罗文干当天就以外交部名义致电内政部和军政部,"请将该项节略,从速拟就,克日送交本部转致为荷"④。军事方面,军政部拟就《清共剿共》概要》;政治及经济方面,内政部拟就《"剿共"清乡节略》,各抄送一份交李顿调查团中国代表处⑤。

军政部从"清共情形""剿共情形""共匪延喘及最近痛剿情形"三个层面描述了国民政府的"清剿"经过,并将"剿共"失败与日本侵略联系在一起,"讵意我正肃清残共之时,日人竟无端出兵,侵占东省。继又袭攻我上海,致使'剿共'军队不得不兼顾自卫。遂致'剿共'计划受其顿挫,至为叹惜"⑥。内政部则从政治层面的"剿共及防匪情形"、经济层面的"整理农村及解决农民生活问题情形"和自卫层面的"制定人民自卫办法情形",强调日本侵略不能影响"剿共","除沿海各省应一致团结御侮外,其内地各省仍依中央规定各种法令,'严剿'共党及肃清盗匪,务期将'苟延残喘'之共党及盗匪根本肃清。绝不因外侮而变更初衷,使共党稍有活动之余地"⑦。

针对日本关于东北地区共产主义的渲染,4 月 17 日,马占山致电李顿团

---

① "Record of Conference Held at the Residence of Marshal Chang Hsueh-liang", April 13, 1932, S32/1, *League of Nations and United Nations Archives*, Geneve.

② 《汪谈目前时局关键》,《申报》1932 年 6 月 20 日,第 3 版。

③ 《第 32286 号 上海顾维钧致外交部电》(1932 年 3 月 24 日),台北"国史馆"藏,"外交部"档案,020-010102-0262,第 43 页。

④ 《外交部代电致内政部、军政部南京办事处电》(1932 年 3 月 24 日),台北"国史馆"藏,"外交部"档案,020-010102-0262,第 154 页。

⑤ 《外交部致南京国联调查团中国代表处电》(1932 年 3 月 31 日),台北"国史馆"藏,"外交部"档案,020-010102-0262,第 196 页。

⑥ 《军政部致外交部电》(1932 年 3 月 26 日),台北"国史馆"藏,"外交部"档案,020-010102-0262,第 192—195 页。

⑦ 《内政部致外交部电》(1932 年 3 月 28 日),台北"国史馆"藏,"外交部"档案,020-010102-0262,第 186—191 页。

长及各代表(该电文被称为"马占山说帖"),内容多涉东北地区的共产主义。首先,马占山表示:"日人侵占东北,自知强暴侵凌不容于二十世纪之文明国际,强词夺理以朦世人。观其一再宣言,不曰出兵保护侨民,则曰中国无遏制苏俄'赤化'之能力,不得不出为防止,以遏世界之乱萌",而实际上东北地区官宪"保护侨民不遗余力";其次,对于共产主义运动,马占山称"东北地邻苏联,尤以黑龙江省边界在在接壤,以防范之密,对于'赤化'书籍印刷品等检查甚严,不任流入",其个人"治军沿边多年,对于'赤化'严厉禁止";再次,马占山表示嫩江桥战役并无苏联援助,"嫩江桥战役,日方宣传我军得苏联之协助,其实全军中不但无苏联军官参加,即白俄人亦无一加入者。苏联方面亦觉自顾不暇,极力避免与我方携手之嫌疑",日本的宣传"纯系欺骗世人之谈"①。

为应对日本外务省向调查团提交的《中国共产主义运动》,国民政府也制作了专业备忘录——《中国共产主义备忘录》,由顾维钧提交给调查团。调查团收到后将其放在《李顿调查团报告书》的附属文件里面。整体而言,该备忘录"叙述共产主义输入中国之由来,及'剿共'之成绩,其第四章详述中国共党之组织,而结论则谓'剿共'之胜利,在收复各地之善后,中央政府现拟有关于'剿共'之政治经济善后计划,注意筑路,借以救济灾区之人民,加增地方之出产,恢复地方之安宁,便利行政上之施政"②。

在结论部分,备忘录陈述了共产主义与"九一八"事变的关系。首先,备忘录提到共产主义运动造成的危机"使国家常有暂时的虚弱之虞",但在过去一年里,共产党"肆行捣乱"是有特殊背景的,除"内部纠纷"外,更重要的是"极重大之外患",即日本侵略;其次,说明国民政府的困境和"剿共"决心,以及日本侵略对此决心的影响,"政府需要应付各种政治、行政和财政方面之国内困难,又加以前所未有的洪灾,同时又遭遇不合理与不能预料的外来侵略",尽管"铲除共产,应用全力",但"在此种局势之下,政府实不易以其全副精神,从事于解决共产党问题";再次,指出解决"九一八"事变是国民政府"消灭"共产主义的必要前提,"南京国民政府对于内地'赤化'区域,实行讨伐",为了取得"讨伐"

---

① 《国际联合会调查委员会中国代表处致外交部公函》(1932年5月13日),台北"国史馆"藏,"外交部"档案,020-010102-0263,第155—182页。
② 《顾维钧致李顿调查团说帖摘要报告》(1932年8月),台北"国史馆"藏,"外交部"档案,020-990600-2077,第17页。

成功,"中国显然不应受东北地区的任何复杂情况的牵掣",故"九一八"事变的解决,必须"保持中国的尊严和最高利益,尊重中国的领土和行政完整,消除中日两国之间可能产生新分歧的任何想法"①。

括而言之,国民政府向调查团表达的关于"共产主义"的内容,在一定程度上是被动因应日本的诋毁。首先,称国民政府"剿共"取得实效,这是针对日本关于共产主义运动在中国盛行的"辩解",通过强调"剿共"行动,证明国民政府正在应付所谓的共产主义"威胁";其次,称日本入侵加剧共产主义活动,这是国民政府将日本入侵造成的破坏性结果,套入变相迫使日本撤军的说法之中,也是将共产主义活跃的原因归结到日本侵略大背景之中;再次,称日本撤军是遏制共产主义的前提,撤军是国民政府的首要诉求,将撤军和"遏制"共产主义联结在一起,既意图揭穿日本关于占领东北是为"遏制"共产主义作出贡献的欺骗性说辞,也能争取国际社会及其舆论转向国民政府,促使国际社会监督日本撤兵。在国民政府看来,只有在日本撤兵后才能真正全心"遏制"共产主义。

总之,国民政府的目的在于指控"九一八"事变是日本的侵略行为,不仅领土被日本侵占,而且正在进行的"剿共"军政受此影响陷于顿挫,避免调查团被日本片面之词所欺。历史的吊诡在于,在遭遇真正外患时,共产主义这个所谓的"内忧"成了抵制外患的借口。这是国民政府"攘外必先安内"政策的映射,其在此过程中对"共产主义"的污蔑和敌意丝毫未变。

(四)调查团的"共产主义"叙述及其影响

日本的诋毁和国民政府的"辩解",基本上呈矛盾性的对立面展开,调查团吸收了如此互斥性的话语。1932 年 9 月底,调查团在对中日双方言论和材料进行筛选和再生产的基础上,形成了《李顿调查团报告书》,其中关于"共产主义"的论述集中于报告书的第一章和第二章。

报告书认定共产主义是影响中日关系和研究满洲问题的"原动力"之一。"中华民国国民之志愿,及日本帝国与前俄帝国之扩张政策,苏联传播之共产主义,暨此三国经济上及战略上之需要等,均为研究满洲问题者所应视为重要

---

① Wellington Koo, V. K. (1932). *Memoranda Presented to the Lytton Commission*, Volume 1, New York: The Chinese Cultural Society, pp. 784 – 785.

之原动力"。在调查团看来,"共产主义"因素是调处"九一八"事变时需要权衡的不可或缺的因素之一,同时称日本扶植伪满是出于对苏联和共产主义的担忧,"在北有俄国之共产主义,在南有国民党之反日宣传,两者联合大有可能,日本于是益觉于两者间置一与两者无关之满洲之为得策","共产主义之溢长于中国"是日本"疑惧"增加的原因之一①。

该报告书认为共产主义是扰乱中国秩序的重要因素。共产主义"在中国现已成为国民政府之强敌,有自制之法律及政府,以及其自身行动之土地范围,此种情况为他国所无",中央政府"权力之患"不在于"各地军阀之私人军队及通国之土匪横行",而是"共产主义"②。

该报告书还肯定了国民党政权对共产党的迫害。"国民党领袖决定,共产主义为'患'过烈,不能再事优容,故一九二七年四月十日在南京确立政权成立国民政府之后,当即明令军队及各机关立即'肃清'共产",并认可"剿共"行动,"第三次'剿共',系蒋介石亲自指挥,始将共产军屡次挫败。迄一九三一年七月中,共党所据之最重要'巢穴'均被克复……蒋介石将'赤军'追逐至江西西南山中,同时在曾被'赤匪'蹂躏之区,设立政治委员会以改组之"③。

最后,该报告书同意国民政府"剿共"军事行动受"九一八"事变影响而停滞的说法。"南京政府正在将重要'赤军'渐次消灭之际,乃因他处事势,不得不停止攻势:将大部分军队撤回……沈阳九月十八日之事发生,'赤军'受上述情形之鼓励,复取攻势",不过国民政府没有放弃"剿共"计划,"一九三二年夏间,南京政府宣布重要军事计划,以期'消灭'共党之抵抗力,并已开始进行"④。

梳理报告书中关于"共产主义"的叙述脉络,可以清楚地发现,不论是真实性记载,还是错误性判断,其内容很明显地存在日本和国民政府两方言论的影子。这说明调查团对共产主义的认知与分析,充分参考了双方的话语内容,既

---

① 张生、陈海懿、杨骏编:《李顿调查团档案文献集·国联调查团报告书》,第296、324页。
② 张生、陈海懿、杨骏编:《李顿调查团档案文献集·国联调查团报告书》,第304页。
③ 张生、陈海懿、杨骏编:《李顿调查团档案文献集·国联调查团报告书》,第305—306页。
④ 张生、陈海懿、杨骏编:《李顿调查团档案文献集·国联调查团报告书》,第306—308页。

有日本的诋毁非议,也包含了国民政府的"辩解"言辞。因此,一定程度上可以说是日本和国民政府双方合力撰写《李顿调查团报告书》中的"共产主义"内容。

《李顿调查团报告书》公布后,遭到来自中共的严厉批评,矛头直指国民党政权,其中关于"共产主义"的论述是重要原因之一。不论是日本的诋毁还是国民政府的"辩解",双方都是丑化中共及其事业,强调共产主义运动的"威胁"及其造成的"破坏",并视共产主义为消极负面性质的存在,而调查团基本接受这些错误认识和判断。

1932年10月5日,中共中央发布《告全国民众书——以民族的革命战争回答国联调查团报告书》,指责报告书将"九一八"事变的原因归结为"中国民众的反日运动与抵货运动的高涨"以及"中国共产主义的发展与苏联的存在",而不是"日本帝国主义的一贯的殖民地政策";揭露报告书的目的之一是"消灭中国一切反帝国主义的革命运动",包括"中国共产党,中国苏维埃与红军"[①]。6日,中华苏维埃共和国临时中央政府发出《反对国联调查团报告书通电》,痛斥报告书是"命令国民党更要积极地去进攻红军,要忠实地去投降帝国主义、出卖民族利益",号召"撕碎李顿的报告书,反对一切帝国主义瓜分中国、压迫中国革命、进攻苏区、进攻苏联的新企图"[②]。7日,中共中央再次发布《中央关于李顿调查团的报告及加强反帝群众斗争的决议》,着重指出"镇压中国的共产主义与苏维埃是报告书最重要的目的之一",强调报告书认可日本侵略行为的根据之一便是共产主义之存在成为国民政府的"实际的对抗者"与镇压共产主义之必要,号召"将一切群众争斗的形式(革命战争、游击运动、罢工、抵货、兵变等等)发展与联结起来,才能击溃帝国主义强盗及其刽子手——国民党政府"[③]。

日本、欧美等国也对报告书中的"共产主义"内容发出不同声音,形象地反映了当时"共产主义"被塑造成的"负面角色"和所面临的国际环境。国民政府

[①] 中央档案馆编:《中共中央文件选集·第八册(一九三二)》,北京:中共中央党校出版社,1991年,第498页。

[②] 复旦大学历史系中国近代史教研组编:《中国近代对外关系史资料选辑(1840—1949)》(下卷 第一分册),上海:上海人民出版社,1977年,第203页。

[③] 中央档案馆编:《中共中央文件选集·第八册(一九三二)》,第504、510页。

将报告书前八章内容视为"事实之陈述部分",表示"可以接受"①,希望国际社会相信国民政府。蒋介石在日记中写道:"其前八章,调查之本责任则甚公道,余对此主张,有修正或保留之接受,不必拒绝,以弱国图强,非此不可也。"②国民党元老邵元冲将报告书中的"共产主义"内容视为"'共匪'真相报告书",尽管个别内容"过甚其词",但国民政府用言语驳斥不能取得良好效果,应该用"剿共"的事实予以反驳,"'共匪'渐告肃清,则其说不攻自破"。针对日本所说苏联共产主义在东北的"赤化"宣传,邵元冲称这是"杞人忧天",原因在于"日强俄弱,且俄之'赤化'宣传,只我穷瘠之省份,受其影响。东省地广民富,人人安居乐业,'九一八'以前,未闻东省有'共匪'也"③,意在戳穿日本关于扶植伪满可以"遏制"共产主义的谎言。

日本外务省在 1932 年 11 月 21 日发布内阁关于《李顿调查团报告书》的意见书,将共产主义当作攻击中国和辩护伪满的说辞。意见书称报告书把中国视为"一个统一体"是错误的,强调"中国并非是有组织的国家","不仅有广东的南方实力派不服从南京国民政府的节制,而且还受到以湖北、福建以及江西诸省为中心的'共匪'集团的威胁";关于伪满洲国的未来,日本重申伪满"无排外之感情,又没有中国内地的共产主义'灾祸'",应该对伪满予以"相当的同情"④,把抵抗内地共产主义运动视为伪满应该被认可的考量因素之一。已经转任日本驻国联常任代表的松冈洋右在日内瓦继续强调共产主义的"危害性",称"目前中国腹地'赤患'蔓延,所涉面积四倍日本国境……国联若真实希望远东以及世界和平,则巩固日本地位,为达到是项希望之唯一方法"⑤,甚至威胁"倘日本退出亚洲大陆,混乱状态即将继起"⑥。

报告书还引起国际社会议论中国"共产主义",各方意见也不尽一致。

---

① 《蒋委员长对于国联调查团报告书之意见》(1932 年),台北"国史馆"藏,"外交部"档案,020-990600-2080,第 120—123 页。

② 《蒋介石日记》(手稿),1932 年 10 月 9 日,斯坦福大学胡佛研究所档案馆藏。

③ 《九一八事变国联调查团报告及各方意见》(1932 年),台北"国史馆"藏,"外交部"档案,002-080103-00012-008。

④ 外务省编『日本外交文書 満州事変』別巻、外務省、1981 年、291—360 頁。

⑤ 《松冈向世界狂吠:谓各代表对报告书不应断章取义,以退出国联为恫吓并指摘报告书》,《中央日报》1932 年 12 月 10 日,第 2 版。

⑥ 《松冈一味胡言:诬谈中国共党吓世界,日本国内共党又如何》,《中央日报》1933 年 2 月 6 日,第 3 版。

1932年10月底,英国外交部远东司官员普拉特表示:"南京政府越是羸弱,共产主义就越有可能在中国得到发展。"①11月,针对法国驻美大使"报告书中的建议是站不住脚的"和支持日本的立场,美国副国务卿卡斯托表示:"日本仍然是西方各国和东方之间的唯一联系,如果日本变得无能为力,或者发展成为共产主义国家,从而为共产主义宣传开辟道路,那将是一场世界灾难。"②差不多同一时间,国联理事会连续开会讨论如何调处"九一八"事变,美国同意参加国联下设的十九国委员会,同时明确表示美国观点是"根据《李顿调查团报告书》,在达成解决方案时必须有苏联代表在场"③,苏联暨共产主义在美国看来是解决"九一八"事变的必要因素之一。1933年初,曾任调查团专家组顾问之一的荷兰人开脱·益格林诺(Kat Angelino)向国联理事会建议应该援助中国,考量之一便是中国共产主义运动。他认为,帮助中国重建"有可能在短时间内以相对温和的手段结束中国内战,从而大大减少共产主义的'危险'",并提议向中国提供国际贷款,"避免中国知识分子在绝望中转向共产主义,将其作为拯救国家的最后手段"④。

小　结

综上可以清楚地发现,日本与国民政府通过多种方式,误导调查团关于"九一八"事变和"共产主义"的判断与认知。而作为"九一八"事变客体之一的"共产主义",在这个过程中超越了双方的"敌人"身份,成为被用以攻讦对方和维护自己的"有利武器"。调查团的东亚之行为双方向国际社会歪曲"共产主义"提供了机会和窗口。在密谋扶植伪满和主动提议组建调查团之后,日本在各种场合向调查团强调"共产主义"的危害性,"共产主义"逐渐成为其攻击国

---

① "The Minutes of Pratt", October 24, 1932, *Foreign Office Files*, FO 371/16180, pp. 74 - 76, The National Archives, UK.

② "Memorandum by the Under Secretary of State (Castle)", November 22, 1932, *FRUS*, 1932, Vol. IV: The Far East, pp. 359 - 361.

③ "The Minister in Switzerland (Wilson) to the Secretary of State", November 25, 1932, *FRUS*, 1932, Vol. IV: The Far East, pp. 368 - 369.

④ "The Note of Dr. de Kat Angelino", January 9, 1933, *Foreign Office Files*, FO 371/17074, pp. 66 - 77, The National Archives, UK.

民政府的无能、强调日本驻兵必要性、论证伪满重要性等的主要说辞。直到东京审判期间,"九一八"事变主要策划者之一的石原莞尔仍坚称:"如果日本完全从满洲撤军,不仅会危及我们的权益,甚至会危及日本乃至苏联居民的生命……鉴于苏联的传统政策,满洲将成为共产主义宣传的基地,而满洲的和平秩序就会遭到破坏,这不仅将危及我国的国防而且会损害中国的国防。"①

可见,共产主义因素是日本霸占中国东北和拒绝撤兵的重要说辞。而作为对手方,国民政府对中国共产主义运动的"辩解"是为了应对日本诋毁"共产主义"背后所包含的对国民政府的攻讦。国民政府被动因应的态势明显,其"辩解"内容紧紧围绕"剿共"军政和日本侵略,意图使调查团认可国民政府正在采取的遏制共产主义的行动,同时说服调查团相信"九一八"事变与日本侵略是导致共产主义运动持续发展的重要外因,即日本停止侵略是"剿共"的前提。报告书公布后,各方的不同反应进一步加剧了"九一八"事变和"共产主义"之间的关联性,预示着共产主义在中国前进道路上的艰辛。

因近代中国的特殊国情,中共的发展壮大深受国际因素的影响。以多元史料为基础,以国际视野审视中共及共产主义运动具有方法论上的价值。通过李顿调查团的视角,不仅清晰展示了"共产主义"在"九一八"事变后引发各方争议的具体过程,而且呈现了日本与国民政府关于"共产主义"的错误、片面的叙述,进而使"九一八"事变和"共产主义"存在关联性变成一种刻板、僵化印象,对其后的中共和中国共产主义运动的发展、国民政府"攘外必先安内"政策的实施以及日本对中国的侵略都产生了一定影响。*

---

① 程兆奇主编:《远东国际军事法庭庭审记录·中国部分——全面侵华辩方举证(下)》,上海:上海交通大学出版社,2016年,第257页。

* 本部分的主体内容发表于《中共党史研究》2021年第4期,题为《九一八事变中的"共产主义"因素研究——基于李顿调查团的视角》,收入本书时做了修改和补充。

身处"幕后"的李顿调查团

九、日本因应国联调查团的动机及其异化

中日两国、调查团代表来源国以及派遣方国联等在调查团问题上都存在不同目的与立场的因应,其中尤以日本因应呈反复姿态。日本在"九一八"事变后初期反对国联介入,要求中日直接交涉,而后转为主动倡议组建调查团,再对调查团进行诸多劝诱,试图引导调查团倾向日本,但在报告书撰写过程中,日本否认调查团具有劝告建议权限,最终反对调查团及其报告书。

学界关于日本提议组建调查团的常识性认知是日本为争取时间扶植伪满,该定论自然合理,但深入考察日本意图,可以发现从反对到倡议的转变背后蕴含试图利用调查团的动机,即日本对调查团寄有"希望"。这种"希望"在调查团正式组建后演变为以贯彻日本国策为目标而进行带有居心叵测性质的劝诱与引导。

此外,调查团报告书遭到中日两国不同程度反对,既往研究集中于中日对报告书的不满与批判[1],日本对于报告书的撰写者——李顿调查团的不满亦值得探讨。本书拟通过梳理日本因应国联调查团的过程,探讨日本应对国联介入"九一八"事变上的动机及其异化历程,进而审视日本与国联调查团互动关系背后的利害关系。

(一)组建调查团立场的转变

"九一八"事变爆发后,蒋介石及国民政府采取的应对策略之一是将中日

---

[1] 参见王宇博:《英国、国联与"九·一八"事变——兼评〈李顿调查报告〉》,《历史档案》2002 年第 2 期;洪岚:《〈李顿调查团报告书〉公布前后中国社会各界的反响》,《史学月刊》2006 年第 5 期;野村宗平「日本の国際連盟脱退をめぐる新聞論調」、「愛知淑徳大学現代社会研究科研究報告」第 5 号、2010 年;竹内桂「国際連盟脱退の諮詢をめぐる相克」、「政經論叢」第 88 卷第 3—4 号、2020 年 3 月。

冲突诉诸国际联盟，试图以第三方介入遏制日本侵略，日本以直接交涉为抵制第三方介入的重要策略。中日双方截然不同的策略对抗，加之大国间立场不一致，直接导致国联调查团的组建被延后数月①。其实，面对抵制国联介入的方针，日本内部一直存在不同声音。1931年10月初，日本驻国联代表团就表示由于国联对中国东北实情缺乏了解，"此时让国联秘书处中的干部前往东北和了解实情，并在此问题上理解日本的立场，无疑是有帮助"②。10月12日，驻意大使吉田茂向外务省表示"日本一直以来的态度是始终避免国联干预"，如果能够在理事会上指出"导致满洲问题的中国政情的'暴虐'情况"，将会形成有利于日本的情势，可以"鼓励派遣中国政情调查委员会"③。11月8日，驻英大使松平恒雄表示"如果日本政府不改变一直以来的态度与主张……导致列国与日本处于对抗状态"，将致"国联与欧美国家对日本的反感增加"④。部分驻外使节认为派遣调查团对日本有利，寄希望于利用调查团改变国际舆论风向。

日本政府强硬抵制的背后是日本军方的意见，但到1931年10月下旬，军方态度也发生改变。10月24日，驻沈阳总领事林久治郎向外务省指出"本庄（繁）司令也认为让国联调查员知道满洲事变实情是有利的"⑤，表明关东军转为同意接受国联介入中日冲突。10月27日，日本陆军次官致电关东军参谋长，表示"国际舆论于帝国不利……把现时国际联盟对我不利的形势扭转过

---

① 参见陈海懿：《九一八事变后美国的因应和国联调查团产生》，《民国档案》2019年第4期。

② 「『ウォルタース』派遣案再具申」(1931年10月9日)、JACAR(アジア歴史資料センター)Ref. B02030382800(第164画像目から)、日支事件ニ関スル交渉経過(連盟及対米関係) 第一巻(外務省外交史料館)。

③ 「時局ニ對スル吉田大使ノ意見」(1931年10月12日)、JACAR(アジア歴史資料センター)Ref. B02030383000(第213画像目から)、日支事件ニ関スル交渉経過(連盟及対米関係) 第二巻(外務省外交史料館)。

④ 「次回理事会ニ対スル意見具申」(1931年11月8日)、JACAR(アジア歴史資料センター)Ref. B02030388500(第133画像目から)、日支事件ニ関スル交渉経過(連盟及対米関係) 第四巻(外務省外交史料館)。

⑤ 「調査団派遣慫慂ノ件」(1931年10月29日)、JACAR(アジア歴史資料センター)Ref. B02030391000(第129画像目から)、日支事件ニ関スル交渉経過(連盟及対米関係) 第四巻(外務省外交史料館)。

来,是帝国意图完成上所必需"①。

　　驻外使节的观点表达、关东军和陆军中央的立场转变,直接促成日本在外交策略上转向提议国联派遣调查团前往东亚。11月15日,日本外务省向驻国联代表团发电,明确指示可以提议派遣调查团,最关键内容是界定调查团任务,即"调查中国的整体形势和实地见闻信息",分为四点:1. 调查中国各地的对日不法行为;2. 调查中国是否有能力确保日本侨民的生命财产安全,以及现在是否确保上述安全;3. 调查中国是否有能力履行同日本和其他各国的条约,以及现在是否正在履行这些条约;4. 调查团的任务仅视察中国东北,不能调查日军能否撤退等事项②。从中可以明显看到日本的心机:其一,希望通过主动提议派遣调查团以主导调查团的任务设计,以致不干涉日军在东北的军事活动;其二,希望将调查范围扩展至东北以外地区,使调查变成对整个中国的审查;其三,希望以条约体系拉拢欧美国家站到日本一边。

　　介入中日冲突与实现冲突消弭是国联的诉求,国联对日本的调查团任务设计基本接受。11月17日,德拉蒙德向副秘书长杉村阳太郎告知其同意调查团任务是"中日之间事件的实地调查,研究中国的一般政情"③,18日,德拉蒙德再告知杉村"调查团的目标与日本的主张基本一致……不仅调查满洲,而且包括中国内地全部"④。英国代表塞西尔在研究日本方案后也予以同意,认为该方案"可以查明关于中国的一切真相,比如日本在贸易上所受打击、中国的抵制情况、满洲地方情势等"⑤。

　　于是,日本驻国联常任代表芳泽谦吉向外务省反馈,派遣调查团方案不仅

---

　　① 《就帝国政府之意图事次官致关东军参谋长电》(1931年10月27日),赵朗编:《"九·一八"全史》(第五卷·资料编上),沈阳:辽海出版社,2001年,第134—135页。

　　② 「再開理事会への対策について」(1931年11月15日)、外務省編『日本外交文書 満州事変』第1巻第3冊、外務省、1978年、557—561頁。

　　③ 「杉村『ドラモンド』会談」(1931年11月18日)、JACAR(アジア歴史資料センター)Ref. B02030393200(第146画像目から)、日支事件ニ関スル交渉経過(連盟及対米関係)第五巻(外務省外交史料館)。

　　④ 「杉村『ドラモンド』会談」(1931年11月19日)、JACAR(アジア歴史資料センター)Ref. B02030393300(第164画像目から)、日支事件ニ関スル交渉経過(連盟及対米関係)第五巻(外務省外交史料館)。

　　⑤ 「松平『サイモン』会談」(1931年11月19日)、JACAR(アジア歴史資料センター)Ref. B02030393300(第158画像目から)、日支事件ニ関スル交渉経過(連盟及対米関係)第五巻(外務省外交史料館)。

可以"取得塞西尔和德拉蒙德及国联领导人物们对我方之好意",而且可以"抑制中国",该方案是"指导理事会和打开时局的最好策略"①。11月20日,外务省再强调调查团的调查顺序,"应该从总体问题出发,再到具体问题;从中央状况出发,再到地方状况。盖各地外国人的生命财产得不到保障、同外国的条约得不到履行的主要原因在于中国没有一个能够发挥近代机能的统一政府,以及国民政府及国民党将排外乃至否定所谓的不平等条约作为根本政纲"②。翌日,芳泽在理事会公开会议上表示,"日本政府认为,从根本上解决满洲问题的基本条件是真正了解整个满洲和中国的情况……建议国际联盟向现场派遣一个调查团",以英国代表塞西尔、理事会主席法国人白里安为代表的大国纷纷表态支持,评价该调查团可为中日"带来长期的安定与和平合作"③。

尽管中国对日本方案表达不满和争取修正,但国联基本按照日本方案制定了议决案。12月9日,白里安宣读议决案:"派遣一调查团,由五人组成,就地研究任何影响国际关系而扰乱中日两国和平或和平所维系之相关情形,并报告于理事会"④。翌日,在中日采取保留声明的前提下,国联理事会全票通过议决案,国联调查团得以派遣。

(二) 劝诱与引导调查团

经过具体代表的一番选择后,国联调查团正式组建,由英国代表李顿、法国代表克劳德、意大利代表马柯迪、美国代表麦考益、德国代表希尼组成。为

---

① 「支那視察員派遣問題ニ関スル請訓」(1931年11月19日)、JACAR(アジア歴史資料センター)Ref. B02030393300(第170画像目から)、日支事件ニ関スル交渉経過(連盟及対米関係) 第五卷(外務省外交史料館)。

② 「支那視察員派遣問題ニ関スル回訓」(1931年11月20日)、JACAR(アジア歴史資料センター)Ref. B02030393500(第206画像目から)、日支事件ニ関スル交渉経過(連盟及対米関係) 第五卷(外務省外交史料館)。

③ "Appeal from the Chinese Government under Article 11 of the Covenant", November 21, 1931, *League of Nations Official Journal*, Vol. 12, Iss. 12, 1931, pp. 2365 - 2369.

④ "Appeal from the Chinese Government under Article 11 of the Covenant", December 9, 1931, *League of Nations Official Journal*, Vol. 12, Iss. 12, 1931, pp. 2374 - 2375.

九、日本因应国联调查团的动机及其异化　181

实现调查团为己背书的目的，日本从国联组建伊始就开展劝诱与引导，此类言行贯穿调查团之始终。

1932年1月21日，调查团召开组建后的第一次内部会议，没有中国代表在场，杉村阳太郎以国联副秘书长身份出席会议。杉村在会中积极诱导，指责中国不是一个"国家"，中国"各种语言、民族混杂，交通不便"；强调中日的国民性存在差异，"中国多机灵者而少人才，日本缺擅长撰文与辩论者，但富于实干能力者"，造成中日两国国民"相互理解、相互尊重之观念淡薄"；提出诱导性建议，主张调查团"广泛地考察中国南北各地，同时会见各个阶层、类别之人士，竭力对中国现状及中国今后之走势进行实际的观察"，甚至提议调查东北应以大连为基地，"每次前往满洲地区考察1个星期或10天左右后返回大连休养，然后再次出差考察，此不失为上策"①。

在调查团正式抵达东亚后，日本对调查团展开外交攻势，首先给予隆重的招待规格。调查团第一次日本之行仅十天，日本精心安排行程，包括前往京都、奈良，参观京都御所、二条离宫、金阁寺、春日神社等日本名胜，还为调查团安排丰富的娱乐活动，如观赏歌舞伎、滨离宫猎鸭、奈良赏鹿等②。在京都，李顿表示"忘记了身上肩负的重任……享受安排的愉快节目"③。在招待之外，日本专注对调查团进行诱导，主要表现在以下三个层面。

第一，诱导调查团误判中国。一方面，诋毁中国不属于文明国家。转任外相的芳泽在会谈中向调查团强调，"因军事派系之间存在分歧，中国不仅统治无序，而且没有权威"④。陆相荒木贞夫认为，"中国不能被视为一个有组织的文明国家"，以他在沈阳的经历说明中国国民文明程度低，荒木声称自己曾劝

---

① 「杉村公使ト国際連盟支那視察員トノ会見録」(1932年1月21日)、JACAR(アジア歴史資料センター)Ref. B02030442400(第202画像目から)、国際連盟支那調査員関係 第一巻(外務省外交史料館)。

② 「国際連盟支那調査委員本邦滞在中ノ日誌1」(1932年3月)、JACAR(アジア歴史資料センター)Ref. B02030443800 (第154画像目から)、国際連盟支那調査員関係 第二巻(外務省外交史料館)。

③ "Lord Lytton's Speech at Kyoto", March 9, 1932, The dispute between China and Japan: The League of Nations Inquiry Commission visit in Japan, S49/4, *League of Nations and United Nations Archives*.

④ "Draft Record of Conversation", March 3, 1932, S49/4, *League of Nations and United Nations Archives*.

告中国人掩埋一具土匪尸体,而中国人不予掩埋,甚至称"野狗会在短时间来处理"①,以此暗示中国不是文明国家。日本还特别制作应对调查团问答的要旨,向调查团说明"大部分中国民众没有接受过文明国民所受的普及教育","中国在对内的法制及其运用上没有取得文明国家的资格,在对外国际关系上也未达到完全遵守国际义务的文明国家程度"②。

另一方面,强调中国奉行排外思想与实施反日运动。3月2日,芳泽在招待调查团晚餐会的演说中指出,"国民党把排外作为最为重要的党纲……给各国带来了很大的困惑"③,海相大角岑生以上海为例,声言由于中国军民的反日情绪,如果日本军队不在上海驻扎,将产生"对上海日本侨民的大屠杀"④。在大阪,日本举办调查团与日本实业家恳谈会,实业家们反复强调中国盛行抵货运动,内外棉株式会社专任董事冈田源太郎在发言中指出中国对日本实施"经济战争",包括直接鼓动排货、对日本货物非法征税、组织抗日救国会等,"过去二十年,日本企业家遭遇九次严重排货,日本人积蓄怒火,以致引起现在的惨剧"⑤。

第二,诱导调查团错断"九一八"事变。"九一八"事变是构成调查团组建与前往东亚的直接原因,调查事变是调查团的主要任务之一。为此,日本从宏观与微观两个层面对调查团进行诱导式说明,目的是为日本"自卫论"辩护。

在宏观层面,日本强调"九一八"事变爆发应当归罪于中国。2月29日,芳泽向调查团表示,"诱发此次事变的根本原因是过去数年间国民政府推行革

---

① "Conversation with General Araki Minister of War", March 5, 1932, Sino-Japanese dispute: Briefing notes on Manchuria submitted to the Inquiry Commission, S34/1/2, *League of Nations and United Nations Archives*.

② 「国際連盟日支那問題調査委員一行大阪ニ於ケル懇談会席上リットン卿及其一行ト大阪実業家トノ間交換セラレタル重要ナル問答ノ総合要旨及其補足」(1932年3月10日)、JACAR(アジア歴史資料センター)Ref. B02030444000(第157画像目から)、国際連盟支那調査員関係 第二巻(外務省外交史料館)。

③ 「国際連盟支那調査委員招待晩餐会ニ於ケル芳澤外務大臣演説原稿」(1932年3月2日)、JACAR(アジア歴史資料センター)Ref. B02030442700(第263画像目から)、国際連盟支那調査員関係 第一巻(外務省外交史料館)。

④ "Record of Interview of Admiral Osumi, Naval Minister", March 7, 1932, S34/1/2, *League of Nations and United Nations Archives*.

⑤ 岡田源太郎「支那ノ対日経済絶交」(1932年3月10日)、JACAR(アジア歴史資料センター)Ref. B02030442800(第293画像目から)、国際連盟支那調査員関係 第一巻(外務省外交史料館)。

命外交,采取以暴力对抗列强和单方面改变条约的态度。直接的原因是张学良在同南方妥协前,其与日本是亲善关系,妥协后受革命外交鼓动,开始夺取日本的权益,结果导致种种事件发生,严重刺激日本国内舆论"①。冈田源太郎从经济角度指出"'九一八'事变是日本正当享有的权益不被尊重,日本不得已靠自己力量去维护而造成的结果"②。

在微观层面,日本军方虚构9月18日当晚的冲突情节。调查团进入东北之后,关东军向调查团灌输诸多关于"九一八"事变的谎言。1. 关于柳条湖段铁轨的爆炸情况。调查团于1932年6月3日抵达爆炸现场,关东军铁路守备队柳条湖分遣队队长河本末守向调查团描述爆炸"真相",比如河本及其小队在距离爆炸点100米左右听到身后传来爆炸声,赶到爆炸点后发现一部分铁轨遭到损毁,然后追击400余名往北大营逃走的"敌人",并虚构是中国军队点燃"定时引信"引起爆炸③。2. 关于北大营的战斗情况,"九一八"事变时担任日本铁路守备队第二营指挥官的岛本正一向调查团描绘日军攻击北大营的"真相",比如日军进入北大营时"遭到来自四面八方的猛烈射击"且导致"2人死亡,22人受伤"④;"日军第三中队推进到路堤附近时,中国军队撤退到了营房内,开始从里面开枪","凌晨5点,日本士兵得以进入北大营。中国军队从另一边用机枪攻击日本士兵,有一些日本士兵受了伤"⑤。3. 关于日军进攻沈阳情况,"九一八"事变当晚的日军将领平田幸弘告知调查团,"岛本正在攻打北大营,我觉得有必要在危险发生之前进攻驻守在城里的中国人",在进攻过程中遭到中国军队抵抗,"驻守在铁路沿线的中国警察武装袭击联队各部,

---

① 「芳澤大臣『リットン』卿会談録」(1932年2月29日)、JACAR(アジア歴史資料センター)Ref. B02030442700(第245画像目から)、国際連盟支那調査員関係 第一巻(外務省外交史料館)。

② 岡田源太郎「支那ノ対日経済絶交」(1932年3月10日)、JACAR(アジア歴史資料センター)Ref. B02030442800(第293画像目から)、国際連盟支那調査員関係 第一巻(外務省外交史料館)。

③ "Record of Interview with Lt. Kawamoto and Col. Shimamoto", June 3, 1932, Dispute Japan-China in Manchuria: Briefing notes on Manchuria new government, S31/1, *League of Nations and United Nations Archives*.

④ "Record of Interview with Lt. Gen. Honjo", April 26, 1932, S31/1, *League of Nations and United Nations Archives*.

⑤ "Record of Interview with Lt. Kawamoto and Col. Shimamoto", June 3, 1932, S31/1, *League of Nations and United Nations Archives*.

中国的正规军也在各个军营里实行抵抗"①。4.关于事变后在沈阳组建市政机构的情况,关东军司令本庄繁向调查团诡辩有日本人参与组织沈阳市政机构的原因是"9月18日晚事变爆发后,敌对行动蔓延到整个城市。警察实际上消失不见,城市全部民众处在极端危险和焦虑中……沈阳是反日运动的中心……反日分子借此机会在城市内开展敌对活动"②,因此由土肥原贤二负责市政事务有助于恢复沈阳的秩序。其他种种虚构的描述,无非是强调日本在"九一八"事变中的举措乃出于"自卫",是"正当"的行为。

第三,诱导调查团承认伪满。伪满洲国是日本发动"九一八"事变所取得的"成果",实现伪满的国际认可成为日本诱导调查团的重要目的,也是日本希望调查团"背书"的主要内容。日本采取直接与间接双重方式,同时透过伪满自身向调查团表露立场。

首先,以直接方式,通过劝说诱导调查团承认伪满。曾任国联理事会主席,时任日本国联协会会长的石井菊次郎在1932年3月3日的招待晚宴中向调查团说明:"南京政府的影响局限于长江三四个省,满洲……独立于中国其他地区,历史和地理因素使日本在该地区有特殊地位。"③3月5日下午,芳泽向调查团表示,"过去中国政府从未在满洲行使真正的权力,所有行政部门都是由奉天政权单独设立……实际上,满洲一直是一个独立的国家,特别是自辛亥革命以来"④。6月2日,本庄繁不仅美化伪满洲国是"是建立在王道之上……以民族的合作与和谐思想为基础",而且强辩伪满已然是一个"国家","拥有广阔的土地和三千万人口,有天赐的丰富的农矿业方面的自然资源……新政府的预算据说将在半年内维持预算收支平衡"⑤。

其次,以间接方式,诱导调查团接触伪满而达到"承认"效果。日本采取的

---

① "Record of Interview with Lt. Gen. Honjo", April 27, 1932, S31/1, *League of Nations and United Nations Archives*.

② "Record of Interview with Lt. Gen. Honjo", May 1, 1932, S31/1, *League of Nations and United Nations Archives*.

③ "Speech by Viscount Ishii at Dinner Given by the League of Nations Association of Japan", March 3, 1932, S49/4, *League of Nations and United Nations Archives*.

④ "Draft Record of Conversation with Mr. Yoshizawa", March 5, 1932, S49/4, *League of Nations and United Nations Archives*.

⑤ "Interview with General S. Honjo at the Kwantung Army Headquarters Mukden", June 2, 1932, S31/1, *League of Nations and United Nations Archives*.

主要举措是要求伪满以受"威胁"为由,拒绝作为调查团参与员的顾维钧进入伪满地界,引发国联调查团进入"满洲国"受阻事件。实际操控伪满外交部门的大桥忠一就向外务省明言"'满洲国'利用此次机会,强调独立性,使得全世界对此予以认识"①。本庄繁也认可伪满"将本事件作为其对国民政府外交的第一步,颇为重视"②。经反复协商,调查团采取分道进入东北的方式,顾维钧和李顿通过海路于 4 月 21 日登陆大连,进入东北地区的日本满铁附属地。不过,伪满在日本指使下继续为难调查团,告知若顾维钧"擅自踏出附属地外一步",伪满"将采取坚决地处置"③。同时,日本抛出真实建议:"让调查团对'新国家'进行问候,在此基础上由'满洲国'和调查团协商。"④最终,在强调调查团不具备承认伪满之权能的前提下,李顿同意联系伪满,经过三轮协商才基本解决此次受阻事件⑤。李顿此后亦声明调查团没有承认伪满,"吾等为调查起见与'满洲国'当政者有所接触,但并非是给予'新国家'承认之机会"⑥。

再次,透过伪满进行劝说,引导调查团正视伪满。李顿调查团为完成调查任务而不得不接触伪满,使伪满有机会通过谈话与提交资料的形式诱导调查团。5 月 3 日,伪外交部门负责人谢介石向调查团夸大东北相对于中国内地的"独立性",强调伪满成立改变了一切,即目前情况与"国联决定派调查团前来的那个时刻"之间存在区别,"调查团被派到这里来寻找日本和张学良政权

---

① 「顧維鈞入満問題に関し芳澤外務大臣の伝言に対する大橋司長の意見について」(1932 年 4 月 20 日)、日本外務省編「日本外交文書 満州事変」第 2 巻第 1 冊、外務省、1979 年、771—773 頁。

② 「満洲国の顧維鈞入満拒絶に関する本荘司令官より松岡代議士宛電報について」(1932 年 4 月 11 日)、日本外務省編「日本外交文書 満州事変」第 2 巻第 1 冊、730 頁。

③ 「満洲国の顧維鈞入満拒絶理由について」(1932 年 4 月 17 日)、日本外務省編「日本外交文書 満州事変」第 2 巻第 1 冊、758—759 頁。

④ 「顧維鈞問題緩和に関する協議について」(1932 年 4 月 23 日)、日本外務省編「日本外交文書 満州事変」第 2 巻第 1 冊、783 頁。

⑤ 参見「顧維鈞ノ満洲国入国拒否問題ノ経過」(1932 年 5 月 18 日)、JACAR(アジア歴史資料センター) Ref. B02030451800(第 390 画像目から)、満洲国ノ支那側参与顧維均ノ入国拒否問題(外務省外交史料館)。

⑥ 「第 156 号 桑折総領事代理から内田外務大臣まで」(1932 年 9 月 8 日)、JACAR(アジア歴史資料センター)Ref. B02030450100(第 418 画像目から)、国際連盟支那調査員関係 第五巻(外務省外交史料館)。

之间发生争端的根本原因的那个阶段已经不复存在"①。5月4日,伪国务总理郑孝胥向调查团解释伪满的政治理念,强调伪满是"立宪政府",首要目标是"摆脱专制主义和排外情绪"②。5月5日,伪立法院长赵欣伯向调查团简述伪满的"成长"过程,尤其是关于旗帜的产生过程和伪满的地域范围,以此说明"在满洲民众普遍支持下建立'新国家'"③。伪满官员的持续性劝说有三重用意:一是虚构伪满的自身历史和"独立性",强调伪满与国民政府的区别;二是突出伪满的民意基础和"自发性",强调伪满并非在日本扶植下产生;三是诱导调查团只能承认伪满已经存在的"事实"。

(三)围绕报告书的行动

经过数月调查,调查团于1932年7月下旬开始根据调查、调停及搜集的各类资料,撰写最终报告书。基于"满蒙经略"国策,确保伪满成为既定事实是日本的努力目标,日本在调查团撰写报告书过程中不断强调"满蒙立场"。1932年7月22日,新任外相内田康哉向调查团发送一份谈话文件,该文件中以英文形式灌输日本的"满蒙立场"。其一,诡辩"满洲国"因中国东北的特殊性而产生。文件表示"满洲是一个在地理上和心理上都与中国截然不同的'国家'",该地区人民是由于"日本的警惕和进取精神"才享受到安全与富裕,而"满洲国"的建立既是地下革命运动的结果,也是日本自卫运动的后续,"满洲独立实质上是中国政治分裂的现象"。其二,试图强加日本所希望的方案。内田明言"不能同意任何设想在满洲建立一个中国人统治的反日和混乱的方案",针对调查团可能的方案,提出"任何计划若不考虑'满洲国'作为一个国家的存在,都不能实现秩序与稳定,也不能给远东带来安宁"。其三,尝试从调查团最为关心的国际条约角度进行劝说。内田表示由于"'满洲国'独立是地方

---

① "Record of Conversation with Mr. Chie", May 3, 1932, Sino-Japanese dispute in Manchuria: Working Papers of the Inquiry Commission, S31/2, *League of Nations and United Nations Archives*.

② "Conversation with Premier Cheng Hsiao-Hsu of the Manchukuo Government", May 4, S31/2, *League of Nations and United Nations Archives*.

③ "Record of Interview with Dr. Chao Hsin-Po", May 5, 1932, S31/2, *League of Nations and United Nations Archives*.

自觉运动",因此"不存在同《九国公约》不一致的问题",诡辩"《九国公约》的目的不是要使满洲地区脱离国际法的正常运作,也不是使不和谐的局面永久存在",而且《九国公约》"不禁止在中国任何地方的中国人自愿建立一个独立的国家",故得出日本承认伪满"不构成违反条约"的谬论①。

吉田伊三郎则利用参与员身份适时向调查团灌输日本立场。7月21日,吉田会见调查团专家开脱·盏格林诺,借"共产主义"问题为日本的满蒙政策辩护,"假如'满洲问题'全然如同中国所希望般解决,'共产主义'的'威胁'迫在眉睫"②,从侧面表示解决'满洲问题'应该按照日本方案,即承认"满洲国"。8月2日,调查团秘书长哈斯会见吉田,哈斯指出伪满政府内出现许多日本名士,日"满"关系愈加密切,吉田回应这些人"不是为日本服务,而是为'满洲国'服务"。哈斯继续表示"与其说'满洲国'是个独立国家,倒不如说是一个保护国",吉田按照内田的基调辩称,"日本并非将'满洲国'当作保护国对待,而是承认其乃一个国家"③。

日本最关心报告书中直接关涉伪满处置的建议内容,三管齐下积极打听。第一,直接询问调查团代表。7月19日,吉田在同希尼的会谈中询问其对"报告书中提出劝告案"的意见,希尼没有正面回答,但建议日本等待国联最后讨论后再承认"满洲国",这是"世界舆论所希望",吉田则威胁性地回应道,"对日本主张不利的报告书,日本当然要辩论,这势必削弱报告书的价值,务请注意"④。麦考益在7月20日也向吉田建议,日本"应该晚些时日承认'满洲国'"⑤。8月

---

① 参见「連盟調査委員への談話要旨送付について」(1932年7月22日)、日本外務省編『日本外交文書:滿州事変』第2巻第1冊、967—969頁。
② 「第379号 矢野参事官から内田外務大臣まで」(1932年7月21日)、JACAR(アジア歴史資料センター)Ref. B02030449200(第136画像目から)、国際連盟支那調査員関係 第五巻(外務省外交史料館)。
③ 「第404号 矢野参事官から内田外務大臣まで」(1932年8月2日)、JACAR(アジア歴史資料センター)Ref. B02030449300(第187画像目から)、国際連盟支那調査員関係 第五巻(外務省外交史料館)。
④ 「第125号 川越総領事ら内田外務大臣まで」(1932年7月19日)、JACAR(アジア歴史資料センター)Ref. B0203044910(第124画像目から)、国際連盟支那調査員関係 第五巻(外務省外交史料館)。
⑤ 「第378号 矢野参事官から内田外務大臣まで」(1932年7月21日)、JACAR(アジア歴史資料センター)Ref. B02030449200(第134画像目から)、国際連盟支那調査員関係 第五巻(外務省外交史料館)。

8日,吉田同李顿举行秘密会谈,直接问道"能否在报告书完成前先非正式告知日本",李顿予以拒绝,吉田又提出报告书"完成之前能否告知一部分内容",李顿依旧拒绝,仅同意在调查团返回欧洲之前将报告书交予中日两国参与员。吉田于是传达日本强硬态度,"如果仅听中国说法,而忽视日本立场,则日本肯定予以驳斥,并根据被无视的程度制作反驳文件",同时询问报告书是否会"建议解决办法",李顿予以肯定,吉田立即表示不需要这样的建议,李顿回应这是"国联理事会要求调查团提供助力"①。8月11日,吉田与马柯迪举行会谈,吉田的第一个问题就是"调查团是否打算把'建议'记载其中"。马柯迪从侧面给予肯定回答,"我本人一直希望能够获得一致通过、永久解决日中问题的方法",吉田重申"如果报告书否认'满洲国'的存在,我方无论如何不能接受"②。

第二,从亲日的调查团秘书处成员处获取信息。秘书处政治股股员派斯塔柯夫(Vladimir D. Pastukhov)和克劳德将军的私人助手助佛兰(Major P. Jouvelet)是日本获取信息的重要渠道。7月16日,吉田向派斯塔柯夫询问"听说调查团在最终报告书里提出建议方案",派斯塔柯夫告知如果提出建议方案,"必须调查团全体一致"③。19日,吉田再次询问报告书事宜,派斯塔柯夫表达出希望日本在报告书完成之前不要承认"满洲国"的观点④。8月11日,吉田从派斯塔柯夫处基本确定"调查团考虑到不能无视'满洲国'的存在,无论如何要讨论该问题",于是向外务省建议"如果报告书内容对日本不利,尽早承认'满洲国'方为良策;如果各代表对日本抱有好感,在报告书完成前承认

---

① 「連盟調査団報告書提出問題に関するリットンとの会談について」(1932年8月8日)、日本外務省編『日本外交文書 満州事変』第2巻第1冊、974頁。
② 「第449号 中山書記官から内田外務大臣まで」(1932年8月11日)、JACAR(アジア歴史資料センター)Ref. B02030449400(第242画像目から)、国際連盟支那調査員関係 第五巻(外務省外交史料館)。
③ 「第377号 矢野参事官から内田外務大臣まで」(1932年7月20日)、JACAR(アジア歴史資料センター)Ref. B02030449100(第128画像目から)、国際連盟支那調査員関係 第五巻(外務省外交史料館)。
④ 「第492号 矢野参事官から内田外務大臣まで」(1932年7月25日)、JACAR(アジア歴史資料センター)Ref. B02030449200(第162画像目から)、国際連盟支那調査員関係 第五巻(外務省外交史料館)。

'满洲国'会引起他们反感,对日本不利"①。

助佛兰一定程度上是传达克劳德的想法。8月17日,助佛兰向吉田表示,调查团"承认日本在满洲拥有重大利益,同时提议在该地实行最广泛的自治"。吉田告知"无视'满洲国'存在的方案,日本不能答应",并询问"是否有人提议由国联参与未来对满洲的管理?"助佛兰予以否认,吉田遂表示希望克劳德将军在"极端情况"下,即"提出妨碍日本承认'满洲国'的方案"时能够给予帮助②。9月初,炮制"满洲国"的主要人员金井章次向外务省汇报其同助佛兰私下谈话后所获信息:调查团在东北问题的态度上分成两种观点,一是从法律论或条约论出发,持"指责"态度;一是从事实论出发,持"肯定"意见,"李顿倾向于法律论,克劳德以事实论为基础,双方进行激烈争辩"③。

第三,利用外围渠道打探情报。7月26日,日本驻美大使出渊胜次向外务省报备美国《纽约时报》驻日内瓦办事处发回来的消息,预测调查团的报告书中会包括"日本在满洲树立傀儡政权、日本违反《九国条约》、满洲之无秩序和不承认日本政府采取大规模行动"等内容④。28日,日本驻希腊公使川岛信太郎报备日内瓦当地新闻报道调查团报告书会对日本不利,"日本违反《九国条约》,'满洲国'的成立系日本所为"⑤。8月16日,美国副国务卿卡斯托(William Castle)告知出渊胜次,美国政府同意"调查团不仅应向国联提供有

---

① 「第450号 中山書記官から内田外務大臣まで」(1932年8月11日)、JACAR(アジア歴史資料センター)Ref. B02030449500(第244画像目から)、国際連盟支那調査員関係 第五巻(外務省外交史料館)。

② 「第483号 中山書記官から内田外務大臣まで」(1932年8月18日)、JACAR(アジア歴史資料センター)Ref. B02030449500(第271画像目から)、国際連盟支那調査員関係 第五巻(外務省外交史料館)。

③ 「第583号 田中総領事代理から内田外務大臣まで」(1932年9月9日)、JACAR(アジア歴史資料センター)Ref. B02030449400(第422画像目から)、国際連盟支那調査員関係 第五巻(外務省外交史料館)。

④ 「第340号 出淵大使から内田外務大臣まで」(1932年7月27日)、JACAR(アジア歴史資料センター)Ref. B02030449300(第180画像目から)、国際連盟支那調査員関係 第五巻(外務省外交史料館)。

⑤ 「第54号 川島公使から内田外務大臣まで」(1932年7月28日)、JACAR(アジア歴史資料センター)Ref. B02030449300(第181画像目から)、国際連盟支那調査員関係 第五巻(外務省外交史料館)。

关事实的报告,而且应提出建议,确信此乃调查团绝对之方针"①。

综上,经过多渠道灌输立场和探听报告书内容,日本在1932年8月下旬基本确定两点关键内容:一是调查团报告书会提出解决中日冲突的建议;二是判断该建议对日本不利,即不会承认伪满的存在。

(四)质疑与反对调查团

在确认报告书中涉及伪满的内容与日本立场不一致后,日本的不满情绪不断显露,并质疑与否认调查团的权限,整个过程蕴含着调查团调停失败和日本对抗国际社会的诸多预兆。1932年8月19日,内田向调查团发送"关于李顿调查团规定的任务"文件,全面否认调查团的建议权限。该文件主要内容共两点:其一,通过法理予以否认,从组建调查团的议决案中的任务设定来否认李顿调查团的建议权限。内田表示已经获悉报告书中会有意见(recommendation)乃至建议(suggestion)的内容,但根据国联理事会"12·10"议决案内容,即"就地研究任何影响国际关系而扰乱中日两国和平或和平所维系之相关情形",日本据此认为议决案根本没有要求调查团提交建议,因此"调查团活动不能超越所定任务之范围,不能超越所定调查事项,没有命其提交劝告之类的报告"。其二,通过前例予以否认,从国联派遣的以往调查团案例中否认李顿调查团的建议权限。日本以1924年9月土耳其伊朗国境问题调查团、1925年10月希波纷争调查团、1930年10月鸦片问题调查团、1931年1月利比亚奴隶问题调查团为例,说明国联理事会在组建这些调查团时明确规定要提出"劝告",赋予这些调查团提出劝告的权利,而李顿调查团所规定的任务"仅是为国联审议问题提供事实调查报告",故"自行提出关于解决中日纷争的劝告并非属于调查团权限"②。

8月底,金井章次前往北平,劝说调查团放弃提出建议。金井是国联理事

---

① 「第422号 出淵大使から内田外務大臣まで」(1932年8月17日)、JACAR(アジア歴史資料センター)Ref. B02030449500(第265画像目から)、国際連盟支那調査員関係 第五巻(外務省外交史料館)。

② 「『リットン』委員会所定任務ニ関スル件」(1932年8月19日)、JACAR(アジア歴史資料センター)Ref. B02030449600(第287画像目から)、国際連盟支那調査員関係 第五巻(外務省外交史料館)。

会 1931 年 12 月 10 日议决案的起草人员之一,他重申调查团不具备提出建议的义务,同时表示中日两国已经呈现交恶状态,"建议只能带来更恶劣的结果",但调查团认为提出建议是权利,而非义务①。日本的质疑与否认并没有改变调查团的既定撰写计划,报告书的最后两章提出了关于处理"九一八"事变的原则性意见,并提出针对性建议。

于是,日本在报告书完成前后已经确定应对方案。8 月下旬,日本举行外相、陆相、海相协商会议,形成《鉴于国际关系处理时局的方针》,得到首相及其他阁僚的同意,于 8 月 24 日通报给驻英、美、法、德、意等国大使及驻国联代表。该文件判断"关于'满洲问题'今后会遇到多重困难",出台应对国际关系的两项方针,第一项是贯彻日本的"满蒙经略",这是日本外交的"枢轴",第二项分为应对中国内地、国联和列强的举措,其中对于国联应该首先"诱导国联充分认识日本对满蒙的重大关心和公正的态度",如果国联干涉日本的"满蒙经略","造成威胁将来国运的现实性压力,帝国政府可以不需要留在国联里面"②,此即日本退出国联的外交预案。

经过日本多方探询,以及调查团返回欧洲前将报告书定稿交给中日参与人员等因素,日本到 9 月中旬已基本明悉报告书核心内容。9 月 14 日,内田外相向日本驻国联代表团事务局长泽田节藏和驻美大使出渊胜次发出"必须向外部保密"的电报,通报报告书的第九章和第十章内容③。翌日,日本与"满洲国"签订《日"满"议定书》,全然不顾及调查团成员的立场与报告书的建议,故意在报告书公布前正式承认"满洲国",意图置报告书之建议于无用。

在报告书正式公布后,日本不再掩藏对李顿调查团的不满。国联理事会于 1932 年 11 月下旬审议报告书,轮值主席瓦勒拉(Eaman De Valera)提议调查团可以列席理事会,听取中日双方对报告书的评议。日本对此十分抗拒,松

---

① 「第 524 号 中山書記官から内田外務大臣まで」(1932 年 8 月 26 日)、JACAR(アジア歴史資料センター)Ref. B02030449700(第 326 画像目から)、国際連盟支那調査員関係 第五巻(外務省外交史料館)。

② 「『国際関係より見たる時局処理方針』通報について」(1932 年 8 月 24 日)、日本外務省編『日本外交文書:満州事変』第 2 巻第 2 冊、外務省、1980 年、382—385 頁。

③ 「リットン報告書の内容に関し内報について」(1932 年 9 月 14 日)、日本外務省編『日本外交文書:満州事変』第 2 巻第 1 冊、986—989 頁。

冈洋右直接表示调查团"无权就编写报告之后发生的事情发表任何评论或意见"①。11月28日,理事会决议将中日问题连同报告书移交国联大会,松冈再强调"调查团已不复存在",对瓦勒拉建议国联大会"可以通过一项特别决议召回调查团"的建议给出强硬保留意见②。李顿调查团在日本反对之下没有出席国联大会,日本与国联的对抗态势持续升级,当国联以《李顿调查团报告书》为基础商议中日冲突时,日本固守满蒙政策。1933年2月24日,国联以调查团报告书为基础审议大会议决案,最终以42票赞成、1票反对(日本)、1票弃权(泰国)而通过议决案,日本当场退出国联。中日冲突没有因国联调查团调停而解决,日本侵略不断加剧,东亚格局最终经由战争成败得到重构。

小　结

中日冲突发生后,中国最先提议国联介入,但被日本抵制,在情势发展之中,日本转向主动倡议组建调查团。从本部分关注的日本因应而言,日本表面同意国联介入,实际动机是操纵调查团为己"背书",其谋划产生一定效果,但调查团最终否认伪满,与日本动机截然相反,引发日本强烈反对和最终退出国联。

第一,日本因应国联调查团的动机存在两次异化过程。在国联调查团问题上,日本原始动机是在外交层面以直接交涉抵制调查团方案,在军事层面继续侵略以巩固成果。外交与军事的不同目标指向异化为推动国际社会介入调查,加之日本意识到国联调查团存在有益于己的可能性,于是转向倡议组织调查团,这是动机的第一次异化。在调查团东亚之行过程中,日本为掩盖侵略行为,制造系列谎言以诱导调查团,但是日本侵略所造成的中国东北全境被占领的显性后果终究没有得到调查团的认可。利用调查团"背书"的预谋反而导致调查团认清侵略事实,日本转向质疑与否认调查团,这是动机的第二次异化。

第二,侵略者身份决定日本因应国联调查团的多变立场。日本发动"九一八"事变和占领中国东北全境是毫无疑义的侵略行径,自然违反《国联盟约》

---

① 「十一月二十三日午後の理事会の経過について」(1932年11月24日)、日本外務省編『日本外交文書:満州事変』第3卷、外務省、1981年、83—86頁。
② "Tenth Meeting (Public) of Minutes of the Sixty-Ninth Session of the Council", November 28, *League of Nations Official Journal*, Vol. 13, Iss. 12, 1932, pp. 1914 - 1915.

《九国公约》《非战公约》等。日本侵略中国是国联介入中日冲突的根本原因，侵略事实不会因日本虚构性言行而改变。囿于侵略者身份，日本既要避免侵略事实被揭露，又要争取国际社会对侵略事实的认可，故在因应过程中才会出现多变立场，这是侵略者身份的"焦虑性"反映。

第三，"满蒙经略"国策是日本因应国联调查团的轴心。"满蒙经略"是日本大陆政策重要组成部分，也是"满蒙生命线"理论的具体实践。日本贯彻此项国策的言行反映在向国联调查团强调满蒙对日本的重要性，持续灌输日本的满蒙政策，诱导调查团"认可"伪满等事件中。这些行为确实取得一定效果，比如调查团报告书认为"恢复原状"不是满意之解决办法，但报告书中也将"维持'满洲国'"视为不令人满意的解决办法。探悉此种迹象后的日本转向反对调查团，以确保"满蒙经略"国策是优于一切的目的。要言之，在日本看来，调查团的存在与权限必须同"满蒙经略"国策保持一致，若能达到"背书"效果则支持，反之则否认。

第四，日本的因应过程反映其居心利用国联集体安全机制。"九一八"事变发生之际正是国联发展之鼎盛阶段，中日冲突不仅成为国联维护东亚和平的试金石，而且考验着国联集体安全机制在东亚的适用性。日本在因应国联调查团过程中居心利用国联的调停程序、议事处理规则和大国支配的弊端，倡议组建调查团是为了主导理事会通过其关于调查团的任务设计方案；通过片面解读议决案的文本意思则是为了否认调查团的权限；利用《国联盟约》中派遣调查团与等待报告书的间隔期规定是为了巩固侵略东北的成果。质言之，国联集体安全机制的先天软弱性和在东亚的不适用性是日本能够居心利用的根源，这既是日本企图造成"九一八"事变后的事实得到国际认可的可操作性前提，也是引起日本争取国联支持其立场彻底无望后就断然退出的必然性结果。*

---

* 本部分的主体内容发表于《民国档案》2023 年第 1 期，题为"日本因应国联调查团的动机及其异化"，收入本书时做了修改和补充。

十、日本承认伪满洲国与各方因应

1932年2月底,调查团到达远东,日本忌惮国际舆论,放缓了侵略中国的步伐。5月,日本首相犬养毅被刺杀,军部为首的右翼势力主导了政局。日本政府准备打破平静,在国联对中日冲突作出最终裁决之前,承认伪满洲国(以下简称"伪满")。此举意味着日本政府正式否认中国对东北地区的主权,不仅与国联出台的各项决议相违背,还违反了以尊重中国领土与行政权完整为前提的《九国公约》。如此公然蔑视国联与国际法的行为,日本将采取何种手段将其付诸实施?中国作为受害国是如何应对的?国联及以英法为首的列强又将采取何种对策?

目前学界尚未充分研究日本承认伪满背后的外交活动及各方因应对策。本书拟考察日本承认伪满前夕采取的外交策略,以及与中国、英国、美国等国与国联的互动过程,以期深化对日本侵华策略与步骤的理解,揭示日本退出国联、走向国际孤立的必然性。

(一)日本承认伪满洲国的步骤

1932年5月15日,日本首相犬养毅被海军青年将校枪杀,"满洲问题"是诱发该事件的主要原因之一。伪满成立后,军部煽动民意,要求政府早日承认。然而犬养毅不准备承认伪满,而是试图先引导其成为一个健全的"国家"[1]。日本舆论批评政府"徘徊不前,实在是遗憾之至"[2]。又有传言称,犬养毅对承认伪满采取消极态度,是因为私受张学良贿赂[3]。最终导致"五一

---

[1] 外務省編『日本外交年表並主要文書』下巻、原書房、1966年、204頁。
[2] 「外交の積極策満洲問題の其後」、『大阪時事新報』1932年5月7日。
[3] 原田熊雄『西園寺公と政局』第三巻、岩波書店、1951年、286—287頁。

五"事件的发生。凶手在事后散发《告日本国民檄》,写道:"'满洲新国家'应该作为日本的生命线进行发展……必须迅速完成'满洲国'的建设!"①可见,是否承认伪满已经是足以影响日本政局的重大问题。

5月25日,海军大将斋藤实就任首相。斋藤内阁的上台,本身就是军人干预政治的产物。军部趁机排斥政党政治,要求阁员抛弃政党身份组成"举国一致"内阁。陆军省军务局满蒙班长铃木贞一声称:"如果政党内阁延续的话,就会发生接二连三的类似事件(指'五一五'事件——引者注)。"②同时,军部坚决贯彻对中国东北的侵略政策,排斥文治政府的干预。5月18日,军部发表新内阁的成立条件,要求继任政府不得干预军部的"满洲政策"③。此背景下上台的斋藤政府,在承认伪满问题上不得不按照军部的意志行动。

此时,在军部为代表的右翼势力煽动下,要求立即承认伪满已成为日本舆论的主流。关东军于5月21日制定《第四次对满蒙方案》,要求"尽早承认'满洲国'",承认时间是7月上旬④。军部借助国防教育普及的名义,发动在乡军人会等团体,派遣军官四处发表演讲,并利用媒体造成声势⑤。6月3日召开的众议院会议上,议员松冈洋右发表演说,希望政府"再前进半步,直接承认'满洲国'",并表示"对承认的延迟感到非常遗憾与愤慨"!台下随即叫好声一片,各议员纷纷高呼拥护承认伪满的口号,会议一度陷入混乱⑥。6月14日,日本众议院全体一致通过"政府应迅速承认'满洲国'"议决案⑦。为迎合军部的对外政策,外务省推举原任满铁总裁的内田康哉担任新外相。内田在任内配合关东军发动"九一八"事变,曾对外宣称:"早已没有'满洲问题'了,有的只

---

① 信夫清三郎『日本外交史2』、毎日新聞社、1974年、382頁。
② 山本四郎「斎藤内閣の成立をめぐって」『史林』第59巻第5号、1976年。
③ 東京政治経済研究所『世界と日本:対恐慌工作裡の政治経済「年誌」』、岩波書店、1934年、141頁。
④ 稲葉正夫,小林竜夫,島田俊彦編『現代史資料11』、みすず書房、1965年、636頁。
⑤ 石原豪「国際連盟脱退と日本陸軍の世論対策」、『文学研究論集』第50号、2019年。
⑥ 『官報号外 第六十二回帝国議会衆議院議事速記録第三号』、1932年6月4日、15—16頁。
⑦ 「満州国承認決議案衆議院本会議にて可決について」(1932年6月16日)、日本外務省編纂『日本外交文書:満州事変』第2巻第1冊、日本外務省、1979年、531頁。

是承认'满洲国'问题。"①在赴东京接受任命的途中，内田表示："我国必须从速承认'满洲国'，……我进京后会劝告政府立即承认。"②

内田于 7 月 6 日就任之前，外相由斋藤本人暂代。斋藤对立即承认伪满持慎重态度。外务次官有田八郎向外界透漏："日本政府不一定像世间想象的那样会迅速承认'满洲国'，目前并未考虑立即承认"③。6 月 3 日，斋藤在日本众议院演讲："我认为应该尽快承认'满洲国'，但这并非是细枝末节的问题，而是必须要从根本上、从大局上，考虑到政治的、实际的各种关系进行决定的问题。万不能留下遗憾。"④此处斋藤所说的"各种关系"具体为何？18 日，外务省召开干部会议，讨论形成《解决"满洲"问题的根本方针》，提出三项影响承认时机的因素。第一，"日'满'关系的完善"：应提前确定日本在伪满的各项权益，以免伪满获得承认后不受日本控制。第二，"'满洲国'的充实程度"：应将伪满建设成为一个完整的"独立国"。第三，"过早承认产生的国际影响"：承认伪满可能违反《九国公约》，导致国联与美国的干预⑤。此后，日本承认伪满的筹备工作分两头进行，一方面解决伪满内部的种种问题；另一方面调整外交政策，设法排除国际社会的干预。

伪满内部。首先，日本加紧发展各项事业"充实"伪满，将重点放在对金融、经济的统制上。6 月 11 日，伪满颁布了《货币法》《"满洲中央银行"法》《"满洲中央银行"组织办法》等。6 月 27 日，又颁布《旧货币整理办法》，规定两年内用伪满新货币取代旧货币。7 月 1 日起，伪满中央银行及各地支行开

---

① 内田康哉伝記編纂委員会，鹿島平和研究所『内田康哉』、鹿島研究所出版会、1969 年、第 334—335 頁。

② 「満州国承認促進に関する内田満鉄総裁の談話について」(1932 年 6 月 13 日)、日本外務省編纂『日本外交文書：満州事変』第 2 卷第 1 冊、1979 年、527 頁。

③ 「満州国承認問題」(1932 年 6 月 12 日)、JACAR(アジア歴史資料センター)Ref. B02030416900(第 311 画像目から)、日支事件ニ関スル交渉経過(連盟及対米関係) 第十卷上(外務省外交史料館)。

④ 『官報号外 第六十二回帝国議会衆議院議事速記録第三号』、1932 年 6 月 4 日、16 頁。

⑤ 「満州国承認問題」(1932 年 6 月 23 日)、JACAR(アジア歴史資料センター)Ref. B02032047200(第 107 画像目から)、満洲国承認問題一件/帝国ノ部 第一卷(外務省外交史料館)。

业,开始发行伪币①。不仅资金依附于日本资本,其经营方针及主要日籍职员的任命,均由日本大藏省决定,日本借此牢牢把控伪满的金融事业。同时,日本也在掠夺东三省关税,强占海关。6月18日,伪满声明"关税自主权独立"②。至6月底,东三省各地海关税款完全被日本控制,海关职员亦以日本人充任。其次,为便于控制伪满,日本着手统一驻伪满的行政机构。日本外务省亚洲局长谷正之提出临时特命全权大使计划,建议在伪满任命一个集军事、政治、外交权力于一身的全权大使。7月26日,内阁会议正式决定,设立"驻'满洲国'临时特命全权大使",同时兼任关东州长官与关东军司令官③。8月8日,任命武藤信义担任该职④。

对外关系方面。为应对国际社会的干预,日本外务省要求法律顾问立作太郎与斋藤良卫论证承认伪满的可行性。立作是东京大学教授、著名国际法学家,写成《承认"满洲国"与〈九国公约〉及国际法规的关系》,其观点是:《九国公约》所规定的尊重中国主权独立、领土与行政权完整,强调的是不可"故意"侵害中国主权。日本发动"九一八"事变是出于"自卫",而伪满是"自发成立"的。《九国公约》并不限制签约国行使自卫权,亦不禁止一地人民自发成立"新国家"。日本承认伪满"不过是对'满洲国'成立事实的确认",并不违反国际法。立作还列举了美国承认古巴、巴拿马从西班牙独立作为佐证⑤。斋藤是东京大学法学博士,他撰写了《"满洲国"承认问题》一文,认为承认伪满在经济上可以有效利用中国东北的各类物资;在国防上可以遏制苏联在东亚的扩张,"是关乎我国生存的重大问题"。同时,立作认为列强不会因此与日本决裂,只

---

① 吉林省金融研究所编:《伪满洲中央银行史料》,长春:吉林人民出版社,1984年,第89—96页。
② 《"满洲国"关税自主声明》(1932年6月18日),罗家伦主编:《革命文献》第37辑,台北:"中央"文物供应社,1984年,第1836—1837页。
③ 内閣制度百年史編纂委員会編『内閣制度百年史』下卷、内閣官房、1985年、201頁。
④ 「武藤大将の関東軍司令官・特命全権大使および関東長官任命について」(1932年8月8日),日本外務省編纂『日本外交文書:満州事変』第2卷第1冊、1979年、601頁。
⑤ 「満州国承認ト九国条約及国際法規トノ関係」、JACAR(アジア歴史資料センター)Ref. B02032049300(第487画像目から)、満洲国承認問題一件/帝国ノ部 第二巻(外務省外交史料館)。

要日本政府采取寸步不让的强硬姿态,列强终将妥协:

> 我国在"满"诸多权益,通过缔结新条约以及采取其他措施加以确定,各国将不得不逐渐承认该既成事实。虽然各国并未公开表示承认,但我方只要采取决不退让的态度,无论各国接受与否,随着时间的推移,上述我方立场变为确定的事实亦并非难事。……如果现在我国从满蒙退出,我国的生存将危如累卵,就算靠着我国民坚强的决心和不拔的觉悟可以克服,不难想象危机将逐年加重①。

一方面,日本政府必须遵从军部的意志承认伪满;另一方面,日本判定承认伪满不违反国际法,西方列强亦不会采取过激对策。在此基础上,日本政府的外交政策发生重大转变,不再奉行积极参与国际事务,与各国保持良好关系的"协调外交",而是实行不顾国际舆论,坚决贯彻自身侵华政策的"自主外交"。8月25日,内田在众议院演讲称:"我国民对此问题(指侵略中国东北的政策——引者注)举国一致,为贯彻此主张,必须抱定就算国家变为焦土,也寸步不让的决心!"②日本采取的这种强硬外交政策因此被冠以"焦土外交"之名。8月27日,日本内阁通过《依国际关系而定的时局处理方案》,其中提到:"万一国联及各方在实际层面对帝国进行压迫,我方将凭借实力相抗衡。政府为应对这种情况,应该尽早充实军备,充分考虑如何开展非常时期的经济动员以及国家总动员。"③

日"满"关系方面。8月20日,"全权大使"武藤信义赴任,与伪满就日"满"关系展开谈判④。双方达成一份《日"满"议定书》,规定伪满保障日本一切条约权益,日军永久驻扎伪满境内。9月11日,日本枢密院在天皇面前批准了该文件。15日,日本正式和伪满签订《日"满"议定书》,同时发布一份声

---

① 「満州国承認問題」、JACAR(アジア歴史資料センター)Ref. B02032048700(第392画像目から)、満洲国承認問題一件/帝国ノ部 第二卷(外務省外交史料館)。
② 『官報号外 第六十三回帝国議会衆議院議事速記録第三号』、1932年8月26日、41頁。
③ 外務省編『日本外交年表並主要文書』下卷、原書房、1966年、207頁。
④ 「満州国承認手続について」(1932年8月19日),日本外務省編纂『日本外交文書:満州事変』第2卷第1冊、1979年、606頁。

明,指出:"日本政府对'满洲国'表示正式的承认。"①

(二)中国阻止日本承认伪满洲国的外交努力

自"九一八"事变发生后,中国采取依赖国联的方针,希望通过外交手段恢复主权,此时国府仍以外交作为主武器。6月14日,日本众议院通过承认伪满议决案,将该问题公开化。中国政府知悉此事后,一边发表通电、发送照会表达抗议;一边寻求国际社会的支持,寄希望于列强出面干预。

15日,中国外交部向日本政府发送抗议照会,表示决不承认傀儡组织,由此引发的一切后果由日本负全责。同时,外交部致函各国驻华使领馆,要求"各国理应有严重表示,能警告日本政府勿贸然承认最好"②。17日,中国外交部发表宣言,声明日本承认伪满违反《九国公约》,蔑视国联权威,呼吁《九国公约》签约国与国联会员国采取行动③。为更进一步引起列强的注意,23日,中国外交部向《九国公约》签约国致专函,希望签约七国"立即采取有效步骤,使日本政府对于以军事行动所产生之非法组织,不予承认"④。同日,中国驻国联代表颜惠庆致函国联大会主席伊曼斯(Paul Hymans),声请国联采取措施阻止日本政府承认伪满⑤。

7月26日,日本内阁决定设置"特命全权大使"。为混淆视听,日本通报国联称:该大使只是"派往监督日本领事者"。中国获悉此事后,外长罗文干发

---

① "Statement Made by the Japanese Government in Connection with the Signature of the Protocol Concluded with Manchukuo", September 15, 1932, *League of Nations Official Journal*, *Special Supplement*, No. 111(1933), p. 81.

② 《外交部以日有承认伪满趋势及蔑视国联决议致电各国使领馆请予日警告电》(1932年6月15日),秦孝仪主编:《中华民国重要史料初编 对日抗战时期 第六编 傀儡组织(一)》,台北:中国国民党中央委员会党史委员会,1981年,第92页。

③ 《外交部对日本议会决议承认伪满洲国事宣言》(1932年6月17日),秦孝仪主编:《中华民国重要史料初编 对日抗战时期 第六编 傀儡组织(一)》,1981年,第93页。

④ 《外交部为日本政府准备承认伪满洲国事致驻华七使馆照会》,(1932年6月23日),秦孝仪主编:《中华民国重要史料初编 对日抗战时期 第六编 傀儡组织(一)》,1981年,第95页。

⑤ "Letter from the Chinese Delegation to the President of the Special Assembly", June 23, 1932, *League of Nations Official Journal*, *Special Supplement*, No. 102(1932), p. 45.

表声明,戳穿日本的真实意图:"此项举动,显然为正式承认之初步,借以达其最后吞并之目的",并再次呼吁各国"不可默然视之"①。驻日公使蒋作宾则于7月28日访问内田,内田谎称此项任命"不含承认之意,此系一种临时官制"②。国府并未轻信内田的说辞,于30日向日本政府发出抗议照会:"中国政府始终认东省伪组织系在日本军队非法占领之下所造成,现在日本政府竟向中国领土内伪组织之区域派遣全权大使,行使职务,不独迹近承认行为,且为国际公约所绝对不许。"③内田于8月3日复函,继续以伪满是"当地民众自发产生"诡辩,称派驻"全权大使"不违反国际法④。8月25日,内田外相发表"焦土外交"演说,明言:"承认'满洲国'是维持东亚和平的唯一方法。"⑤28日,罗文干为驳斥内田,在外交部总理纪念周演讲,痛批日本蔑视国际法,侵略中国,制造并承认傀儡组织。声明解决中日冲突应遵循以下四项原则:1. 中国人民绝无排外思想,中日关系能否改善取决于日本的态度;2. 中国不会因日方武力压迫而放弃领土主权,将积极抵抗侵略;3. 中国绝不同意任何以维持伪满为前提的解决办法;4. 解决东北问题的办法必须遵守《国联盟约》《非战公约》与《九国公约》,并以尊重中国主权,维持远东永久和平为必要条件⑥。

9月15日,日本不顾中国的反对,悍然承认伪满。中国于16日向日本驻华公使有吉明、17日向日本外务省发送抗议书,谴责日本"悍然施行其暴力的、残杀的、征服的政策",要求日本政府为"九一八"事变以来的所有侵略罪行

---

① 《外交部长罗文干为日本政府派遣驻伪满洲国全权大使事声明》(1932年8月17日),秦孝仪主编:《中华民国重要史料初编 对日抗战时期 第六编 傀儡组织(一)》,1981年,第98页。

② 北京师范大学、上海市档案馆编:《蒋作宾日记》,南京:江苏古籍出版社,1990年,第456页。

③ 《致日本外务大臣内田康哉照会》(1932年7月30日),台北"国史馆"藏,"外交部"档案,020-010112-0035,第90页。

④ 「内田外務大臣ヨリ在本邦中華民国公使宛」(1932年8月3日)、JACAR(アジア歴史資料センター)Ref. B02032047300(第188画像目から)、満洲国承認問題一件/帝国ノ部 第一卷(外務省外交史料館)。

⑤ 『官報号外 第六十三回帝国議会衆議院議事速記録第三号』、1932年8月26日、41頁。

⑥ 《罗外长严正宣言:痛驳内田演词,阐明中国决心,绝对不以武力压迫放弃寸土》,天津《大公报》1932年8月30日,第3版。

负全责①。16日,中国致电《九国公约》签约国,声明日本已经违反《国联盟约》《九国公约》,要求签约国"采取最有效之方法,以对付目前之局面"②。17日,颜惠庆致函国联大会,请国联采取措施③。

在争取国际社会援助的同时,中国亦积极开展对日外交。1932年初,国府考虑与日本绝交,将驻日公使蒋作宾召回④。5月19日,蒋介石、汪精卫又要求蒋作宾回日本赴任,借"五一五"事件日本政局动荡之机从中斡旋,以期转圜。蒋介石将主要精力放在"安内"上,希望先稳住日本,展缓其侵略步伐,决定此次对日交涉"总取携手主义"⑤,以"不失主权,收复失地"为根本方针⑥。

7月11日,蒋作宾到达东京,遍访首相斋藤实、外相内田康哉、陆相荒木贞夫、外务省亚洲局长谷正之、政友会总裁铃木贞一、驻华公使有吉明、贵族院副议长近卫文麿等日本高层,采取循序渐进的方式劝说:"一、使其空气缓和,不再向热河进攻;二、晓以利害,促其觉悟改变态度;三、以私人资格交换意见,渐趋解决之途径。"⑦然而,蒋作宾手中并无阻止日本继续侵略的有力筹码。其立论惟有两点:其一,侵略中国东北对日本有害,"无异自杀且危及东亚"⑧。日本若不取消伪国,不仅中国不会甘休,还会导致西方列强的制裁,引发"世界

---

① 「満州国承認ニ関スル外交部長抗議文転達ノ件」(1932年9月17日)、JACAR(アジア歴史資料センター)Ref. B02032047500(第237画像目から)、満洲国承認問題一件/帝国ノ部 第一卷(外務省外交史料館)。

② 《我致九国条约当事国照会》(1932年9月16日),《中日外交史料丛编(五) 日本制造伪组织与国联的制裁侵略》,"中华民国外交问题研究会"编印,1966年,第52页。

③ "Letter from the Chinese Delegation to the President of the Special Assembly", September 17, 1932, *League of Nations Official Journal*, *Special Supplement*, No. 111 (1933), p. 84.

④ 《照译致日内瓦代表团去电》(1932年3月3日),台北"国史馆"藏,"外交部"档案,020-010112-0024,第186页。

⑤ 北京师范大学、上海市档案馆编:《蒋作宾日记》,第447页。

⑥ 《蒋作宾致蒋中正电》(1932年8月22日),台北"国史馆"藏,"蒋中正总统文物档案",002-080200-00054-101,第7页。

⑦ 《蒋作宾致蒋中正电》(1932年8月22日),台北"国史馆"藏,"蒋中正总统文物档案",002-080200-00054-101,第7—8页。

⑧ 《外交部致蒋中正电》(1932年8月26日),台北"国史馆"藏,"蒋中正总统文物档案",002-090200-00015-078,第1页。

大战"①。其二,中日两国应捐弃前嫌,"迅速恢复常态实行亲善"对日本更加有利②。经过游说,蒋作宾感觉日本政界"空气颇为一变",日本对是否承认伪满"其意亦似尚有顾虑"③。实际上,日本仍按部就班推进承认伪满的各项步骤,蒋作宾无法影响日本政府的决策。

8月25日内田演说后,日本即将承认伪满事甚明了。据蒋作宾观察:"日陆军法西斯派盘踞中枢,强硬对华。政府言行、报纸论调皆被挟持。"④日本举国陷入法西斯主义的狂热之中,交涉工作极为艰难。蒋作宾又往访内田、荒木、近卫等人,"百计阻止日本正式承认"⑤,皆不为所动。内田答称:"此乃既定方针,不能改变,纵因此引起纠纷,亦不负责。"⑥蒋作宾已知无能为力,感叹:"警告日本各节,日本均悍然不顾,已无公理可言。"⑦遂于9月11日致电外交部表示交涉失败:"日人已决心承认伪国,势难挽回,唯望中央积极筹备,以应付今后万难之局面。"⑧他因此深受打击,离开东京不再视事。

此时日本政府的对华政策,可从两方面理解。首先,日本坚持既定侵华政策,无视中国的反应。伪满"外交部"次长大桥忠一从中国人的"国民性"出发进行阐释:"中国人是极其歇斯底里及情绪化的民族,一时的公愤随着事态的变化,瞬间就会忘却。……我推测,中国方面的亢奋会在一两年后冷却下

---

① 《蒋作宾致蒋中正电》(1932年9月2日),台北"国史馆"藏,"蒋中正总统文物档案",002-080200-00054-033,第3页。
② 《蒋作宾致蒋中正电》(1932年8月22日),台北"国史馆"藏,"蒋中正总统文物档案",002-080200-00054-101,第8页。
③ 《外交部致蒋中正电》(1932年8月26日),台北"国史馆"藏,"蒋中正总统文物档案",002-090200-00015-078,第1—2页。
④ 《蒋作宾致蒋中正电》(1932年9月2日),台北"国史馆"藏,"蒋中正总统文物档案",002-080200-00054-033,第2页。
⑤ 《蒋作宾致蒋中正电》(1932年9月9日),台北"国史馆"藏,"蒋中正总统文物档案",002-080200-00055-031,第2页。
⑥ 《蒋作宾致蒋中正电》(1932年9月11日),台北"国史馆"藏,"蒋中正总统文物档案",002-080200-00055-055,第2页。
⑦ 北京师范大学、上海市档案馆编:《蒋作宾日记》,第472页。
⑧ 《外交部致蒋中正电》(1932年9月13日),台北"国史馆"藏,"蒋中正总统文物档案",002-080200-00055-078,第3页。

来。"①荒木则对外宣称："相信中国会忘记满洲和上海事件,满洲和上海最终会迎来微风拂面的和平。"②日本法西斯分子不相信中国有与之抗衡的实力与决心,认为只要日本独行其"是",中国最终会无可奈何地接受。因此,其侵华政策不会因中国的外交努力而改变。

其次,日本对华软硬兼施,希望尽量减小侵华阻力,让中国停止反抗。所谓"软"者,即迎合蒋介石以"安内"为先务,对日本所采取"携手主义"的政策,表示"极愿援助中国统一,援助中国饷械剿灭'匪共'"③。荒木以"中日亲善"为诱饵,劝说中国放弃亲英美政策,转而亲日:"纵令彼等(指西方列强——引者注)全力压迫,(日本)亦不惜与之一战。倘中国仍利用欧美以窘日本,殊非中国之福,且恐惹起不幸之事。甚愿中国不问辽事,专心内政,力图建设,诚意与日本亲善,日本愿以诚意提携,使我公(指蒋介石——引者注)从事统一。"④政友会高层床次竹二郎亦劝蒋作宾:"此时欲使日本放弃满洲,事实上恐难办到。不如搁下满洲,另议援助中国内部统一之事较为得策。"⑤内田康哉、近卫文麿、元老西园寺公望等人皆表露出以援助中国统一换取中国放弃东北之意。所谓"硬"者,日本高层在与蒋作宾交涉期间,屡出强硬恫吓之语。荒木放言:"承认伪国为既定方针,万难更动,纵令惹起世界战争,日本变成焦土,亦所不惜。"⑥日本国策研究俱乐部领袖安达谦藏亦称:"若中国欲恢复去年'九一八'以前之状态,恐属徒劳,请不必再作此种打算。纵令因此惹起世界战争,日本国民战至最后一人,亦必与之周旋。"⑦更重要的是,日军于1932年7月中旬

---

① 「第九一九号ノ四」(1932年6月6日)、JACAR(アジア歴史資料センター)Ref. B02030447500(第72画像目から)、国際連盟支那調査員関係 第四巻(外務省外交史料館)。

② "Sir F. Lindley (Tokyo) to Sir J. Simon", October 12, 1932, F 7343/1/10, DBPO.

③ 《蒋作宾致蒋中正电》(1932年8月22日),台北"国史馆"藏,"蒋中正总统文物档案",002-080200-00054-101,第1页。

④ 《蒋作宾致蒋中正电》(1932年9月11日),台北"国史馆"藏,"蒋中正总统文物档案",002-080200-00055-065,第2页。

⑤ 北京师范大学、上海市档案馆编:《蒋作宾日记》,第461—462页。

⑥ 《外交部致蒋中正电》(1932年9月13日),台北"国史馆"藏,"蒋中正总统文物档案",002-080200-00055-078,第2页。

⑦ 《蒋作宾致蒋中正电》(1932年8月22日),台北"国史馆"藏,"蒋中正总统文物档案",002-080200-00054-101,第10页。

屯兵热河北境,轰炸朝阳寺,试图以一场更大的侵略行动转移中国对承认伪满问题的注意。

日本一方面以侵华政策不可变更,不惜与世界开战压迫中国;另一方面又以协助中国"统一""中日提携"利诱中国。蒋介石一语道破其真意:"一面以承认伪满为胁制,一面以统一问题送秋波。"① 他认为日本此举为使中国抛弃欧美与国联,与之直接交涉,进而压迫中国放弃抵制日货,解散东北义勇军,不啻"画饼充饥,望梅止渴"②。在日本筹备承认伪满期间,蒋介石判断:首先,日本会在军部的主导下进一步加深对中国的侵略,中国应提前有所准备,决定"对日外交不能(以)放弃东三省为标准"③。其次,日本在法西斯道路上必然失败,与日本的斗争应从长计议,当下"唯有忍耐将事,以求自强也"④。前者确定了对日外交的底线,即不放弃东三省主权;后者将抗击日寇置于次要位置,狭隘认为当下首要任务是"自强",面对日本的步步紧逼则要"忍耐"。日本在热河的军事行动的确转移了中国的注意,蒋介石认为,日本占据东三省与扶植伪国事实已成,"倭寇承认伪满,于事实无甚关系,区区名义之争,暂置之亦未始不可"⑤,而"热河问题,则为焦点。故处理热河乃须慎重也"⑥。

在蒋看来,"安内"优先于抗日,而抵抗侵略时,热河问题又优先于日本承认伪满问题。因此,中国仅采取抗议与劝告手段,寄希望于列强出面干涉。日本承认伪满前夕,驻南京武官须贺彦次郎嘲讽中国的反应称:"总之按照惯例,依旧只不过是表示强硬而已。"⑦ 中国对此事所采对策之无力可见一斑。

---

① 《蒋介石日记》(手稿),1932 年 8 月 27 日,美国斯坦福大学胡佛研究院档案馆藏。
② 王正华编著:《蒋中正总统档案:事略稿本》第 16 册,台北:"国史馆",2004 年,第 285—286 页。
③ 《蒋介石日记》(手稿),1932 年 5 月 16 日,美国斯坦福大学胡佛研究院档案馆藏。
④ 《蒋介石日记》(手稿),1932 年 9 月 4 日,美国斯坦福大学胡佛研究院档案馆藏。
⑤ 王正华编著:《蒋中正总统档案:事略稿本》第 16 册,台北:"国史馆",2004 年,第 227 页。
⑥ 《蒋介石日记》(手稿),1932 年 8 月 25 日,美国斯坦福大学胡佛研究院档案馆藏。
⑦ 「南京武官ヨリ陸軍次官宛」(1932 年 8 月 14 日)、JACAR(アジア歴史資料センター)Ref. B02032047500(第 227 画像目から)、満洲国承認問題一件/帝国ノ部 第一巻(外務省外交史料館)。

（三）英美两国采取的对策

被中国寄予厚望的西方列强又是如何处置此事的？英国在中国存在广泛利益，至1931年，其在华投资额占各国在华投资总额的1/3①。作为国联的主导国，国联秘书长德拉蒙德、国联调查团团长李顿皆是英国人。英国在国联调处中日冲突过程中扮演了主要角色。美国虽未加入国联，但作为世界第一强国，一战后国际秩序的制定者与维护者，不愿看到日本在东亚的膨胀。"九一八"事变发生后，美国代表出席国联理事会会议，并派员加入国联调查团。1932年1月7日，美国国务卿史汀生曾向中日两国政府发送照会，声明不承认任何损害美国在华利益、损害中国主权独立、领土及行政权完整，违反"门户开放"政策和《非战公约》的事实、条约或协议②。国联在美国的影响下，亦于3月11日出台议决案，内载："凡用违反《国联盟约》《非战公约》之手段所缔造之任何局势、条约或协定，国联会员国均不能承认之。"③此举表明了国际社会对日本侵略成果的"不承认"立场，使伪满不可能获得国际合法地位。

法国在东亚的利益不如英美，对待中日问题采取追随英美的策略。正如颜惠庆所说："法国不会采取与英国不同的立场，……如果英国对承认伪满问题态度强硬，就算法国不跟随，也不会采取与之相反的策略。"④法国驻美大使克劳德向美国副国务卿卡斯托表示，法国对中日冲突"无论如何都不愿带头，……愿意并且打算坚定不移地跟随美国的脚步"⑤。德国与意大利对战后利益分配不满，在国联的话语权与影响力有限，对调处中日冲突态度消极，且同

---

① 雷麦著，蒋学楷、赵康节译：《外人在华投资》，北京：商务印书馆，1959年，第167、301页。

② 参见"The Secretary of State to the Consul General at Nanking (Peck)", January 7, 1932, *FRUS*, The Far East, 1932, Vol. III, p. 8。

③ "Sixth Meeting of the General Commission", March 11, 1932, *League of Nations Official Journal*, *Special Supplement*, No. 101(1932), p. 81.

④ "The Consul at Geneva (Gilbert) to the Secretary of State", August 31, 1932, *FRUS*, The Far East, 1932, Vol. IV, p. 218.

⑤ "Memorandum by the Under Secretary of State (Castle) of a Conversation with the French Ambassador (Claudel)", October 10, 1932, *FRUS*, The Far East, 1932, Vol. IV, p. 295.

情作为侵略国的日本。德国作为"解除军备国",希望挣脱战后国际秩序的束缚。"意大利同日本一样,有限的国土无法容纳不断增长的人口"①,也正酝酿对外扩张。苏联虽历来将中国东北视为自身势力范围,但新生的苏维埃政权经济基础与国防实力尚不巩固。此时正处在其"一五"计划收官时期,专注于国内建设,在东亚采取收缩战略。苏联担心如果反对日本对中国东北的侵略,会使日本"与英、美、法等帝国主义者一致抗俄,……俾其他帝国主义者在华坐收渔人之利"②,宁愿牺牲在中国东北的部分权益,也不想开罪日本。且苏联并非国联会员国与《九国公约》签约国,亦非中国建交国,维护世界和平的责任相较其他大国较轻。苏联对"九一八"事变采取"不干涉政策"③,"欲旁观彼所谓帝国主义国家之自相火并"④。因此,西方列强阻止日本侵华的主要力量在于英国与美国。

1. 英国的对策

英国得知 6 月 14 日日本众议院决议后,外相西蒙致函驻日大使林德利:"日本(对伪满)的承认将是最不幸的、最不得人心的麻烦,希望你查明日本政府的真正态度。"⑤6 月 23 日,林德利访问有田外务次官,因英国大使的官方性质,有田并未明确答复⑥。25 日,有田在请示斋藤首相后答称:众议院通过承认伪满议决案"只是为了满足公众支持承认(伪满)的热情","并不意味着会立即付诸实施。……除非十九国委员会⑦或国联大会通过任何反对日本承认的决议,……这将引爆公众舆论,日本政府可能会被迫立即承认"⑧。可见,日本

---

① "Mr. Murray (Rome) to Sir J. Simon", September 27, 1932, F 6997/1/10, DBPO.

② 中华民国国难救济会编:《国联调查团报告书及其批评》,上海:中华民国国难救济会,1932 年,第 196 页。

③ 王真:《九一八事变与苏联的不干涉政策》,《中共党史研究》2003 年第 3 期。

④ 《苏联之远东政策》,天津《大公报》1932 年 10 月 15 日,第 2 版。

⑤ "Sir R. Vansittart to Sir F. Lindley (Tokyo)", June 22, 1932, F 4920/1/10, DBPO.

⑥ "Sir F. Lindley (Tokyo) to Sir J. Simon", June 23, 1932, F 5008/1/10, DBPO.

⑦ 中日冲突由国联大会处置后,大会于 1932 年 3 月 11 日出台决议,决定在大会闭会期间,成立特别委员会代行大会职权,作为专门处理中日争端的常设机关。特别委员会由 19 国代表组成,故又被称作"十九国委员会"。

⑧ "Sir F. Lindley (Tokyo) to Sir J. Simon", June 25, 1932, F 5088/1/10, DBPO.

一方面安抚英国,为开展承认之前的准备工作争取时间;另一方面又以立即承认相胁迫,阻止英国领导国联出台妨碍日本承认伪满的议决案。

在了解日本政府暂时不会承认伪满的态度后,林德利于7月6日再次拜访有田,诚恳劝告日本:"无论日本官方如何辩解,日本所说'满洲国'是独立、自发产生的观点,所有国家都认为是纯粹的骗局。我预测,如果执行承认政策,日本将发现自身处在一个充满敌意的世界中并被彻底孤立。苏联虎视眈眈,中国是公开的敌人,美国和整个国联也会与日本对抗,我认为日本将来会走向穷途末路,直到妥协。"①希望日本政府看在英日同盟之旧谊上,听从英国的建议。有田则以"你所述争议颇多"为由结束了会面②。此后,因日本强行接收大连海关,英国感到自身在华利益受到威胁。西蒙于7月13日发送了一封措辞强硬的函电给林德利,让他警告日本违反了《九国公约》:"《九国公约》的所有签约国,都负有不鼓励分裂中国运动的义务,就算该运动是自发产生的,也要尽可能阻止它发展到独立的地步"③。次日,林德利将西蒙的函电转交内田外相,要求日本维护中国主权与领土完整。内田诡辩称伪满是自发产生的,并不违反《九国公约》,日本并无阻止其独立的义务,并反问英国为何不派兵阻止胡汉民广州政府的独立④。15日,林德利又试图劝告有田次官,他一针见血地指出:日本允诺承认伪满,本身就是对伪满独立运动的奖励。有田仍以伪满是自发产生的陈词滥调回复,并说:"既然'新国家'已经成立,就应该被承认,并非是对伪满独立的奖励。"⑤

7月17日,内田将一份为侵略中国东北辩解的长文答复交给林德利,其中论述了中国的"不统一、无统制"的混乱状态,以及"日本对满洲的感情"。最

---

① "Sir F. Lindley (Tokyo) to Sir J. Simon", July 6, 1932, F 5354/1/10, *DBPO*.
② 「七月六日(前十一時)英国大使サー・リンドレー來訪会談要領」(1932年7月6日)、JACAR(アジア歴史資料センター)Ref. B02032047100(第95画像目から)、満洲国承認問題一件/帝国ノ部 第一卷(外務省外交史料館)。
③ "Sir J. Simon to Sir F. Lindley (Tokyo)", July 13, 1932, F 5452/451/10, *DBPO*.
④ "Sir F. Lindley (Tokyo) to Sir J. Simon", August 19, 1932, F 6299/451/10, *DBPO*.
⑤ 「七月十五日(后零時十五分)英国大使サー・リンドレー來訪会談要領」(1932年7月15日)、JACAR(アジア歴史資料センター)Ref. B02032047200(第127画像目から)、満洲国承認問題一件/帝国ノ部 第一卷(外務省外交史料館)。

终结论是:"日本政府确信,如果要彻底解决'满洲问题',除了期待'满洲国'的健全和发达之外别无他法。……承认'满洲国'并不违反《九国公约》,该条约并不禁止中国一地的住民自发建设独立国家。"①7月21日,林德利再访内田,要求日本履行《九国公约》义务。内田仍重复之前的论点,坚称承认伪满不违反国际法。至此,林德利对阻止日本完全失望,无奈地回复英国外交部:"我为了让内田伯爵恢复理智而做出的种种努力,完全归于失败,对此深感遗憾。"②9月10日,英国获知日本将于15日承认伪满。鉴于日方一贯的强硬态度,林德利劝告英国政府不要发表抗议,"除了引起(日本民众的)愤怒,抗议不会产生任何效果"③。

虽然英国以《九国公约》为根据谴责日本,但并未应中国要求召集签约国会议。其原因在于负责调处中日冲突的机构是国联,英国不欲在国联框架之外另辟新径。知悉日本即将承认伪满后,西蒙外相考虑过会同《九国公约》签约国向日本提出交涉,但驻华公使兰普森与驻日大使林德利皆认为时机并未成熟。国联调查团的工作仍未完成,"在国联调查团提交报告书之前,很难预先判断各种问题"。待到调查团报告书公布后,将其中的观点作为证据,"团结全世界的舆论"才更可能迫使日本退让④。日本正式承认伪满后,英国远东司司长奥德向英国政府建议:"在收到李顿调查团的报告书之前,我们应避免明确表态。……至于《九国公约》签约国会议,无论在国联审议之前还是之后,该会议都很难产生有益效果。签约国中除美国外,各国正以国联会员国的身份处理此事,不可能再采取另一种程序解决问题,特别是在尚未收到一份重要文件的情况下。"⑤因而,除驻日大使的劝告外,英国未再采取行动,而是等待国联调查团报告书发表。

---

① 「英国大使ノ応酬振案」(1932年7月15日)、JACAR(アジア歴史資料センター)Ref. B02032047300(第154画像目から)、満洲国承認問題一件/帝国ノ部 第一巻(外務省外交史料館)。

② "Sir F. Lindley (Tokyo) to Sir J. Simon", August 19, 1932, F 6299/451/10, *DBPO*.

③ "Sir F. Lindley (Tokyo) to Sir J. Simon", September 12, 1932, F 6664/1/10, *DBPO*.

④ "Note from Sir J. Simon (Geneva) to Mr. R. Atherton", June 21, 1932, F 4628/451/10, *DBPO*.

⑤ "Minute by Mr. Orde", September 17, 1932, F 6877/1/10, *DBPO*.

2. 美国的对策

美国因经济危机受创颇深,又同时被军缩、战债问题困扰,国内孤立主义势力庞大。其战略重心不在东亚地区,不想与日本展开全面对抗。史汀生发出"不承认照会"后,日本国内反美情绪高涨,为避免进一步刺激日本,美国不愿在"不承认"的基础上继续前进。5月4日,副国务卿卡斯托发表演讲,强调"不承认"的主要意义在于"使美国远离纠纷"。他不仅批评《国联盟约》中各国组成联军制止侵略的方法不可行,还声明美国不会对破坏《非战公约》的侵略国进行经济制裁[1]。

日本众议院通过承认伪满决议后,史汀生要求驻日大使格鲁(Joseph C. Grew)查明实情。这时的美日关系非常紧张,格鲁观察到日本右翼势力已经在舆论中占据了主流,报刊充斥着反美论调。为避免刺激日本民众,格鲁并未像英国大使一样正式向日本外务省提出质询,而是6月15日派遣使馆职员内维尔以闲谈名义前去打探[2]。有田八郎回复:"承认'满洲国'问题目前还未到考虑时机,……内田外相虽然赞成立即承认,但也认为有必要与国联调查团商讨一番。"[3]日本亦担心美国因此作出过激反应,外务省制定的《解决"满洲"问题的根本方针》中提到:鉴于美国奉行"不承认主义","我方承认'满洲国'与美国的政策相抵触,……会极大刺激作为《九国公约》签约国与维护者的美国。"[4]内田要求驻美大使出渊胜次劝导史汀生,并探寻美国的态度。23日,出渊与史汀生会面,声明日本不会立即承认伪满,言辞极为谦逊,甚至说:"帝国政府会考虑美国方面的建议。"史汀生则反复劝告日本不要改变东三省现状:"'满洲国'如同初生之婴儿,暂时搁置方为良策。日本国民希望它发育,想

---

[1] "Sir R. Lindsay (Washington) to Sir J. Simon", May 19, 1932, F 3001/1992/45, *DBPO*.

[2] 约瑟夫·C.格鲁著,蒋相泽译:《使日十年》,北京:商务印书馆,1983年,第26页。

[3] "The Ambassador in Japan (Grew) to the Secretary of State", June 17, 1932, *FRUS*, The Far East, 1932, Vol. IV, p. 81.

[4] 「満洲国承認問題」(1932年6月23日)、JACAR(アジア歴史資料センター)Ref. B02032047200(第108画像目から)、満洲国承認問題一件/帝国ノ部 第一巻 (外務省外交史料館)。

要承认它自不待言,美国也不是要残忍地杀害它,而是不希望改变它现在的状态。"①

日本的温和态度给了美国不插手此事的借口。6月17日,中国驻美使馆代办严鹤龄往访卡斯托,呼吁《九国公约》签约国共同采取行动,并希望美国能充当领袖带头谴责日本。卡斯托反应冷淡,答称:美国"目前不会采取任何行动",唯一能承诺的是"我们已经得知此事,并会一直关注局势的发展"②。远东事务司副司长汉密尔顿(Maxwell M. Hamilton)则对严鹤龄直言:"我认为日本众议院通过的这项决议,不会对日本政府的行动产生任何实际影响,……问题没有前几天显得那么严重。"③7月17日,史汀生向中国表达了美国对承认伪满问题的官方态度:"美国政府已经就某些问题表达了意见,并将产生重大影响(指'不承认主义'——引者注)。……但在此时此刻,对于该问题美国所采取的任何行动,都不可能使局面得到改善。"④意指"不承认"已是美国所能做到的极限,无法采取措施阻止日本承认伪满。

随着日本逐步推进承认伪满的步骤,史汀生认为应该对日本予以警告。他于8月8日在纽约外交关系委员会发表演说,以《非战公约》的形成为线索,回顾了一战后集体安全机制的发展历程。史汀生指出,"舆论制裁"是比经济与武力制裁更强大的力量,他号召世界人民团结一致,不承认侵略战争所造成的后果:"美国政府否认由侵略所造成之结果,在侵略者看来无足轻重,但如果全世界均拥护美国之主张,其重大意义将展现出来。"⑤日本获知此事后,担心美国插手承认伪满问题。8月10日,出渊应外务省的要求向史汀生提出抗议,史汀生解释道,演说并非针对日本,而是为阐述《非战公约》的重要性:"我

---

① 「出淵大使ヨリ斎藤外務大臣宛」(1932年6月23日)、JACAR(アジア歴史資料センター)Ref. B02032047100(第31画像目から)、満洲国承認問題一件/帝国ノ部 第一巻(外務省外交史料館)。

② "Memorandum by the Under Secretary of State (Castle)", June 17, 1932, FRUS, The Far East, 1932, Vol. IV, p. 82.

③ "Memorandum by the Assistant Chief of the Division of Far Eastern Affairs (Hamilton)", June 18, 1932, FRUS, The Far East, 1932, Vol. IV, p. 85.

④ "The Secretary of State to the Minister in China (Johnson)", July 17, 1932, FRUS, The Far East, 1932, Vol. IV, p. 166.

⑤ "Address Delivered by the Secretary of State before the Council on Foreign Relations at New York", August 8, 1932, FRUS, General, 1932, Vol. I, p. 582.

国和我国人民认为该公约对于美国和文明世界来说至关重要,如果要从破坏该公约和激怒日本两者之间作出选择的话,我宁愿选择激怒日本也将毫不犹豫地维护该公约。"同时为安抚日本,又表示美国支持并无意干涉日本在东三省的权益,更不会插手东三省事务与日本相抗衡①。

在美国政府"远离纠纷"政策的主导下,美国驻日使馆没有为阻止日本承认伪满发挥作用。与英国大使在外务省的频繁奔走不同,格鲁在东京的活动非常谨慎。他判断:"任何传闻,只要是意味着美国大使正企图阻止日本政府承认'满洲国',就会使舆论大哗,这又反倒会迫使日本政府改变其初衷而提早承认。"②因此,格鲁从未就此事向日本外务省提出交涉。日本则抓住美国避免麻烦的心态,在国内煽动反美舆论,使美国不敢插手该问题。如日本媒体就内维尔赴外务省打探消息一事,大肆宣传英美两国共同干预日本承认伪满③。8月8日史汀生的演说,亦成为日本媒体攻击美国的有力把柄。日本外务省情报部长白鸟敏夫煽动称:史汀生的演讲"显然是在描述日军控制下满洲的情况","污蔑日本是侵略者"。日本舆论批评其为"恶意宣传、极其不当、言辞不慎、卑鄙挑衅等"④。格鲁指出:"越来越强烈的反美宣传,旨在提前煽动公众对美国的仇恨情绪,反对美国采取任何措施干涉军部想象中的至高无上的国家利益。"他建议美国政府继续保持"温和态度","对日本的严厉批评或在这个时刻的强制建议,只会加强狂热沙文主义者的影响"⑤。

与英国相同,美国亦不愿抛弃国联单独行事。史汀生认为美国"正处在一个微妙的位置上",维护国际法权威,制止侵略是其应该承担的责任。但中日冲突本应由国联处理,如果美国单方面采取行动,将极大削弱国联权威⑥。日本承认伪满前夕,美国国务院于9月8日发表对外声明:"美国在国联调查团

---

① "The Acting Secretary of State to the Minister in China (Johnson)", August 17, 1932, *FRUS*, Japan: 1931—1941, Vol. I, p. 101.
② 约瑟夫·C. 格鲁著,蒋相泽译:《使日十年》,第36页。
③ 约瑟夫·C. 格鲁著,蒋相泽译:《使日十年》,第40页。
④ "The Ambassador in Japan (Grew) to the Secretary of State", August 10, 1932, *FRUS*, The Far East, 1932, Vol. IV, p. 198.
⑤ "The Ambassador in Japan (Grew) to the Secretary of State", September 10, 1932, *FRUS*, The Far East, 1932, Vol. IV, pp. 240-242.
⑥ "Memorandum by the Secretary of State of a Conversation with the British Chargé (Osborne)", September 7, 1932, *FRUS*, The Far East, 1932, Vol. IV, p. 228.

向国联提出报告书之前，不愿意插手该问题。日本正与'满洲国'签订条约，如果美国对此表示不承认，会让国联对远东问题失去威信。……美国对日本的行动发表抗议是不合时宜的，而且也不会产生任何效果。"[1]日本正式承认伪满之前，中国再次要求美国发起《九国公约》会议，美国远东事务司司长霍恩贝克(Stanley K. Hornbeck)回复："采取这一行动不太可能产生实际的效果，只会让目前的复杂局势更加复杂化。"[2]

综上，最有可能阻止日本承认伪满的英美两国皆未采取强硬手段。英美等西方列强调解中日冲突的目的，首先是为维护一战后的国际秩序，在国际联盟框架内采取行动，消弭战争。然而，国际法体系构筑的集体安全机制，常常被批评为"纯理论的"。列强更看重的是自身在远东的经济贸易与政治影响力，不会为制止日本侵略牺牲自身利益。英国驻日大使林德利直言："只要我们避免与日本发生冲突，我们在远东的利益就不会受损。"[3]因而，英美两国能做的只有劝诫与警告，而不会采取诸如经济制裁与武力干预等有力举措。

（四）国联对日本的绥靖与国联调查团访日

1. 国联的对策

"九一八"事变发生后，中国声请国联制止侵略。为查明中日冲突的真实情况，国联决定由英、美、法、意、德五国代表组成调查团，奔赴东亚开展实地调查。随着"一·二八"事变的爆发，国联将注意力集中于上海，暂时搁置了对东北问题的审议，静待调查团报告书的发表。

《国联盟约》第十二条第二项规定，国联处置争端的时限为"应自受理争议

---

[1] 「加藤代理大使ヨリ内田外務大臣宛」(1932年9月8日)、JACAR(アジア歴史資料センター)Ref. B02032047500(第202画像目から)、満洲国承認問題一件/帝国ノ部 第一卷(外務省外交史料館).

[2] "Memorandum by the Chief of the Division of Far Eastern Affairs (Hornbeck) of a Conversation with the First Secretary of the Chinese Legation (Kung)", September 7, 1932, FRUS, The Far East, 1932, Vol. IV, p. 229.

[3] "Treaty between Japan and Manchukuo", September 12, 1932, FO 371/16177, p. 77, The National Archives, UK.

之日起六个月内"①。中日冲突起初由国联理事会受理,后应中国的要求于1932年2月19日转交国联大会②,国联大会必须于8月19日之前对冲突作出处置。6月6日,国联秘书长德拉蒙德通知国联大会主席伊曼斯:调查团报告书短期内无法拟就,大会应将议程延期。18日,颜惠庆对德拉蒙德表示:日本正在筹备承认伪满,国联议程的延期将更加纵容日本在中国东北的侵略行动。德拉蒙德答称:议程延期无法改变,因为"在收到调查团报告书之前,国联大会无法审议此事"③。针对日本的动向,德拉蒙德答应由伊曼斯发表声明,要求日本不得进一步扩大事态④。为商讨延期事宜,专为处理中日冲突的十九国委员会决定于24日集会。23日,颜惠庆致函伊曼斯,正式声请国联采取措施阻止日本承认伪满。德拉蒙德认为,中国明知国联在收到报告书之前不会有所行动,"此时又提出这种要求甚是无趣",竟要求颜惠庆将函电撤回⑤。颜惠庆则坚持将其提交次日召开的十九国委员会。

日本驻法大使兼国联代表长冈春一在获知中国请求国联援助后,于6月23日夜间紧急由巴黎奔赴日内瓦,赶在24日十九国委员会开会前面见德拉蒙德与伊曼斯。长冈一方面安抚二人,说明承认伪满决议"只不过是表示一种希望,政府目前不会承认'满洲国'";另一方面,又以"立即承认"相威吓,阻止国联出台对日本不利的决议:"如果此时十九国委员会应中国一方的要求,对日本政府采取任何措施的话,会对日本舆论产生不必要的刺激,加深日本与国

---

① 王铁崖、田如萱编:《国际法资料选编》,北京:法律出版社,1986年,第854页。
② 《国联行政院及大会关于中日争议历次所通过之议决案》,中华民国国民政府外交部1933年编印,第11页。根据《国联盟约》,国联处置会员国纠纷主要由行政院负责,若会员国提出要求,纠纷可转交大会处理。行政院由14个理事国组成,英、法、德、意、日五大国占据主导地位。大会由全体50余个会员国的2/3出席即可召开,国力弱小的国家占比更高,而小国大多拥护集体安全机制,痛恨作为侵略者的日本。因此,中国要求改由国联大会处置中日冲突。
③ "British Delegate (Geneva) to Sir J. Simon", June 22, 1932, F 4974/1/10, *DBPO*.
④ 《照译日内瓦颜代表来电》(1932年6月21日),台北"国史馆"藏,"外交部"档案,020-010112-0031,第6页。
⑤ 「澤田局長ヨリ斎藤外務大臣宛」(1932年6月24日)、JACAR(アジア歴史資料センター)Ref. B02032047100(第59画像目から)、満洲国承認問題一件/帝国ノ部 第一巻(外務省外交史料館)。

联之间的隔阂,反而会迫使日本立即承认,导致无可挽回的后果。"①德拉蒙德承诺"不会(对日本)采取措施"②。当日的十九国委员会上,伊曼斯宣读了颜惠庆的函电。一些国家的代表要求对日本承认伪满进行警告与谴责,但被德拉蒙德阻止。他指出:"如此行事是危险的,会激怒日本。因为这干涉了日本的外交政策,可能会促使日本采取计划之外更激进的行动。"③会后,伊曼斯向中日两国发送函电通知议程延期,并要求两国严格遵守国联通过的各项决议,信守不使局势恶化的承诺④。

7月1日,国联大会召开,批准延长中日冲突审议期限。为避免刺激日本,会议刻意回避了承认伪满问题,只是由伊曼斯在会议最后发表声明,隐晦提及对伪满的"不承认":

> 各方必须避免采取任何可能阻碍调查团的工作,以及使国联为解决冲突的尝试归于失败的行动。请大家注意国联大会曾于3月11日宣布:"凡用违反《国联盟约》《非战公约》之手段所缔造之任何局势、条约或协定,国联会员国均不能承认之。"⑤

9月15日,日本承认伪满,颜惠庆于17日要求国联加快议程,采取措施

---

① 「澤田局長ヨリ斎藤外務大臣宛」(1932年6月23日)、JACAR(アジア歴史資料センター)Ref. B02032047100(第57画像目から)、満洲国承認問題一件/帝国ノ部 第一巻(外務省外交史料館)。

② 「澤田局長ヨリ斎藤外務大臣宛」(1932年6月24日)、JACAR(アジア歴史資料センター)Ref. B02032047100(第59画像目から)、満洲国承認問題一件/帝国ノ部 第一巻(外務省外交史料館)。

③ "The Minister in Switzerland (Wilson) to the Secretary of State", June 30, 1932, *FRUS*, The Far East, 1932, Vol. IV, p. 123.

④ "Letter from the President of the Assembly to the Representatives of China and Japan", June 24, 1932, *League of Nations Official Journal*, Special Supplement, No. 102(1932), p. 36.

⑤ "Records of the Special Session of the Assembly", July 1, 1932, *League of Nations Official Journal*, Special Supplement, No. 102(1932), p. 16.

处置日本①。24日,国联理事会开会,主席瓦勒拉对日本表示谴责:"在国联讨论调查团的报告书之前,甚至在该报告还未发表之前,日本不仅承认'满洲国',还与其签署了一项条约,理事会成员不得不认为这是有意妨碍争端解决的行为。"②26日的十九国委员会上,伊曼斯也表示"对此事我与瓦勒拉先生一样感到遗憾"③。除表示遗憾外,国联别无其他举措。

2. 国联调查团访日与日本的应对

国联调查团是国联在远东的代表机构,其撰写的报告书也将成为国联与各国调处中日冲突的凭据。经过将近三个月的工作,调查团认清了日本作为侵略者的本质以及伪政权的傀儡性质。团长李顿在自中国东北寄出的家信中写道:"日本一直在抱怨中国内政的混乱,但这种情况恰恰是它自身造成的。它从没想过要帮助中国,相反,它一次次干预中国内政,以防止任何政治势力做大。"④美国代表麦考益则认为:伪满洲国的日本顾问为应付调查团"导演了一出精彩的大戏","其精妙之处在于,传达给我们的印象与他们想表达的完全相反"⑤。6月5日,调查团结束了在中国东北的调查回到北平。

早在1932年3月,调查团就已决定在中国东北调查结束后,先访问日本,最后再编写报告书⑥。原本是为征求日本官方对中日冲突的意见,以便在报告书中提出解决两国纠纷的可行方法。日本在调查团工作尚未完成之际就准

---

① "Letter from the Chinese Delegation to the President of the Special Assembly", September 17, 1932, *League of Nations Official Journal*, Special Supplement, No. 111(1933), p. 84.

② "Minutes of the Sixty-eight Session of the Council (Second Meeting)", September 24, 1932, *League of Nations Official Journal*, Vol. 13(1932), p. 1731.

③ "Text of the Debates Second Meeting (public) of the Special Committee of the Assembly", October 1, 1932, *League of Nations Official Journal*, Special Supple, No. 111(1933), p. 17.

④ "Letter form Lord Lytton to Lady Betty Balfour", May 23, 1932, FO 371/16173, p. 20, The National Archives, UK.

⑤ "Memorandum of Conversation between the Ambassador in Japan (Grew) and Major General Frank R. McCoy", July 14, 1932, *FRUS*, The Far East, 1932, Vol. IV, p. 159.

⑥ "Memorandum sur L'organization du Travail de la Commission", March 19, 1932, S49, *League of Nations and United Nations Archives*, Geneva.

备承认伪满,公开否定中国对东三省的主权,是各国委员们始料未及的。这不仅会削弱报告书的价值,"让报告书中对东三省未来的建议失去效力"①,还会极大增加国联解决中日冲突的难度。在此形势下,调查团将阻止日本承认伪满作为赴日的首要任务。李顿认为"唯一可行的方法"是由调查团劝告日本政府:"如果日本运用国联的和平机制解决东北问题,达成可以被国际社会接受的解决方案,它将从此获益,并得以安抚国际舆论。如果日本选择无视其他国家,的确可以暂时推行自己的政策,但不久之后就会陷入困境。"②调查团希望日本回归国联主导下的集体安全体制,避免与国际社会决裂、走向孤立。

7月4日,调查团到达东京,因内田预定6日就任外相,日本政府计划调查团在日本的前几日以观光为主,到12日再正式与内田商讨有关问题。

全世界都在等待调查团的调查结果,日本对调查团此次来访极为重视。一直以来,日方通过协助调查团工作的吉田伊三郎等人探寻调查团对伪满的态度。在与调查团正式会谈之前,日本外务省推测调查团将要写在报告书中的建议:"一、恢复中国对满蒙的统治权,中国则表示尊重日本的既得权益;二、在中国的宗主权之下,承认满蒙的自治权;三、让国联承担责任,对满蒙进行国际共管。"③此议显然与承认伪满的政策相违背,一旦报告书发表,日本将承受来自国际社会的巨大压力。为避免上述情况发生,日本对此次调查团的来访采取如下对策:其一,让调查团深刻认识到日本必须承认伪满的立场,并将其转告国联;其二,让调查团在报告书中不写入解决东北问题的建议。正如长冈所说:

> 立足实际,制定维护我国在满洲利益的方针,酌情将其告知调查团,尤其把我方立场转达给国联方为上策。国联把调查团报告书奉为金科玉律,认为它是解决中日问题的基础。如果报告书的结论写明了具体的解决方案,而且还是帝国无法接受的方案,这样对我方是有害无益的。所以,要让该报告书只是记录中国和满洲的事实情况,而不写明对满洲问题

---

① "Projected Visit of Lytton Commission to Japan", June 22, 1932, FO 371/16173, p. 3, *The National Archives*, UK.

② "Sir F. Lindley (Tokyo) to Sir J. Simon", July 16, 1932, F 6215/1/10, *DBPO*.

③ 「連盟調査団の報告内容予想並びに満州国承認の時期などについて」(1932年7月7日)、日本外務省編纂『日本外交文書:満州事変』第2巻第1冊、第946頁。

的解决方案①。

为贯彻上述方针,军部继续煽动舆论造成声势,让调查团看到日本民众对承认伪满的支持。负责联络陆军省与外务省的"时局同志会"决定:"值此调查团来日本之际,采取措施造成激昂的舆论,让调查团知晓国内统一、全国一致的事实。"②所谓"国内统一、全国一致",即一致支持承认伪满。7月1日,荒木陆相召集会议商讨策略,派遣军官前往各大城市演讲,借此"启发"舆论③。陆军省专门编制了一本"用于演讲场合"的小册子——《对满蒙问题的再认识与国民的觉悟》④,要求国内舆论统一口径,与陆军保持一致:"向全世界反映国内舆论的大潮,将一部分软弱者、捣乱者的声音压倒。"⑤调查团到达日本后,日本媒体有关承认伪满的报道连篇累牍。

在与内田正式会谈之前,调查团与日本政要的联系都是问候性质,但与荒木的谈话不同。荒木作为"皇道派"的首领,可以代表军部的态度。7月9日,调查团会见荒木。荒木再次申述了发动战争是"被迫自卫"、中国东北是日本"生命线"等理论。在被问到军部对伪满的态度时,荒木表示:"期待其与中国完全脱离,建立独立的'国家'。为达成此目的,军部会尽全力贯彻我国民的热切期望。"⑥3月份调查团初次访日时,荒木曾表示"西方人不可能理解远东的

---

① 「承認問題ニ関スル長岡大使意見具申」(1932年7月11日)、JACAR(アジア歴史資料センター)Ref. B02030416900(第318画像目から)、日支事件ニ関スル交渉経過(連盟及対米関係) 第十巻上(外務省外交史料館)。

② 奥平康弘監修『言論統制文献資料集成第二〇巻 戦前の情報機構要覧』、日本図書センター、1992年、第6頁。

③ "The Ambassador in Japan (Grew) to the Secretary of State", July 15, 1932, *FRUS*, The Far East, 1932, Vol. IV, p. 147.

④ 陸軍省調査班『満蒙問題の再認識と国民の覚悟』(1932年7月)、JACAR(アジア歴史資料センター)Ref. C14030536600(第557画像目から)(防衛省防衛研究所)。

⑤ 陸軍省調査班『満蒙問題の再認識と国民の覚悟』(1932年7月)、JACAR(アジア歴史資料センター)Ref. C14030536900(第599画像目から)(防衛省防衛研究所)。

⑥ 「国際連盟調査委員ト陸軍大臣トノ会談要旨」(1932年7月9日)、JACAR(アジア歴史資料センター)Ref. B02030448900(第54画像目から)、国際連盟支那調査員関係第五巻(外務省外交史料館)。

形势"①。然而在此次会见中,荒木为了让调查团把日方立场转告国联,劝说调查团要"充分认识"日本的远东政策,并"务必向全世界介绍"②。

7月12日,内田外相与调查团正式讨论中日问题。调查团的观点是:其一,日本发动"九一八"事变并非自卫,伪满也并非由民意自发产生。日本承认伪满的立论根基不成立;其二,伪满是一个从未存在过的、连边界都不确定的地区,其建"国"没有根据;其三,日本承认伪满违反《国联盟约》《九国公约》及《非战公约》,将被全世界孤立;其四,伪满独立并不能解决中日问题,希望保留中国对东北地区的主权。内田对调查团的劝告置若罔闻,强硬表示"解决问题的唯一方法就是承认'满洲国'","除承认之外别无其他替代方案"③。参与会谈的守岛伍郎事务官事后回忆,内田对调查团的态度"冷酷且坚决"④。

第一次会见不欢而散,但调查团还是决定于7月14日做最后的争取。会谈之前,李顿为缓和气氛,决定不再讨论伪满独立是否合法,而是试图向内田解释国联的集体安全机制⑤。当日,李顿首先表示:日本若承认伪满,将会破坏和平机制,是无视国联的行为。内田则继续重复日本是"被迫自卫"的理论,坚称"日本并未无视,也并不违反国际条约"⑥。当李顿想要继续劝说内田时,被内田粗暴地打断。内田说:"日本政府的政策已经确定,争论是没有用的。"⑦在

---

① "Memorandum of Conversation between the Ambassador in Japan (Grew) and Major General Frank R. McCoy", July 12, 1932, FRUS, The Far East, 1932, Vol. IV, p. 151.

② 「国際連盟調査委員卜陸軍大臣トノ会談要旨」(1932年7月9日)、JACAR(アジア歴史資料センター)Ref. B02030448900(第55画像目から)、国際連盟支那調査員関係第五巻(外務省外交史料館)。

③ 「内田大臣連盟調査委員会会談要旨(十二日)」(1932年7月16日)、JACAR(アジア歴史資料センター)Ref. B02030417000(第347画像目から)、日支事件ニ関スル交渉経過(連盟及対米関係) 第十巻上(1)(外務省外交史料館)。

④ NHK"ドキュメント昭和"取材班編『十字架上の日本:国際連盟との訣別』、角川書店、1987年、169頁。

⑤ "Sir F. Lindley (Tokyo) to Sir J. Simon", July 16, 1932, F 6215/1/10, DBPO.

⑥ 「内田大臣連盟調査委員会会談要旨(十四日)」(1932年7月16日)、JACAR(アジア歴史資料センター)Ref. B02030417000(第354画像目から)、日支事件ニ関スル交渉経過(連盟及対米関係) 第十巻上(外務省外交史料館)。

⑦ "Memorandum of Conversation Between the Ambassador in Japan (Grew) and Major General Frank R. McCoy", July 15, 1932, FRUS, The Far East, 1932, Vol. IV, pp. 162-163.

会谈的最后,李顿希望内田向其他阁僚转达调查团的观点,内田竟表示拒绝①。

　　内田的无礼严重伤害了李顿的感情,他决定提前结束访日之行,尽快回北平撰写报告书。7月15日,李顿登上离开日本的邮轮,临行前"一言不发,苍白的面庞笼罩着阴影"②。长途旅行加之在日本受辱使李顿病重,到青岛时,不得不被担架抬下船③。8月7日,吉田询问李顿与内田会谈的感受,李顿因病苍白的脸立刻变得通红,愤怒地说:"我很想把这事给忘了!"④此行使李顿对日本的观感彻底恶化。调查团回到北平后,酝酿起草一份临时报告提交国联,将日本即将承认伪满的政策公之于众。鉴于日本毫不退让的态度,调查团的顾问、克拉克大学政治学教授勃来克斯雷建言:"临时报告提交后,将引发媒体的关注。这将促使日本采取行动,提前承认'满洲国'"⑤。最终调查团放弃了提交临时报告的打算,专心起草最后的报告书。

　　调查团离开后,日本开始考虑承认伪满的时机。虽然内田主张"立即承认",但他也不得不顾及国际影响。内田认为:"如果我方在调查团报告书发表之前承认'满洲国',在国联肯定就像捅了马蜂窝一样。"⑥吉田建议:"如果报告书的内容对日本不利,尽早承认方为良策;如果各委员对日本印象良好,在报告书写完以前承认,会引起他们的反感,对我方不利。"⑦为准确把握调查团的态度,日方在调查团离去后积极打探其动向。内田令吉田"尽可能频繁地与

---

　　①　"Sir F. Lindley (Tokyo) to Sir J. Simon", July 16, 1932, F 6215/1/10, DBPO.

　　②　「憂鬱なリットン卿黙々として退京」(1932年7月15日)、JACAR(アジア歴史資料センター)Ref. B02030450900(第133画像目から)、国際連盟支那調査員関係 第六巻(外務省外交史料館)。

　　③　《国联调查团抵青岛,定今日游崂山,当晚返济》,《申报》1932年7月20日,第3版。

　　④　「連盟調査団報告書提出問題に関するリットンとの会談について」(1932年8月8日)、日本外務省編纂『日本外交文書:満州事変』第2巻第1冊、974頁。

　　⑤　"Memorandum by the Minister in China (Johnson)", July 21, 1932, FRUS, The Far East, 1932, Vol. IV, p.178.

　　⑥　「連盟調査団の報告内容予想並びに満州国承認の時期などについて」(1932年7月7日)、日本外務省編纂『日本外交文書:満州事変』第2巻第1冊、946頁。

　　⑦　「中山書記官ヨリ内田外務大臣宛」(1932年8月11日)、JACAR(アジア歴史資料センター)Ref. B02030449500(第244画像目から)、国際連盟支那調査員関係 第五巻(外務省外交史料館)。

调查委员保持接触",随时汇报"调查团一行的动向以及撰写报告书的情况"①。

调查团已经知晓日本的侵略本质,访问日本亦严重伤害了李顿的对日感情,使其对日本印象良好已不可能。8月16日,吉田通报外务省,报告书预计9月中旬送交日内瓦,国联将于10月中旬审议报告书②。17日,吉田又探知报告书将记录"无视'满洲国'存在的方案",提议中国东北自治。且李顿亲自撰写了对日本不利的概述部分③。调查团在报告书中提出的解决中国东北问题的建议,必定与伪满独立相矛盾。因此,日本决定直接阻止调查团撰写建议部分。19日,内田令吉田与调查团交涉,从根本上否定调查团有提出建议的权限:"鉴于调查团的设立宗旨以及规定的任务,它的职责只是为国联审议中国问题提供事实调查报告。自行拟定并提出解决中日纷争的建议,不属于调查团的权限。"④同时,日方加快承认伪满的进程,争取赶在报告书发表之前筹备完毕。20日,"特命全权大使"武藤信义前往中国东北地区,与伪满方面就《日"满"议定书》展开谈判⑤。24日,内田要求吉田将武藤赴任的消息告知调查团,并附送自己即将在国会发表的"焦土外交"演讲稿,希望调查团考虑日本即将承认伪满的情况,不在报告书中写入与之相违背的内容⑥。

李顿在与内田会见之前就已决定:"即使日本人固执己见,报告书也必须

---

① 「調査委員一行動静ニ関スル件」(1932年8月1日)、JACAR(アジア歴史資料センター)Ref. B02030449300(第186画像目から)、国際連盟支那調査員関係 第五巻(外務省外交史料館)。

② 「中山書記官ヨリ内田外務大臣宛」(1932年8月16日)、JACAR(アジア歴史資料センター)Ref. B02030449500(第264画像目から)、国際連盟支那調査員関係 第五巻(外務省外交史料館)。

③ 「中山書記官ヨリ内田外務大臣宛」(1932年8月18日)、JACAR(アジア歴史資料センター)Ref. B02030449500(第271画像目から)、国際連盟支那調査員関係 第五巻(外務省外交史料館)。

④ 「連盟調査団ノ所定任務ニ関シ日本政府ノ見解表明ニついて」(1932年8月18日)、日本外務省編纂『日本外交文書:満州事変』第2巻第1冊、978—979頁。

⑤ 「満州国承認手続について」(1932年8月19日)、日本外務省編纂『日本外交文書:満州事変』第2巻第1冊、606頁。

⑥ 「調査団ニ申入ノ件」(1932年8月24日)、JACAR(アジア歴史資料センター)Ref. B02030449600(第315画像目から)、国際連盟支那調査員関係 第五巻(外務省外交史料館)。

发表。"①调查团各委员中,法国代表克劳德接受了日方主张。克劳德希望调查团考虑伪满独立的事实,让中国放弃东北地区的主权②。意大利代表马柯迪也偏袒日本。在撰写报告书时,李顿与克劳德围绕报告书的结论与建议展开针锋相对的争辩,调查团几乎因此分裂③。在李顿的坚持下,克劳德最终妥协。9月4日,调查团报告书正式完成,明确了中国对东北地区的主权、日本发动战争并非自卫、伪满并非由民意产生等原则性问题。在明知日本要承认伪满的情况下,仍提出了解决中国东北问题的建议:在中国的主权下实行"满洲自治"④。7日,李顿由香港乘船返英,临行之际刻意对中外记者强调不承认伪满:"我等因调查工作之便,与'满洲国'当局有所接触,并不意味着承认该政权。'满洲国'尚未被其他国家承认,调查团亦不能承认。"⑤

在调查团报告书发表之前,国联无法启动对中日冲突的审议。若出台决议阻止日本,又担心日本非但不会听从,反而会加快对中国的侵略步伐。因此,国联以缓和的方式从侧面劝告日本,无法产生实际效果。国联调查团虽能面见日本高层,亦无法说服日本转变侵略政策,反遭日本无礼对待,只得在报告书中表明立场。

小　结

"九一八"事变后,国联屡次出台决议,要求日军撤回满铁附属地,日本以保护侨民、维持治安为由拒绝撤军。随着军部势力的膨胀,日本右翼势力扩大对华侵略的诉求和日本政府一直以来奉行的国际协调外交的矛盾渐渐不可调和,日本无法继续在国联架构内坚持协调外交路线。日本承认伪满,意味着正

---

① "Sir F. Lindley (Tokyo) to Sir J. Simon", July 16, 1932, F 6215/1/10, DBPO.
② 「矢野参事官ヨリ斎藤外務大臣宛」(1932年6月21日)、JACAR(アジア歴史資料センター)Ref. B02030448200(第288画像目から)、国際連盟支那調査員関係 第四巻(外務省外交史料館)。
③ "Memorandum by the Minister in China (Johnson)", September 1, 1932, *FRUS, The Far East*, 1932, Vol. IV, p. 219.
④ 张生、陈海懿、杨骏编:《李顿调查团档案文献集·国联调查团报告书》,第424页。
⑤ 「桑折総領事代理ヨリ内田外務大臣宛」(1932年9月8日)、JACAR(アジア歴史資料センター)Ref. B02030450100(第418画像目から)、国際連盟支那調査員関係 第五巻(外務省外交史料館)。

式否认中国对东北地区的主权,违背国联的各项决议,公然挑衅国联及战后国际秩序。为达成目的,日本政府奉行"焦土外交"策略,采取寸步不让的强硬态度贯彻既定政策,完全无视国联与各大国的劝阻。以此为开端,日本成为战后国际秩序的挑战者,最终走向与世界为敌的法西斯道路。

中国作为被侵略国,并无与日本相抗衡的实力。中国派遣驻日公使劝说日本高层,且寄希望于国际社会可以阻止日本。国联及西方大国对此事的处置,充分暴露了集体安全机制的弱点。《国联盟约》规定,会员国应对侵略国进行经济制裁,或组成联军讨伐。自美国经济危机爆发以来,各国经济极度低迷,尚无暇自顾,遑论对日本施加制裁。正如李顿所说:"经济作战较武力作战为尤酷,因一般民众所受痛苦为最深。现在列强自国正值多故,决不愿强人民再做重大牺牲,故国际联合会(即国际联盟——引者注)只能本其公平之主张,发表宣言,引起世界舆论之注意与评论,以待将来之变化。"[①]经济制裁既不可行,组成联军讨伐日本更属空谈。因此,国联调处中日冲突能否成功,完全取决于日本是否"配合"。在日本寸步不让的姿态下,国联与各大国皆不敢采取强硬对策激怒日本,只能坐视日本一步步筹备承认伪满。正如中国驻国联代表颜惠庆等人所说:列强"视日方为疯汉,手持利刃,莫敢撄其锋。视我政府为病夫,四肢麻木,爱而莫能助。"[②]

正在东亚工作的调查团,作为国联的代表机关,可以接触到日本高层。李顿寄希望于借访日劝导日本不要承认伪满。然而日本政府不仅不接受,还试图左右调查团报告书的内容。为应对调查团的到来,日本军部继续利用公众舆论制造"民意",给调查团留下"举国一致"的印象。内田与调查团会见时,通过激烈、粗鲁的方式,表达日方承认伪满的决心,给调查团留下这样一种印象:如果调查团在报告书中写入与承认伪满相违背的建议,日本政府决不会接受,也就意味着报告书毫无价值。内田企图通过这种激进的方式压迫调查团,使其无法在报告书中否认伪满独立。虽然在李顿的坚持下,日方的策略归于失败,但也应当看到,法国代表克劳德、意大利代表马柯迪都接受了日方的观点,

---

① 《汉口顾维钧致蒋中正电》(1932年9月22日),台北"国史馆"藏,"蒋中正总统文物档案",002-090200-00003-193,第280页。

② 《外交部致北平张委员电》(1932年12月15日),台北"国史馆"藏,"外交部"档案,020-010112-0022,第123页。

使调查团内部产生分裂。日本对调查团的外交策略并非毫无效果。

调查团报告书发表后,被蒋介石认为是"区区名义之争"的伪满洲国合法性问题,成为国联调解中日冲突的最大障碍。日本坚持要求国联不否认伪满,试图继续迫使国联作出让步。然而,日本的侵略行为已经威胁到国联存在的根基,国联无法再向日本妥协。最终,国联于 1933 年 2 月 24 日通过以《李顿调查团报告书》为基础的最终报告,支持中国对东北地区的主权,否认伪满的合法性。日本则退出国联,与国际主流社会分道扬镳。*

---

* 本部分的主体内容发表于《史林》2022 年第 2 期,题为"九一八事变后日本承认伪满洲国与各方因应",收入本书时做了修改和补充。

十一、国联调停与张学良弃守锦州事件

锦州旧时又称锦县,是辽宁省西南要地,为民国时期北宁路出关后的第一大站,是沟通内地与关外的咽喉要冲,所谓:"凭山阻海,内屏平津,外控三省,关东有事,此为通衢。"①"九一八"事变后,为收拾时局,张学良于锦州"暂设东北边防军司令长官公署行署与辽宁省政府行署"②。日本于1931年10月即对锦州实施无差别轰炸,意图逐东北军入关。因锦州防守力量有限,顾维钧曾于1931年11月24日与英、法、美三国外使商谈,讨论第三国军队进驻锦州隔断中日军队接触的可能性。但国联及列强均不愿承担责任,仅同意派遣观察员协助维持锦州局势。日本则坚决反对国联干预,并积极开展对张学良的劝诱工作。1931年12月15日,以蒋介石下野为标志的宁粤政潮引起各方波动,日本则积极向锦州进攻。孙科政府无力援助锦州战事,一味迫张学良死守锦州,张对此极为反感,最终在日军发起总攻前从锦州撤守。

通过梳理相关研究可以发现:首先,日军轰炸锦州所引起的国际反响及中方的因应,学界已有较为充分的研究③。其次,锦州中立区计划是学界关注的重点,学者们主要从国民政府的对日交涉、军政要员的处置方针等视角对该计

---

① 张宗文:《东北地理大纲》,中华人地舆图学社,1933年,第200页。
② 《张学良电蒋中正东北边防军司令长官公署在锦县暂设行署》(1931年9月23日),台北"国史馆"藏,"蒋中正总统文物",002-020200-00012-012。
③ 参见袁成亮:《走向卢沟桥事变之路1927—1937年中日关系》,长春:吉林文史出版社,2001年;袁成毅:《日军空袭锦州与国际社会反响再探讨》,《民国档案》2013年第4期;袁成毅:《日本陆海军对华航空初战及其影响(1931—1932)》,《历史研究》2014年第3期;[日]前田哲男:《从重庆通往伦敦、东京、广岛的道路:二战时期的战略大轰炸》,重庆:重庆出版社,2015年;袁成毅:《抗日战争时期国民政府对日防空研究(1931—1945)》,北京:中国社会科学出版社,2016年;[日]江口圭一:《日本十五年侵略战争史(1931—1945)》,南京:江苏人民出版社,2016年。

划的前因后果进行剖析①,多将日本提出的锦州中立区提案视为中方相关提案交涉的延续,认为国民政府的此番提议"意外为日方作了一个球"②,从而导致日方要求不已,且为日方寻求与张学良直接交涉提供了借口。此外,对于张学良弃守锦州的原因,学者们从"不抵抗主义"的研究视角出发,揭示了张学良为保存实力从锦州撤守的史实③,但对蒋下野前后张学良守锦态度变化较少关心。也有学者认为张学良因日方劝诱"受骗撤兵"④,但对于具体交涉过程则简略带过。

根据已有的研究成果,该问题在以下四个方面有进一步探究的余地:其一,于锦州地区中国军队是否占优势?防守是否存在难题?其二,锦州中立计划是否为日方"助攻"?张学良对该计划持何种态度?其三,日方对张学良如何劝诱,是否促成张学良从锦州撤守?张学良对此有何应对?其四,宁粤政潮对张学良防守锦州产生怎样的影响?本书拟深入考察张学良弃守锦州前后的

---

① 蒋永敬认为锦州中立区是国民政府用和平方法保全锦州的幻想,最终随着国内反对,英、美、法三国不做担保,加之日本强迫中国屈服而宣告失败。(《顾维钧诉诸国联的外交活动》,《抗日战争研究》1992年第2期)。武寅揭示出日本在中立区计谋失败后,通过与国联和列强的交涉,以"匪贼讨伐权"的名义实施侵占锦州的军事行动。(《从协调外交到自主外交:日本在推行对华政策中与西方列强的关系》,北京:中国社会科学出版社,1995年)。袁成亮认为锦州中立区计划是国民政府依赖国联,继续奉行不抵抗政策的产物,因国际缺乏响应,国内极力反对,加之日方苛刻要求最终破产。该计划"不仅未能保住锦州,而且开创了帝国主义企图以中立区形式在中国实行国际共管的先例"。(《南京政府"锦州中立区"计划及其失败》,《铁道师院学报(社会科学版)》1994年第4期)。李君山表示国民政府在处理日本对案时"招架乏力",引起国内强烈反对,中立区的计划日后成为上海、滦东地区"非军事区"的转型。(《由"不抵抗"到抵抗——国府因应"九一八"之决策过程与困境》,《台大历史学报》2000年第26期)。李红喜肯定锦州中立区计划具有价值,"可以暂时缓冲日军南下扩张的步伐",属于"以夷制夷"传统外交策略的应用。(《论锦州中立区计划》,《史学集刊》2003年2期)。张皓指出英国在锦州中立区的问题上既反对日本侵占东北又反对制裁日本的矛盾心理。(《1931年英国处理中日争端政策的演变》,《世界历史》2007年第5期)。

② 李君山:《由"不抵抗"到抵抗——国府因应"九一八"之决策过程与困境》,《台大历史学报》2000年第26期。

③ 参见俞辛焞:《九一八事变时期的张学良和蒋介石》,《抗日战争研究》1991年第1期;俞辛焞:《俞辛焞著作集》第10卷,天津:南开大学出版社,2016年;关志钢:《蒋介石、张学良与不抵抗政策之关系》,《社会科学研究》1998年第6期;郭俊胜、胡玉海编:《张学良与九一八事变研究》,沈阳:辽宁人民出版社,2011年。

④ 冯筱才:《"不抵抗主义"再探》,《抗日战争研究》1996年第2期。

各关键节点,以期推进以上研究。

(一)锦州防守的困境

辽宁省政府行署在锦州设立之后,张学良计划以锦州为根基,为东北问题善后做准备,因此十分注意日军对锦州方面的动向。日本最早对锦州地区的进犯,始于1931年9月28日,日本以飞机至"锦县、沟帮子各处抛掷炸弹,并用机关枪扫射火车,伤毙数人"①。10月8日,日本12架飞机至锦州,投掷"炸弹约1小时,天日为昏"②。日本关东军方面在轰炸锦州当天,就炮制了对外宣传方法,即张学良所属官兵"到南满沿线进行扰乱治安的活动"③,日本在锦州侦察东北军"阴谋活动"时,被中国攻击因而正当防卫。对此,国民政府及张学良多次向国际社会驳斥日方"正当防卫"的说法,揭露日本侵略真相。彼时,东北局势不容乐观,英国人判断"满洲的局势陷入僵局,日本军事当局在当地拥有完全控制权,日本军队把目前的形势视为战争状态,中方没有恢复东北秩序的可能"。关于锦州的情况,英国驻北平公使认为,"只要中国军队在日军阵地附近集结,日军就会将其视为威胁,并坚持将其驱散(比较一下对锦州的袭击)"④。

锦州的局势虽因江桥抗战的发展和各国对日本轰炸锦州的谴责而有所缓和,但在11月份,由于黑龙江省战局的变化,锦州地区再次紧张起来。11月18日,黑龙江省战事尚未彻底结束,日本已经开始谋划在辽西地区用兵,并向国联指责"锦州地区的中国政权利用北方发生的事件,正在给'兵匪'的活动注

---

① 《北平张学良致外交部电》(1931年9月28日),台北"国史馆"藏,"外交部"档案,020-010112-0022,第108—111页。

② 《辽宁省锦县农工商会等电蒋中正等,恳转各国政府使领切告日本当局勿再飞掷炸弹,以全民命而重人道》(1931年10月9日),台北"国史馆"藏,"蒋中正总统文物",002-090200-00003-027。

③ 日本外務省編纂『日本外交文書:満州事変』第1卷第2冊、日本外務省、1977年、163頁。

④ "Mr. Holman (Peking) to Sir M. Lampson (Nanking)", October 17, 1931, F 5871/1391/10, *DBPO*.

十一、国联调停与张学良弃守锦州事件　227

以新的活力,目的是在南满铁路地区制造混乱"①。11月20日,蒋作宾向蒋介石报告,日本"决心扫除东北军队,建设独立政府,至少限度亦须警察不设武备,在此计划未成之前决不停止军事动作"。对于国联方面,日本采取"不即不离态度,支吾其词,延宕时日",且积极准备"进袭克山并将攻击满洲里、热河等处"②。

那么就军事方面来说,锦州地区集中了多少军队,能否完成防守锦州的军事任务?是否与日军有着明显差距?有学者认为:"当时在锦州之东北军计有步兵4旅、骑兵2旅及炮兵1旅,系原驻锦州及自辽宁其他地区撤退至锦州者,均为该军之精锐部队……总数约在6万人左右"。再加上中原大战期间"入关的东北军两军,约8万人"。此外该学者认为还有中央许诺的援军,种种加在一起"张学良实有与日军一战的力量,但其对抵抗一事并无决心"③。那么锦州地区东北军的防守力量有没有6万人之多呢?上述数据均来自《九一八事变前后的东北军》一文,该文统计"'九一八'事变后,东北军撤锦州,再撤关内部队",有"陆军独立第7旅旅长王以哲、陆军独立第12旅旅长张廷枢、陆军独立第19旅旅长孙德荃、陆军独立第20旅旅长常经武、陆军骑兵第3旅旅长张树森、陆军骑兵第4旅旅长郭希鹏、陆军独立炮兵第8旅旅长刘翰东"④。

细查其中的兵力情况,首先,不论是顾维钧提交国联的说帖,还是张学良在北平与李顿调查团的谈话中,均没有郭希鹏部骑兵第4旅驻通辽的说法,而且根据中国提交国联的说帖,驻通辽的乃是骑兵第3旅,旅长张树森⑤。因此,郭希鹏部不应算入东北军撤锦州再撤关内的部队序列。其次,陆军独立第

---

①　"Communication from the Japanese delegation dated November 18th, concerning the incidents in Heilungkiang since November 15th", November 18, 1931, R1868, *League of Nations and United Nations Archives*, Geneve.

②　《蒋作宾电蒋中正日计划扫除东北军建设独立政府前军事行动不停并对国联采拖延态度及占齐齐哈尔后不畏国际封锁拟攻克山等地情形》(1931年11月20日),台北"国史馆"藏,"蒋中正总统文物",002-090200-00004-199。

③　刘维开:《国难期间应变图存问题之研究——从九一八到七七》,"国史馆"印行,1995年,第29页。

④　刘凤翰:《九一八事变前后的东北军》(1928年11月31日至1933年3月12日),刘维开编:《国民政府处理九一八事变之重要文献》,台北:中国国民党中央委员会党史委员会,1992年,第575—576页。

⑤　顾维钧编:《参与国际联合会调查委员会报告代表处说帖》,沈云龙编:《近代中国史料丛刊续编　四十九辑》,台北:文海出版社,1978年,第51页。

12旅和炮兵第8旅一直驻扎锦州,不存在撤至锦州的问题。王以哲的第7旅也没有参与锦州防守,只是路过锦州"经打虎山①转北宁路直开北平"②。根据上述部队情况,并结合中国代表团提交国联的说帖中关于东北军各部兵力数据来看,实际参与锦州防守的部队如下:独立第12旅9 894人、独立第19旅9 487人、独立第20旅11 087人、骑兵第3旅3 778人、炮兵第8旅2 372人,相加不过36 618人③。考虑到除独立第12旅和炮兵第8旅原驻锦州,其他部队均是关外各地陆续撤至锦州的,中途颇有损失,锦州地区中国军队的兵力,难以达到6万人。

中日双方的现存史料也能说明这一点。中国政府提交国联的说帖称:"大通线上通辽、彰武、新立屯为骑3旅各团防区。北宁干线及营沟支线上双羊甸、沟帮子、大虎山、盘山等处,为19旅防区。甲车队主力驻沟帮子,梭巡由白旗堡以西之北宁干线,其一部分分巡营沟及大通两支线。第12旅及第20旅驻防大凌河车站及锦县东南北一带地区。辎重、教导队及警务处之保安队,则担任锦县及附近治安,并各县之剿匪事宜。"④关宽治等人认为中国于1931年"10月上旬,集结于锦州及大虎山附近的兵力(中间从略)约2万,炮约70门"⑤。另有日方说法称,12月中旬东北军兵力包括义勇军在内有"35 000人,炮60门",其中"独立第12、第19、第20旅及炮兵13团(野炮)、炮兵第8团(重炮)等的主力,布置在大凌河右岸地区坚固阵地"。另外还有"骑兵第3旅主力配置在镇安、彰武附近负责警戒"。义勇军的数量"白旗堡附近,有七八千人,盘山及其东侧一带有二三千人。除此以外,沿郑家屯以南辽河地区,合计盘踞有一万数千人"⑥。

综上所述,锦州地区的防守力量主要为步兵第12、19、20旅及骑兵第3旅

---

① 按:同大虎山。
② 吉林省政协文史资料委员会编:《"九一八"事变资料汇编》,长春:吉林文史出版社,1991年,第296页。
③ 顾维钧:《参与国际联合会调查委员会报告代表处说帖》,沈云龙编:《近代中国史料丛刊续编 四十九辑》,第57页。
④ 顾维钧编:《参与国际联合会调查委员会报告代表处说帖》,沈云龙编:《近代中国史料丛刊续编 四十九辑》,第57页。
⑤ [日]关宽治、岛田俊彦:《满洲事变》,上海:上海译文出版社,1983年,第330页。
⑥ 日本政府参谋本部编,田琪之译:《满洲事变作战经过概要》,北京:中华书局,1981年,第26页。

等正规部队,加之保安队和警察武装构成。负责防守锦州城的部队不包括第19旅的话,约2万人。加上外围的第19旅及其他警察等队伍,防守兵力在3万到4万,后经张学良在12月初抽调,锦州的正规军数量更少。及至12月底,日军即将对锦州发起总攻时,东北军第20旅在小凌河南侧的"女儿河附近",实际上已经撤到锦州城外。第19旅已经移动到与锦州直线距离130公里外的"绥中附近"。第12旅"调驻滦州",和锦州直线距离200多公里[①]。原先负责锦州地区防守的3个步兵旅,没有一个在锦州城内。负责锦州城防守的骑兵第3旅加上警备队和公安队,统计不过15 000人左右。可见,自始至终,锦州地区防守力量从来都没有6万人之众。

与此同时,日本在锦州方面配置的兵力却逐次增加,先是派遣了第2师团及第20师团的第39旅团,1931年12月增加了第10师团部分兵力编成的第8混成旅团,第20师团司令部及第19师团部分兵力编成的混成第38旅团,1932年1月2日第20师团加入对锦州方面作战,并占领锦州。日军先后有两个师团(第2、第20师团)和两个混成旅团(第8、第38混成旅团)参与作战,中途又额外配属各部队的飞行大队、野炮兵大队、骑兵中队等。按照日军常设四单位制挽马师团的编制[②]计算,日本先后投入锦州战场的兵力远超中方在锦州地区的防守兵力,且拥有火炮和飞机支援的优势。

因此,当时锦州地区中方的军事力量始终处于劣势地位,一旦日军对锦州地区发动进攻,中方难以坚守。1931年12月8日,朱培德即在特外委会上说明:锦州地区"据军事专家推测,前方一经接触,至多恐不过维持一星期左右。而关内队伍无论从何方面计划,皆无出关援助之可能"[③]。远在南京的国民政府尚有如此判断,身处一线的张学良不可能不清楚。因此,虽然张屡屡向中央保证坚守锦州并要求提供支援,但对于日方直接谈判的诱惑并不加以拒绝,希望能够通过中日直接谈判化解锦州危机。关于锦州中立的提议,顾维钧则代表了部分国府要员的想法,希望通过折冲尊俎,制止日本进攻锦州。

---

① 《北平张学良致南京特种外交委员会电》(1932年1月2日),台北"国史馆"藏,"外交部"档案,020-010112-0022,第172—173页。

② 张明金、刘立勤编:《侵华日军历史上的105个师团》,北京:解放军出版社,2010年,第422页。

③ 《中央政治会议特种外交委员会第五十九次会议记录》,刘维开编:《国民政府处理九一八事变之重要文献》,第172页。

（二）张学良对锦州中立计划的态度

11月24日，张群向蒋报告，日本驻华公使重光葵拟向中国提出两照会"1. 要求将关外军队撤退至山海关以西。2. 要求取缔排日运动"①。得知日本意图后，"蒋、戴、宋、颜"②与顾维钧紧急商议对策，当晚（24日）顾在美国使领馆见到了英、美、法三国人员，并告知各国"日本军队正在向锦州进发"，向他们探询"是否可以采取措施防止中国和日本军队即将发生的冲突"③。

经过讨论，顾向英、美、法三国提出如下建议："中国政府准备从锦州撤军，以防止冲突发生。1. 当地的中国政府应继续管理该领土；2. 中国警察也将保留；3. 三国政府明确保证中国军队撤离后，日军不会趁机进入。"④需要说明的是，这样的建议仅仅是中方"作为全面解决东北问题之前的一项临时措施"⑤。顾维钧提议三国人员各自征询政府态度，若"他们的政府准备给中国政府这样的保证，中国政府会通过国联提出这样的建议"。至于事情的发展，顾维钧称，"两天之内，其中一个国家称不可能提供担保，而另外两个国家也无法做出承诺。所以，这件事就不提了"⑥。这就是不久后日本向国联声称中国提议东北军撤回关内的真相，实际上是中方获悉日本侵略步骤后的一次紧急行动，并没有达成实质效果。11月25日中方向国联正式提出锦州中立化的应急方案，但该方案并未被国联采纳，各成员国仅同意以派遣中立观察员的折中办法来缓解锦州局势。

---

① 《张群电蒋中正重光将提出两照会要求将关外军队撤退至山海关以西及要求取缔排日运动》（1931年11月24日），台北"国史馆"藏，"蒋中正总统文物"，002-090200-00006-028。

② 《顾维钧致张学良密电稿》（1931年11月24日），中国第二历史档案馆：《九一八事变后顾维钧等致张学良密电选（下）》，《民国档案》1985年第2期，第4页。

③ "Record of Conference herd at the residence of Marshal Chang Hsueh-liang", April 14, 1932, S32, *League of Nations and United Nations Archives*, Geneve.

④ "Record of Conference herd at the residence of Marshal Chang Hsueh-liang", April 14, 1932, S32, *League of Nations and United Nations Archives*, Geneve.

⑤ "The Secretary of State to the Ambassador in Japan (Forbes)", December 11, 1931, *FRUS*, Japan: 1931—1941, Vol. I, pp. 62.

⑥ "Record of Conference herd at the residence of Marshal Chang Hsueh-liang", April 14, 1932, S32, *League of Nations and United Nations Archives*, Geneve.

11月25日上午,特外委会开会讨论了锦州局势,其议决处置办法如下:"1. 向日政府提出抗议;2. 通告国联;3. 通告《非战公约》签字各国;4. 电知施代表日本进攻锦州的目的在完成整个满洲之占领并为进占热河之步骤;5. 请示主席;6. 说明本会议决定要点及利害,电询张副司令。"①据此,顾维钧致电张学良向其说明锦州紧急之状态,"日本所云无意进攻,恐不足信",并告知张学良锦州如能"获各国援助,以和平方法保存,固属万幸,万一无效,只能运用自国实力以图保守"②。所谓的以自国实力保守,即要求张学良做好锦州防守的准备。

对于日军向锦州压迫,张学良则有不同看法。他认为国联制止日本侵略能力有限,目前中方应该"一面急应力图自卫,一面仍应通告国联,并质问有无制止日军办法"。无论是战是和,中方须事先向国联说明,"既可表示尊重国联之诚意,且可预留将来之地步,而国联之责任亦即始终难以摆脱"③。此时,张之所以对国联调解持消极观点,是因为张学良获悉国民政府锦州中立化的设想后,有利用中日直接谈判实现锦州和平的意图。当天(26日)张向顾维钧透露米瑞风(原名米春霖,时任临时辽宁省政府代理省主席)与英人的谈话内容,该英人称:"国联自身本无实力,仅能调解纠纷,不能强判执行,中日事件最好中日能自谋解决办法,如肯直接交涉,国联居中监视",以此人的看法"中国不至吃甚大亏"④,如果仰仗国联解决则不可靠。

顾维钧则告知张学良,美国方面劝告中国"自动将军队撤至山海关,以期避免冲突,徐图将来依照事实、条约,将满洲问题通盘解决"⑤。此时美国劝告中国的原因在于11月24日美国国务卿史汀生曾派员与日本交涉,币原外相

---

① 《中央政治会议特种外交委员会第五十次会议纪录》,刘维开编:《国民政府处理九一八事变之重要文献》,第159页。
② 《顾维钧致张学良密电稿》(1931年11月25日),中国第二历史档案馆:《九一八事变后顾维钧等致张学良密电选(下)》,《民国档案》1985年第2期,第4页。
③ 《东省事变之解决方针及措置(一)》,台北"国史馆"藏,"外交部"档案,020-010112-0022。
④ 《张学良致顾维钧密电稿》(1931年11月25日),中国第二历史档案馆:《九一八事变后顾维钧等致张学良密电选(下)》,《民国档案》1985年第2期,第4—5页。
⑤ 《张学良致顾维钧密电稿》(1931年11月25日),中国第二历史档案馆:《九一八事变后顾维钧等致张学良密电选(下)》,《民国档案》1985年第2期,第5页。

表示已征求军方的意见,"保证不会有日军向锦州推进"①。但如前所述,对于中国政府需要的第三方之担保,美国并不愿意承担,仅称"现在情形重在阻止战争,担保一层均尚谈不到"。因此,国民政府决定"如日方相逼太甚,我方应以实力防卫"②。英、美、法等国既不愿担责,中国自然不肯放弃锦州。

实际上,不管是派遣中立观察员还是由第三国担保的中立区,日本根本不感兴趣。最初法国驻日本大使向日方传达顾维钧的提议时,日方并没有予以回应。11月25日英国大使找到币原外相,再次询问日方关于顾维钧锦州中立区提出的意见。币原仍非常谨慎,认为如果日本政府轻信了顾维钧的提议并提出条件的话,很可能被中方用于指责侵害国家主权并"高调的拒绝,以迎合国民的欢心"。币原告知英方,此事应由中方先自行把军队撤回关内,以显示"撤兵并非屈从于日方的要求,而完全是中国自发的举动"③。日本态度的转变,则发生在进攻锦州受阻之后。

当时,国联决议向锦州派遣中立观察员缓解冲突,史汀生也于11月27日指责日本的军事行动"完全违背了其在11月24日的承诺"④。关东军方面鉴于四周情势,决定"令满铁沿线外之部队务须于数日内撤回原地"⑤。为应对国际压力并制造新的争议点,27日当天,日本驻国际联盟代表芳泽谦吉向国联理事会主席白里安表示,日本"原则上不反对中国政府宣布最近向法国政府提议的,中国军队从锦州地区撤至山海关以西。日本军队不会进入撤离区,除非发生危及华北日本国民生命财产安全和驻扎在这里的日军安全的严重威胁"。芳泽希望与中国直接商谈撤军事宜,表示"日本政府愿指示其有关人员

---

① "The Secretary of State to the Ambassador in Japan(Forbes)", November 27, 1931, *FRUS*, Japan: 1931—1941, Vol. I, pp. 51.

② 《张学良致顾维钧密电稿》(1931年11月25日),中国第二历史档案馆:《九一八事变后顾维钧等致张学良密电选(下)》,《民国档案》1985年第2期,第5页。

③ 日本外务省编纂『日本外交文書:満州事変』第1巻第2册、日本外务省、1977年、191頁。

④ "The Secretary of State to the Ambassador in Japan (Forbes)", November 27, 1931, *FRUS*, Japan: 1931—1941, Vol. I, pp. 51.

⑤ 《蒋作宾电外交部谓币原喜重郎表示若日军攻击锦州即辞职及关东军将满铁沿线外部队受命撤回原地》(1931年11月28日),台北"国史馆"藏,"蒋中正总统文物",002-080103-00011-008。

在现场与中国地方当局就此做出详细安排"①。

日方别有用心的提议,自然遭到了国民政府的驳斥和反对。几番折冲后,对于日本要求中国先行从锦州撤兵的提议,中方并不接受。日本以中国拒绝为由,"反对理事会之决议,而撤开视察员之参加交涉"②。实际上,顾维钧与英、美、法三国外使交涉事出仓促,是在日军大举向锦州进发之际,其目的正如顾在回忆录中所说"我的计划是要求日本停止前进,并开始谈判。在谈判得有结果前,使日本当局正要占领的锦州暂时中立化,在要求日本军队不进入锦州时,中国军队亦离开锦州,停驻城外,以避免出现导致严重敌对行动的冲突"。因此,该计划仅仅是临时的缓和局势的措施,并不能遏制日本侵略锦州的决心。就该计划本身而言也存在种种缺陷,从而导致国民政府在几日后宣布不接受该计划,并不是像顾维钧所说的单纯因为"许多国民党领袖也不同意,他们在政治上不支持蒋委员长"③。

需要指出的是,此时不管是张学良还是国民政府,都没有通过中立方案放弃锦州的想法。张学良曾于11月25日电令第19旅,"如果出现与日军交战的情况,要绝对固守其地"④。11月28日,辽宁省政府主席米春霖也告知英方"日本正准备从沈阳向新民屯进发,如果中方被攻击,中国会保卫锦州,但不会主动攻击,以遵守国联规定"⑤。

12月5日,中国政府公开反对日本提请国联的锦州中立区案,并严正声明中方支持国联向锦州派遣观察员的决议,并认为该决议"解决了锦州问题"。由于英、法、美不担保日本停止进攻锦州,因此11月24日中方"并没有提出任何类似的建议"。中国政府告知国联,"如果理事会对日本提出的中国军队撤

---

① "Communication from the Japanese delegation reply to the telegram of the president of the council to the Japanese and Chinese government", November 27, 1931, R1870, *League of Nations and United Nations Archives*, Geneve.

② 《顾维钧致张学良密电稿》(1931年12月2日),中国第二历史档案馆:《九一八事变后顾维钧等致张学良密电选(下)》,《民国档案》1985年第2期,第7页。

③ 顾维钧:《顾维钧回忆录(第一分册)》,中国社会科学院近代史研究所译,北京:中华书局,1983年,第422页。

④ 日本外務省編纂『日本外交文書:満州事変』第1卷第2册、日本外務省、1977年、193頁。

⑤ "Sir M. Lampson to Sir John Simon", November 28, 1931, Foreign Office Files for China, 1930—1937, FO 371/16141, *The National Archives*, UK.

出中国领土的要求做出让步,中国人民将会感到诧异",锦州地区除非有组织的大国力量来确保,否则"中国不能默许设立缓冲区"①。

尽管国民政府明确反对,但张学良却对直接交涉抱有期望。张的想法正如顾维钧所说的那样,"谈判是解决国际争端的正常方法,不管这些争端多么严重"②。事实上由于锦州军事防务存在困难,和谈并非张学良一人之主张,国际方面与国民政府亦有相同看法,各方争论的重点在于要不要在日本撤兵后再行谈判;要不要坚持第三方介入进行谈判。在此情况下,不反对中日直接谈判的张学良就成为了日方的重点突破对象。

(三) 日本对张学良的劝诱及其影响

当时,日本军政当局均视锦州中国政权的存在为建设"新政权"的障碍,必需扫除,但如何达到这一目的,军政双方的想法存在张力。以币原为首的外务省主张渐进式的蚕食,只要中国军队不撤回关内,就有机会再次制造借口出兵,"无论在何处都要实行当初的计划,这是非常明了之事"。如果东北军按日方的锦州中立化要求撤回关内,"只要当地的行政仍在旧东北政权之下,又没有军事作为后盾,不难想象其势力最终会被灭杀"。关东军则对外务省的谋略不感兴趣,期望以不受束缚的军事行动来达到目的。12月2日,关东军致电币原说明以下几点意见:首先,如果承认中国军队撤退后,锦州的行政权还在中国人手里的话,那么会给"今后满洲'新政权'问题解决上遗留祸根"。其次,中国坚持由国联及第三方来担保,将为中日谈判中"第三国的介入开了头"。最后,将来京津地区情况变化,"万一关东军有行动的必要,恐怕会限制我(日)军的行动"③。但无论采取军事还是外交手段,日本军政双方侵占东北的目标是一致的,这也注定围绕锦州问题的中日和谈从一开始就是不可能成功的,仅是日方纵横捭阖的手段,意在促使中国锦州当局撤守,实现侵占锦州的目的。

---

① "A statement of Chinese's position", December 5, 1931, R1870, *League of Nations and United Nations Archives*, Geneve.

② 顾维钧:《顾维钧回忆录(第一分册)》,中国社会科学院近代史研究所译,北京:中华书局,1983年,第417页。

③ 日本外務省編纂『日本外交文書:満州事変』第1卷第2冊、日本外務省、1977年、199頁。

11月29日,在币原外相的授意下,日本驻北平参事官矢野真找到张学良称,"英、法、美与中国提商拟以锦县一带为中立地域,中国军队撤至山海关。日本对此原则上甚表同意,如贵方赞成此种办法,日方即可派代表商洽"①。对此,张学良提出两点,"1. 希望日军最大限度不越过原遣地点即巨流河车站。2. 须留少数军队在锦县一带即中立区域内,以足敷防止匪患,维持治安为度"。矢野真在回答中仅表示"未奉训令,亦不能正式答复"。张学良向国民政府汇报了此次与日谈判情况,并认为"似可与之商洽"。实际上张所提出的两点要求,日本均不会同意。巨流河站是北宁路上的交通要站,日本自然不会答应。关于军队,矢野真以个人资格劝告"中国军队全数撤退"②。事实上他所奉方针中,根本不允许中国军队进入山海关以东,条件更为苛刻。只是矢野真对张学良所提建议不直接拒绝,这也造成张一度对日方的和谈抱有希望。

张学良在29日致电蒋,告知与矢野真谈判情形,并询问中央意旨和列国态度。此时,张个人极为赞成日方的谈判条件,并"令锦方军队照此原则准备施行"。另外,张告知顾维钧因美国态度强硬,关东军方面已撤回驻地,"日方情形缓和",并乐观地称"我方关于接收各问题,恐应预为筹议"③。可见当时日本迫于美国压力撤回攻锦部队,张学良因之对国际力量信心增强,此点也是当时张学良相信日方谈判诚意的原因之一。

对于日本与张学良的交涉,顾维钧有着清醒的判断。就在11月29日当天,顾即向张学良解释,锦州中立的实现"要点在中立国派视(观)察员居间斡旋一层"。日本迳自向中国政府及锦州当地交涉,"显有撇开中立国视(观)察员意思"。顾认为,日人用意"1. 彼可以正由两国商洽办法为辞,请国联无庸参预,彼可于商洽时提出种种苛酷条件,从则难堪,不从即破裂。2. 彼可借口于彼已撤兵,迫我撤至山海关,我若不撤,彼即责我违约,进兵攻我"④。

---

① 《张学良致顾维钧密电》(1931年11月29日),中国第二历史档案馆:《九一八事变后顾维钧等致张学良密电选(下)》,《民国档案》1985年第2期,第6页。
② 《张学良致顾维钧密电》(1931年11月29日),中国第二历史档案馆:《九一八事变后顾维钧等致张学良密电选(下)》,《民国档案》1985年第2期,第5页。
③ 《张学良致顾维钧密电》(1931年11月29日),中国第二历史档案馆:《九一八事变后顾维钧等致张学良密电选(下)》,《民国档案》1985年第2期,第5—6页。
④ 《顾维钧等致张学良密电》(1931年11月29日),中国第二历史档案馆:《九一八事变后顾维钧等致张学良密电选(下)》,《民国档案》1985年第2期,第7页。

顾维钧劝张学良,日本若再派员接洽"慎勿与之讨论,以防堕其奸计"。如果日本"率队来攻",则"以实力防御"。顾告知张学良国联决议,即"自锦县至山海关一带划为中立地,由各国派视(观)察员往与中、日两方武官接洽,期免冲突"①。此外,顾维钧还向张说明日方谈判的目的。"中立地本属避免冲突之临时办法。最要之点,在日本向英、法、美各国为各该国认为满意之担保",日本所称办法不仅"将担保一层完全抹煞",而且更为苛刻,"1. 华军撤至关西各地方。2. 日本仅承认原则。3. 日本提议内'但书'之规定,日方可随时借口进兵,显欲诱我退兵,堕其阴谋"②。

在11月30日上午的特外委会上,顾维钧向会议报告了矢野真与张学良的谈话情况,顾判断日方此番用意:"1. 借此为直接交涉之张本(至少可借此作宣传把柄)。2. 预先占一地步,如中国军队不退去,锦州以后发生事故,即可有所借口"③。至于如何应付日本,顾认为中国"既已接受国联提议,对日领所谈当然毋庸置议"④。此时,张学良正打算与日方再次商谈,为表诚意张学良甚至主动调整了锦州防务。

察觉张学良守锦态度动摇后,12月2日顾维钧向张学良传达中执委会议的决定,"锦州一隅之保存,关系三省全部存亡;撤兵一节,若无国联或三国切实保证,吾方万不能承允,如日军不顾国联决议,悍然进攻,只能竭力抵御"。为坚定张学良守锦州的决心,顾维钧告知张,宋子文答应"中央可抽调劲师归兄指挥,即财部税警团亦能拨三团约计五六千人"⑤。12月3日,顾维钧再次劝张学良撤出锦州守军的行动"请暂从缓",对于张所面临的财政困境,顾称已

---

① 《顾维钧致张学良密电稿》(1931年11月29日),中国第二历史档案馆:《九一八事变后顾维钧等致张学良密电选(下)》,《民国档案》1985年第2期,第7页。

② 《顾维钧致张学良密电稿》(1931年11月29日),中国第二历史档案馆:《九一八事变后顾维钧等致张学良密电选(下)》,《民国档案》1985年第2期,第7页。

③ 《中央政治会议特种外交委员会第五十四次会议纪录》,刘维开编:《国民政府处理九一八事变之重要文献》,第159页。

④ 《中央政治会议特种外交委员会第五十四次会议纪录》,刘维开编:《国民政府处理九一八事变之重要文献》,第159页。

⑤ 《顾维钧致张学良密电稿》(1931年12月2日),中国第二历史档案馆:《九一八事变后顾维钧等致张学良密电选(下)》,《民国档案》1985年第2期,第8—9页。

告知宋子文,"正力筹办法"①。

12月4日,张学良再次会晤矢野真。张询问为何此次提案要求锦州政府撤回关内,矢野真称,上次虽没有提起,"但提到残留的地方政府应撤退,锦州政府当然应该撤退"。对此,张学良称国民政府要求其"暂且观察事情的发展",在没有接到南京的命令之前,撤兵一事"无法做出负责任的承诺"。此时,张对日方的谈判诚意已经有所怀疑,向矢野真询问关于中方可留下卫队的条件是否有变化,以及锦州政府撤退后,所属各县的归属问题,并质疑"日方对其目的有所隐瞒"。矢野真则辩称"日方并无任何隐瞒的野心"②。

稍后在谈及自身处境时,张学良表示希望日方"寻求让我也有所得的方法",如果只有日本获利,"而我却失去了东三省全部,而且被日方所敌视,又被国民视为国贼,我岂不是毫无立足之地"。对此,矢野真先是安抚张学良,虽然与日方达成协议会招致国民批评,但张"在中国北方的地位得到巩固"。而后矢野真威胁张学良,若不撤兵,那么"事态不知要恶化多少倍。届时副司令不仅会受到国民的非难,恐怕也会失去所有。此事对副司令来说是生存还是死亡的问题"。通过此次会见,矢野真认为此时的张学良"被国内舆论压迫,需承担相当的责任,除非他为自己的将来考虑",否则不会接受日方有关撤守锦州的建议③。

1931年12月8日,为稳住张学良,蒋介石电询张锦州形势并告以"此时锦州军队切勿撤退"④。对此张向蒋汇报,"拟撤军队原为战略上应有步骤并另以得力军队布置于相当地点,庶各处皆可衔接,于战事方有把握"。蒋得回电后委婉地劝张"锦州方面军事布置在目前情形,似一动不如一静为宜"。为加强张守锦决心,蒋介石表示"航空第1队,已令其限3日内到平,归副司

---

① 《顾维钧致张学良密电稿》(1931年12月3日),中国第二历史档案馆:《九一八事变后顾维钧等致张学良密电选(下)》,《民国档案》1985年第2期,第10页。
② 日本外務省編纂『日本外交文書:満州事変』第1卷第2冊、日本外務省、1977年、210頁。
③ 日本外務省編纂『日本外交文書:満州事変』第1卷第2冊、日本外務省、1977年、212頁。
④ 《蒋中正电张学良锦州军队此时切勿撤退并询近情如何》(1931年12月8日),台北"国史馆"藏,"蒋中正总统文物",002-020200-00012-067。

令指挥"①。同时顾维钧亦告知张国联12月7日的会议,日方所提"自锦州至榆关划为中立区域"一事,被理事会拒绝。国联主张"双方军队应各守现驻地点,不得移动"。据此,顾维钧劝张打消"抽调驻锦军队一部分入关"的念头,以免引起误会。

尽管国民政府表示要坚守锦州,但锦州的防守困境却是无法解决的。朱培德于12月8日特外委会上说明"为今之计,对付日本只有两条路:第一条路即是与日本拼命,明知其必无幸胜,而不顾一切以赴之。第二条路即是与日本商量办法"②。在国府要员看来,若张学良能有牺牲精神坚守锦州,则能够为中国营造良好的国际形象,利于争取国际援助。而张并不愿在锦州做最后牺牲,希望日本守信用,肯诚意商谈。12月9日顾维钧再致电张学良劝其坚守锦州,"当此国人视线群集锦事之时,军队稍一移动,势必沸议全国,为兄着想,似万万不可出此"。顾维钧更向张表示,锦州局势因有观察员之存在,且国联已经决议中日各守原地"似不至有战事发生"。就当前局势来看,日人"诡诈多端,我退则彼进,彼时新政权统一东北,则不可挽救也"③。对于锦州撤军一事,顾向张表示,"日方要求我方撤退锦州军队,企图以长城为边沟之界,计极险辣,中央对此点绝不让步"④。顾维钧的劝告,从张的处境至全国乃至国际方面,均予以考虑,可谓中肯。但此时张学良仍希望能通过谈判解决危机,并再次给蒋去电称"良有难言之苦痛",急盼熊式辉赴平商洽⑤。

张所谓"难言之苦痛"有其症结所在。原因在于12月7日矢野真再次找到张学良,为了说服张学良撤守,矢野真向张学良做了许多无法兑现的承诺。

---

① 《蒋中正电张学良商锦州方面军事布置,蒋中正观察国联理事会有关沈阳事变六件议决案等》(1931年12月09日),台北"国史馆"藏,"蒋中正总统文物",002-060100-00043-009。

② 《中央政治会议特种外交委员会第五十九次会议纪录》,刘维开编:《国民政府处理九一八事变之重要文献》,第172—173页。

③ 《顾维钧等致张学良密电稿》(1931年12月9日),中国第二历史档案馆:《九一八事变后顾维钧等致张学良密电选(下)》,《民国档案》1985年第2期,第13页。

④ 《北平情报处致外交部电》(1931年12月9日),台北"国史馆"藏,"外交部"档案,020-010112-0022,第113—114页。

⑤ 《张学良电蒋中正锦军事现详密考虑彼有难言之苦盼熊式辉迅即北来以便商洽一切》(1931年12月09日),台北"国史馆"藏,"蒋中正总统文物",002-090200-00006-111。

如"中国军队从锦州撤军,日军将在大凌河停止"。锦州方面的"警察和通讯保障,由中国人承担"。为进一步表示日方的"诚意",矢野真还称如果警察不够用时,"骑兵也可以留下来"①。为促使张学良下撤兵的决心,当天矢野真还找到张学良的代表汤尔和,表示日方督促张学良撤守锦州"并无占领中立地带的意图",请其尽力说服张学良撤兵。当天下午汤氏在王树常陪同下,面见张学良尽力传达日方意见,并劝张"这时候必须要迅速下定决心"。此时,张学良非常犹豫,国民政府要求其固守锦州绝不能撤兵,但如果拒绝日方建议,很可能会招致日方的军事报复。情急之下,张学良"命令王树常起草辞职电文",汤与王从旁极力劝说:虽然与日本达成撤兵协议,张学良将遭受国民舆论和政府方面的责难,但"可以消除中日间的危机"②。可见汤、王二人已彻底成为日人的工具。

在他们的蛊惑下,张学良同意撤兵,但提出前提条件:其一,希望撤兵后,日方"不要向新民以西出动军队"。其二,锦州撤退一事,如果日方"对此强制执行的话,就无法解决了"。其三,相关细节的商订"如果必要的话,可以缔结秘密协议。但如果此次撤兵是按照日方要求,或者准备缔结秘密协定的内容向外界泄漏的话,恐怕此事是不可能实行了"③。

当时,张学良之所以冒险接受矢野真的条件,是因为如果与日本达成满足上述条件的停战协议,可暂缓中日两国军事冲突,虽然此举将导致日军压至大凌河防线,但按照协议中国可以派遣警察、保安队留守锦州。当时警察力量是防卫锦州的重要力量之一,"辽宁省警务处新编的公安骑兵3个纵队",即驻扎在锦州北边20里的三屯附近。原大凌河沿线防线依然可以调换警察总队予以维持。而且沿锦州北面的小凌河支流小哈喇河和二道河可以重新确立一道锦州防线,与大凌河防线相互配合,两道防线之间以北宁线为交通,运输敏捷,可共同承担锦州防务。

张学良想法是:"首先,这将表明我们对决议或联盟的尊重和信心。第二,

---

① "Record of Conference herd at the residence of Marshal Chang Hsueh-liang", April 14, 1932, S32, *League of Nations and United Nations Archives*, Geneve.

② 日本外务省编纂『日本外交文书:满州事变』第1卷第2册、日本外务省、1977年、218頁。

③ 日本外务省编纂『日本外交文书:满州事变』第1卷第2册、日本外务省、1977年、218頁。

它防止关外局势恶化。第三,它将排除战事在关内发生的可能性。所有这些事情都可以通过这个提议来完成,当时的提议是可以接受的,因为它是始终基于锦州在中国人手里"①。因此,如果日本确有停战意向,就缓和锦州局势而言,也是一种不得已而为之的办法。但问题在于日方并没有履约的打算,谈判的目的只是为诱导张学良撤出锦州防守兵力,以达到侵占目的。

根据张学良的说法,矢野真在12月7日明确表示日军将停留在大凌河一线,此点与日本学者关宽治、岛田俊彦所著《满洲事变》中的记载不同。《满洲事变》一书记载了日本给矢野真的谈判方针,其中,第二条"驻满日本军有权通过流经锦州附近之小凌河以西的地区"。第三条"从小凌河河口沿河溯至热河省一线,直至山海关附近之长城一带奉天省地区内,在治安发生混乱时均须由日中双方协商决定其解决办法"。并且该书稍后记载,矢野真秉持此种方针与张学良的谈判遭遇了军方的反对,因此尽管"张学良做出了主动撤退的回答",但还是在12月7日就此不了了之②。就该书观点看,似乎张学良同意就上述日本提出的条件谈判,并主动撤兵以示诚意,只是由于日本军方干涉才不了了之。

首先,如果书中记载属实,那么张学良不可能接受谈判条件。原因在于该谈判方针将日军停留地点,推进至锦州附近之小凌河以西。从地图上来看,这无异于将锦州让与日本,显然至少在谈判阶段张不会将锦州拱手相让。因此,大凌河的说法是可信的。其次,矢野真的谈判并没有诚意,其谈判条件随着日本在锦州方面军事的进展,从日军的停止地点到中国军政权力的保留,愈加苛刻。直到日军发起对锦州的总攻之前,矢野真方才向张学良表明日本的真实谈判条件。

张学良虽在12月7日与日方初步达成撤兵意向,但不久就被日本新闻予以披露,顾维钧于13日发电诘问,张十分顾忌南京的反应,"返电称此事绝对没有"③。此外,一旦从锦州撤军,民众的反应也是张学良无法承受的。锦州已经成为中国在关外的主权象征,是各方关注的焦点,因此张学良并没有从锦

---

① "Record of Conference herd at the residence of Marshal Chang Hsueh-liang", April 14, 1932, S32, *League of Nations and United Nations Archives*, Geneve.

② [日]关宽治、岛田俊彦:《满洲事变》,第344—346页。

③ 日本外務省編纂『日本外交文書:満州事変』第1卷第2册、日本外務省、1977年、231頁。

州撤守,而是选择观望南京的局势以及日本的后续行动。12月下旬,关东军方面已集合完毕,开始积极向锦州包抄。为动摇张学良,当月25日矢野真再次与张学良接触,敦促迅速撤兵。张学良询问矢野真,"锦州是否还会留在中国人手中"。矢野真答:"以后再讨论。"①张学良向矢野真诉苦,称如果从锦州撤兵,"国民甚至我自己的部下都将把我当敌人看待"。张学良希望日本政府能体谅他的难处,考虑他的将来,"采取彻底的方针"②。即确保中国军队撤出锦州后,日方不侵占锦州。

至12月29日,情况则完全不同了,日军已经占领了大洼站、盘山等要地,对锦州的总攻即将开始。当天矢野真找到张学良,要求其"立即就这项建议③采取行动"。张学良告以"锦州方面的全部军队也就是三个旅将会撤退,当地除了保安队和警察之外,不会残留一兵一卒"。同时,张希望"1. 日军不可以追击;2. 不许向锦州方面进兵"。为给自己留有余地,张表示撤离锦州后,要通电声明自己"并非要抛弃锦州,而是为避免与日军发生冲突"④。矢野真则强硬地表示,除去中国撤离锦州外,"日军要停在比以前更靠前的小凌河,中国军队也要全部撤退"。而且中国军队撤离时,矢野真并不保证"不会在山海关发生冲突",仅表示"他们希望不会发生冲突"⑤。另外,关于铁路保护的问题,矢野真在当月7日曾向张学良表示,"为了保护铁路,中国可以保留锦州和山海关之间的宪兵队"。但29日矢野真改口称:"宪兵队也将被视为军队。"关于锦州政权归属的问题,当月7日矢野真称锦州的行政权"应该掌握在中国人的手中",但29日矢野真改口称"中国应该放弃城市(锦州)的行政权"⑥。最后,矢野真再次威逼张学良迅速实施撤兵,如有迟疑"可能会发生并非我(日)方本

---

① "Record of Conference herd at the residence of Marshal Chang Hsueh-liang", April 14, 1932, S32, *League of Nations and United Nations Archives*, Geneve.

② 日本外务省编纂『日本外交文書:満州事変』第1卷第2册、日本外务省、1977年、247页。

③ 指矢野真12月7日向张学良提出的停战协议。

④ 日本外务省编纂『日本外交文書:満州事変』第1卷第2册、日本外务省、1977年、261—262页。

⑤ "Record of Conference herd at the residence of Marshal Chang Hsueh-liang", April 14, 1932, S32, *League of Nations and United Nations Archives*, Geneve.

⑥ "Record of Conference herd at the residence of Marshal Chang Hsueh-liang", April 14, 1932, S32, *League of Nations and United Nations Archives*, Geneve.

意的不幸事件"①。及至 12 月 30 日关东军持续向锦州方向进攻,张学良从锦州撤出大部分军队,矢野真仍在"开导"张学良,称锦州最终将被日军占领,"如果中国自愿撤退避免冲突,那么日本外务省将获得威望,这对中国有利"②。

需要指出的是,日方的劝诱虽对张学良防守锦州的态度产生影响,但张学良并非"在日本人威胁下受骗撤兵"③,尽管矢野真奉命与张学良进行了多次密谈,张学良也同意撤出锦州守军,但张撤兵是有前提条件的。首先,日军不能向锦州进军,确保锦州的中国政权不被颠覆。其次,撤兵事宜不能由日方强制执行。最后,撤兵的消息不能向公众泄露。如前所述,先是日方媒体公开披露了张学良与日方商谈撤兵的消息,造成张处境被动。而后关东军即向辽西进兵,导致张学良"撤兵保锦"的前提条件不复存在。加之矢野真出尔反尔的谈判态度,很难获取张学良的信任。因此,虽然张在 12 月 7 日表达了撤兵的意向,但军事上仍然不断向国民政府求援,并在锦州外围抵抗关东军的进攻。直至张学良从锦州撤军的前一天,日军第 2 师团在沿营口支线向锦州推进时,尚与中方守军发生交火,"以一部击退了据守阵地之敌"④。一言以蔽之,张学良不可能仅凭矢野真的许诺,就从锦州轻易撤兵。

那么张学良在锦州沦陷前几天仍然与矢野真频繁接触,其意图何在? 如前所述,张在 12 月 4 日的谈判中已经对日方的目的有所怀疑,所以一直采取观望态度,不仅是观察日方行动,也是在观察国民政府。在撤守锦州前,张学良早已知晓日本军事侵占锦州的意图,因此不断向孙科政府索饷索械。但张对锦州防守严重缺乏信心,急于从中脱身,而锦州又为国人视线关注的焦点,需要寻找合适的借口。在此情况下,与日方谈判撤兵则符合张学良"寻求让我也有所得的"⑤心理,一方面可以为自己从锦州撤兵的行为辩解,以应对国内的舆论压力;另一方面也可借此揭露日本背信弃义侵占锦州的事实。张学良

---

① 日本外务省编纂『日本外交文書:満洲事変』第 1 卷第 2 冊、日本外务省、1977 年、262 頁。

② "The Minister in China (Johnson) to the Secretary of State",Dec. 30, 1931, *FRUS*, The far east: 1931, Vol. III, pp. 710.

③ 冯筱才:《"不抵抗主义"再探》,《抗日战争研究》1996 年第 2 期。

④ 日本政府参谋本部编,田琪之译:《满洲事变作战经过概要》,北京:中华书局,1981 年,第 28 页。

⑤ 指的是 12 月 4 日张学良在与矢野真谈判中,要求日方"寻求让我也有所得的方法"。

在撤守之后,即公开宣称此举为了"使日本丧失所有进一步侵略华北的借口"①。

因此,从实际效果来看,日方对张学良的劝诱,最终成为张学良从锦州撤兵的说辞。而张学良对锦州的防守态度主要取决于两方面的平衡关系,即日本的进攻强度与国民政府的支持力度。特别是12月中旬以后,日方武力夺取锦州意图已明,此时以蒋介石下野为标志的宁粤政争,则成为影响张学良处置决心的关键因素。

(四)宁粤政潮与张学良撤守

1931年12月15日蒋介石向国民党中央执行委员会递交辞呈,请"辞去国民政府主席等本兼各职"。张学良随即致电蒋介石称,"连日亟拟入京面陈一切②",因天气之故"中途阻还"。张认为,蒋的辞职通电发出后,"人心大为动摇",并拟跟随蒋"引咎辞职"③。蒋向张学良表示"诸事已托石曾先生面述,请兄驻平勿来京"④。16日,张再次致电蒋,请准予辞职。蒋下野后虽多次致电军政要员称要以"在野之身"协助政府,但人事更迭,不可避免地影响时局。当时,日本也观察到中国反张各派目前尚无实力开展行动,但"仍在进行阴谋活动"⑤。此外,由于张学良与日商谈撤守锦州的消息传出后,民众团体反对情绪高涨,这两方面的原因都促使张萌生退意,但锦州紧张的局势又令张学良无法卸责脱身。

与此同时,日本则积极地为攻占锦州做军事和外交上的准备。在军事上,不断向中国东北增兵。在外交上派矢野真与张学良秘密"谈判",拖住中国锦

---

① "The Minister in China (Johnson) to the Secretary of State", Dec. 29, 1931, FRUS, Japan: 1931—1941, Vol. I, pp. 75.

② 张说的面陈一切,应该包括目前的锦州局势以及矢野真与张学良的秘密谈判条件。

③ 《张学良电蒋中正请准辞职》(1931年12月15日),台北"国史馆"藏,"蒋中正总统文物",002-090200-00006-129。

④ 《蒋中正电张学良刻已辞职诸事托李煜瀛面述请驻平勿来京》(1931年12月15日),台北"国史馆"藏,"蒋中正总统文物",002-080200-00410-130。

⑤ 日本外務省編纂『日本外交文書:満州事変』第1卷第2冊、日本外務省、1977年、113頁。

州当局,并在国联极力渲染东北匪患严重的假象,掩护日本侵占锦州的军事行动。1931年12月17日,日本"派遣混成第8旅团、战车一个队、野战重炮兵第6联队第2大队、独立野战重炮兵第8联队第4中队等"①,自12月21日起向沈阳进发。当天,为掩护其增兵行动,日本致电国联称,"将从日本派去新的军队代替目前在满洲的军队。后者人数很少,按其所履行的职责已经连续执行3个多月了"②。日本还称将很快撤回由朝鲜派来的师团。

及至12月21日,为了制造借口,不撤回朝鲜师团,日本向国联称,11月26日以来中国在锦州地区的兵力"达到了28 000人,人数增加的来源是第20旅和其他人员以及第7旅的残部"。而且锦州地区土匪人数也在增加,12月中旬,土匪人数上升到"30 000人"③。孙科政府也注意到了日本增兵的情况,17日蒋作宾致电外交部,报告日本"添派第10师一部队,近卫军及第1、第12各师之特殊部队赴东省"④。18日,蒋作宾再电外交部,日本"预定自现时起至明年正月中旬,将锦州方面各军队扫除净尽"⑤。

在此危急情况下,孙科政府虽察觉到锦州事态紧急,但无力给予处于前线的张学良任何实质援助,只是对内要求张死守锦州,对外向国联及列强求援并作抵抗声明。此种做法,令与粤方素来不睦的张学良更加不满。1931年12月21日起,关东军以"剿匪"为借口大举向锦州方向进攻,锦州形势岌岌可危。当天,张学良致电于学忠,"日本进攻锦州,理应防御,但如目前政府方针未定,自不能以锦州之军固守,应使撤进关内"⑥。此时,孙科政府正派颜惠庆寻求美国帮助,由于之前史汀生表态反对日本进军锦州,暂时平息了危机,颜希望

---

① 日本政府参谋本部编,田琪之译:《满洲事变作战经过概要》,第24页。

② "Relief of troops in Manchuria Official telegrams received by the Japanese delegation", December 17, 1931, R1868, *League of Nations and United Nations Archives*, Geneve.

③ "Communication from by the Japanese delegation", December 21, 1931, R1868, *League of Nations and United Nations Archives*, Geneve.

④ 《蒋作宾电外交部日本今又添派军队赴东省及天津》(1931年12月17日),台北"国史馆"藏,"蒋中正总统文物",002-020200-00012-072。

⑤ 《蒋作宾电外交部日本已向各地进攻扫除东北武力并将对外声明剿匪理由另有满蒙建设计划等》(1931年12月18日),台北"国史馆"藏,"蒋中正总统文物",002-080103-00011-011。

⑥ 毕万闻主编:《张学良文集》,北京:新华出版社,1992年,第559页。

美国能再次出面抗议日军的侵占行动,"可能会再次产生同样的效果"。但此时不管是美方还是国联,对于关东军以讨伐匪贼为借口实施的侵略行动,并不愿意过度刺激日本。美国仅表示赞同 12 月 10 日国联理事会的决议。对于锦州当下的危机,美方认为已向双方政府说明,锦州问题是"一个争议双方应该可以达成协议而不发生冲突的问题"①。

对于中国当前的处境,美国也是很清楚的,"国民政府被认为无力应对日本进攻锦州的危机,但人们普遍相信,在锦州不战而退的提议所引起的民众反对之下,张学良或任何中央政府均无法生存"②。随着日方军事行动的开展,张学良与孙科政府的矛盾逐渐增多。据张学良 25 日致孙科政府电称,日军北路"则进攻法库,以窥川武",南路"由营口攻取田庄台",中路"沿北宁干线,虽尚未积极前进,然彼集中新民之军队,约在一师团以上,一二日内势将向西猛烈出动"③。

张学良在 25 日电中更表示,"以东北一隅之兵,敌强邻全国之力,强弱之势,相去悬绝,无论如何振奋,亦必无侥幸之理"。而且天津塘沽门户洞开,"锦县一带,一有冲突,彼必同时以海军迫胁我后方,并扰乱平津,使我首尾难顾"。东北军自身能力亦有限制,因"东北根据,既已全失,枪炮药弹,极感缺乏,稍一支撑,即难为继,至饷项一端,尤无办法,此间收入,以之供平时开支,尚属不敷,战时需款浩繁更何以筹措"。为此,张希望孙科政府能"火速拨现款百万元,用发目前伙食饷需",各类炮弹五十万发"于一星期内发到",子弹"一千六百万发","尤请日内照拨",并请国府调遣大军支援,否则"巧妇难为无米之炊,纵使殚竭愚诚,亦必无济于事"④。

当天,张学良也借助东北民众救国会的声音,表达对现政府"既不宣战又不言和,既不言和又不宣战"的不满,批评政府"徒唱空言,使一隅之兵而敌敌

---

① "Memorandum by the Chief of the Division of Far Eastern Affairs (Hornbeck) of a Conversation with the Chinese Chargé (Yen)", Dec. 21, 1931, FRUS, The far east: 1931, Vol. Ⅲ, pp. 698 – 699.

② "The Consul General at Nanking (Peck) to the Secretary of State", Dec. 22, 1931, FRUS, The far east: 1931, Vol. Ⅲ, pp. 702.

③ 中央社北平五日电:《张学良电告锦州失陷经过——日军攻锦时张呈国府各电文》,《中央日报》1932 年 1 月 7 日,第 3 版。

④ 中央社北平五日电:《张学良电告锦州失陷经过——日军攻锦时张呈国府各电文》,《中央日报》1932 年 1 月 7 日,第 3 版。

人全国之力,存意牺牲东北健儿,以固二三人包办政府之地位"。并痛切表示"政府自绝于东北民众,非东北民众绝于政府也"①。张以此向孙科政府施加压力,促其以实力援助锦州,同时也反映出张对粤方存有猜忌心理,担心自己的生存地位受到威胁。

对此,孙科政府当天向张学良传达中执委决议,"日本攻锦州,应尽力之所及,积极抵抗。应即电令该主任仰即积极筹划自卫,以固疆圉"②。12月26日,孙科政府再致电张学良,告以所需粮械援军各项"已由府密令财政、军政、参谋各部,迅即筹发,并分送特种外交委员会"③。当天陈铭枢还向国联声明,为了避免东北局势的恶化,中国履行了国联历次决议所规定的义务,但也明确表示"中国不能容忍任何人侵占领土"④。顾维钧亦致电张学良,"锦州方面形势紧急,日借'剿匪'为名,势必攻取",并传达了李济深期望张能够"饬属严密防范,悉力抵抗,以示自卫之意"⑤。

张学良于12月26日当天致电孙科政府称,对锦州"必尽力设法固守,但日军倾全国之力,我仅一隅之师",而且我方粮、械不充,"实力相较,众寡悬殊"。张学良希望孙科政府关于"补充增援诸项,必须筹有确切办法"。另外,日军在天津集结重兵,"锦战一开,华北全局必将同时牵动",尤须预筹应付策略。"否则空言固守,实际有所为难"。张并在电文中称自己并非"有何畏惧,关系全国存亡,情势所在",因此不得不询问应该如何处理。28日孙科政府再次安抚张学良,称所需之补充、增援,"已分交参谋、军政两部核办"⑥。

然而核办并不等于已办,张学良方面仍是没有得到孙科政府的任何实质

---

① 《东北民众救国会为上书南京政府对日本侵略东北是战是和中央应明确表态的通电》(1931年12月25日),辽宁省档案馆编:《辽宁省档案馆珍藏张学良档案六——张学良与九一八事变(下)》,桂林:广西师范大学出版社,1999年,第426—427页。

② 《国民政府致张学良电》(1931年12月25日),台北"国史馆"藏,"外交部"档案,020-010112-0022,第168页。

③ 中央社北平五日电:《张学良电告锦州失陷经过——日军攻锦时张呈国府各电文》,《中央日报》1932年1月7日,第3版。

④ "Statement by the representative of China to the League of Nations", December 26, 1931, R1870, *League of Nations and United Nations Archives*, Geneve.

⑤ 《顾维钧致张学良密电稿》(1931年12月26日),中国第二历史档案馆:《九一八事变后顾维钧等致张学良密电选(下)》,《民国档案》1985年第2期,第16页。

⑥ 中央社北平五日电:《张学良电告锦州失陷经过——日军攻锦时张呈国府各电文》,《中央日报》1932年1月7日,第3版。

十一、国联调停与张学良弃守锦州事件 247

性支援,12月28日当天,日军第2师团"沿营口支线开始前进",张急切致电孙科政府"迩来日军着着进逼,锦县危急万分",目前前方"款弹两缺","钧府既迭责其尽职,自应即援以实力,事出急迫",希望政府能够"火速照拨,以济眉急"。对此,12月29日孙科政府告知张"已妥密交各主管机关迅速办理"①。从当天张学良的回电中可知,锦州前线仍然没有得到政府的任何支援,张学良在致外交部电中,明确表明其态度。首先关于锦州战事是"职责所在,何敢诿卸"。但政府对日方针、对锦州之援助全无计划。"关于补充、增援诸端,倘政府不筹有确切办法,则恐空言固守,实有未能。东北军尽数牺牲,固非所惜。唯事关全国,无补艰危。而善后诸端,益难收拾。"张学良并在电文中指出,目前日本在天津集结重兵,随时有截断锦州驻军退路的可能性,"锦州若一接触,华北大局必将同时牵动,此节尤须妥加预筹"②。为此,他希望中央能拿出切实办法,而不是空言固守抵抗。

孙科政府在接到张的质询电后于30日答复,再次强调张要履行守土之责,"日军攻锦紧急,无论如何必积极抵抗。盖官吏及军队均有守土应尽之责,否则外启友邦之轻视,内招人民之责备,外交因此愈陷绝境,将何辞以自解"。而对张学良提到的各种困难,则表示"陈述困难各节,均所深悉",并指示张,"日军攻锦时,在天津或有异动,亦须预先防止",让其自行决断办法,但并没有提出解决困难的实际方针,仅要张"深体政府之意,激励将士为国牺牲"③。30日当天锦州危急,驻守锦州的东北军在张学良的授意下撤至滦州,"辽省府仍留锦州办公"④,另外锦东、锦西均遭日军进攻,沟帮子一带已失守。孙科等人既无具体办法援助锦州,又无法把控张学良,只好于12月31日致电蒋介石称,"日军攻锦紧迫,张主任有撤兵之情势,中央刻正责令积极抵抗,竭尽守土之责"。目前国难危急希望蒋能够"迅速来京主持大计,集全党力量整齐步骤,

① 中央社北平五日电:《张学良电告锦州失陷经过——日军攻锦时张呈国府各电文》,《中央日报》1932年1月7日,第3版。
② 《刘敬舆来函》,台北"国史馆"藏,"外交部"档案,020-010112-0022,第161—164页。
③ 《国民政府致张学良电》(1931年12月30日),台北"国史馆"藏,"外交部"档案,020-010112-0022,第169—170页。
④ 《蒋中正电陈果夫请约周骏彦即来溪口面叙,我军由锦州撤至滦州,日机轰炸锦东锦西各地等》(1931年12月30日),台北"国史馆"藏,"蒋中正总统文物",002-060100-00043-030。

以与人民共赴国难"①。当天(31日)日军已经在锦州周围展开,日军第20师团从沟帮子向锦州方向前进,与30日从新民出发的日军混成39旅团密切相连。"第2师团仍一并指挥混成第39旅团向大凌河一线前进,掩护军的集中"②。锦州最终于1932年1月3日沦陷。

弃守锦州是张学良个人决断,这是毫无疑问的。当时张学良对于处置锦州乃至华北局势,有着充分的自主权,尽管检索各类史料,不乏中央或个人对张学良处置锦州问题予以建议。但由于华北地区地处中日冲突的前沿,局势复杂多变,民众反日情绪亦十分高涨。在张学良看来"情况很难处理"。等候南京的指示是不现实的,许多事情需要张临机处置。张在1932年与国联调查团李顿一行谈及锦州危机也表示,"我从中央政府得到的指示就是这样的,我应该自行决定如何处理这种情况。我应该使处理办法不至于因为涉及日本而使军事形势恶化,又不引起国人的感情,也不伤害国人的爱国责任感"③。可见,张在当时局势下,有全权处置华北问题,但事情的纷杂程度,颇令张头疼。

锦州危机的解决处于僵局之中,就单纯的军事观点来说,依靠东北军的力量不足以防守。其一,如前所述,锦州的防守兵力不足以抵挡日军优势兵力和武器的进攻,对此国民政府和张学良都十分清楚。其二,从战略上讲,即使锦州战事胶着,日军也随时可能进攻天津,如宋子文所想,日军将封锁锦州军队向关内的退路,并断绝锦州守军的援助,则锦州势不能守。其三,国民政府先后承诺的财政与兵力支持,随着国民政府内部的政争也没有了下文。其四,粤方掌权后,仅严令张学良守锦州,并无实力援助之办法。因此,守锦州的问题从一开始即不是单纯的军事问题,而是掺杂政治与外交因素的各方角力。孙科政府在援锦问题上,屡屡食言,并非因派系隔阂不愿真心助张,而是心有余力不足。自蒋下野之后,"军饷无人负责,各将领尤为惶惑"④,财政极为困难。原财政部长宋子文,虽然"辞职尚未被接受,但他在上海显然对事态发展漠不

---

① 《孙科陈铭枢电蒋中正,日军攻锦情势危急,请速来京主持大计密件》(1931年12月31日),台北"国史馆"藏,"蒋中正总统文物",002-090200-00003-113。

② 日本政府参谋本部编,田琪之译:《满洲事变作战经过概要》,第27页。

③ "Record of Conference herd at the residence of Marshal Chang Hsueh-liang", April 14, 1932, S32, *League of Nations and United Nations Archives*, Geneve.

④ 《何成浚电蒋中正,现下中枢无主军饷、无人负责,今后对于大局应如何应付》(1931年12月26日),台北"国史馆"藏,"蒋中正总统文物",002-020200-00014-036。

关心"①,短时间内孙科政府难以提供张所需粮械。至于援军,早在1931年12月初朱培德即在特外委会中说明,"关内队伍无论从何方面计划,皆无出关援助之可能"②。由此观之,孙科政府严令张学良死守锦州,却不能实力支援,加重了张学良对粤方的猜忌心理,亦是张学良在日本进攻锦州的最后关头撤守的关键因素。

小　结

"九一八"事变后,面对日本侵略,锦州防守不单要靠军事力量,内则依靠中央政府一致支持以作后盾,给予锦州方面以粮械、兵员源源支持;外则需要积极利用国际力量斡旋,但仍要有中央政府以一贯之政策从中平衡。而此两方面条件,在锦州危机的演变过程中均发生变化。尽管宁粤双方依靠张学良坚守锦州的方针是一致的,但张学良在蒋去职前后,对锦州问题的态度截然不同。自"九一八"事变以来,因东北丧师失地,张学良广受批评。南方的广东派、北方的阎锡山都是"倒张"的主力,可以说张学良地位的维持,离不开蒋的支持。因此张在对日问题上,基本与蒋介石保持一致。蒋下台前,张曾表示要坚守锦州,所谓"至万不得已时,亦只有采取正当防卫以保持国家之人格"③。即便后来张学良希望通过谈判解决锦州危机,但对蒋坚守锦州的命令,也表示已有苦衷,希望蒋派亲信人员北上统筹。而粤方上台后,孙科政府对锦州多空言坚守而无实际援助,双方本有芥蒂,加上新政府对锦州支援乏力,使得张态度更趋消极,屡屡发表对孙科政府不满之言论。美国方面也认为"南京对张学良强烈的敌意以及在锦州缺乏支持,导致张做出目前(撤兵)的决定"④。

在外交方面,国民政府在国联决议派遣中立观察员之后,并没有持续地推

---

① "The Consul General at Nanking(Peck) to the Secretary of State", Dec. 22, 1931, FRUS, The far east: 1931, Vol. Ⅲ, pp. 702.

② 《中央政治会议特种外交委员会第五十九次会议记录》,刘维开编:《国民政府处理九一八事变之重要文献》,第172页。

③ 《张学良致顾维钧等密电》(1931年11月30日),中国第二历史档案馆:《九一八事变后顾维钧等致张学良密电选(下)》,《民国档案》1985年第2期,第8页。

④ "The Minister in China(Johnson) to the Secretary of State", Dec. 30, 1931, FRUS, The far east: 1931, Vol. Ⅲ, pp. 710.

动国联在锦州地区发挥缓和地方冲突的作用,而是陷于内部政潮的纷争当中,后来更是疲于应付日本之外交宣传指责,并不能提出具体办法,仅空言希望国联以及列强的干涉,于事无补。日本则不断与张接触,以虚假之条件诱使张学良直接谈判。虽然张学良大受诱惑,但最终的撤守并不是由谈判促成的。有关"撤兵保锦"的谈判,仅成为张学良应付各方指责的说辞。在撤出锦州守军后,张学良按照曾经日方许诺的条件,在锦州地区留下警察力量和骑兵部队,以维持秩序和保护铁路。日本则毫不意外地再次食言,经过短暂的交火之后侵占锦州。*

---

* 本部分的主体内容发表于《近代史研究》2022年第2期,题为"张学良与锦州弃守",收入本书时做了修改和补充。

十二、《李顿调查团报告书》发表与国际联盟调停

"九一八"事变爆发后,中日争端成为国际联盟成立以来面临的最大挑战,正如捷克斯洛伐克代表贝内什(Eduard Beneš)所说:"摆在我们面前的是日内瓦有史以来遭遇的最大问题,这个问题的解决方式将成为至关重要的先例。"①国联派出以李顿为首的调查团赴东亚开展实地调查。直到1932年10月2日,《李顿调查团报告书》发表,国联以该文件为基础,谋求中日争端的最终解决。实际上,国联调解中日争端失败的背后,蕴含着复杂的政治权衡与繁琐的外交运作。本书拟围绕中日和解决议草案的修改过程,剖析其背后中、日、英、美等国的态度,由此深化对国联调解中日争端过程的研究。

(一)《李顿调查团报告书》发表前后的国际形势

"九一八"事变发生后,中国根据《国联盟约》第十一条赋予会员国的权利,向国联理事会提起申诉。1932年,"一·二八"事变爆发,中国要求国联理事会运用《国联盟约》第十五条解决中日争端。该条规定了国联和平解决国际争端的方法:其中第三项为和解,即国联理事会应调解争端,使当事双方达成和解以避免战争;第四项为劝告,若国联理事会无法促成和解,应起草一份报告书,说明争端之事实及认为合理之劝告。该报告书在理事会获得通过后,会员国不可向接受报告书的国家发动战争;若会员国执意开战,国联有权取消其会

---

① "Tenth Plenary Meeting of the Assembly", December 6, 1932, *League of Nations Official Journal*, *Special Supplement*, No. 111(1933), p. 35.

员国资格,并运用《国联盟约》第十六条对其进行经济或武力制裁①。

　　国际联盟内部,其会员国可以简单划分为大国与小国。大国即五大常任理事国英、法、意、日、德,其他实力较弱的会员国则为小国。大国需要为国联承担主要责任,譬如支出费用、执行议决,所以可以主导国联事务。小国受国力所限,对国联应负担的责任较少。在处理实际问题时,小国可以从纯粹的集体安全理论出发提出意见;大国则必须考虑自身需要付出的代价,不得不慎重行事。国联处理国际争端的机关,分为理事会与大会两处。二者的议事原则,可被归纳为"大国尊重主义"与"各国平等主义"②。前者由14个理事国组成,五大常任理事国占据支配地位。后者由全体50多个会员国的2/3出席即可召开,小国所占比例更高,且小国的发言权与投票之效力,不因其国力弱小而有所削弱。淞沪战事愈演愈烈之后,中方认为:"在大会中,小国能自由发言,而大国必须服从公众意见"③,所以要求改由国联大会处理中日争端。2月19日,国联理事会接受中方请求④。

　　1932年1月7日,美国国务卿史汀生曾向中日两国政府发送照会,声明不承认任何损害美国在华利益,损害中国主权、独立、领土及行政权完整,违反"门户开放"政策和《非战公约》的事实、条约或协议⑤。受此影响,国联大会于3月11日通过一项重要议决案(以下统称"3月11日议决案"),声明国联理事会受理中日争端以来通过的各项议决仍然有效⑥。该议决案载明:"凡用违反《国联盟约》或《巴黎公约》(即《非战公约》——引者注)之手段所缔造之任何局

---

① 《国联盟约》第十一条规定:"任何会员国的战争行为皆事关联盟全体,发生危及国际和平的事件时,会员国有请求召集国联行政院会议的权利,有唤起国联大会与行政院注意的权利"。参见王铁崖、田如萱编《国际法资料选编》,北京:法律出版社,1982年,第809—812页。

② 信夫淳平『国際紛争と国際聯盟』、日本評論社、1925年、487頁。

③ 《照译自日内瓦来电》(1932年2月12日),台北"国史馆"藏,"外交部"档案,020-010112-0023,第204页。

④ 《国联行政院及大会关于中日争议历次所通过之议决案》,中华民国国民政府外交部1933年编印,第11页。

⑤ 参见"The Secretary of State to the Consul General at Nanking (Peck)", January 7, 1932, *FRUS*, 1932, The Far East, Vol. III, p. 8.

⑥ 主要包括以下三项:1931年9月30日议决案,要求关东军撤回满铁附属地;12月10日议决案,决定派遣调查团调查争端情况,并再次要求日本撤军;1932年3月4日议决案,要求中日双方在上海停战。

势、条约或协定,联合会(国际联盟又被称作'国际联合会'——引者注)会员均不能承认之。"①同时规定在国联大会闭会期间,成立特别委员会代行大会职权,作为专门处理中日争端的常设机关。特别委员会由除去中日两国之外的12个理事会理事国,再加入 7 个国家,共 19 国代表组成,被称作十九国委员会②。

5月5日,对承认伪满持否定态度的日本首相犬养毅被刺杀,右翼势力主导了政局。日本内阁更替,外相由原任满铁株式会社总裁的内田康哉担任。在军部的煽动下,日本国内要求承认伪满的意见占据主流。内田亦积极迎合军部政策,拒绝在承认伪满问题上让步。8 月 25 日,内田在众议院演讲:"我国民对此问题(指承认伪满——引者注)举国一致,为贯彻此主张,必须抱定就算国家变为焦土,也寸步不让的决心!"③内田的"焦土外交"即由此得名。27日,日本内阁通过《依国际关系而定的时局处理方案》,决定坚持贯彻既定侵华政策,如果国联对此强加干预,则不惜退出国联:

> 要诱导国联,让其认识到帝国对满蒙事务强烈的关心,以及我方公正的态度,要避免采取挑衅性的态度。……如果国联对我方上述努力全然不顾,依然不自我反省,更进一步颠覆帝国满蒙经略的根基,有威胁到我国将来国运之虞,从实际上对我方进行压迫的话,帝国就已经无法留在国联中了④。

9 月 15 日,日本宣布承认伪满洲国。中国驻国联代表颜惠庆于 9 月 17 日致函国联大会,希望国联对日本承认伪满的行径作出处置,要求国联"考虑

---

① 《国联行政院及大会关于中日争议历次所通过之议决案》,中华民国国民政府外交部 1933 年编印,第 15 页。

② 十九国委员会成立后,成员因理事会理事国的变动而变动。《李顿调查团报告书》发表后,其成员国为:英国、法国、德国、意大利、比利时、哥伦比亚、捷克斯洛伐克、危地马拉、匈牙利、爱尔兰、墨西哥、挪威、巴拿马、波兰、葡萄牙、西班牙、瑞典、瑞士、土耳其。

③ 『官报号外 第六十三回帝国议会众议院议事速记录第三号』、1932 年 8 月 26 日、18 页。

④ 外務省編『日本外交年表並主要文書』下卷、原書房、1966 年、207 頁。

到目前的状况,加快行动步伐"①。与此同时,中国对国联的软弱与拖延感到失望。蒋介石在得知国联调查团"东三省自治"等设想后,感叹:"调查团所想者,皆为理想"②,决定不再专恃欧美,与苏联无条件复交,并做好长期抵抗日本侵略的准备。为向国联施压,中方致电《九国公约》签约国,请各国开会讨论伪满问题,以此表示不再相信国联有解决中日争端的能力③。中国的目的是得到国际社会的道义支持,使日本陷入孤立,期待日本国内的"稳健派"在经济危机与国际孤立的双重压力下"乘此转机,再握政权"④,抑制住军国主义势力。

10月2日,《李顿调查团报告书》发表,全文共十章。前八章论述了中日争端的历史背景及现实情况。明确了中国对东北地区拥有主权、日本发动"九一八"事变并非自卫、伪满洲国并非民意产生等原则性问题。第九章是解决中日争端应遵循的十条原则⑤。第十章是对中国东北地区政治组织形式的建议:在保留中国主权的前提下,以"自治"名义实行国际共管。国联以此为基础,着手解决争端。

根据国联会员国对中日争端的态度,可将其划分为"大国派"与"小国派"。英、法、意、德四大国中,意大利与德国话语权及影响力有限,在国联调处中日争端时比较消极。意大利代表故意不出席十九国委员会,避免发表意见⑥;德国作为"解除军备国",在国联采取追随英国的政策,却对日本持同情态度。在

---

① "Letter from the Chinese Delegation to the President of the Special Assembly", September 17, 1932, *League of Nations Official Journal*, *Special Supplement*, No. 111 (1933), p. 84.

② 《蒋介石日记》(手稿),1932年9月3日,美国斯坦福大学胡佛研究所档案馆藏。

③ 《外交部致汉口蒋委员长电》(1932年9月),台北"国史馆"藏,"外交部"档案,020-010102-0183,第13页。

④ 《外交部致汉口蒋委员长电》(1932年11月25日),台北"国史馆"藏,"外交部"档案,020-010102-0183,第45页。

⑤ 这十条原则是:1.适合中日双方利益;2.考虑苏联利益;3.尊重现行条约;4.承认日本在东三省的利益;5.中日之间签订新约;6.规定解决将来纠纷办法;7.东三省自治;8.东三省不驻军,仅以宪警维持秩序;9.中日经济协调;10.以国际合作帮助中国发展。参见张生、陈海懿、杨骏编:《李顿调查团档案文献集·国联调查团报告书》,南京:南京大学出版社,2019年,第424—425页。

⑥ "Mr. Patteson (Geneva) to Sir J. Simon", February 8, 1933, F 874/33/10, *DBPO*.

国联大会上,德国代表牛赖特(Konstantin von Neurath)甚至说日本并未违反《国联盟约》,中日争端是一种"特殊情况"①。英国与法国是国际联盟的核心成员,本应承担领导国联解决争端的责任,但此时却互相推诿。英国力图"避免担任突出的领导角色"②,法国亦表示"无论如何都不愿带头,……也不愿为解决争端劝说日本对华友好"③。其原因在于:首先,经济层面,受大萧条的影响,英法经济尚未复苏,如果带头谴责日本的侵略行径,不仅会影响自身与日本的贸易,还将损害自身在中国东北的经济利益。英国驻日大使林德利直言:"只要我们避免与日本发生冲突,我们在远东的利益就不会受到损害。"④法国政府亦反复权衡与中日两国的经济关系⑤。而且,倘若国联将日本判定为侵略国,日本定会拒绝接受国联的调解。按照《国联盟约》的规定,届时国联会员国有义务运用第十六条对日本进行经济制裁,这是英法两国皆不愿承担的。李顿曾指出:"经济作战较武力作战为尤酷……现在列强自国正值多故,决不愿强人民再做重大牺牲。"⑥其次,在国际政治层面,日本作为国联的常任理事国,对保证国联完整性及维护战后国际秩序有重要作用。日本代表团在与国联交涉过程中,以退出国联作为筹码,态度极为强硬。日本首席全权代表松冈洋右对国联秘书长德拉蒙德宣称:"与'满洲国'的存在及日本对该'国'的承认不相容之事,无论如何研究,都不会被接受。国联的行动和言论若有损日本的

---

① "Twelfth Plenary Meeting of the Assembly", December 7, 1932, *League of Nations Official Journal*, *Special Supplement*, No. 111(1933), p. 54.

② "Memorandum by Sir J. Pratt Respecting the Sino-Japanese Dispute", December 3, 1932, F 8494/1/10, *DBPO*.

③ "Memorandum by the Under Secretary of State (Castle) of a Conversation with the French Ambassador (Claudel)", October 10, 1932, *FRUS*, The Far East, 1932, Vol. IV, p. 295.

④ "Treaty between Japan and Manchukuo", September 12, 1932, FO 371/16177, p. 77, The National Archives, UK.

⑤ "The Ambassador in France (Edge) to the Secretary of State", September 8, 1932, *FRUS*, 1932, The Far East, Vol. IV, p. 234.

⑥ 《汉口顾维钧致蒋中正电》(1932年9月22日),台北,"国史馆"藏,"蒋中正总统文物档案",002-090200-00003-193,第1—2页。

尊严,日本将退出国联。"①日本外务次官有田八郎也警告英国:"若国联大会通过《李顿调查团报告书》,出台谴责日本的议决,……日本政府将被迫退出国联。"②假如日本退出国联,将会极大削弱国联在东亚地区的影响力,使其"成为一个仅存在于欧洲的机构"③,对战后国际秩序及利益分配感到不满的德国、意大利可能会步其后尘,从而导致国联的彻底崩溃。此外,日本作为东亚强国,英法希望与其保持良好关系,将其作为对抗苏联的"政治堡垒"④。

英法企图让并非国联会员国的美国担任调处中日争端的领袖,但美国并不想过度刺激日本,明确要英法"打消使我们参与其中,承担主要责任的任何愿望与倾向"⑤。史汀生呼吁英国"发挥领导作用",联合法国、意大利共同采取行动⑥。在此情形下,英国只能担负起领导国联解决中日争端的职责。英国的政策是:首先,国联应根据《国联盟约》第十五条第三项,采取和解的方式解决争端。为此,应尽量避免谴责日本,在不损害《国联盟约》原则的前提下,就中国东北的"政体"与日本达成妥协⑦。其次,英国应担任国联的"忠实会员",支持《李顿调查团报告书》。英国外交部官员韦尔斯利(Victor Wellesley)宣称:"维护国联的权威实际上是我们最大的利益。"⑧再次,国联无法凭借自身力量解决棘手的中日争端,必须寻求美国和苏联的支持。美国是

---

① 「松岡ドラモンドサイモン会談」(1932 年 11 月 20 日)、JACAR(アジア歴史資料センター)Ref. B02030426500(第 77 画像目から)、日支事件ニ関スル交渉経過(連盟及対米関係)第十一卷上(外務省外交史料館)。

② "Sir F. Lindley (Tokyo) to Sir J. Simon", October 28, 1932, F 7658/1/10, *DBPO*.

③ "Mr. Patteson (Geneva) to Sir J. Simon", December 17, 1932, F 8676/1/10, *DBPO*.

④ "Record of a Conversation on November 28 between Sir T. Wilford and Sir V. Wellesley", November 29, 1932, F 8338/1/10, *DBPO*.

⑤ "The Secretary of State to the Acting Chairman of the American Delegation to the General Disarmament Conference (Gibson)", November 19, 1932, *FRUS*, 1932, The Far East, Vol. IV, p. 348.

⑥ "The Secretary of State to the Ambassador in Great Britain (Mellon)", October 14, 1932, *FRUS*, 1932, The Far East, Vol. IV, p. 300.

⑦ "Memorandum by Sir J. Pratt Respecting the Sino-Japanese Dispute", December 3, 1932, F 8494/1/10, *DBPO*.

⑧ "Record of a Conversation on November 28 between Sir T. Wilford and Sir V. Wellesley", November 29, 1932, F 8338/1/10, *DBPO*.

十二、《李顿调查团报告书》发表与国际联盟调停　257

战后国际秩序的维护者，英法的"友邦"，邀请美国的原因自不待言。之所以邀请苏联，是因为"苏联在满洲拥有巨大的经济利益和其他利益"①。《李顿调查团报告书》中载明："解决满洲问题时倘忽略苏俄之重大利益，则此项解决必将引起将来和平之决裂，且不能持久，事极显然。"②另外，苏联与日本在东亚存在竞争关系，可以对日本施加压力，减轻英法的责任。简言之，以英国为首的"大国派"希望安抚日本，在维护国联权威的前提下寻求一种容纳日方政策的解决办法，并邀请美苏两国作为外援。12月7日，英国外交大臣西蒙在国联大会的演说反映了上述政策。他非但不谴责日本的侵略行径，反而称赞日本"一直是国联的忠实会员"，并呼吁国联邀请美苏两国参与解决争端③。

"小国派"主要由欧洲小国构成，如西班牙、捷克斯洛伐克、爱尔兰、瑞典、希腊等④。这些小国"担心自己有一天也会成为侵略的受害者"⑤，所以希望维护国联的尊严，以备在遭受侵略时也可求助于国联。"小国派"的观点是国联应明确谴责日本的侵略行径，将日本作为侵略国进行处置，维护集体安全机制的权威。如西班牙代表马达里亚加(Salvador de Madariaga)在《日内瓦报》(*Journal de Genève*)上发文，呼吁各国撤回驻日使节，取消日本的国联会员国资格⑥。希腊代表波利斯(Nicolas Politis)公开批评日本蔑视国联，要求国联大会"谴责它的错误，以防类似事件再次发生"⑦。爱尔兰、西班牙、瑞典和捷克斯洛伐克代表于12月8日向国联大会递交提案，要求宣布日本军事行动并

---

① "Letter from Sir E. Drummond to Sir J. Simon", October 24, 1932, F 7681/1/10, *DBPO*.
② 张生、陈海懿、杨骏编：《李顿调查团档案文献集·国联调查团报告书》，第423页。
③ "Twelfth Plenary Meeting of the Assembly", December 7th, 1932, *League of Nations Official Journal*, *Special Supplement*, No. 111(1933), p. 51.
④ 多数在国联影响力较强的欧洲小国持同情中国的态度；拉美小国如墨西哥、哥伦比亚等虽然对调处中日争端并不积极，但也表示拥护《国联盟约》；偏向日本者仅有与日本有特殊关系的小国如波兰、泰国，以及英国自治领加拿大、澳大利亚、新西兰。
⑤ "Memorandum by Sir J. Pratt", December 23, 1932, F 74/33/10, *DBPO*.
⑥ "Letter from Sir E. Drummond to Sir J. Simon", October 24, 1932, F 7681/1/10, *DBPO*.
⑦ "Eleventh Plenary Meeting of the Assembly", December 7th, 1932, *League of Nations Official Journal*, *Special Supplement*, No. 111(1933), p. 45.

非自卫,伪满洲国为非法组织①。负责处理中日争端的十九国委员会是国联大会的代表机关,英法虽在其中占据主导地位,但也无法专断行事,不得不顾及小国代表的不同意见。

(二) "12月15日议决草案"的出台与各方的修改意见

1932年12月9日,国联大会通过议决案,要求十九国委员会根据3月11日议决案起草一份提案,研究如何按照《国联盟约》第十五条第三项促成中日和解②。十九国委员会于12月13日开会,决定成立一个由英国、法国、比利时、西班牙、瑞士、捷克斯洛伐克六国代表组成的起草委员会,研究提案的具体内容③。15日,十九国委员会审议并通过了起草委员会草拟的三项文件,包含两份草案正文及一份理由书,统称"12月15日议决草案"。

第一议决草案说明了和解的方法、步骤及原则,指出目前国联的任务是根据《国联盟约》第十五条第三项解决争端,和解的原则参考"3·11议决案",必须遵守《国联盟约》《非战公约》和《九国公约》,并以《李顿调查团报告书》为基础。和解的具体方法是成立和解委员会与中日两国一起谈判,该委员会由十九国委员会加入美国和苏联的代表构成。其中最关键的第4段原文如下:

> 大会决定成立一个委员会,其职责是与当事双方一起进行谈判。以期在《调查团报告书》第九章原则的基础上进行解决,并将第十章的建议内容考虑在内④。

---

① 《国联大会开会详情》(1932年12月8日),台北"国史馆"藏,"外交部"档案,020-010112-0020,第65—66页。

② "Fifteenth Plenary Meeting of the Assembly", December 9, 1932, *League of Nations Official Journal*, *Special Supplement*, No. 111(1933), pp. 74-75.

③ 「十二日十九人委員会経過」(1932年12月13日)、JACAR(アジア歴史資料センター)Ref. B02030430100(第530画像目から)、日支事件ニ関スル交渉経過(連盟及対米関係)第十一卷上(1)(外務省外交史料館)。

④ "Sino-Japanese Dispute: Proposed Procedure for Securing Settlement", December 16, 1932, FO 371/16184, p. 195, *The National Archives*, UK.

第二议决草案仅有一段:"大会感谢1931年12月10日理事会议决任命的调查团为国际联盟提供的宝贵协助,并宣布其报告将成为认真和公正工作的典范。"①

理由书篇幅相对较长,对两份草案正文进行了具体的解释与阐发。其中最重要的是第9段,引用《李顿调查团报告书》第九章中的观点:

> 十九国委员会认为,因该争端极为特殊,仅恢复1931年9月之前的状态不足以永久解决满洲问题,维持和承认"满洲国"亦非解决之道②。

这句话原本应出现在草案正文中,以捷克斯洛伐克代表贝内什为首的一些小国代表强烈要求在草案中明确不承认伪满,并谴责日本的侵略罪行,但在起草委员会上遭到了英法等大国代表的反对。英国代表贾德干(Alexander M. Cadogan)指出:"对事实作出判决,对责任作出判定在现阶段是不合适的,这与真诚的和解努力相矛盾"③,认为不承认伪满会激怒日本,导致和解破裂。最终,不承认伪满的语句并未写入草案正文,而是出现在理由书中。草案也并未如小国所愿宣告日本的侵略责任。十九国委员会审议后,决定先将草案私下出示给中日两国代表,以确定双方是否接受调解办法④。

1. 中国对议决草案的修改意见

中国代表团在日内瓦深切感受到了大国对日本妥协的倾向,决定如果议决草案太过软弱,"须有坚强之表示,或由代表团退席辞职"⑤。12月15日下午,德拉蒙德将议决草案交予颜惠庆。颜惠庆当即表示不满:其一,没有指明日本的

---

① "Sino-Japanese Dispute: Proposed Procedure for Securing Settlement", December 16, 1932, FO 371/16184, p.196, *The National Archives*, UK.

② "Sino-Japanese Dispute: Assembly Resolution of December 9th", December 16, 1932, FO 371/16184, p.207, *The National Archives*, UK.

③ "Mr. Patteson (Geneva) to Sir R. Vansittart", December 13, 1932, F 8596/1/10, *DBPO*.

④ "Mr. Patteson (Geneva) to Sir J. Simon", December 16, 1932, F 8651/1/10, *DBPO*.

⑤ 《颜顾郭三代表致外交部电》(1932年2月15日),台北"国史馆"藏,"外交部"档案,020-010112-0024,第41页。

侵略责任,"对于两国之是非不加断定"①。其二,没有明确规定国联解决中日争端的时限②。此后,颜惠庆将议决草案发回国内。国民政府外交部拟定修正案发往日内瓦,并决定:如果国联拒绝对原草案作出修改,"我方可以接受原案与理由书"③。颜惠庆得知政府态度后判断:"恐日方亦将同样提出修正,而结果因我方之软弱,反于我不利耳。"④于是并未向国联提出书面修正案,仅向德拉蒙德进行口头说明,让国联先与日本协商⑤。直到颜惠庆得知日方修正意见十分苛刻,足以使和解破裂,才于12月26日将书面修正案提交国联。其内容为:

第一,第一议决草案第4段修改为:

> (大会)决定成立一委员会,其责任为会同本案双方代表进行谈判,在《李顿调查团报告书》起首八章所述之主要事实之指导下,并根据上述1932年3月11日之议决案,及《报告书》第九章之原则,以求获得解决。并应特别注意,维持并承认满洲现当局,不能视为解决方法⑥。

对比原草案,中方修正案首先删除了《李顿调查团报告书》"第十章",加入"前八章"。对于第十章建议"满洲自治",中国外交部认为"此举损害我主权及

---

① 《十六日消息》(1932年12月16日),台北"国史馆"藏,"外交部"档案,020-010112-0020,第81页。

② 《照译日内瓦来电》(1932年12月16日),台北"国史馆"藏,"外交部"档案,020-010112-0031,第68页。

③ 《拟致日内瓦代表团电》(1932年12月19日),台北"国史馆"藏,"外交部"档案,020-010112-0024,第58页。

④ 《照译颜代表自日内瓦来电》(1932年12月18日),台北"国史馆"藏,"外交部"档案,020-010112-0024,第54页。

⑤ 《照译颜代表自日内瓦来电》(1932年12月19日),台北"国史馆"藏,"外交部"档案,020-010112-0031,第80页。

⑥ 《国联方面对于中日纠纷之举措》,《外交部公报》第5卷第4期,1933年1月,"附录",第75页。该修正案提交国联后保存在日内瓦国联和联合国档案馆,参见"Memorandum of the Chinese Delegation Proposing Certain Amendments to the Resolution and Statement of Reasons Drawn up by the Drafting Committee", December 26, 1932, R1864-1A-31334, *League of Nations and United Nations Archives*, Geneva。《外交部公报》将"3月11日之议决案"误写为"12月10日之议决案",本书已按照国联和联合国档案馆的档案文件更正。

行政权之完整",不可接受①。前八章是对中日争端历史及现实的描述,中方加入这几章是为了避免在和解谈判期间,与日方就中国对东北地区的主权、日本的侵略性质等原则性问题再发生纠纷②。其次,提及"3月11日议决案",表示不承认满洲现当局,在议决草案的正文中加入不承认伪满的文字,以确保其拥有法律效力。

第二,加入明确的解决争端期限。第一议决草案第9段规定:和解委员会有权确定解决争端的期限,如果中日双方未能就期限问题达成一致,则由和解委员会向国联大会提交说明。中方要求国联大会在收到说明后一个月内,采用《国联盟约》第十五条第四项解决争端③。中方之所以重视期限问题,是因为担心日方以和解为借口拖延时间。关东军宣称热河是伪满洲国的一部分,正筹备侵略热河。如果国联通过了《国联盟约》第十五条第四项规定的劝告报告书,日本将不能对中国发动战争。日本若执意开战,就意味着对国联权威的公然挑衅。届时国联有权取消其会员国资格,并运用《国联盟约》第十六条对其进行制裁。因此,中方希望国联从速解决中日争端,阻止日本的进一步侵略。

第三,理由书第9段加入一句"对中国之主权及其领土及行政完整完全尊重"④。因《李顿调查团报告书》第十章建议在中国东北实行"自治制度",所以中方担心在此后的中日和解谈判中,国联会采用这种损害中国东三省主权的方案。

可见,中方愿意接受议决草案的建议进行中日和解谈判。中方重视的是中国对东北地区的主权,以及国联解决中日争端的期限。

2. 日本对议决草案的修改意见

日本代表团收到议决草案后,认为不可接受,于12月16日拟就修正案,一边以此为基础与国联交涉,一边发回外务省征求意见。17日,外务省将日

---

① 《拟致日内瓦代表团电》(1932年11月1日),台北"国史馆"藏,"外交部"档案,020-010112-0026,第101页。
② 《国联方面对于中日纠纷之举措》,《外交部公报》第5卷第4期,1933年1月,"附录",第75页。
③ 《国联方面对于中日纠纷之举措》,《外交部公报》第5卷第4期,1933年1月,"附录",第75页。
④ 《国联方面对于中日纠纷之举措》,《外交部公报》第5卷第4期,1933年1月,"附录",第75页。

本代表团的意见略作修改，发回日内瓦。日方的主张可归纳为：

第一，反对和解委员会介入谈判，要求中日直接交涉。原草案规定和解委员会的职责是"与当事双方一起进行谈判"，日方将其修改为"为当事双方的谈判铺平道路"。日方希望，和解委员会"只负责为日中交涉做好前期准备，至于交涉本身，法律上自然无关，亦不参与实际工作"①。国联副秘书长杉村阳太郎对此解释称：日本的国家利益曾多次因为国际干预受到损害，如三国干涉还辽，哈里曼（William A. Harriman）、诺克斯（Philander C. Knox）的满铁中立计划等，因而这次"坚决不允许第三国的干涉"②。

第二，反对和解工作以《李顿调查团报告书》为基础。日本外务省认为《李顿调查团报告书》否定了日本发动"九一八"事变及扶植伪满洲国的合法性，曾在发表次日召开记者会，批评其"不公正"③。因此，日方将第二议决草案"宣布其报告将成为认真和公正工作的典范"中的"公正工作"改为"辛勤工作"，同时删除理由书第2段"《报告书》前八章构成了对主要事实公平的、中立的和完整的陈述"一句。除此以外，还主张将"中日双方的意见书"加入议决草案④，与《李顿调查团报告书》共同作为和解工作的基础，以削弱其独一无二的权威性⑤。

第三，反对美国和苏联加入和解委员会。日本外务省认为："万一美国参

---

① 「連盟決議案回訓」(1932年12月17日)、JACAR(アジア歴史資料センター) Ref. B02030430500(第579画像目から)、日支事件ニ関スル交渉経過(連盟及対米関係)第十一巻上(外務省外交史料館)。

② 杉村陽太郎『国際外交録』、中央公論社、1933年、50—51頁。

③ 「リットン報告ニ関スル外務当局談話」(1932年10月3日)、JACAR(アジア歴史資料センター)Ref. B02030421000(第378画像目から)、日支事件ニ関スル交渉経過(連盟及対米関係) 第十巻下(外務省外交史料館)。

④ 《李顿调查团报告书》发表后，日本专门撰写了一份意见书对其进行批判，于1932年11月17日提交国联理事会。参见「国際連盟支那調査委員会報告書ニ対スル帝国政府意見書」、外務省編『日本外交文書：満州事変 別巻』、外務省、1981年、291—360頁。中国的意见书则针对日方意见书以及松冈洋右在国联理事会的发言进行驳斥，于12月3日送交国联大会。参见"Comments of the Chinese Delegation", December 8, 1932, *League of Nations Official Journal*, *Special Supple*, No. 111(1933), pp. 122-148。

⑤ 「我代表部修正案」(1932年12月16日)、JACAR(アジア歴史資料センター)Ref. B02030430500(第572画像目から)、日支事件ニ関スル交渉経過(連盟及対米関係)第十一巻上(外務省外交史料館)。

加，在东亚拥有深厚利益关系的英美两国将结成统一战线，不仅对目前的满洲问题，还会对其他各种问题与我方展开对抗。"①苏联在东亚具有一定的利益关切，而且中国于12月12日刚刚对苏复交，"可能会导致苏联产生反对日本的态度"②。如果美苏参加和解，和解委员会中支持中国的力量将极大增强，对日本不利。

第四，反对议决草案中不承认伪满的表述。首先，原草案规定谈判"在《李顿调查团报告书》第九章原则的基础上进行解决，并将第十章的建议内容考虑在内"。这句话被日方修改为"将《李顿调查团报告书》第九章中规定的原则考虑在内，但应排除其中的原则七和原则八，尽可能与现实状况相协调"③。补充一句，报告书第九章中的原则七为东三省自治，原则八则要求日本撤军，第十章是自治制度的实行办法，皆不符合日本承认伪满的方针。而所谓的"现实状况"，指的是伪满已经获得了日本的承认。其次，日本要求删除第一议决草案第3段的"大会声明争端解决办法必须遵守《国联盟约》《非战公约》和《九国公约》"。再次，日本要求将理由书第9段删除，因其明确宣布不承认伪满④。

日本对中国发动侵略战争，且抢在国联裁决之前炮制并承认伪满政权，已经违反了《国联盟约》《非战公约》和《九国公约》。"12月15日议决草案"包含与日本维持并承认伪满相违背的内容，所以日方提出诸多修改意见，极力避免和解工作对其侵华政策的束缚。

3. 国联对议决草案的修改

国联方面，起草委员会于12月16、17日开会，审议中日两国代表团对议

---

① 「米国ノ小委員会参加阻止ノ件」(1932年1月17日)、JACAR(アジア歴史資料センター)Ref. B02030433600(第453画像目から)、日支事件ニ関スル交渉経過(連盟及対米関係) 第十一巻上(外務省外交史料館)。

② "Mr. Patteson (Geneva) to Sir J. Simon", December 17, 1932, F 8676/1/10, DBPO.

③ 「連盟決議案回訓」(1932年12月17日)、JACAR(アジア歴史資料センター)Ref. B02030430500(第579画像目から)、日支事件ニ関スル交渉経過(連盟及対米関係)第十一巻上(外務省外交史料館)。

④ 「我代表部修正案」(1932年12月16日)、JACAR(アジア歴史資料センター)Ref. B02030430500(第572画像目から)、日支事件ニ関スル交渉経過(連盟及対米関係)第十一巻上(外務省外交史料館)。

决草案的意见。德拉蒙德认为,中方的态度"实极温和",各项要求"已有百分之八十包含于议决案及理由声明书之内"①,且未提出书面修正案。而日方意见与议决草案不相容之处甚多,委员会决定参考日方意见对草案进行修改:

其一,第一议决草案第 4 段修改为:

大会决定由十九个会员国组成委员会,其职责是与当事双方合作,努力达成和解。根据《李顿调查团报告书》第九章所规定的原则,考虑到现实状况进行解决②。

因中方也反对在草案中加入《李顿调查团报告书》第十章,所以将其删除,并应日方要求加入"考虑现实状况"的语句。

其二,同意删除"争端解决办法必须遵守《国联盟约》《非战公约》和《九国公约》"一句③。原因在于该内容已包含于草案提及的"3 月 11 日议决案"中④,因此,删去该句既不影响草案的内核,又可安抚日本。

其三,鉴于日方反对美苏参加和解工作,起草委员会决定将"美国和苏联"修改为"非国联会员国",避免两国的名字直接出现在草案中⑤。

其四,理由书第 9 段在起草委员会中引发了激烈讨论。德拉蒙德表示,该段不承认伪满的表述是日方反对最甚之点,如果委员会不在此处让步,日方不可能接受和解,所以建议委员会删除。但小国代表坚持保留:"和解是在中国领土被日本军事占领的情况下进行的,为了平衡这一对中国不利的现实情况,

---

① 《照译颜代表日内瓦来电》(1932 年 12 月 19 日),台北"国史馆"藏,"外交部"档案,020 - 010112 - 0031,第 80 页。

② 「起草委員会最終案」(1932 年 12 月 19 日)、JACAR(アジア歴史資料センター)Ref. B02030430600(第 26 画像目から)、日支事件ニ関スル交渉経過(連盟及対米関係)第十一巻上(外務省外交史料館)。

③ 「十六日起草委員会模様」(1932 年 12 月 17 日)、JACAR(アジア歴史資料センター)Ref. B02030430600(第 9 画像目から)、日支事件ニ関スル交渉経過(連盟及対米関係)第十一巻上(外務省外交史料館)。

④ 《国联行政院及大会关于中日争议历次所通过之议决案》,中华民国国民政府外交部 1933 年编印,第 15 页。

⑤ 「十七日十九人委員会決定」(1932 年 12 月 18 日)、JACAR(アジア歴史資料センター)Ref. B02030430600(第 23 画像目から)、日支事件ニ関スル交渉経過(連盟及対米関係)第十一巻上(外務省外交史料館)。

有必要保留这一段落。"①最终该段被修改为:

  国联大会将对有关满洲现政权的事项作出最终决定,并且必定与《国联盟约》第十条(即保证所有会员国领土完整及政治独立——引者注)保持一致。在大会作出决定之前,任何国联会员国都不能提出承认"现政权"的问题②。

  起草委员会上述对议决草案的修改,除中日直接交涉外,基本满足了日方的其他意见,体现了英法对日本妥协的态度。但12月18日,十九国委员会获悉,日本外务省17日发回日内瓦的修改意见与日本代表团提交的意见几乎无异,对和解工作已抱悲观,不过仍希望日本政府能接受起草委员会16、17日对草案的修正,决定"最好再等一两天,看东京是否会对各点妥协"③。19日,外务省训令日本代表团,再次强调反对第三国介入中日直接交涉,"和解(Conciliation)"字样不应出现在议决草案中,而是应该被替换为"铺平道路(Pave way)"④。20日,外务省的意见到达日内瓦,表示不接受起草委员会的16、17日修正草案⑤,和解工作陷入僵局。

  但是德拉蒙德对日方态度软化仍然抱有希望,建议:"我们必须给日本政府一段短暂的时间来考虑他们的态度"⑥,在此期间,"如果各大国就该问题充

---

  ① "Mr. Patteson (Geneva) to Sir J. Simon", December 17, 1932, F 8678/1/10, *DBPO*.
  ② "Mr. Patteson (Geneva) to Sir J. Simon", December 17, 1932, F 8677/1/10, *DBPO*.
  ③ "Mr. Patteson (Geneva) to Sir J. Simon", December 19, 1932, F 8695/1/10, *DBPO*.
  ④ 「寿府来電第一五三号ニ対スル回訓」(1932年12月19日)、JACAR(アジア歴史資料センター)Ref. B02030430600(第24画像目から)、日支事件ニ関スル交渉経過(連盟及対米関係)第十一巻上(外務省外交史料館)。
  ⑤ 「起草委員会最終案ニ対スル回訓」(1932年12月20日)、JACAR(アジア歴史資料センター)Ref. B02030430600(第34画像目から)、日支事件ニ関スル交渉経過(連盟及対米関係)第十一巻上(外務省外交史料館)。
  ⑥ "Japanese Attitude towards Conciliation Efforts", December 21, 1932, FO 371/16185, p. 111, *The National Archives*, UK.

分发挥影响力",日本政府有可能会妥协①。加之当时已至年底,各国代表将回国休假,于是十九国委员会决定休会到次年 1 月 16 日,目的是给予各方开展幕后运作与重新权衡利弊的时间,避免和解直接宣告破裂。十九国委员会授权德拉蒙德在休会期间继续与中日两国代表接洽,同时也在为和解失败做准备,计划在休会期间拟就《国联盟约》第十五条第四项规定的劝告报告书②。12 月 20 日,十九国委员会召开 1932 年的最后一次会议,国联大会主席兼十九国委员会主席伊曼斯发表宣言,说明休会是为了给各方留出充足的考虑时间,呼吁两当事国"拿出不可或缺的互让精神"③。

(三)"德拉蒙德妥协案"的出台与国联对日本政策的转变

十九国委员会休会期间,英国对之前采取的对日绥靖政策进行检讨。西蒙在国联大会发表袒护日本的演讲后,中国各大报刊纷纷刊文谴责英国。中国外长罗文干于 1932 年 12 月 9 日与 13 日两次召见英国驻华代办英格拉姆(Maurice Ingram)表示抗议④。史汀生亦劝告英国不要对日本过分宽容⑤。英国感到,如果继续偏袒日本,不仅有损国联的权威,还会影响英国与中美两国的关系⑥。英国的对华贸易也将受到损害,且"损失的利益肯定无法在'满洲国'或其他地方得到任何补偿"⑦。英国原本希望通过缓和的态度促使日本

---

① "Obstructive Attitude Adopted by Japanese Government towards Conciliation Efforts", December 21, 1932, FO 371/16185, p. 108, *The National Archives*, UK.

② "Mr. Patteson (Geneva) to Sir J. Simon", December 19, 1932, F 8732/1/10, *DBPO*.

③ 「十九人委員会議長声明」(1932 年 12 月 21 日)、JACAR(アジア歴史資料センター)Ref. B02030430700(第 52 画像目から)、日支事件ニ関スル交渉経過(連盟及対米関係)第十一巻上(外務省外交史料館).

④ "Sino-Japanese Dispute: Chinese Reactions to the Geneva Proceedings", December 28, 1932, FO 371/17076, pp. 78-79, *The National Archives*, UK.

⑤ "The Secretary of State to the Acting Chairman of the American Delegation to the General Disarmament Conference (Gibson)", December 9, 1932, *FRUS*, 1932, The Far East, Vol. IV, p. 405.

⑥ "Memorandum by Sir J. Pratt", January 12, 1933, F 392/33/10, *DBPO*.

⑦ "Memorandum by Sir J. Pratt", December 23, 1932, F 74/33/10, *DBPO*.

接受和解，而"12月15日议决草案"出台后，日方并未表现出和解诚意。在此形势下，英国不得不改变对日本的绥靖政策：首先，英国主张国联应继续尽可能地对日本让步，可以通过对议决草案"调整句子结构，重新措辞"来满足日方的条件①。其次，英国决定通过驻日大使私下向东京施加影响，"向日本政府最大程度上坦率地解释我们的观点"②。再次，英国在国联不再采用温和的态度安抚日本，而是对日本"进行郑重的且相当明确的批评"③。最后，如果对日本的让步达到极限，日本依然拒绝和解的话，英国将以国联大局为重，支持国联对日本进行谴责与处置④。

1933年1月2日，西蒙致函林德利，要求他直接拜访日本外相内田康哉，向其说明国联不可能完全接受日本政府1932年12月17日的修正案，并提醒内田注意"如果和解的努力归于失败，将迫使国联会员国运用（《国联盟约》）第十五条第四项"⑤。1月4日，林德利向内田转达了西蒙的意见。内田依旧拒绝让步，强调日方的底线是中日直接交涉与不妨碍日本承认伪满洲国，称："如果有承认我方主张或不削弱我方主张的绝妙议案"，才会重新考虑和解问题⑥。与此同时，日军又在山海关挑起冲突，表现出进窥平津的企图。史汀生判断："最近山海关的形势，以及英国驻日大使与日本政府交涉的失败证明，目前采取的和解工作毫无成功的可能"⑦，呼吁国联尽快启动《国联盟约》第十五条第四项规定的劝告程序，表决通过《李顿调查团报告书》，以维护集体安全机制的权威。

德拉蒙德仍致力于和解工作。他告诫杉村："最初主要是日本与国联内诸

---

① "Sino-Japanese Dispute", December 26, 1932, FO 371/16185, p. 156, *The National Archives*, UK.
② "Memorandum by Sir J. Pratt", December 23, 1932, F 74/33/10, *DBPO*.
③ "Memorandum by Sir J. Pratt", January 12, 1933, F 392/33/10, *DBPO*.
④ "Memorandum by Sir J. Pratt", December 23, 1932, F 74/33/10, *DBPO*.
⑤ "Sir J. Simon to Sir F. Lindley", January 2, 1933, F 74/33/10, *DBPO*.
⑥ 「和協委員会ニ関スル英国大使内田大臣申入」(1933年1月4日)、JACAR(アジア歴史資料センター)Ref. B02030432700(第358画像目から)、日支事件ニ関スル交渉経過(連盟及対米関係)第十一卷上(外務省外交史料館)。
⑦ "The Secretary of State to the Minister in Switzerland (Wilson)", January 13, 1933, *FRUS*, 1933, The Far East, Vol. III, p. 61.

小国存在分歧，但现在竟已演变成日本与大国间的对立。"①他暗示大国的态度已经发生转变，希望日本拿出谈判的诚意来。1月9日到12日，德拉蒙德与杉村反复磋商，最终得出了一个明显迎合日方意见的新方案，即"德拉蒙德妥协案"：

其一，将第一议决草案第4段分成三段表述：

大会认为《李顿调查团报告书》第九章的原则是解决争端的有益基础。

大会非常关心世界的和平与稳定，应由大会决定如何将上述原则应用于远东局势的发展。

大会决定，为进行这项调解工作，由十九国委员会任命其成员组成专门委员会，负责帮助双方彻底解决存在的实际问题②。

"如何将上述原则应用于东亚局势的发展"，意味着《李顿调查团报告书》第九章十原则的适用性尚待研究，削弱了其权威性；妥协案使用"专门委员会"一词，以避免议决草案中出现"谈判委员会""和解委员会"字样，且将其职责修改为"帮助双方"解决问题，则意味着接受了中日直接交涉的日方要求。

其二，弱化《李顿调查团报告书》的地位。第二议决草案中"宣布该报告将成为认真和公正工作的典范"被修改为"其报告为国联维护和平的努力作出了不可估量的贡献"。删除理由书第2段对《李顿调查团报告书》前八章事实部分"公平""中立""完整"的评价，并将"中日双方的意见书"加入议决草案③。

其三，理由书第9段删掉了不承认伪满的表述，被改为：

---

① 「帝国政府最終訓令ニ関スル杉村ドラモンド談話」(1933年1月13日)、JACAR(アジア歴史資料センター)Ref. B02030430800(第68画像目から)、日支事件ニ関スル交渉経過(連盟及対米関係) 第十一巻上(外務省外交史料館)。

② 「新第一決議案」(1933年1月13日)、JACAR(アジア歴史資料センター)Ref. B02030432900(第384画像目から)、日支事件ニ関スル交渉経過(連盟及対米関係) 第十一巻上(外務省外交史料館)。

③ 「新第二決議案」(1933年1月13日)、「議長宣言案」(1933年1月14日)、JACAR(アジア歴史資料センター)Ref. B02030432900(第388画像目から)、日支事件ニ関スル交渉経過(連盟及対米関係) 第十一巻上(外務省外交史料館)。

十九国委员会将向大会提交报告,并由大会酌情作出决定(指是否承认伪满——引者注)。此外,为不使争端的解决变得更加困难,委员会衷心希望,也相信大会将同意,任何国联会员国都不会采取违反《国联盟约》《非战公约》《九国公约》及"3月11日议决案"所载原则的行动①。

此外,"德拉蒙德妥协案"修改了理由书的形式,理由书不再是议决草案的一部分,而是国联大会主席的宣言②。二者在法律效力上有着显著区别,前者需要提交大会表决,届时日方势必会投出反对票;后者则可以避免表决,且"只对没有明确表示异议的会员国有约束力"③。日本若不认同理由书的内容,可以发布"保留声明"。1月13、14日,日本代表团将"德拉蒙德妥协案"发回外务省请求批准。

作为国联秘书长,德拉蒙德本该在中日双方之间持公平的态度,为何擅自向日方作出重大让步?这大概与贾德干曾将1月4日林德利与内田康哉的谈话内容发给德拉蒙德有关④。

德拉蒙德认为,无论议决草案如何措辞,实际的谈判工作只能采用中日直接交涉的方式,不如现在就对此问题作出让步。因为"'所有成员具有相同权限的和解委员会'也需要当事双方的同意才能进行谈判工作,和'帮助双方达成协议的和解委员会'没有区别"⑤。他曾对杉村说:"我不得不承认,不管日本是否退出国联,对中日问题都没有影响,最后除了直接交涉一途别无他

---

① 「議長宣言案」(1933年1月14日)、JACAR(アジア歴史資料センター)Ref. B02030432900(第393画像目から)、日支事件ニ関スル交渉経過(連盟及対米関係) 第十一巻上(外務省外交史料館)。

② 「杉村トラモンド新案」(1933年1月13日)、JACAR(アジア歴史資料センター)Ref. B02030432900(第381画像目から)、日支事件ニ関スル交渉経過(連盟及対米関係) 第十一巻上(外務省外交史料館)。

③ "Mr. Patteson to Sir J. Simon", January 19, 1933, F 444/33/10, *DBPO*.

④ "Letter from Sir E. Drummond (Geneva) to Mr. Cadogan", January 9, 1933, F 426/33/10, *DBPO*.

⑤ "Letter from Sir E. Drummond (Geneva) to Mr. Cadogan", January 9, 1933, F 426/33/10, *DBPO*.

法。"①至于删掉不承认伪满的论述,德拉蒙德认为妥协案在理由书第9段提及"3月11日议决案",如前所述,该议决案在史汀生"不承认照会"的影响下产生。因此,妥协案的基本立场依然是不承认伪满,但顾及日方颜面,在措辞上更加委婉。德拉蒙德认为中日和解获得成功的保障在于:1.《李顿调查团报告书》第九章十原则是和解的基础;2."3月11日议决案"是和解的根据;3.和解委员会必须邀请美国和苏联加入;4.承认《李顿调查团报告书》前八章的权威性②。他希望以妥协案换取日方接受上述四点。

在与日方交涉期间,德拉蒙德亦不时探寻中方的态度。1月7日,德拉蒙德与颜惠庆会谈,颜惠庆询问国联对中方修正案的意见。德拉蒙德回答:在日本政府对议决草案的态度明朗之前,没有必要讨论中方的修正案③。接着,德拉蒙德试探性地提及对日妥协:如果日本接受《李顿调查团报告书》第九章十原则,但要求中日直接交涉,中方可否接受?颜惠庆认为日方既然已经承认了伪满,就绝对不会接受第九章十原则,答称:"日本必须先放弃'满洲国'方可谈到交涉,至于直接交涉一层,则系与国联程序及议决相违反。"④14日,德拉蒙德又托人转告颜惠庆:如果日本接受《李顿调查团报告书》第九章,同意邀请美苏两国参加和解,议决草案将对日方作出让步。颜惠庆依然不相信日本会接受《李顿调查团报告书》,判断日本"目前意欲延宕"⑤。显然德拉蒙德并未将妥协案的内容告知中方,但中国代表团亦察觉到了国联对日妥协的倾向:"唯国联显在制成一措辞软弱之方案,敦促日本予以接受,置我国利害而不顾。如告成功,则设法将该方案强我承认。"⑥中国代表团决定采取强硬态度,称:"倘

---

① 「起草委員会最終案」(1932年12月19日)、JACAR(アジア歴史資料センター)Ref. B02030430600(第26画像目から)、日支事件ニ関スル交渉経過(連盟及対米関係)第十一卷上(外務省外交史料館)。

② "Letter from Sir E. Drummond (Geneva) to Mr. Cadogan", January 9, 1933, F 426/33/10, *DBPO*.

③ "Letter from Sir E. Drummond (Geneva) to Mr. Cadogan", January 9, 1933, F 426/33/10, *DBPO*.

④ 《照译颜代表日内瓦来电》(1933年1月7日),台北"国史馆"藏,"外交部"档案,020-010112-0031,第93—94页。

⑤ 《照译颜代表自日内瓦来电》(1933年1月14日),台北"国史馆"藏,"外交部"档案,020-010112-0024,第95页。

⑥ 《照译致日内瓦我国代表团电》(1933年1月15日),台北"国史馆"藏,"外交部"档案,020-010112-0024,第90页。

国联虽在道德上、法律上亦不予以援助,则或将舍弃国联矣。"①

1月16日,十九国委员会复会。开会前,颜惠庆就"德拉蒙德妥协案"向伊曼斯表示抗议,称此事足以"使一切调解成为不可能",要求委员会立即将妥协案全文通告中方②。十九国委员会讨论了休会期间产生的"德拉蒙德妥协案",同时伊曼斯宣读了颜惠庆的抗议信。诸小国在得知妥协案后,颇为愤慨,甚至出现过激意见,造成审议严重对立③。德拉蒙德、西蒙等人遂建议十九国委员会等日本政府的训令到了之后再作决断。

日本政府此时对国联政策的预判出现了错误。在十九国委员会休会期间,日本驻欧使节曾试图说服国联政要接受日方意见。首先,1月4日,德拉蒙德与杉村交涉时,为缓和会谈气氛,曾提到希望日方谅解国联提出了日方无法接受的议决草案,并允诺会充分考虑日方的意见④。松冈洋右得知此事后判断:"德拉蒙德至少没有说对我方修正案完全无法接受,……反而表示会在休会期间充分考虑我方意见。我怀疑这次德拉蒙德的意见与英国外交大臣对帝国政府的劝告,多少有些虚张声势的意思。"⑤其次,1月14日,日本驻英大使松平恒雄与西蒙会见后,在发回外务省的报告中写道:西蒙对邀请美苏问题,认为"国联对此事没有必要强硬坚持"⑥。西蒙的真实想法是:如果日方同

---

① 《照译颜代表自日内瓦来电》(1933年1月14日),台北"国史馆"藏,"外交部"档案,020-010112-0024,第95页。
② 《报告书发表后国联处理中日问题之经过(下册)》,中国国民党中央执行委员会宣传委员1933年编印,第75页。
③ 「十六日起草委員会模様」(1933年1月17日)、JACAR(アジア歴史資料センター)Ref. B02030433500(第442画像目から)、日支事件ニ関スル交渉経過(連盟及対米関係) 第十一巻上(外務省外交史料館)。
④ 「トラモンドノ悲観論」(1933年1月6日)、JACAR(アジア歴史資料センター)Ref. B02030432800(第366画像目から)、日支事件ニ関スル交渉経過(連盟及対米関係) 第十一巻上(外務省外交史料館)。
⑤ 「トラモンド談話ニ対スル松岡ノ意見」(1933年1月8日)、JACAR(アジア歴史資料センター)Ref. B02030432800(第374画像目から)、日支事件ニ関スル交渉経過(連盟及対米関係) 第十一巻上(外務省外交史料館)。
⑥ 「サイモン説得ノ件」(1933年1月14日)、JACAR(アジア歴史資料センター)Ref. B02030431600(第185画像目から)、日支事件ニ関スル交渉経過(連盟及対米関係) 第十一巻上(外務省外交史料館)。

意接受议决草案原文而不做任何修改,国联愿意放弃邀请美国①。其原意是为了解释美国参与的重要性,因为日方对和解的根本原则存在异议,所以国联必须寻求美国的协助,以预防和解工作出现极端困难的情况。再次,负责劝说小国的日本公使也发回类似报告。日本驻西班牙公使青木新汇报,最激进反对日本的马达里亚加"态度稍有缓和"②。日本驻捷克斯洛伐克公使堀田正昭汇报,小国的另一代表人物贝内什表示:对中日直接交涉问题"素无异议";对邀请美苏问题,"若日本不欲为此,我亦无固执己见之理"③。这很容易给日本政府一种大国、小国都支持其观点的印象。造成上述误解的原因,一方面是在非正式谈话中,国联政要语气较为缓和。另一方面,国联政要缓和的语气背后往往有其语境,但日方过于重视谈话中对自身有利的论述。

因此,日本外务省收到"德拉蒙德妥协案"后,反而更加确信国联会逐渐采纳其意见。1月17日,外务省将不接受妥协案的训令发回日内瓦,仍然坚持1932年12月17日的修正意见,并强调:"在这几项修正要求之中,我方最重视的是反对邀请非国联会员国。"④

德拉蒙德对日方这种毫不退让的态度非常不满,对杉村说:"从十九国委员会的形势看,新议决案(指'德拉蒙德妥协案'——引者注)获得通过的希望渺茫,现在又要求将邀请美苏删去,委员会无论如何都不会接受。"⑤他同时希望日方注意:争端即将适用于第十五条第四项,国联在十日内就可以准备好劝告报告书。日本代表团在了解到16日"十九国委员会"的情况后,亦告诫政

---

① "Sir John Simon to Sir R. Vansittart", January 20, 1933, FO 371/17074, p. 131, *The National Archives*, UK.

② 「青木公使西国外相会談」(1932 年 12 月 28 日)、JACAR(アジア歴史資料センター)Ref. B02030431200(第 95 画像目から)、日支事件ニ関スル交渉経過(連盟及ビ対米関係) 第十一巻上(外務省外交史料館)。

③ 「堀田公使ノベネシュ説得ノ件」(1933 年 1 月 11 日)、JACAR(アジア歴史資料センター)Ref. B02030431600(第 204 画像目から)、日支事件ニ関スル交渉経過(連盟及ビ対米関係) 第十一巻上(外務省外交史料館)。

④ 「事務局案ニ対スル修正方面回訓」(1933 年 1 月 17 日)、JACAR(アジア歴史資料センター)Ref. B02030433600(第 448 画像目から)、日支事件ニ関スル交渉経過(連盟及ビ対米関係) 第十一巻上(外務省外交史料館)。

⑤ 「我方修正案ニ対スルドラモンド談話」(1933 年 1 月 17 日)、JACAR(アジア歴史資料センター)Ref. B02030433700(第 464 画像目から)、日支事件ニ関スル交渉経過(連盟及ビ対米関係) 第十一巻上(外務省外交史料館)。

府:"争端一旦适用于《国联盟约》第十五条第四项,不可能期望国联起草对我方有利的报告书,到那时,我们最终将无可奈何地退出国联。"①

此后,日本代表团会见各国代表,力图贯彻政府训令,大力宣传反对美国和苏联参加和解的理由。1月18日,十九国委员会开会。会前,松冈洋右将日本政府发回日内瓦的训令全文交给伊曼斯,并附加一份声明,强调和解委员会的成员必须是国联会员国②。十九国委员会认为日本政府的态度丝毫未变,怀疑日方将修改议决草案作为拒绝和解的借口③。鉴于日本代表团目前对反对邀请美苏用力最深,故委员会决定满足这一要求,但作为交换条件,要求日方除此以外全面接受"12月15日议决草案"。同时,由于日方坚决反对理由书第9段不承认伪满的论述,十九国委员会采纳德拉蒙德的建议,将理由书作为"十九国委员会"的声明,由伊曼斯发表,以减少日方接受理由书的难度④。

日本代表团得知18日的开会结果后,感到非常困惑。日方原本主张在"德拉蒙德妥协案"的基础上删除邀请美苏的内容,但十九国委员会却要求日方接受"12月15日议决草案"。日本代表团认为是他们的宣传让国联产生误会,于是致电西蒙解释道:"可能由于存在两份草案而发生了混淆,其中一份是委员会的议决草案,另一份是国联秘书处杉村先生和埃里克·德拉蒙德爵士拟定的修正案。"西蒙回复国联对日方的让步已经达到极限,称:"日内瓦已经花费了足够的时间讨论如何满足日本提出的修改建议……如果进一步延长对议决草案的讨论,人们会认为日方是在拖延时间,而不是想解决问题。"⑤

实际上,美苏两国对参与解决中日争端兴致不高。苏联一直以来对国联

---

① 「修正不成功ノ場合ノ対策請訓」(1933年1月18日)、JACAR(アジア歴史資料センター)Ref. B02030433600(第457画像目から)、日支事件ニ関スル交渉経過(連盟及対米関係) 第十一巻上(外務省外交史料館)。

② "Y. Matsuoka to Paul Hymans", January 18, 1933, Geneva, *League of Nations and United Nations Archives*, R3624.

③ "The Minister in Switzerland (Wilson) to the Secretary of State", January 18, 1933, *FRUS*, The Far East, 1933, Vol. III, p. 111.

④ "Mr. Patteson (Geneva) to Sir J. Simon", January 19, 1933, F 444/33/10, *DBPO*.

⑤ "Sir J. Simon to Sir F. Lindley (Tokyo)", January 21, 1933, F 508/33/10, *DBPO*.

无甚好感,国联介入"九一八"事变后,《真理报》评论称:"国联的帝国主义者企图插手满洲问题,以便从中捞取部分好处"①。此时苏联处在"一五""二五"计划交替时期,专注于国内建设,在东亚采取收缩战略,极力避免与日本发生冲突。苏联外交人民委员李维诺夫(Maxim Litvinov)曾表示,对参加和解委员会的邀请"大约不予接受"②。适时美国受到经济危机的打击,且正值总统选举年,战债问题助长了国内孤立主义思潮,不想过多介入东亚事务。美国驻瑞士公使威尔逊(Hugh R. Wilson)曾说:只有在日本同意后,国联才能邀请美国参加和解③。1月19日,史汀生再次向媒体宣布:"如果中日两国都希望美国参与和解,美国才会考虑此事。"④在日本强烈反对美苏参加的情况下,两国显然已不可能接受国联的邀请。

中国代表团为国联一直按照日方的意见修改议决草案感到担心。1月20日,颜惠庆就伊曼斯抗议理由书形式的变化,认为此举会大大削弱该文件的效力,并督促伊曼斯审议中方的修正案。伊曼斯表示,在与日方达成一致之前,没有必要审查中方的意见⑤。在此情形下,中方能做的只有保持强硬态度,阻止国联对日本的继续妥协。当日,中国代表团将1932年12月26日提交国联的修正案全文公布,同时发表宣言,对理由书形式的修改表示失望,重申否认并废止伪满、反对中日直接交涉、要求美苏参加和解等重要问题⑥。另一方面,罗文干通告英美驻华使节:如果国联无法主持正义,中国将退出国联⑦。

---

① 安徽大学苏联问题研究所、四川省中共党史研究会编译:《苏联〈真理报〉有关中国革命的文献资料选编(1927—1937)》,成都:四川省社会科学院出版社,1986年,第331页。

② 《照译日内瓦来电》(1932年12月16日),台北"国史馆"藏,"外交部"档案,020-010112-0031,第68页。

③ "The Minister in Switzerland (Wilson) to the Secretary of State", December 16, 1932, *FRUS*, 1932, The Far East, Vol. IV, p. 438.

④ 「ルーズベルトスチムソン会議ニ関スルカッスルノ談話」(1933年1月19日)、JACAR(アジア歴史資料センター)Ref. B02030433300(第432画像目から)、日支事件ニ関スル交渉経過(連盟及対米関係)第十一巻上(外務省外交史料館)。

⑤ "United Kingdom Delegate (Geneva) to Sir J. Simon", January 25, 1933, F 620/33/10, *DBPO*.

⑥ 《国联大会按照盟约第十五条第四项通过报告书》,《外交部公报》第6卷第1期,1933年,"附录",第4—5页。

⑦ "Possibility of China Withdrawing from League of Nations", January 21, 1933, FO 371/17074, p. 162, *The National Archives*, UK.

日本政府并未意识到和解已濒于破裂，反而认为国联放弃邀请美苏，"使交涉的前途变得光明了，……我方修正案在一定程度上得到实现并非不可能"①。但日本代表团深知国联已不会再对日本让步，政府也不可能接受"12月15日议决草案"，于是绕开政府擅自提出一个"日本代表团案"：1.删除邀请非国联会员国的内容，全盘接受"德拉蒙德妥协案"；2.把1932年12月16日起草委员会删去的第一议决草案第3段"大会声明争端解决办法必须遵守《国联盟约》《非战公约》和《九国公约》"重新加入新提案中②。之所以如此，是因为德拉蒙德曾劝说日本代表，补充这句话"多少会使提案被十九国委员接受变得容易一些"③。1月20日，日本代表团将该提案提交十九国委员会，并保证：如果委员会通过该提案，代表团将全力争取政府的支持④。

　　1月21日，日本政府追认"日本代表团案"的训令到达日内瓦，认为："国联此时会顾全大局，不敢轻举妄动。"⑤但日本政府的判断完全错误。当日，十九国委员会对"日本代表团案"进行审议，认定日方无法接受1月18日委员会的要求，遂于会后发布公报："委员会本应向大会提出解决争端的方法，但在这种情况下，委员会感到此程序暂时归于失败。"⑥

　　至此，国联拟依据《国联盟约》第十五条第三项，通过和解方式解决中日争

---

①　「連盟脱退問題ニ関スル意見回電」(1933年1月19日)、JACAR(アジア歴史資料センター)Ref. B02030433800(第487画像目から)、日支事件ニ関スル交渉経過(連盟及対米関係)第十一巻上(外務省外交史料館)。

②　「我代表部案提出」(1933年1月21日)、JACAR(アジア歴史資料センター)Ref. B02030433900(第489画像目から)、日支事件ニ関スル交渉経過(連盟及対米関係)第十一巻上(外務省外交史料館)。

③　「我代表部案貫徹方ノ努力」(1933年1月20日)、JACAR(アジア歴史資料センター)Ref. B02030434000(第497画像目から)、日支事件ニ関スル交渉経過(連盟及対米関係)第十一巻上(外務省外交史料館)。

④　"United Kingdom Delegate (Geneva) to Sir J. Simon", January 25, 1933, F 621/33/10, *DBPO*.

⑤　「代表部案承認ノ件」(1933年1月21日)、JACAR(アジア歴史資料センター)Ref. B02030434200(第522画像目から)、日支事件ニ関スル交渉経過(連盟及対米関係)第十一巻上(外務省外交史料館)。

⑥　「二十一日十九人委員会コムミュニケ」(1933年1月22日)、JACAR(アジア歴史資料センター)Ref. B02030434400(第543画像目から)、日支事件ニ関スル交渉経過(連盟及対米関係)第十一巻上(外務省外交史料館)。

端的努力宣告失败,按规定将依据第十五条第四项,进入劝告程序。但十九国委员会并未将和解的大门完全关闭,公报中称"暂时归于失败",希望日本可以回心转意。

(四)日本代表团的"最终议案"与和解工作的彻底失败

按照规定,和解工作失败后,国联将起草《国联盟约》第十五条第四项规定的劝告报告书,说明中日争端的事实及建议。十九国委员会休会期间,国联秘书处已经起草了一份草稿,其内容完全采用《李顿调查团报告书》的观点[①]。虽然在之前的交涉中,松冈洋右屡次以退出国联相要挟,但日本国内并未真正做好准备。就在四天前(1933年1月17日),日本外务省在发往日内瓦的训令中嘱托代表团:"现在还不是我方轻易说出退出国联和撤回代表团的时候。"[②]国联突然宣告和解失败,让日方陷入被动。

英国试图为和解工作做最后的努力。1月28日,林德利受西蒙委托拜访内田,向其解释理由书改为主席宣言后效力的不同,劝告日本政府接受删除邀请美苏之后的原草案[③]。内田答应"看能否找到继续进行和解的办法"[④]。

1月30日晚,日本陆军、海军、外务三省召开会议,决定拒绝英国的劝告[⑤],原因在于热河问题。日军认为热河省向北可当成隔绝苏联势力的缓冲区,向南可作为染指平津地区的跳板,极具战略价值[⑥]。外务省外务次官有田

[①] "Sino-Japanese Dispute", January 23, 1933, FO 371/17074, p. 200, *The National Archives*, UK.

[②] 「事務局案ニ対スル修正方回訓」(1933年1月17日)、JACAR(アジア歴史資料センター)Ref. B02030433600(第448画像目から)、日支事件ニ関スル交渉経過(連盟及対米関係)第十一巻上(外務省外交史料館)。

[③] 「サイモンノ英国大使ニ対スル電報」(1933年1月28日)、JACAR(アジア歴史資料センター)Ref. B02030435500(第69画像目から)、日支事件ニ関スル交渉経過(連盟及対米関係)第十一巻下(外務省外交史料館)。

[④] "Sir F. Lindley (Tokyo) to Sir J. Simon", January 28, 1933, F 652/33/10, *DBPO*.

[⑤] 原田熊雄『西園寺公と政局』第3巻、岩波書店、1951年、9頁。

[⑥] 参謀本部編『熱河省兵要地誌』、参謀本部、1932年、3頁。

八郎与亚洲局长谷正之认为："纵然我们接受英国的建议，依据第十五条第三项进行日中直接交涉，另一方面还有热河问题没有解决，估计经过一两个月的交涉，最后又要回到第四项上去了。"31日，内田征询元老西园寺公望的意见，西园寺无奈地表示："如果陆军非要进攻热河，……在这种情况下，就算我想阻止此事，要求接受英国外相的劝告，根据第三项解决问题，也是不可能的了。"①2月1日，内田向林德利递交了拒绝接受"12月15日议决草案"的备忘录②。4日，天皇批准了军部的热河作战计划③。同时，日本政府为避免中日争端适用于《国联盟约》第十五条第四项，终于对议决草案作出让步。2月1日，日本内阁决定两项方针：1. 理由书第9段明确指出不承认伪满，"是对帝国对'满'政策的正面嘲讽，会伤害日本国民的自尊心，无论如何难以容忍"。2. 反对和解工作以《李顿调查团报告书》第九章十原则为基础，但如果加入表示"考虑现实状况"的字句，则可以接受。除这两项之外的所有条款，都可接受"12月15日议决草案"。日本政府表示："这是我方最终且最低限度的要求了，如果国联对上述条件不接受，我方再没有让步的余地，亦不用再刻意阻止争端适用于第四项事宜"④。

日本代表团将2月1日阁议的意见提交十九国委员会。4日，委员会驳回了日方的请求⑤。当日，杉村与德拉蒙德进行谈判，达成一份"最终议案"：

第一议决草案第4段修改为：

  大会决定授权十九国委员会与两当事国合作，以根据《调查团报告书》第九章规定的原则和结论，通过研究如何"适应满洲现存之局势"，达成和解。

---

 ① 原田熊雄『西園寺公と政局』第3卷、8—10頁。
 ② "Sir F. Lindley (Tokyo) to Sir J. Simon", February 1, 1933, F 733/33/10, DBPO.
 ③ 山田朗「満洲事変と昭和天皇」、『駿台史學』第108号、1999年、68頁。
 ④ 「議長宣言第九項ニ関スル回訓」(1933年2月1日)、JACAR(アジア歴史資料センター)Ref. B02030435500(第83画像目から)、日支事件ニ関スル交渉経過(連盟及対米関係)第十一卷下(外務省外交史料館)。
 ⑤ "Mr. Patteson (Geneva) to Sir J. Simon", February 4, 1933, F 805/33/10, DBPO.

理由书第 9 段修改为：

十九国委员会指出，日本已经承认了在满洲建立的现政权，而国联中的其他国家还未承认。应当指出，正如在第一议决草案第 4 段中提及的，《李顿调查团报告书》第九章中规定的原则和结论，将作为谈判的基础。仅恢复 1931 年 9 月之前的状态不足以永久解决满洲问题，维持和承认"满洲国"亦非解决之道。同时，在没有任何暴力干预的情况下，一个理想的政权或许会从当下满洲"现政权"的基础上孕育出来①。

对比原草案，第一议决草案第 4 段的修改有两处。其一，在《李顿调查团报告书》第九章规定的原则"后面添加"和结论"。第九章的结论认为，"九一八"事变的发生中方也有责任。日本发动战争的原因是："纯为日人对于新中国之政治发展，及此种发展之未来趋势所表示之焦虑"，发动侵略的日本人"靡不对于九月十八日以前之延宕及刺激，表示厌倦"②。其二，加入一句"通过研究如何'适应满洲现存之局势'"。此句是"考虑现实状况"的变体，是日方特意在《李顿调查团报告书》中摘出的原文③。日方认为，既然国联以《李顿调查团报告书》为处理中日争端之金科玉律，应会接受插入一句其中的原话。理由书第 9 段，不仅加入日本已承认伪满洲国的内容，还表示伪满最终会发展为理想政权，不承认伪政权的原意被极大削弱。

十九国委员会于 2 月 8、9 两日审议该议案，其中"适应满洲现存之局势"一句引起激烈讨论④。委员会认为理由书第 9 段言辞含糊，希望日本政府重新给出答复。会后，十九国委员会委托德拉蒙德向日本代表团发送"询问书"：日本是否认为"承认'满洲国'的独立无法解决目前的争端"，是否会"确保中国

---

① "United Kingdom Delegate (Geneva) to Sir J. Simon", February 6, 1933, F 877/33/10, *DBPO*.

② 张生、陈海懿、杨骏编：《李顿调查团档案文献集·国联调查团报告书》，第 425 页。

③ 出自《报告书》第十章"此项程序之优点"条目下，参见张生、陈海懿、杨骏编：《李顿调查团档案文献集·国联调查团报告书》，第 427 页。

④ 「八日十九人委員会ノ件」(1933 年 2 月 9 日)、JACAR(アジア歴史資料センター)Ref. B02030436000(第 163 画像目から)、日支事件ニ関スル交渉経過(連盟及対米関係) 第十一卷下(外務省外交史料館)。

的主权和领土完整"①。

　　一贯强硬的日方终于对议决草案作出让步,希望把各项问题蒙混过去,国联为何反而采取强硬态度? 首先,中日争端非常棘手,国联认为邀请美国与苏联加入是和解工作可以成功的基本条件。在日本的阻挠下,美苏两国已不可能接受邀请。德拉蒙德感叹:"美国既然确定不参加,问题已无论如何无法解决。"②其次,日军正在热河附近进行战争准备。十九国委员会判定日方根本无意和解,只是为其侵略热河争取时间,"就算和解委员会成立,其工作也不可能成功。故一致同意,不应设立如此没有意义的机关。"③因此,国联向日本发送"询问书",迫使其在继续对华侵略与放弃和解工作之间作出选择。日本外务省为此撰写了一份长文回答书,于2月14日提交给十九国委员会。日方的回答是:"维持和承认'满洲国'是维护东亚和平的唯一办法。"④当日,十九国委员会审议日本的回答书决定对"最后议案"不予采纳⑤。至此,延宕两个月之久,国联促使中日和解的尝试彻底失败。

　　2月24日,根据《国联盟约》第十五条第四项撰写的劝告报告书在国联大会上通过,确认了中国对东三省的主权以及日本发动战争的非法性。日军已于23日入侵热河,日本政府于3月27日发表退出国联声明。国联仅予中国道义上的支持,并未运用《国联盟约》第十六条对日本进行经济制裁,最低限度地维持了自身的权威。

---

　　① "Letter form the Secretary General to the Representative of Japan", February 9, 1933, R3624, *League of Nations and United Nations Archives*, Geneva.
　　② 「二十八日ドラモンドノ述懐」(1933年1月29日)、JACAR(アジア歴史資料センター)Ref. B02030435500(第73画像目から)、日支事件ニ関スル交渉経過(連盟及対米関係) 第十一巻下(外務省外交史料館)。
　　③ 「四日ドラモンド松岡会談」(1933年2月5日)、JACAR(アジア歴史資料センター)Ref. B02030435700(第128画像目から)、日支事件ニ関スル交渉経過(連盟及対米関係) 第十一巻下(外務省外交史料館)。
　　④ "Letter form the Representative of Japan", February 14, 1933, R3624, *League of Nations and United Nations Archives*, Geneva.
　　⑤ 「十九人委員会ノコムミュニケ」(1933年2月15日)、JACAR(アジア歴史資料センター)Ref. B02030436400(第210画像目から)、日支事件ニ関スル交渉経過(連盟及対米関係) 第十一巻下(外務省外交史料館)。

小　结

《李顿调查团报告书》发表后，国际联盟试图解决中日争端。国联内部，以英法为首的大国尚未摆脱经济危机，且不愿为帮助中国损害自身利益。小国虽支持中国，却并无维护和平的实力。"12月15日议决草案"的出台是大国与小国相妥协的产物。一方面，草案并未判定争端的责任，甚至没有在正文中载明不承认伪满洲国；另一方面，草案贯彻国联维护会员国主权、领土与行政权完整的宗旨，完全接受《李顿调查团报告书》的内容。

议决草案符合中国恢复东三省主权、否认伪满的诉求，因而中国准备接受，且提出的修改意见比较温和。日本则奉行"焦土外交"策略，将维持并承认伪满洲国作为不可让步的底线。因议决草案无法容纳日方的侵略政策，于是日方提出颠覆和解根本原则的修正案。这导致此后国联对草案的修改只参考日方的意见，中国代表团能做的只有摆明立场、表示强硬，成为整个事件的配角。

起初，国联采取的对策是尽可能安抚日本，希望日本能满足于目前的侵略成果，"认识到自己拿得太多，有些吃不消了"①——国联保全日本的颜面，日本则顺势停止侵略。国联按照日本代表团的修正案对议决草案进行修改，满足了日方的部分要求。直到"德拉蒙德妥协案"诞生，就中日直接交涉、不明确指出不承认伪满这两项重大问题对日本作出让步。日本自恃身为国联的常任理事国，大国不敢与其决裂，强硬贯彻既定主张。国联采取的妥协态度，让日本政府误认为国联会完全采纳其建议，不仅仍不接受妥协案，还积极谋划侵略热河。国联遂转向对日强硬，准备放弃和解工作。1933年2月初，日本政府在退出国联的压力下态度软化。这时的国联已完全放弃了绥靖政策，向日方发送"询问书"，迫使其在停止侵略与放弃和解二者之间作出选择，最终日本选择了后者。

国联对日本的妥协与强硬，实际是维护其整体利益的一体两面。国联需要日本的合作。如果坚决谴责日本，取消其会员国资格，会极大削弱国联在东

---

①　"The Lytton Report", October 24, 1932, FO 371/16180, p. 81, *The National Archives*, UK.

亚的影响力,并助长德意两国退出国联的想法。然而,如果完全纵容日本的侵略,固然可以暂时把日本留下,却会导致国联"在全世界任何地方都威信扫地"①。罗文干一针见血地指出:"英国之欲寻一挽救国联而不开罪日本之解决办法。"②国联对中日和解的尝试过程,也就是寻找上述办法的过程,最终因日本坚持其侵华政策归于失败。以此为转折点,国联结束了其平稳发展的十余年,进入激烈动荡的时期。日本则在侵略中国的道路上愈行愈远,关于中日直接交涉等主张也在丧权辱国的《塘沽协定》谈判中实现。*

---

① "Mr. Patteson (Geneva) to Sir J. Simon", December 17, 1932, F 8676/1/10, DBPO.

② 《外交部致南昌蒋委员长电》(1933年2月3日),台北"国史馆"藏,"外交部"档案,020-010102-0183,第98页。

* 本部分的主体内容发表于《抗日战争研究》2021年第2期,题为"《李顿报告书》发表后国际联盟促使中日和解的尝试",收入本书时做了修改和补充。

十三、日本退出国联与中国知识界外交十字路口的抉择

1933年2月24日,国际联盟对以《李顿调查团报告书》为基础形成的最终报告书进行表决,结果以42票赞成、1票反对、1票弃权获得通过。2月27日,日本即宣布退出国联,使得国联议决案成为一纸空文。与此同时,日本在华继续推行其侵略政策,大举向热河、长城一线进攻。中国军队虽在长城抗战中尽力表现守土抗战的精神,却不能改变中日国力悬殊下的战局走向。此番种种,一定程度上宣告了"九一八"事变以来,国民政府诉诸国联外交策略的失败。中国外交进入阶段性反思和重新定位的抉择之中。

在此背景下,国人如何评判此前诉诸国联的外交策略,一无是处还是有得有失?此后的中国外交该往何处去?可以说,1933年的中国正处于外交的十字路口:联美、联俄、联英还是继续依靠国联,抑或直接对日交涉。中国知识界对此作出了深度反应,纷纷著文探讨中国外交的新出路。学术界目前对"九一八"事变和《李顿调查团报告书》发表前后中国社会各界的反应有着较为丰富的成果,而对1933年日本退出国联后中国外交的抉择缺乏关注。因此,本书拟以1933年日本退出国联后中国知识界对中国外交的阶段性反思为对象,考察他们观点的异同及其影响因素。

(一)国联外交的得与失

南京国民政府与国联发生联系最早源于1928年的"济南惨案"。国民政府在济案发生后制定了诉诸国联、寻求国际公断的外交策略①。尽管如此,由于中国当时尚未完成统一,再加上日本强硬拒绝英美等第三国的介入,国际社

---

① 《中央应付济案方针》,《申报》1928年5月7日,第4版。

会对调停济南事件不甚积极,导致国民政府第一次寻求国联调停中日争端的计划归于失败。然而,1928年的失败并未影响国民政府的国联外交策略。1931年"九一八"事变发生后,"诉诸国联以求公理之战胜"再次成为南京国民政府的外交策略。国联第二次调停中日争端以日本退出国联为最终结果,与1928年相比,日本退出国联成为本次调停的重要结果。这一重要变化使得中国知识界对国联外交的评判变得复杂多样,继续信赖国联也成为部分知识分子的主张。

在日本退出国联后,中国诉诸国联的策略失去交涉对象,因此,无助与迷茫是知识界的最先感受。王芸生在详细分析了从中俄《尼布楚条约》签订到"九一八"事件以来两百多年中国外交的演变历程后指出:"第六,××时期。'九一八'到现在,又两年多了。国联无灵,公约寡效,失土日多,耻辱愈深。今后我们的病要转入什么时期呢?觉醒呢?还是昏迷?复兴呢?还是灭亡?现在没有人能断定,即使看出些预兆来,也还不忍肯定。最妥当的办法是暂且画上两个×。"[①]翁文灏也认为,中国到了今日,大家皆感觉无路可走了:"因感觉毫无出路,所以大家沉闷灰心,进而至于麻木苟且。"[②]

与此同时,关于国联外交的得失与成败,知识界有两种不同的分析。一方面,由于国联的议决案未能阻止日本的武力政策,部分学者认为国联外交很大程度上是失败的:"国联的议决案并未推翻日本武力侵略的收获:这是一件彰明昭著的事实。国联未作到这一步就是它的失败……国联的失败虽是光荣的,但仍是严重的失败。"[③]不仅如此,有的学者甚至将中日战争不断扩大的原因归为国联的姑息,呼吁国民政府抛弃国联,积极战斗:"国联威信,早已扫地净尽,今日暴日侵略之扩大,谓为由其促成,并非厚诬。政府应抛弃依赖国联之办法,自求出路,抵抗暴日。此为全国人民一致之意志。"[④]因此,国联外交失败论者给中国外交出路开出的"药方"是抵抗,与后文所提主战论相联系。

另一部分学者则从正面分析了国联外交的作用。胡适从国联对中国所做

---

① 王芸生:《二百余年之中国外交病——十一月七日为南开大学国际问题研究会讲》,《国闻周报》1933年10卷45期,第8页。
② 咏霓:《从反省中求出路》,《独立评论》1933年第54号,第2页。
③ 蒋廷黻:《这一星期:国际的风云和我们的准备》,《独立评论》1933年第59号,第2页。
④ 腾霞:《调解绝望准备决战》,《国闻周报》1933年10卷3期,第9—10页。

的三大贡献出发,认为中国不应该抛弃国联。第一,国联的存在阻止了其他国家的趁火打劫,没有让中国雪上加霜。第二,国联宣布不承认伪满洲国。第三,国联判定"九一八"事变以前中日两国都有错处,"九一八"事变以后日本应负完全责任。基于这三点,国联"使我们的申诉得着整个文明世界的正谊的判决,得着国际公法上的法律根据……使日本成为全世界道德的贬议之下的大罪人"[①]。蒋廷黻则从日本退出国联后给中国创造的机会出发,提出运用国联与国际的重要性:"日本退出国联了,我们在国联活动的机会也就到了。在会员国之中,中国最有代表亚洲的资格。国联为维持它的世界性起见,从此以后,更将欢迎中国的合作。"[②]蒋廷黻认为,尽管目前国联没有制裁能力,但是它所代表的道路与目标是正确的。因此,中国应该认清世界大势,对国联深信不疑。

不仅如此,蒋廷黻还认为,为了实现中国的现代化,中国应该转变心态,利用外资,虚心向西方学习:"国联不但是我们联合世界一致对日的好工具,且是帮助我们实行现代化的一个好机关。我们如要找外国的专家来帮助我们,国联替我们去找比我们自己找的还要好些。我们如要利用外国的资本来开发我们的利源,国联能作有力的媒介。"[③]蒋廷黻利用国联促进中国现代化的理论不仅获得了胡适的绝对赞同[④],同时也受到了其他一些学者的关注。《益世报》发表社论《国联对华技术合作》,对国联主导的利用国际资本和国际专家开发中国的做法深表赞同[⑤]。

实际上,国联的工作目标本来就有两种,一是维持世界和平,一是增进国际合作。因此有论者指出,将国联视为一种纯粹的政治机关,而忽略其与各国合作的贡献是不合适的[⑥]。不仅如此,在国联调停中日争端失败的背景下,作为补偿,国联也应该加大与中国的合作。1933年2月,国联大会报告书中即

[①] 胡适:《我们可以等候五十年》,《独立评论》1933年第44号,第4页。
[②] 蒋廷黻:《长期抵抗中如何运用国联与国际》,《独立评论》1933年第45号,第4页。
[③] 蒋廷黻:《长期抵抗中如何运用国联与国际》,《独立评论》1933年第45号,第4页。
[④] 胡适:《跋蒋廷黻先生的论文》,《独立评论》1933年第45号,第8页。
[⑤] 《国联对华技术合作》,《益世报》1933年7月17日,第1版。
[⑥] 于程九:《对国联外交应有之基本政策与态度》,《外交月报》1933年第3卷4期,第138页。

明确表示:"圆满解决之最后需要,即为对中国内部的建设,从事临时之国际合作。"①

综合来看,知识界对国联外交的评判,一方面承认其无助于即时解决日本侵略,另一方面则退而求其次,主张利用国联改造中国,是为"制裁不足而援助有余"。总的来说,利用国联的政策有以下四点:"一是运用国联同情以孤立日本外交。二是推动国联与美国作进一步之合作,由消极而变为积极。三是与国联密切合作,我们需要建设,而建设的技术,又非借助他人不可。国联目的在增进国际合作。接受了她的帮助,是不索报偿的,所以我们应当特别利用此点。四是设法得补常任理事,以便在国联占有优越之势力。"②用蒋廷黻的话说:"在长期抵抗中,利用国联和国际来图中国的富强,比利用国联和国际来制裁日本,是更容易举行的,更有实效的,更无流弊的。"③简言之,中国诉诸国联的外交策略只能说是制裁日本的失败,而非国联外交本身的失败。

（二）国联外交之外的其他抉择

除了国联外交外,当时知识界对于中国的外交出路尚有其他三种抉择,分别为主战论、交涉论与大国外交论。

1. 主战论

主战论主张以武力收复失地,认为依靠国联或信任别国均无成功的希望,只能反求诸己。"不顾成败利钝,出关与日本一战,至少可以得到下面几种利益:(甲)不使敌人能坐享其侵略所得到的结果,(乙)以武力创造一新局面,以打破外交上沉闷的局势,(丙)借此可以鼓励民气,挽回中华民国之'国格'。"④《益世报》针对日本退出国联,进攻热河的侵略行径,呼吁政府立即出兵驱除之:"一,日军进攻热河,当即对日绝交,撤回东京使节。二,通令各地党政机关

---

① 王明章:《我国今后外交应侧重经济》,《外交月报》1933 年第 3 卷 4 期,第 79 页。
② 于程九:《对国联外交应有之基本政策与态度》,《外交月报》1934 年第 3 卷 4 期,第 141 页。
③ 蒋廷黻:《长期抵抗中如何运用国联与国际》,《独立评论》1933 年第 45 号,第 5 页。
④ 包华国:《中国外交的前途》,《前途》1933 年第 1 卷 1 号,第 8 页。

切实赞助人民抗日运动。三,关于财政军事,赶作战时战备。"①《东方杂志》则连续发表《日本帝国主义的挑战》《抗日斗争的一年》《抗日的决心》《热河失陷后的严重形势》等文章,指出抵抗为唯一出路:"我们中国只有两条路,一为屈服于暴日强力之下,而为其殖民地,中国亡;一为抵抗到底,于死中求生存。现在中华民族的生存就只有抵抗的这一条路,我们不容再有丝毫迟疑。"②《大公报》亦明言:"是以在现状之下,只有彻底牺牲,尚不失为心安理得之办法。……不必问谁得最后胜利,唯当竭其力以事牺牲。"③

这种"宁为玉碎勿为瓦全"的主战论在另外一部分学者看来,并不可取。因为他们认为中国不战则已,战则必败④。胡适直接将之比作晚清时期的清议,误国误民⑤。蒋廷黻则认为,日本将占中国多少省份专看日本军人的意志和国际的形势,而非中国抵抗与否,靠大刀队抵抗日本的飞机大炮乃是中古的迷信。因此,中国的出路在于未失的疆土:"以武力收复失地这条路,我看是走不通,是死路。热河未失以前,努力抗日尚有一线之望;热河失守以后,这一线之望都没有了。愈集中精力来抗日,未失的疆土愈要糜烂,我们不要唱高调唱到日本人或英美人来替我们发表的日子。"⑥与蒋廷黻的观察一样,翁文灏也认为,以大刀制胜只是偶然的事,靠大刀救国是绝对不可能的,第一等弱国无法抵抗第一等强国:"中国的飞机大炮种种必需的武器,究竟能否立刻齐备,而且胜过于准备三十年的敌人。即使当局如何决心,士卒如何勇敢,能否真个单用武力夺回东四省,驱逐敌人出境。这是物质问题,事实问题,无可如何的。"⑦

因此,如果说"九一八"事变爆发后的1932年,知识界主要还是责备张学

---

① 《国联报告与中国自处》,天津《益世报》1933年2月17日,第1版。
② 作舟:《热河失陷后的严重形势》,《东方杂志》1933年第30卷7号,第6页。
③ 《彻底牺牲!》,天津《大公报》1933年4月19日,第2版。
④ 蠡舟:《今后我国对日外交应有之态度与政策》,《外交月报》1933年第3卷4期,第176页。
⑤ 胡适:《我的意见也不过如此》,《独立评论》1933年第46号,第5页。
⑥ 蒋廷黻:《未失的疆土是我们的出路》,《独立评论》1933年第47号,第6页。
⑦ 咏霓:《我们还有别的路么》,《独立评论》1933年第47号,第2页。

良的不战①,而在 1933 年热河尤其是长城抗战之后,中日之间军事实力的对比严重刺激了中国知识界,他们转而反思"能不能战"的问题,这是值得关注的一个重要变化。

2. 交涉论

1933 年 1 月,汪精卫复行视事后,再次确定交涉与抵抗并行的外交方针。与此同时,热河失陷以后,日本的军部与政客也都希望中日两国直接交涉。在此背景下,知识界如何看待中日双方均有意愿之直接交涉?

胡适认为,由于中日在取消伪满洲国的问题上无法调和,因此中国决没有和日本交涉的可能②。"日本除非以武力征服全中国,杀尽四万万人,则欲中国有人,承认日本手造之'满洲国',签立条约,永矢信守,直是梦话。盖此约朝签,政府夕倒,可断言者。当今之世,谁敢为李鸿章,又谁能为李鸿章?"③既然不交涉,则唯有抵抗:"日本之所谓直接交涉,非真有所交涉,特迫我作城下盟,签卖国约耳。……今日之所患者,实不在于中日直接交涉问题,而在于团结抗日阵线问题,盖使全国上下,均能以客观之立场,凭理性以判断,则不独直接交涉,绝无实现之可能。"④

翁文灏则对中日交涉并不排斥,甚至直言国民政府先后丧失五次交涉的机会:"在币原提出五项原则之时,在锦州未陷落以前,在国联调查团未来以前,在日本未承认'满洲国'以前,都还有机会可以交涉。甚至在日本未退出国联以前,也还有一线讲话的希望。但是中国的政府似乎只坐稳了法理上的优势,而从不敢求事实上的解决。"⑤对汪精卫抵抗与交涉并行的政策,翁也深以为然:"所以绝对的战——武力战争收回失地——或绝对的和——签字承认屈

---

① 叔永:《为张学良进一言》,《独立评论》1932 年第 15 号,第 9—10 页;蒋廷黻:《九一八的责任问题》,《独立评论》1932 年第 18 号,第 16 页;丁文江:《假如我是张学良》,《独立评论》1932 年第 13 号,第 6—7 页;《张学良愿意打日本吗?》,《中国周报》1932 年 8 月 6 日,第 346 页;金重:《追念叶名琛——六不主义的发明者》,《国闻周报》1933 年第 10 卷 1 期,第 4 页;《如此十年》(三续),《国闻周报》1933 年第 10 卷 4 期,第 1—7 页;《学谁?学张学良的圯上纳履》,《国闻周报》1933 年第 10 卷 4 期,第 8 页。
② 胡适:《我的意见也不过如此》,《独立评论》1933 年第 46 号,第 2 页。
③ 《今日岂容再有李鸿章》,《国联周报》1933 年第 10 卷 12 期,第 2 版。
④ 《相信谣言即自速亡国》,《国闻周报》1933 年第 10 卷 14 期,第 6 页。
⑤ 咏霓:《我们还有别的路么》,《独立评论》1933 年第 47 号,第 4 页。

服——这二条路都是不可能的……一面抵抗一面交涉,这是不错的,不抵抗又不交涉那便大错了。"①蒋廷黻也认为,整体的和已不可能,局部的和则很有必要,"目前的国际形势不能容许国联或任何国家对远东问题定下步的办法,我们只能观望,局部的妥协是不能不有的,全部的解决此非其时"②。

由中央大学法学院创办的《时代公论》对中日直接交涉也抱有希望,反思"九一八"事变以来"不直接交涉论"的荒谬:"'九一八'事变迄今,转瞬两载。吾国外交上对付之手段果何如? 直接交涉者,外交上之正轨也。然事变初起,即高呼'不直接交涉'以为吾国对日外交之方针,此'不直接交涉'与'不抵抗主义'腾播报章,几于无人不晓……'不直接交涉'之外交方针,则朝野上下,同然一辞,稍持异议,几欲与卖国贼等量齐观。"③

实际上,主战论和交涉论的不同抉择反应的是对战和问题的不同认知,这种分歧自"九一八"事变以来就成为舆论界分歧的重要焦点之一。其中值得注意的是,反对中日直接交涉的重要依据是"交涉必然带来承认伪满洲国的后果",直接坐实了"交涉等于卖国"的逻辑,这不能不说是一种认识的误区。

3. 大国外交论

所谓大国外交论,即主张对当时与东北问题关系最为密切的美、苏、英三国外交政策加以研究,以图为我所用。

美国方面。对于美国在远东冲突中过去扮演的角色和未来的作用,知识界有着不同的见解。部分学者认为,"九一八"事变以后中国太过倚信美国:"各国对'九一八'事变的态度,也几乎无不以美国态度为转移,中国政府对此问题的唯一办法,也是依赖花旗少爷这个救主。"④未来美国对于东北问题,也是心有余而力不足:"美国国内的困难既如彼,国际的形势又如此,吾人何能望一个信仰国际联盟和倾向社会主义的总统对远东采取锐进的手段以维持他积极的政策。"⑤而对美国所秉持的史汀生主义,亦只不过是一个新的名词,不能

---

① 咏霓:《我们还有别的路么》,《独立评论》1933 年第 47 号,第 2、5 页。
② 蒋廷黻:《美国外交目前的困难》,《独立评论》1933 年第 52、53 合号,第 9 页。
③ 周还:《外交政策之转变与一贯》,《时代公论(南京)》1933 年第 78 期,第 7 页。
④ 陈清晨:《美国外交政策与中日问题》,《申报月刊》1933 年第 2 卷 2 号,第 35 页。
⑤ 余协中:《美国远东政策的过去与将来》,《外交月报》1933 年第 2 卷 2 期,第 11 页。

发生丝毫作用①。

与这种失望的态度相对应,另外一部分学者则对"不承认主义"给予较高的评价,认为"不承认主义"虽然看似口惠而实不至,实则一方面给予日本外交上之重大打击,另一面则影响国联的态度。如胡适所讲:"向来国际的关系总是承认一个已成的局面的,这一回的司〔史〕汀生主义确是开了一个'国际公法从来未曾有过的'新局面:就是不承认用暴力造成的任何局面。这是一种新的政治理想,她的成功与失败是关系全世界人类的前途的,这种新的政治理想的第一次试验的场所就是我们的东北四省。"②对于联美,认为中国外援的希望,应当以美国为主体:"现在世界诸大问题的解决都依赖美国的助力。正在进行的裁军会议,六月中行将举行的伦敦经济会议,以及远东的中日冲突,这些问题得着了美国的辅助,固不一定就能得着圆满的解决;倘得不着的话,简直无从下手,更谈不到解决。美国的世界地位之重要是无人能否认的。"③

基于此种认识,对于未来中国的对美外交策略,知识界也给出了相当的建议。第一,为保持国际信义,中国应该尊重美国对于中日纠纷的主张。第二,为确立中美关系的实质,应该加强国民外交运动。第三,为东北事件的顺利处理,应设法促成九国会议之召集。第四,为增强对美国的对华了解,应该改善宣传方法,增进效率。第五,为增进彼此的相互利益,中美应该结成一种新的经济关系④。

苏联方面。1928年开始实施五年计划之后,苏联专注国内社会主义经济的经济建设,以"我们不需要任何国家的土地,但我们亦不愿让寸土与人"的外交路线,先后与邻国签订互不侵犯条约,用以协调与资本主义国家的紧张关系。1931年3月召开的苏维埃第六次代表大会,莫洛托夫更是直言:"我们的基本工作,是实行五年计划,并确保社会主义建设进一步的成功,这是苏维埃政府对内对外的政策所由决定。我们的口号仍旧不变——为维持国际的和平

---

① 《虎头蛇尾的美国外交》,《时代公论(南京)》1933年第61号,第2页。
② 胡适:《我们可以等候五十年》,《独立评论》1933年第44号,第3页。
③ 蒋廷黻:《美国外交目前的困难》,《独立评论》1933年第52、53合号,第9页。
④ 王调甫:《对美外交应有之基本政策与态度》,《外交月报》1933年第3卷4期,第160—163页。

及加强与他国的和平关系而奋斗。"①在此背景下,尤其是1932年12月中俄复交后,知识界认为联俄制日应该成为中国外交的一大策略。按照"敌人的敌人就是朋友"原则,俄美理所应当成为中国外交的依靠对象:"以现在的东亚国际情势而论,日本是我们和俄美的公敌,那俄美也就成了我们当然的友人了。"②因此,对付日本的方法就是采取联俄联美的手段,结成三面网,对日形成共同的包围防守。这是基于"敌人的敌人就是朋友"原则的联俄。

除此之外,尚有极具排他性的联俄主张。"左倾的人们,认苏联是我民族的唯一解放者,……右倾的人们仍认苏联是赤色帝国主义者,其对我之野心,无减于其他的帝国主义,而其使用的策略,较他国尤为毒辣。"③在"左"倾人士看来,无论是国联外交还是欧美外交,均是帝国主义谋划分割中国的花样:"日内瓦帝国主义国家的集团对于分割中国的谈判更是花样百出,形式繁多,迄无同意的解决方法。只暴露出整个资本主义世界的矛盾性质,增进了各帝国主义国家间的冲突形势,使第二次世界大战有更一步的酝酿。"④有鉴于此,他们认为中国的唯一出路在于联合俄国,打倒一切帝国主义:"中国现时为'次殖民地',受敌国主义之束缚甚深,中国如不能打倒一切帝国主义之国家,则无从获得解放。中国如欲打倒一切帝国主义之国家,则非联络苏俄不为功⑤。

英国方面。英国与美国相比,对远东的政策有所不同。知识界首先注意到的是英国的亲日政策:"她对于日本在满洲的侵略似表示同情,始终未作明显的抗议。"⑥原因有以下五点:一是不愿中国复兴;二是不愿美国在华势力过于膨胀;三是不愿苏俄在华势力的进展;四是英国不敢得罪日本;五是帝国主

---

① 何璟:《对俄外交的基本政策与态度之研究》,《外交月报》1933年第3卷4期,第170页。
② 张慎修:《中国对俄美外交政策的商榷》,《外交月报》1933年第3卷4期,第228页。
③ 毛以亨:《论中俄复交与复交后对俄外交方针》,《大陆杂志(1932年)》1933年第1卷9期,第7页。
④ 张明养:《目前三大国际问题及其相互关系:战债问题、军缩问题、太平洋问题》,《东方杂志》1933年第30卷1期,第7页。
⑤ 张忠绂:《外交的途径》,《自由言论》1933年第1卷1期,第18页。
⑥ 余协中:《美国远东政策的过去与将来》,《外交月报》1933年第2卷2期,第10页。

义者"官官相护"的本色①。

但是,鉴于不断扩大的侵华战争和美俄复交的巨大可能,他们又相信英国不会永远无动于衷:"英法虽向抱亲日的政策,亦决不能完全置本身的利益于不顾。况英与美同文同种,有特殊的关系,美与日的利益发生直接冲突时,英必不至于助日抗美。"②而且,英国对华政策主要还在于扩张中国的市场与增进商业利益:"虽未能如美国之纯净,一意尊重中国之领土完整,有时固采取利益均沾政策,但英国在华之基本利益,固仍利在尊重我国之领土完整与保障我国之门户开放。"③因此,未来中国的对英外交策略,张忠绂认为应该以增进中英国交与友谊为中心:"其最重要者有二:一曰尽量鼓励英人在华之合法投资;二曰培植吾国实力,整理内政。如此,则英国必将完全放弃其在华之利益均沾政策而乐尊重我国之领土完整。一旦太平洋风云变色,英国纵不助我,当亦不致助敌也。"④

综上可以看到,相比于"主战论"与"交涉论"的急迫与分歧,知识界对运用国际联合抗日的"大国外交"则较为一致与沉静。而此种抉择,背后诠释的是知识界对"弱国无外交""打倒一切帝国主义"等口号的深度省思。

(三)知识界不同抉择的原因分析

1. 对"弱国无外交"的省思

外交的实质是一国在对外关系上如何应付、运用、措施的问题,任何国家均不能孤立存在,都必须对外发生关系。因此,弱国不但有外交而且更需要外交:"'弱国无外交',这是大错。因为国弱,所以更需要外交。外交不仅是应付

---

① 公望:《最近英国对于远东之态度》,《申报月刊》1933年第2卷5期,第22—23页。
② 余协中:《美国远东政策的过去与将来》,《外交月报》1933年第2卷2期,第12页。
③ 张忠绂:《对英外交应有之基本政策与态度》,《外交月报》1933年第3卷4期,第154页。
④ 张忠绂:《对英外交应有之基本政策与态度》,《外交月报》1933年第3卷4期,第155页。

目前,是要把眼光放得远一点,认清国际的趋势,决定一个国家民族的朋友和敌人,并且努力增加朋友,减除敌人。"① 近代中国外交家所说的"弱国无外交",完全是"在先进国对手的外交官关系应付运用上感觉无能的自供"②。虽然弱国外交确实难办,但不能因为难办便说弱国无外交:"弱国不是没有外交,但要看你能不能抓住机会罢了。"③ 而弱国要想抓住机会,需要处理好内政和外交的关系:"外交成为内政之前矛,内政足为外交之后盾。二者相辅而行,互相为用,然后可以希望外交方面之效果也。"④

但是民国尤其是"九一八"事变以来,中国内政与外交的现实并不如人意。内政方面,完全为内战消磨:"全国上下,认清修明内政,为御侮救国之基本工作。盖物必自腐而后虫生,国必自伐而后人伐。吾国过去二十余年,几完全消磨于内战,全国政治,从未有彻底之澄清。"⑤ 外交方面,纯属消极应付:"远在欧美的可以敷衍不理,近在身旁的日本岂可漠视。从前的袁世凯尚对日本有相当之认识,何今日革命的领袖反望尘莫及? 国民政府还都南京以后,只知高唱革命外交,徒事粉饰,而未见对付我国世仇的日本有何策划。"⑥ 而民众方面,平时不研究,遇事则慷慨激昂,徒然耗费政府精力也是一大不足:"在无事的时候,人民是不大注意外交的。一旦有事,舆情总是十分激昂。有如狂风巨涛,以致政府对外紧急的时候反而要费其大部精力来对内。唯因平日不研究,所以到国难的时候才专感情用事。"⑦

然而,中国在此种形势下之所以还能勉强屹立不倒,在知识界看来,欧战以前全靠列强的均势,欧战以后则多靠国际和平条约⑧。但是"九一八"事变

---

① 胡适:《世界新形势里的中国外交方针》,《独立评论》1933 年第 78 号,第 3 页。
② 胡译吾:《中国外交的路线问题》,《四十年代》1933 年第 2 卷 1 期,第 1 页。
③ 余协中:《两大战争中法国的外交与我们应有的教训》,《外交月报》1933 年第 3 卷 4 期,第 99 页。
④ 王之相:《外交与内政》,《外交月报》1933 年第 3 卷 4 期,第 57 页。
⑤ 《修明内政为御侮救国之基本工作》,《南京市政府公报》1933 年第 127 期,第 117 页。
⑥ 江鸿治:《最近的国际形势与中国外交》,《外交月报》1933 年第 3 卷 4 期,第 224—225 页。
⑦ 蒋廷黻:《外交与舆论》,《独立评论》1933 年第 70 号,第 4 页。
⑧ 君达:《这一星期:中国应如何应付当前的危局》,《独立评论》1933 年第 63 号,第 3 页。

后,日本欲图独占中国的野心渐渐显露,太平洋的均势即将倾裂:"现在更不是讲纵横捭阖的时候,过去给予中国苟延残喘的均势,已随'九一八'而破坏无余了。"①因此,在国际均势将倾未倾之时,中国必须革新内政,重视外交方能转危为安。一方面革新内政以增进外交之效能:"革新内政,与民更始,实为国难时期之救国大计。不容稍缓者也。两年以来,当局对于国难只言外交,内政方面始终不闻若何革新之计划与设施。"②另一方面,不可偏废外交:"国联不可靠,外援不可依,这是吾国人经过了多年的外力压迫所得的两句经验语。本来我不自救而欲人救,我不自强而求人助,是一种无意识的梦想,是绝对不可能的事。不过吾人抱此种态度时,要小心不可忽视外援的重要。……国家无论强或若〔弱〕,总不宜陷入一种孤立的地位。"③

总之,内政与外交协调发展,弱国外交才有希望。而举国上下,"惑于'弱国无外交'之说,对内不思努力,对外偏欲大言不惭,盲目乱动,那才是根本不可救药"④。

2. 对"打倒一切帝国主义"的省思

1924年孙中山实行联俄政策之后,国民党整体左转,以"打倒军阀除列强"为口号的国民革命运动席卷全国。1928年南京国民政府完成形式的统一之后,为改变国际观瞻,革命外交回归修约外交模式。但是正如前文所指出的,社会主义与帝国主义的对立形势,使得以"打倒一切帝国主义"为口号的排他性联俄主张在中国知识界独树一帜。与此同时,国民党虽然在1928年宣布改弦更张,但是"打倒帝国主义""取消不平等条约"的标语仍然布满全国:"我们把一切国计民生的困难都归罪于帝国主义者,把外人的一言一动都看为帝国主义的。"⑤显示了革命外交思想的深刻影响。

但是,1933年日本退出国联后,知识界开始深度反思帝国主义与中国的关系。一种省思认为中国不能不抛弃以前"打倒一切帝国主义"的目标,因为中国前几年对外的口号是"打倒帝国主义",其结果是中国几乎被帝国主义完

---

① 蚁硕:《排除倚赖的外交》,《中华周报(上海)》1933年第105期,第6页。
② 王之相:《外交与内政》,《外交月报》1933年第3卷第4期,第60页。
③ 余协中:《美国远东政策的过去与将来》,《外交月报》1933年第2卷第2期,第1页。
④ 袁道丰:《辟弱国无外交说》,《外交评论》1933年第2卷第10期,第27页。
⑤ 蒋廷黻:《帝国主义与常识》,《独立评论》1933年第71号,第7页。

全打倒:"外交上最怕的是牵涉的国家太多,使敌人多助,势力雄厚,我则敌人太多,就处于孤立的地位。'打倒一切帝国主义'使一切不平等条约取消,是我们最后的外交目标。但是达到这最终目标的策略,绝不能照从前的办法,以所有的帝国主义国家为对象,而应该专以对付日本为目的。"①他们还以苏联外交为例,说明革命外交并非一成不变:"例如苏俄外交,初则做革命的侵略,取近交远攻及联弱抗强的政策。后来因努力建设而冀求安定,陆续地向邻国提倡及订立不侵犯协定,希望从外交上造成一条长城。……中国的外交至少没有创造的能力,所以活的问题往往弄僵,却没见死的问题能够弄活。"②这种观点认可帝国主义的客观存在,中国与帝国主义的关系是压迫与被压迫关系,因此"打倒帝国主义"是可以的,但不能"打倒一切帝国主义"。

另外一种省思则针对帝国主义的相对性,反对一味强调中国被压迫的地位。"华府会议的时候,英美联合逼迫日本承认五与三的海军比例。日本人说,这是英美的帝国主义。日俄战争的时候,德国趁机逼俄国订立有利于德的商约。俄人也说,这是德国的帝国主义。列强所加于弱小民族者未尝不想彼此相加,但是在普通的时候因为势力均衡无能为力而已。一旦均衡动摇,强国对强国亦能加以压迫和侵略,亦能行帝国主义。"③在此基础上,他们主张将与中国有邦交者分为两种:"一为以通商为目的者如英美,一为于远东有土地之野心者如日俄。通商国家唯希冀中国政治之安定与富强,因借此其商业可以进步。有土地之野心者则适与之相反。"④因此,这种观点认为中国与帝国主义的关系是强弱关系,毋须将资本主义与帝国主义划上等号,过分咒骂喧嚣资本主义为帝国主义,而应该充分利用国际形势,强调中国利益与国际利益的相通性。

小 结

在退出国联之际,日本坚持认为国联实为欧洲的联盟,是代表盎格鲁·撒

---

① 包华国:《中国外交的前途》,《前途杂志》1933年第1卷1号,第12页。
② 咏霓:《从反省中求出路》,《独立评论》1933年第54号,第5—6页。
③ 蒋廷黻:《帝国主义与常识》,《独立评论》1933年第71号,第9页。
④ 王明章:《我国今后外交应侧重经济》,《外交月报》1933年第3卷4期,第78页。

克逊优越性的旧秩序。日本退出国联正好克服了对英美的依存,这是日本在外交方面发挥新精神的胜利①。不过,吊诡的是,在日本真正退出国联之前,高唱退出国联的乃是中日两国共同的舆论主张②。更为惊奇的是,在日本退出国联已经成为定案之后,中国知识界仍有不少观点将此前诉诸国联的策略完全视为外交失败,而将"一致杀上去"作为中国的唯一出路:"今天的事情,已经到了今天,只有一句话'全国的人一致杀上去'。一年又六个月中间的滋味已经够受了,只要他是一个人,或者只要他是生物,这种滋味实在不能再忍受。我们不要再有什么顾忌,也不必再忍受。……'一致杀上去'是我国的国策,'一致杀上去'是我们公私唯一的生路。"③这种不成功便成仁的精神气节固然可敬,但以历史的后见之明而见,1933 年的中国显然不是"一致杀上去"的最后关头。

  时人有主张用"联美""结英"与"善俄"作为国难时期中国外交政策者,其中所蕴含的联合抗日思想就是日后建立国际反法西斯联盟思想的萌芽。可以说,"国际上之纵横驰骋,恰与日本退出国联,退出华盛顿条约之孤立绝缘形成一对照"④。由此观之,知识界的推演深具前瞻性。*

---

  ① 程兆奇主编:《远东国际军事法庭庭审记录·中国部分——侵占东北检方举证》,程维荣译,上海:上海交通大学出版社,北京:国家图书馆出版社,2015 年,第 57 页。
  ② 《日本竟然也要退,两国同时出现退出国联的呼声》,《申报》1931 年 10 月 5 日,第 6 版。
  ③ 社评:《没有第二句话可说》,《中央日报》1933 年 3 月 10 日,第 1 版。
  ④ 罗珍:《中国知识精英外交思想研究——以抗战时期为考察中心》,上海:上海大学出版社,2010 年,第 256 页。
  * 本部分的主体内容发表于《安徽史学》2019 年第 2 期,题为"日本退出国联后中国知识界对外交出路的探究与省思",收入本书时做了修改和补充。

后 记

"九一八"事变,拉开中国"十四年"抗战帷幕。在当时国际环境下,抗战不仅是一场持续的军事斗争,更是一场艰苦的外交斗争,中国政府第一时间向国际联盟(后简称为"国联")控诉日本的侵略行径,提议国联派遣调查团来华调查,中日在国联展开激烈的外交博弈。结果是国联派遣调查团前往东亚调查,日本因调查团报告书退出国联。

李顿调查团及其报告书在东亚格局、国际秩序演变中扮演了重要角色。国联通过李顿调查团介入日本侵华问题,但没有采取更有力的措施制止日本的侵略行动,东亚战火最终波及英美等国。大国的绥靖政策是纵容日本侵华的重要推手,脆弱的国际体系不仅无法阻挡日本的侵华野心,而且面临新一轮国际棋局的"洗牌"。时人力主将日本侵华问题融入国际社会,今人理当从世界历史视域中进行学术探讨,利用丰富的国际化史料,深入挖掘"国联与抗日战争"的关系。

时间回到2016年,吾师张生教授敏锐地注意到学界尚未对李顿调查团有过系统性研究,其根源在于日内瓦国联档案未被世人所用。在老师领衔下,国家社科基金"抗日战争研究"专项工程"李顿调查团档案翻译与研究"(16KZD017)正式启动,得到全国哲学社会科学工作办公室大力支持。2019年,课题团队顺利编撰出版《李顿调查团档案文献集》(19卷,南京大学出版社),奠定李顿调查团研究的资料基础,并获得江苏省第十六届哲学社会科学优秀成果奖一等奖(2020年)、郭沫若中国历史学奖二等奖(2023年)。目前,第二批8卷本正在编校出版之中,必将更有力地深化相关研究。

"众人拾柴火焰高",在本书形成过程中,首先要感恩吾师,张师在学术、工作、生活各方面的指导与照拂,是能够出版本书的前提。感谢黑龙江省社会科学院王希亮研究员、江苏科技大学郭昭昭研究员、西南大学陈志刚副教授、南京邮电大学常国栋老师、南京大学历史学院马海天助理研究员分别承担本书部分撰写任务。互信与互助，是促成本书成型的关键。感谢南京大学出版社官欣欣女史悉心编校，本书的顺利定稿离不开出版社的统筹与策划。

"科研反哺教学"，本书作为南京大学研究生课程"百年中日关系专题研究(1871—1978)"的课程教材，适用于高校有关中日关系史的课程教学，有益于实现高校教学与学术科研的协同发展。

"文无止境，精益求精"是学术创作的内涵之一。本书的舛误与未妥之处，由小子承担。诚望前辈同行不吝指正，小子幸焉！

陈海懿
2024年9月于南京大学大美楼